hat 3616 Soldaten und 27 Polizisten
(im Sommer 50)

hat eine Lokalzeitung (Sylter Rundschau),
zwei Kinos und eine Spielbank

hat drei Häfen: List, Hörnum, Munkmarsch

hat 105 Gaststätten und 12 Campingplätze

hat 2000 Schafe

ist seit 1927 keine Insel mehr, weil der
11,2 Kilometer lange Hindenburgdamm
Sylt mit dem Festland verbindet

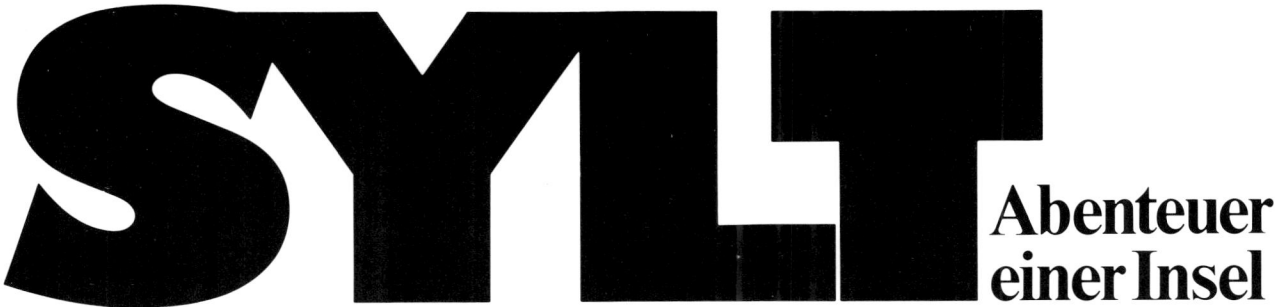

SYLT
Abenteuer einer Insel

Herausgegeben von Sven Simon unter Mitarbeit von Claus Jacobi und Manfred Wedemeyer

Hoffmann und Campe

Inhalt

Lieber Leser,

aus Liebe zur Insel meiner Kinderträume ist dieses Buch entstanden. Damals, als Achtjähriger, bald nach dem Zweiten Weltkrieg, war ich zum ersten Mal auf Sylt. Damals war alles anders – wilder, unberührter. Durch die Dünen schnaufte der Insel-Expreß. Einsam und unbebaut dehnte sich die Kampener Heide östlich der Straße nach List. In Westerland ragte kein einziger Touristen-Silo in den Himmel. Sylt war noch nicht vom menschlichen Mehltau befallen. Mit dem »Abenteuer einer Insel« möchte ich versuchen mitzuhelfen, daß die Menschen sich besinnen und nicht die letzten Schönheiten unserer Insel zerstören.

Beim Aufspüren der Abenteuer boten sich manche wie selbstverständlich an. So das Werden der Insel und ihre Geschichte.

Andere Abenteuer verdanken wir eigentlich dem Zufall. So erzählte mir einmal ein alter Sylter etwas »von dem englischen Spion, dem Grafen Spiro«. Alexander Leontowitsch fand nach jahrelanger Suche in London seine Spur: »Graf Spiro« hieß in Wahrheit Grove Spiro und war ein ganz unglaublicher Mann ...

In der »Sylter Rundschau« endete ein interessanter Beitrag über den geheimnisumwitterten Sylt-Besuch eines Schweizer Rentiers mit dem Satz: »Über den weiteren Verlauf der Affaire Rieder ist im Archiv Westerland nichts bekannt.« In den Archiven der französischen Kriegsmarine

entdeckte August Graf Kageneck den weiteren Verlauf: Der Mann hieß nicht Rieder, sondern Reclus, er war kein Schweizer, sondern Franzose, er war kein Rentier, sondern Offizier, ein As des französischen Geheimdienstes ...

Ein Kollege von mir, Pàl von Janko, erinnerte sich dunkel: »Da war mal was mit Churchill.« Doch was es war, das wird nun hier zum ersten Mal erzählt: Winston Churchill diktierte selbst einen Plan zur Eroberung Sylts, um von dort aus Deutschland in die Knie zu zwingen ...

So ist unser Geschichten-Buch über Sylt zugleich zum Geschichts-Buch über Sylt geraten. Mein Freund Claus Jacobi schrieb die Texte. Manfred Wedemeyer erstellte große Teile der

7

Dokumentation. Viktor Bender vom Sylter Archiv suchte und suchte und fand. Hermann Schreiber erklärt das »Phänomen Sylt«, und Alwin Pflüger hat noch mal alles gegengelesen. Alles aber wäre Stückwerk geblieben, wenn nicht meine Sekretärin Marlis Weber mit der ihr an sich nicht eigenen Geduld die Teile des Puzzle geordnet, die Manuskripte wieder und wieder abgeschrieben und immer neue Zeugen herantelefoniert hätte.

Mal hatte sie Hindenburgs Patenkind in Keitum an der Strippe, mal den Mann, der Görings Dolch auf der Heide gefunden hatte. Dann wieder suchte sie den Bäumchenröhrenwurm (S. 294).

Vielen Ungenannten habe ich zu danken – für Mitarbeit, Unterstützung, Verständnis und Geduld.

Oft regnet es auf Sylt – dann ist für Sie wohl die beste Zeit, sie mitzuerleben – die Abenteuer einer Insel.

Ihr Sven Simon

Das Sylt-Phänomen

Doch, das gibt es wirklich: das Inselgefühl – nicht irgendeins, sondern *das* Inselgefühl, so einmalig wie *die Insel* selber. Es gibt eine Befindlichkeit, die nur hier zustandekommt und die auch gar nicht »normal« ist im alltäglichen Wortsinn, sondern eher eine ortsspezifische Erscheinungsform manisch-depressiven Irreseins – wobei die euphorischen Phasen bei weitem überwiegen. Aber es ist schon eine doppelte Befindlichkeit: Inselglück und Inselkoller trennt manchmal bloß die Windrichtung.

Schwer zu beschreiben, dieses Sylt-Phänomen, oft genug versucht und nie wirklich erreicht – von Thomas Mann, der »tief gelebt« hat an diesem »erschütternden Meer«, bis hin zu Werner Höfer, der bereits auf dem Hindenburgdamm von ungestümen Erwartungen sozusagen übermannt wird: »Die letzte halbe Stunde, das Land im Rücken, die Insel vor Augen, der Leuchtturm hinter dem gekräuselten Watt schon zum Greifen nahe: Das zu erleben ist so aufregend wie die bebende Erregung des Jünglings vor der Begegnung mit der Frau seines Herzens nach langer Trennung.«

Es ist ja wahr. Ich kenne keinen, der auf die Insel kommt und das nicht erlebt hat: dieses leib-seelische Durchatmen, diesen bewußtseinserweiternden Anhauch einer Vita nova, die irgendwo dort beginnen muß, wo der Leuchtturm von Kampen und die Kirche von Keitum nun Konturen annehmen. »Alle Sinne sind im Augenblick des Betretens der Insel von dieser vollauf in Anspruch genommen und ausgefüllt«, bekennt Peter Suhrkamp 1943 (sein Text ist später unter dem Titel »Die nordfriesische Insel« rechtens berühmt geworden), »und das Gemüt ist entweder verschüchtert oder betäubt oder beseligt.«

Ein Zauber wirkt so – auch manche Droge, sofern sie eingreift in die menschliche Psyche. Sylt kann wahrhaftig wie eine Droge wirken: Wer seiner sicher ist, mag hier eine glückliche Steigerung des Selbstgefühls erfahren; wer schon schwankend ankommt, kann total depressiv werden. Sylt verstärkt alles, insonderheit die Emotionen. Wessen Inneres »lichte oder dunkle Kobolde beherbergt, der kann sie auf der Insel schwer im Zwinger halten«, bemerkt Peter Suhrkamp.

»Sylt dünkte uns die Insel der Verrückten«, notiert (im »Fragebogen«) auch Ernst von Salomon, an dessen Kompetenz nicht zu zweifeln ist. »Es schien, als bestehe ihre Wirkung darin, die vorhandene Gemütsart zum Extremen zu steigern, die Melancholischen zu manischer Depression, die Sanguinischen zu einem Paroxysmus der Ausgelassenheit.« Notabene: Die »vorhandene Gemütsart« ist hier gesteigert worden. Und das war nicht bloß so, das ist so geblieben.

Ich habe hier Affären erlebt (sogar

als Beteiligter), die anderswo so dramatisch, auch so dreist wohl nicht vorgekommen wären. Ich habe hier Ehen kaputt gehen sehen, die den Betroffenen anderswo bestimmt nicht so jählings unerträglich geworden wären. Ich weiß von jahrelang kinderlos gebliebenen Ehepaaren, die hier zu ihrer freudigen Verblüffung noch Nachwuchs gezeugt haben. Ich weiß aber auch von jenem krisengeschüttelten Endvierziger, der daheim seine Familie, auf einem Parkplatz an der Westküste seinen Midlife-Chrysler und im Strandkorb seine Kleider zurückgelassen hat und dort nie wieder aufgetaucht ist – nicht mal als Leiche.

Aber was ist das eigentlich, diese »bebende Erregung des Jünglings«, die auch ältere Herren hier befällt, diese »ständige Aufgewühltheit des Gemüts durch die Elementarität der Landschaft«, von der Ernst von Salomon spricht? Und warum gerade hier? Wirklich weil die Landschaft so elementar, »weil der Himmel hier größer, viel größer und abwechslungsreicher ist als irgendwo sonst auf der Welt«, wie sich Ernst Penzoldt, der Dichter der »Powenz-Bande«, selber gefragt hat? Weil sich hier, um noch einmal Salomon zu zitieren, »jede Schwingung« mit verdoppelter Gewalt »der gereizten Epidermis« mitteilt? Das wäre dann wenigstens ein Hinweis auf das Klima.

Offen gestanden, ich habe das Sylt-Phänomen, diesen psychosomatischen Ausnahmezustand, noch nie so recht beschrieben, geschweige denn erklärt gefunden – schon gar nicht von den Schriftstellern, die doch ganz gern in diesem Ausnahmezustand leben. Sie schwelgen allenfalls darin und unterscheiden sich insofern überhaupt nicht von weniger wortbegabten Nutznießern jenes Phänomens.

Deshalb habe ich mir vorgenommen, lieber gleich die Klimatologen zu fragen, vergleichsweise nüchterne Wissenschaftler also, die immerhin den Vorzug haben, von Berufs wegen an einer Antwort auf die Frage interessiert zu sein, was dieses nördliche Meer an Sylts Stränden so »erschütternd« erfahrbar macht und was die Luft hier »wie Champagner« wirken läßt.

Diese letzte Formulierung stammt bereits von einem Klimatologen, nein: von *dem* Sylter Klimatologen Heinrich Pfleiderer. Er ist, wie schon der Name sagt, von Herkunft Schwabe, hat als Professor für Medizinische Klimatologie und Physikalische Therapie an der Universität in Kiel gewirkt und ist in dieser Eigenschaft Direktor des Universitätsinstituts für Bioklimatologie und Meeresheilkunde in Westerland gewesen.

Der Mediziner Heinrich Pfleiderer, Nestor aller spezifisch syltschen Meeresheilkunde, lebt nicht mehr. Aber was er hinterlassen hat, ist gewiß die Grundlage für die Erforschung jenes Sylt-Phänomens.

Fortgeführt hat die wissenschaftliche Untersuchung des Windes und der Wellen ein Pfleiderer-Schüler, Professor Uwe Jessel, auch er kein gebürtiger Insulaner, sondern Sohn eines Lehrers aus Altona, der Mitte der zwanziger Jahre nach Westerland versetzt worden ist. Viele Jahre lang hat Jessel, bis zu seiner Pensionierung 1979, in dem (ebenfalls der Universität Kiel angegliederten) »Institut für angewandte Physiologie und medizinische Klimatologie« gearbeitet. Das ist, äußerlich betrachtet, eine bescheidene, für Sylter Verhältnisse aber hoch gelegene Baulichkeit auf den Dünen zwischen Westerland und Wenningstedt. Man muß haarscharf am Eingang zur Nordseeklinik vorbei zielen, wenn man den Weg dorthin finden will, wo der gen Kampen oder auch nach Westerland hinein strebende Kurgast wahrscheinlich gar nichts mehr vermutet hätte – bestimmt nicht diese erstaunliche Kombination aus Wetterstation, Labor und Studierstube. In ihr kann man mehr über die Insel und ihre Einmaligkeit erfahren als irgendwo sonst zwischen Hörnum und List.

Diese Einmaligkeit – das zum Beispiel kann man hier lernen – ist keineswegs nur schwelgerische Erfindung eines Sylt-Süchtigen oder wohlfeiler Gag der Fremdenverkehrswerbung, sondern eine bioklimatisch belegbare Tatsache.

Sylt liegt, verglichen mit der Mehrzahl aller großen Siedlungsgebiete der Welt, im hohen Norden: auf 55 Grad nördlicher Breite (die USA zum Beispiel liegen südlich 45 Grad nördlicher Breite), ist also dem Pol viel näher als dem Äquator. Das hat zunächst einmal die hohe Luftqualität zur Folge, diese saubere, transparente Luft, die klare Sicht, den weiten Horizont. Nun gibt es das anderswo im hohen Norden natürlich auch – in Norwegen, in Schottland, in Nordkanada zum Beispiel. Aber das Klima dort ist ganz anders, nämlich im Sommer sehr heiß, im Winter sehr kalt. Wenn man den 55. nördlichen Breitengrad einmal rund um die Erde verfolgt, dann entdeckt man, daß nur in diesem Bereich der Nordsee, wo Sylt ist, die durchschnittliche Wintertemperatur über 0 Grad und die durchschnittliche Sommertemperatur bei 17 Grad liegen. Das heißt, während des ganzen Jahres spielt sich das Leben hier im Bereich zwischen 2 und 17 Grad Celsius ab. »Insofern«, sagt Uwe Jessel, »ist Sylt auch weltweit wohl ein einmaliges klimatisches Kuriosum.«

Die klimatischen Grundfaktoren Lufttemperatur und Luftfeuchte, sagt Heinrich Pfleiderer, »bewegen sich dank der geschilderten Bedingungen in einem sehr viel schmaleren Band als im Binnenland«. Und zwar im Tagesverlauf genau so wie im Jahresverlauf. Es fehlen fast völlig jene sommerlichen Hitzeperioden, die den Organismus auch jener Menschen belasten, denen Hitze angeblich nichts ausmacht und die sich nach drei Wochen Bratferien am Mittelmeer wundern, warum sie nicht so recht erholt sind. Und es fehlen natürlich die extremen Kälteeinbrüche in den Wintermonaten mit ihrer ausgeprägten Trockenheit.

Diese gleichmäßige Milde führt der Golfstrom mit sich. Sylt liegt an der Südflanke der häufigsten Zugstraßen atmosphärischer Wettergebilde, was die hohe Häufigkeit der West- und Nordwestwinde zur Folge hat – und das sind für Sylts Westküste eben Seewinde von meist mittlerer Stärke. Die Brandung an der Westküste ist also so gut wie garantiert und mit ihr eine geheimnisvolle Zerstäubung namens Aerosol, jene für das Sylt-Phänomen so charakteristische Beimengung der Luft.

Sind die Klimatologen denn nun schlauer, was die Deutung dieses Sylt-Phänomens angeht? Haben sie überhaupt einen Platz dafür in ihrer Wissenschaft? Uwe Jessel beschreibt jene bebende Erwartung der Jünglinge aller Jahrgänge, die da über den Damm kommen, ganz gelassen als eine Sache der Sinnesorgane: »Ich glaube, zuerst angesprochen ist das Auge, durch die klare, transparente Luft. Das zweite ist vermutlich das Geruchsorgan: Man riecht, daß die Luft hier eine besondere Qualität hat.« Nicht zuletzt wegen eines vergleichsweise hohen Gehalts an Jod, dessen ziemlich intensives Aroma

von fast allen Menschen geschätzt wird. »Und das dritte sind die Thermorezeptoren der Haut.« Das heißt: Temperatur-Fühlorgane, die in der Haut untergebracht sind und mit den zugehörigen Gehirnzentren und mit dem hormonalen System in Verbindung stehen.

Was da von der Haut her in Gang kommt, ist ein kompliziertes Steuerungssystem, das so lebenswichtige Funktionen wie Kreislauf, Stoffwechsel und Atmung regelt, ohne daß der Mensch sich dessen bewußt wird. »Es gibt kaum eine Funktion des menschlichen Organismus«, schreibt Heinrich Pfleiderer, »die nicht von der Hauttemperatur aus beeinflußt werden kann.« Das erklärt die großen therapeutischen Möglichkeiten der Freiluftbehandlung im Nordseeklima.

Und damit wären wir beim Reizklima, bei einem Begriff also, den beinah jeder im Munde führt, der von Erfahrungen mit dem Sylt-Phänomen berichtet oder gar nach Erklärungen dafür sucht. Nur: Was ist Reizklima? Gerade die Klimatologen gehen außerordentlich sparsam und zurückhaltend mit diesem Wort um. Uwe Jessel spricht von einem »Schlagwort«, mit dem er als Therapeut nicht viel anfangen kann, wenn nicht zugleich von der Art der Anwendung die Rede ist.

Praktische Ärzte auf der Insel, die ich um eine Definition des Wortes Reizklima gebeten habe, formulieren kaum weniger zurückhaltend als die Wissenschaftler: Reizklima sei eben »ein Klima, das dem Kurgast und natürlich auch uns Einheimischen mehr abverlangt als das Durchschnittsklima auf dem Festland, das vor allem den reizt, der damit nicht umgehen kann«. Was die Praktiker mindestens so intensiv beschäftigt wie die Klimatologen, ist das Problem der Überdosierung, die sie als Ursache »gereizter« Reaktionen der menschlichen Physis erkennen, besonders auf Sylt.

Ich meine mit diesen Reaktionen nicht den Inselkoller, jenes kaum weniger vage als das Reizklima definierte Mißbehagen, das bevorzugt bei Ostwind auftritt: sozusagen die erdabgewandte Seite der Sylter Euphorie. Wenn der Wind vom Festland her weht, dann kommen die Quallen und die Kopfschmerzen, manchmal die Mücken und häufig Anfälle einer Art Migräne, die sich auch als Streitsucht äußern kann oder als der unwiderstehliche Drang, das Porzellan an die Wand zu werfen. Der Ostwind ist der Föhn der Insel.

Wenn es aber nicht am Wind liegt, dann hat der Inselkoller meistens Ähnlichkeit mit Klaustrophobie, mit einem Gefühl der Abgeschiedenheit, das manche Menschen überfällt, wenn sie länger als zwölf oder vierzehn Tage auf der Insel sind. Plötzlich merken sie, daß sie von einem Wasser zum anderen ja bloß drei oder vier Kilometer laufen müssen. Obwohl sie

das natürlich gewußt haben, als sie auf die Insel gefahren sind. Ich kenne in Keitum einen Arzt, der wird manchmal abends, wenn in Westerland der letzte Zug weg ist, von völlig verstörten Menschen angerufen: Jetzt wüßten sie nicht mehr, was sie tun sollen. Bis vor einer halben Stunde hätten sie immer noch die Gewißheit gehabt, abreisen zu können. Nun aber könne, »wenn etwas passiert«, höchstens noch der Hubschrauber helfen.

Doch das sind Sonderfälle, so wie der Ostwind auf der Insel fast ein Sonderfall ist. Das Problem der Überdosierung klimatischer Reize hingegen gibt es hier alle Tage. »Es ist ja wirklich mörderisch«, hat Uwe Jessel einmal eingeräumt, »in Wasser von 16 Grad zu gehen, ohne daß man dies geübt hat. Drum warnen die Badeärzte schon seit zweihundert Jahren immer wieder davor, gleich am ersten Tag ins Wasser zu gehen. Und genauso ist es mit der Sonne. Am ersten Tag ist das äußerste, was man sich unbekleidet zumuten soll, eine Stunde.« Alle wissen das, und niemand hält sich daran.

Selbst solche Menschen, die sonst im Leben eher zu wenig zu spät tun, machen es auf Sylt genau umgekehrt: Sie tun zu viel zu früh. Und das kann gefährlich werden, unter Umständen lebensgefährlich. Jessel jedenfalls zweifelt nicht daran, daß »diese Frühtodesfälle von Kurgästen, die hier ankommen und am zweiten oder dritten Tag einen Herzinfarkt haben«, im allgemeinen Überdosierungsfälle sind.

So ein typischer, wenn auch gottlob nicht tödlicher Überdosierungsfall ist zum Beispiel Rudolf Schock, der gefeierte Sänger und einer jener ebenso passionierten wie prominenten Sylter Stammgäste, die man nie in Kampen am Tresen, aber immer beim Sport am Strand findet. Ihn ereilte der Infarkt, als er im Juni 1969, trotz einer schweren Angina und vollgestopft mit Antibiotika, vom ersten Tag an sein volles Sportprogramm abwickelte und obendrein bei zwölf Grad an der Buhne 16 baden ging.

Eine der Erstaunlichkeiten des Sylt-Phänomens ist gewiß die Tatsache, daß hier Jahr für Jahr Tausende von Menschen freiwillig in 16 Grad warmes – vielmehr: 16 Grad kaltes – Wasser gehen. Wenn man das auf balneologischen Kongressen am Mittelmeer oder in Amerika erwähnt, wird es einem nicht geglaubt. Kein Wunder: Versuchen Sie mal, in die Badewanne zu steigen, wenn das Wasser nur 16 Grad hat! Selbst ganz harte Männer schaffen das, wenn überhaupt, nur mit einem erheblichen Aufwand an Selbstüberwindung. Warum also tun sie es auf Sylt scharenweise freiwillig – und keineswegs nur harte Männer?

Dafür gibt Uwe Jessel zwei Erklärungen, eine psychologische und eine physiologische. Die psychologische ist denkbar einfach: »Durch das Erlebnis von Brandung und Wind ist die Aufmerksamkeit so abgelenkt, daß man gar nicht merkt, wie kalt das Wasser ist.« Hier bestätigt sich die alte Erfahrung, daß der Mensch mit seinen Sinnesorganen immer nur den jeweils stärksten Eindruck wahrnimmt. Deshalb rempeln zum Beispiel Taschendiebe ihre Opfer gern an, während sie ihnen die Brieftasche wegnehmen.

Und nun die physiologische Erklärung: »Wenn man ins Wasser geht, kühlt sich die Haut auf Wassertemperatur ab, und während dieser Abkühlung, also ungefähr zwei oder drei Minuten lang, friert man, denn die Thermorezeptoren der Haut melden: kälter, kälter, kälter. Sobald die Haut Wassertemperatur hat, schweigen diese Fühler. Inzwischen ist aber durch die verstärkte Muskeltätigkeit und durch den Rückzug des Blutes ins Körperinnere die sogenannte Kerntemperatur angestiegen, und von den Thermorezeptoren des Körperinneren kommt jetzt die Meldung: warm, warm, warm.

Wenn man nun im richtigen Augenblick aus dem Wasser herauskommt, nämlich nach weniger als zehn Minuten, dann erwärmt sich die Haut an der Luft, und die Thermorezeptoren der Haut und jene des Körperinneren melden an die Zentrale zur gleichen Zeit: warm, warm, warm. Und eben dann ist man in der besten psychischen Verfassung.«

Das Sylter Hochgefühl – ein Phänomen des Wärmeaustauschs, nichts weiter? Ich ahne die Proteste, die sich da erheben: Das kann doch nicht alles gewesen sein, was uns auf der Insel immer wieder aktiver, lebensfroher, liebesbereiter, trinkfester, kühner gemacht hat als anderswo? Nein, sicher nicht.

Oder vielleicht doch? Ein kaltes Seebad – das bedeutet zum Beispiel auch einen Stoß in die Nebennieren-Zone, und dort wird unter anderem Cortison produziert. »Wenn man ins kalte Wasser geht«, so Uwe Jessel, »dann hat man, volkstümlich ausgedrückt, seine Cortison-Spritze weg.« Gleichermaßen wirkt »eine mehrstündige Sonnenbestrahlung wie eine Hormoninjektion«. Daß dabei außerdem Vitamin D erzeugt wird, ist sicher. Vermutlich kommen aber noch »Stoffe aus der Gruppe der Sexualhormone« hinzu. Voila! Da kommen wir der Sache schon näher.

Und dann also jene geheimnisvolle Aerosol-Wirkung. Zwar ist nicht genau geklärt, worin sie besteht und was da von der Brandung wie von einem Zerstäuber der Sylter Luft beigemischt wird. Mit Sicherheit aber gehören Natriumchlorid dazu, schlichtes Kochsalz also, außerdem Ozon, ein Stoff, der in kleinen Mengen belebend auf die Gehirnzellen wirken kann. Der interessanteste Wirkstoff im Aerosol ist jedoch das Jod, das hier in vergleichsweise hohen Dosen von der Schilddrüse auf-genommen werden kann. Das belebt den Stoffwechsel, man »verbrennt« mehr, die Herzfunktion wird angeregt, es wird mehr Adrenalin ausgeschüttet – und das alles zusammen bewirkt dann jenes Champagner-Gefühl, von dem einst Heinrich Pfleiderer gesprochen hat.

Und so wäre das Sylt-Phänomen erforscht, wäre das Inselgefühl beschrieben, wären Inselglück und Inselkoller endlich einmal faßbar gemacht? Aber nein. Ich habe ja nur vom Klima gehandelt. Der Geist der Insel ist gewiß etwas anderes. »Die Insel ist ein Abbild des Absoluten«, schreibt Kurt Lothar Tank, vom Inselgeist beseelt. »Sie ist zugleich das All und das Nichts.« Und wer wohl könnte das Absolute beschreiben! »In dieser Inselwelt gilt das menschliche Wort nichts«, sagt Peter Suhrkamp, »weshalb man nicht selten Menschen trifft, die wie Geistesgestörte sinnlos Wörter vor sich hin sagen. Auch Denken ist so ohnmächtig wie das plappernde Selbstgespräch. Statt dessen tritt eine andere Gabe aus dem Menschen: Hellsicht. In ihrem Schein geht er am Strand entlang und den Pfad über die Heide zurück und redet wahllos lustige und traurige Wörter.«

Inselkoller? Inselglück? Keiner kann das sagen. Am Ende ist auf der Insel, unter diesem dramatischen Himmel, einfach alles anders.

Hermann Schreiber

So schön ist Sylt

Haustür in Keitum

Schild im Norden Keitums

In den Dünen nördlich von Kampen

Vogelschwarm im Regenbogen bei Munkmarsch

Wattenmeer – Blick zur Keitumer Bucht

Heideweg südlich von Kampen

Westerlands Strand im Herbst

Friesenhaus im Schnee bei Morsum

Ausblick bei Keitum

Zimmer f

Die erste Spur, die ein Zweibeiner hinterließ

Auf Sylt fand der Vorgeschichtsforscher Alfred Rust seine Theorie bestätigt: Steinwerkzeuge schon vor dem Feuerstein.

Am Fuß des Morsumer Kliffs auf Sylt erspähte am 29. September 1952 der Vorgeschichtsforscher Alfred Rust im Geröll einen Windkanter von ungewöhnlicher Form. Windkanter sind durch Wind und Sand im Lauf der Jahrtausende abgeschliffene Steine. Dieser Quarzit-Brocken aber, so schien es Rust, hatte seine ursprüngliche Form nicht durch Naturgewalten verloren – sondern durch Menschenhand. Es war ein Artefakt, ein künstlich behauener Stein, ein vorgeschichtliches Werkzeug. Bis dahin war die Wissenschaft davon ausgegangen, daß die ersten Menschen in deutschen Breiten sich als Rohstoff für ihre Werkzeuge jenen Stein ausgewählt hatten, der am besten zu bearbeiten war: Feuerstein oder Flint. Wie aber, so hatte sich Rust gefragt, wenn es in Nord-Europa schon Menschen gab, bevor sie Flint finden konnten? Die Feuersteine waren erst von den Gletschern der Eiszeiten vor etwa 600 000 Jahren von Skandinavien her in den Kontinent hineingeschoben worden. Um eine Bestätigung für diese Theorie zu finden, hatte Rust die Reise nach Sylt angetreten. Und dort entdeckte er, was er suchte: den bearbeiteten Windkanter. Um seine Theorie weiter zu erhärten, fuhr Rust später nach Heidelberg. Dort, bei Mauer an der Elsenz, war 1907 in 24 Meter Tiefe ein 11,5 cm langer Unterkiefer ausgegraben worden – der älteste bekannte Rest eines menschenähnlichen Wesens in Europa. Hunderte von Vorgeschichts-Forschern hatten an diesem Fundort des sogenannten Heidelberg-Menschen nach Feuersteinwerkzeug gesucht – vergebens. Achtlos waren sie dabei an Artefakten vorbeigegangen, die Rust nun aufhob: behauener Buntsandstein aus früherer Zeit. Wie am Kliff von Morsum. Für Rust war die Kette geschlossen: Frühmenschen hatten in Nord-Europa schon vor den Eiszeiten gelebt. □

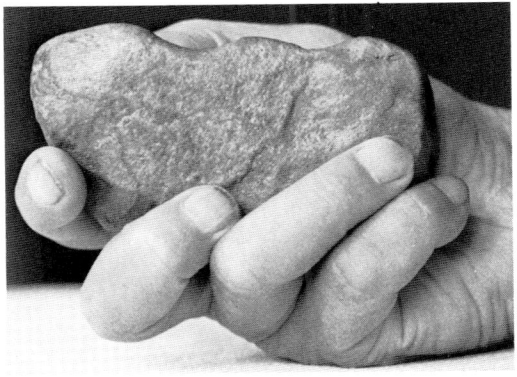

Dieses Artefakt, ein in vorgeschichtlicher Zeit künstlich behauener Stein, liegt in der kräftigen Hand seines Finders Alfred Rust. Er zeigt, wie dieser Schaber gehalten wurde.

33

Adam und Eva im
Paradies von Sylt –
das war vor einer
Million Jahren.
Dann kamen die
Gletscher und nach
diesen wieder Men-
schen, umherziehen-
de Jäger. Pfeilspit-
zen im Heidesand
bei Morsum zeugen
von ihnen.

Nicht mehr Affe, noch nicht Mensch

Vor 50 Millionen Jahren, als die Herrschaft der Eier legenden Dinosaurier über die Erde schon beendet und die Herrschaft der Menschen noch nicht angetreten war, da blühte in subtropischem Klima auf dem Gebiet von Sylt ein Garten Eden.

Vor 25 Millionen Jahren war derselbe Landstrich Meeresgrund.

Vor 10 Millionen Jahren dann wurde er wieder Land.

Und vor etwa einer Million Jahren schließlich tauchte erstmals jenes Wesen in dieser Gegend auf, das sich zur mächtigsten Kreatur des Planeten entwickeln sollte: nicht mehr Affe, noch nicht Mensch – der Ur-Europäer, Homo Heidelbergensis.

Zwei Eigenschaften unterschieden ihn bereits vom Tier: Er ging aufrecht und schlug aus Stein sein erstes Werkzeug: scharfkantige Faustkeile.

Er wurde vertrieben von dem Eis, das in Intervallen mehr als eine halbe Million Jahre über Sylt wuchs, schmolz, als Gletscher zurückkehrte und wieder taute.

Erst etwa 20 000 v. Chr. war die letzte Eiszeit vorbei. Die gesamte Nordsee von Skagen bis zur Doggerbank gehörte nun als Wald- und Sumpfgebiet zum Festland. Ein Jägervolk war dem jährlich etwa um 50 Meter zurückweichenden Eis dorthin gefolgt und jagte Rentiere, später auch den Elch und das Wildschwein im Sylter Raum.

Die Jäger waren noch nicht seßhaft. Aber sie hatten schon das Feuer. Und in ihnen wohnte bereits der tierfremdeste aller menschlichen Triebe: zu töten – nicht nur um zu essen, sondern um zu herrschen.

Der Vorgeschichtsforscher Otto Karl Pielenz fand 1937 Steinklingen aus dieser Zeit im Heidesand der Gemarkung Morsum. Er berichtet selbst über seine 35jährigen Untersuchungen: »Funde aus dem oberen Abschnitt der Altsteinzeit treten auf Sylt erst während des Ausganges der letzten Vereisung auf. Besondere Bedeutung kommt den im fossilen Heidesand in der Gemarkung Morsum auf Sylt gefundenen jungpaläolithischen Kulturen zu. Hier lag im unteren Heidesand, einer späteiszeitlichen Windanreicherung, eine Schmalklingenkultur mit kleinen Rückenmessern. Auf der fossilen Oberfläche des Heidesandes befanden sich nestartige Vertiefungen, voll von Steinklingen einer Mikrolithkultur mit winzig kleinen geometrisch geformten Geräten.« □

So wurde Sylt eine Insel

Den Kern der Insel Sylt bilden drei Trümmer des alten Westland. Als vor etwa 10 000 Jahren das Meer das Westland überflutete, ragten noch drei Geest-Kuppen aus der Flut: Archsum, Morsum und das Dreieck Wester-land-Kampen-Keitum. Im Lauf der Jahrtausende verkittete die See sie mit Marschland zu einer Einheit und verlängerte sie nach Norden bis zum Ellenbogen und nach Süden bis Hörnum mit angeschwemmtem Sand. Die Insel Sylt war geboren.

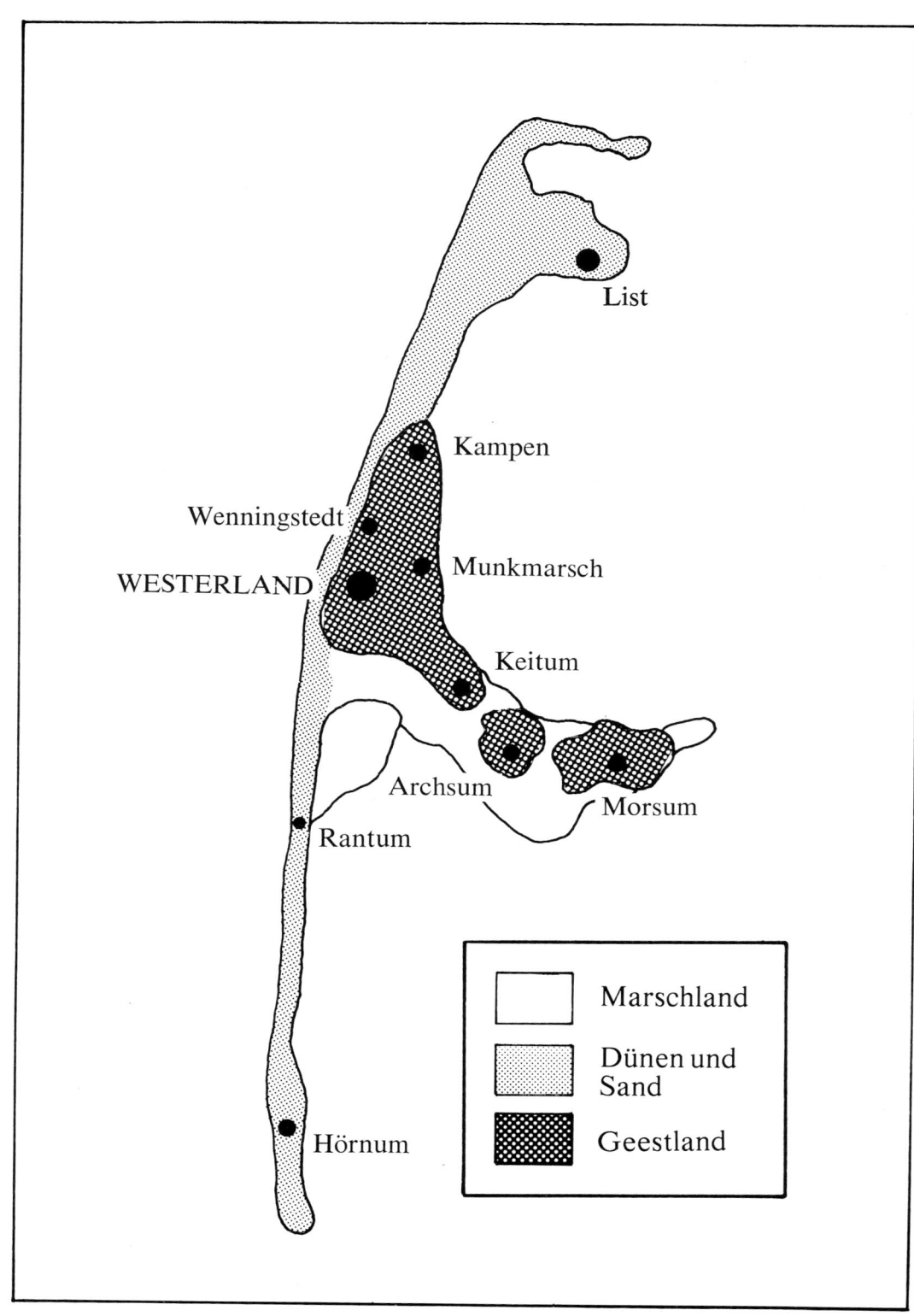

Das Schiff »Manigfuald« war so groß, daß Kapitän Uald an Bord auf einem Pferd hin- und herritt, um seine Mannschaft zu beaufsichtigen. Seine Matrosen, die als junge Leute in die Masten kletterten, kehrten mit langen weißen Bärten aus den Rahen zurück. Damit sie unterwegs nicht verhungerten und verdursteten, waren Wirtshäuser in die Takelage gebaut.

Und im Mastkorb war eine Viehweide angelegt. Von dort fiel einmal ein Ochse herab in die Tiefe von Smutjes Suppentopf. Doch es dauerte Tage, bis das Tier wiedergefunden wurde: Es hatte sich am Rand des Eisenkessels unter einer Niete verklemmt.

Eines Tages strandete die »Manigfuald« auf den Sandbänken vor Esbjerg. Kapitän Uald ging von Bord, um Hilfe zu holen. Auf seinem Weg durch das Wattenmeer verlor er im zähen Schlick eine Schuhsohle.

So ist nach der friesischen Sage der sohlenförmige Mittelteil Sylts entstanden, der sich von Westerland bis Nösse erstreckt. Und im Sylter Friesisch heißt die Sohle auch noch heute Sööl, und Sylt heißt Söl.

Tatsächlich hat sich die Inselwerdung von Sylt zwar ohne Sohle, aber kaum weniger seltsam vollzogen als in der Sage. Unsichtbar für eines Menschen Auge war das Land in den Eiszeiten unter der frostigen Kruste geformt worden. Die Gletscher hatten eine Moränen-Landschaft hinterlassen, hatten Findlinge aus Skandinavien herangeschoben, hatten das Rote Kliff im Westen aufgetürmt und durch den Druck ihres tausend Meter dicken Eises das Morsumer Kliff im Osten schräggestellt.

Als sich vor etwa 20 000 Jahren das Eis endgültig zurückzog, gehörte das Gebiet von Sylt zum Festland, war Teil eines bis zur Doggerbank reichenden, tundraähnlichen »Westlandes«. Doch das Schmelzwasser des abtauenden Eises ließ seither langsam und unaufhörlich den Meeresspiegel steigen, insgesamt um etwa 100 Meter, und noch heute um 25 Zentimeter in jedem Jahrhundert. Die Flut kroch auf das Land, verschlang das »Westland«.

Vor etwa 10 000 Jahren ragten im Sylter Raum nur noch drei Geest-Kuppen aus dem Meer: Archsum, Morsum und – als größte – das Dreieck Westerland-Kampen-Keitum. Die Kräfte der See wirkten in den folgenden Jahrtausenden sehr unterschiedlich. Sie bauten auf und zerstörten, fraßen und spien aus. Sie verschmolzen die drei Erhebungen zu einer Insel und rissen zugleich im Westen Meter um Meter von dieser Insel ab. □

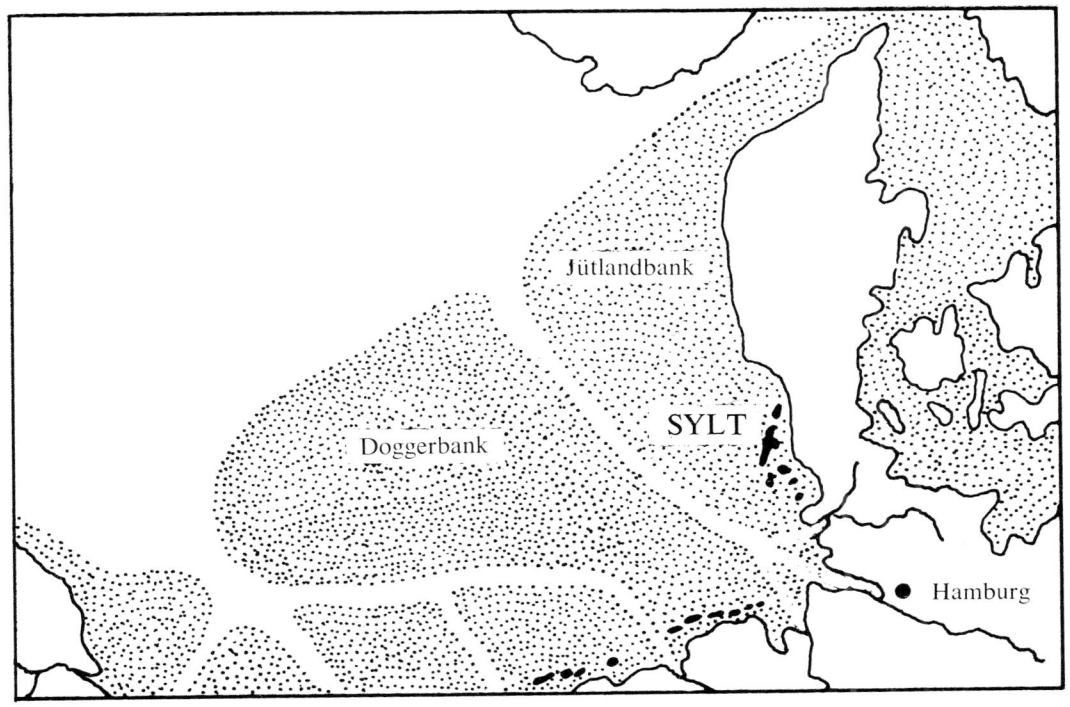

Jütlandbank

Doggerbank

SYLT

Hamburg

Als vor 20 000 Jahren die letzte Eiszeit endete, gehörte Sylt noch zum Festland, war Teil des bis zur Doggerbank reichenden tundraähnlichen »Westlandes«. Doch dann stieg der Meeresspiegel.

37

Wie Dünen wandern

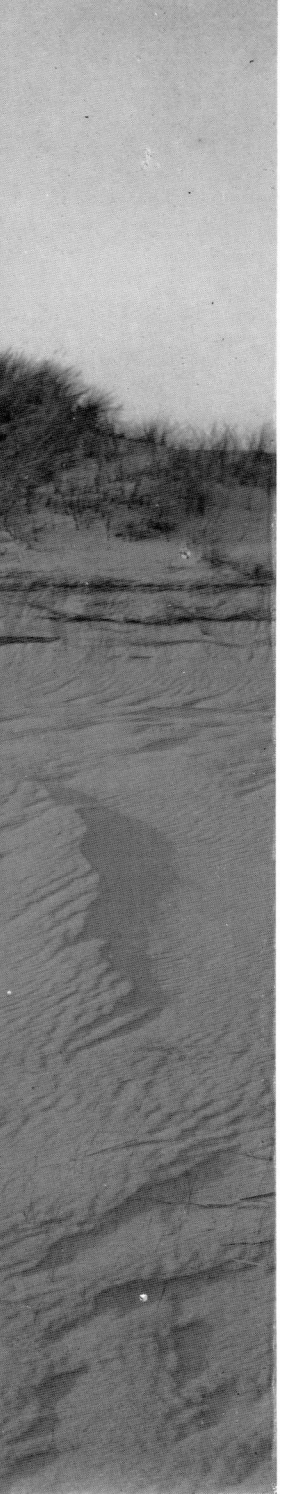

Die Dünen von Sylt sind Sand, der aus dem Meer aufs Land wanderte, unaufhaltsam von West nach Ost, erst von der Strömung, dann vom Wind getrieben. Und manche von ihnen wandern noch heute. Ihre Farbe verrät ihr Alter. Der Sand der ältesten ist grau bis grau-violett, die jüngeren sind gelblich-weiß.

Ursprünglich, vor etwa 10 000 Jahren, war die Westküste von Sylt kein Steilufer, sondern ein gemächlich ins Meer abfallender Geesthügel. Die Flut wusch den Sand an seinen Strand, der Wind jagte ihn den Hang hinauf landeinwärts.

Eine Flugsanddecke von 2 bis 3 Metern Mächtigkeit überzog nach ein paar hundert Jahren die Insel wie eine körnige Haut. Auf ihr wucherte Heide. Sie laugte den Sand aus und färbte ihn grau.

Diese ältesten Dünen, auf dem Roten Kliff und dem Sylter Nordhaken zu finden, sind etwa 6000 bis 8000 Jahre alt. In den folgenden drei Jahrtausenden stiegen die gelblichen Dünen in ihren heutigen Großformationen von Hörnum bis List aus dem Meer. Sylt erfüllte damals die idealen Voraussetzungen für jede Dünen-Bildung: Gewaltige Sandmassen, die von der See an die Küste herangeschoben wurden, und starke, vornehmlich aus westlichen Richtungen wehende Winde. Sie gaben den sich bildenden Sandhaufen die Dünenform: Die dem Wind zugekehrte Luv-Seite steigt sanft an, die dem Wind abgekehrte Lee-Seite fällt ungleich steiler ab.

Die Düne beginnt nun zu wandern, fast immer als Sicheldüne: Da die an Masse reichere Mitte des Sandhaufens nur langsam, die an Masse ärmeren Flanken aber schneller vom Wind bewegt werden, gewinnt der Hügel sichelförmige Kontur. Mit der Zeit wachsen dann einzelne Hügel zu Dünenketten zusammen. Erst Strandweizen, später der robustere und höhere Strandhafer binden den lockeren Sand und halten die Dünen schließlich fest.

Dünen ohne Bewuchs aber wandern weiter. Das Wanderdünen-Gebiet im Norden von Sylt zwischen Kampen und List ist heute fast drei Kilometer lang, durchschnittlich 600 Meter breit, und die einzelnen Wander-Dünen sind bis zu 30 Meter hoch. Sie bewegen sich etwa zehn Meter im Jahr und werden in absehbarer Zeit auch die neue Straße nach List überfluten, wenn der Mensch sie nicht aufhält.

Seit etwa 2500 Jahren bilden sich auf Sylt keine neuen Dünen mehr. Denn damals ließ eine Umgestaltung des untermeerischen Strandes durch neue Strömungen die Sandquellen versiegen.

Der Zeit der Landbildung folgte nun die Zeit der Küstenzerstörung und Landverluste. Sie hält noch heute an. □

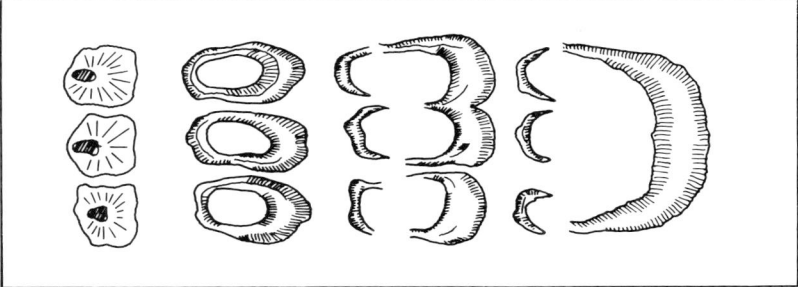

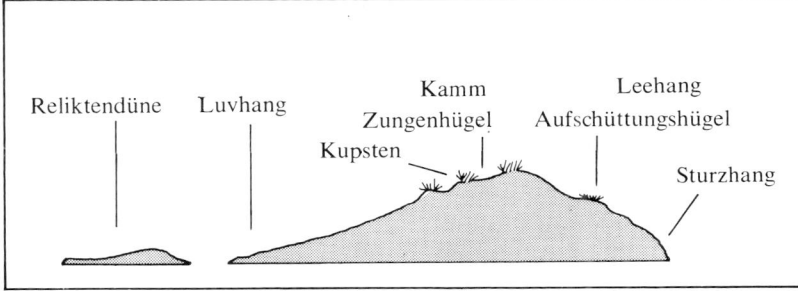

Reliktendüne Luvhang Kamm Zungenhügel Leehang Aufschüttungshügel Kupsten Sturzhang

Am Anfang sind kleine Sandhaufen. Der Wind formt den Sand, der an den Seiten schneller und in der Mitte langsamer wandert: Die *Sicheldüne* entsteht. Die dem Wind zugekehrte Seite (Luv) steigt sanft an. Die dem Wind abgewandte Seite (Lee) fällt steil ab. Und so treibt der Wind die *Wanderdünen* vor sich her.

Die Suche nach
den goldenen Hörnern

Im Norden von
Wenningstedt liegt
der »Denghoog«
(Thinghügel), das
besterhaltene Gang-
grab Schleswig-Hol-
steins. Es ist einge-
bettet in einen ur-
sprünglich über 6 m,
jetzt noch 3,20 m ho-
hen Grabhügel.
(Durchmesser:
25 m). Nachdem
Mitte des vorigen
Jahrhunderts bereits
mächtige Randsteine
zum Hausbau
verwandt worden
waren, wurde das
Grab 1868 von dem
Hamburger Physik-
Professor F. Wi-
bel geöffnet. Er ent-
deckte in der Mitte
des Hügels die ovale,
5 m lange und 3 m
breite Grabkammer.

Der »Denghoog« bei Wenningstedt ist das bedeutendste von etwa 800 Hünengräbern auf Sylt. Ihr Baubeginn markierte den Anbruch eines neuen Abschnitts der Geschichte: Die Jungsteinzeit hatte für die Insel begonnen. Sie dauerte etwa von 4000 bis 1500 v. Chr.

Aus den ersten Jägern und Fischern wurde damals ein seßhaftes Bauernvolk, das in Dörfern wohnte. Der Mensch, dessen einziger Begleiter bis dahin der Hund gewesen war, hielt sich jetzt Rind und Ziege, Schaf und Schwein. (Das Pferd – kaum größer als ein Fohlen – kam als letztes Haustier am Ende der Jungsteinzeit hinzu.) Männer und Frauen waren nicht länger nur mit Fellen und Leder bekleidet, sondern auch mit Wolle und Leinen. Die Frauen flochten Netze und Matten, webten Stoffe, töpferten Ton und trugen Bernsteinschmuck. Die Männer bauten Gerste, Weizen und Hirse an; sie jagten, fischten und ackerten mit Waffen und Werkzeugen aus Feuerstein. Die Steinbearbeitung war schon zum Handwerk geworden; Werkstätten-Funde belegen es. Die Behausungen jener Zeit waren meist aus Holz, oft rund, mit festen Liegebänken und einem aus Feldsteinen gemauerten Herd.

Das rasante Tempo, mit dem in der verhält-nismäßig kurzen Jungsteinzeit in Nordeuropa die Menschen ihre Lebensweise revolutionierten, läßt darauf schließen, daß fremde Kräfte mitwirkten: ein starker Bevölkerungsschub aus dem Süden. Vor allem anderen sind es die Gräber jener Zeit, die darüber Aufschluß vermitteln. Gräber, wie es sie nur in den Küstenländern, aber weder in Pommern noch in den Alpen gibt.

Der Volksmund hat sie Hünengräber oder Bülzenbetten getauft. Für die Wissenschaft sind es Megalithgräber (griechisch: »Gräber aus großen Steinen«). Und Kulturgruppen, die ihre Toten in solchen Gräbern bestatteten, sind Megalith-Kulturen. Sie haben ihren Ursprung mit hoher Wahrscheinlichkeit im östlichen Mittelmeer und breiteten sich von dort an den Küsten und Seewegen in alle Himmelsrichtungen aus, nach Westafrika und Indien so gut wie nach Skandinavien und Sylt.

Zwei Dinge sind es, die Megalith-Kulturen auszeichnen: eine gesellschaftliche Rangordnung (die mächtigste Sippe baute sich das mächtigste Grab) und eine bis dahin unbekannte Ahnenverehrung (so wurden mit den Toten nicht nur ihre Waffen, sondern oft auch ihre Jagdhunde bestattet).

Im »Denghoog« bei Wenningstedt, dessen

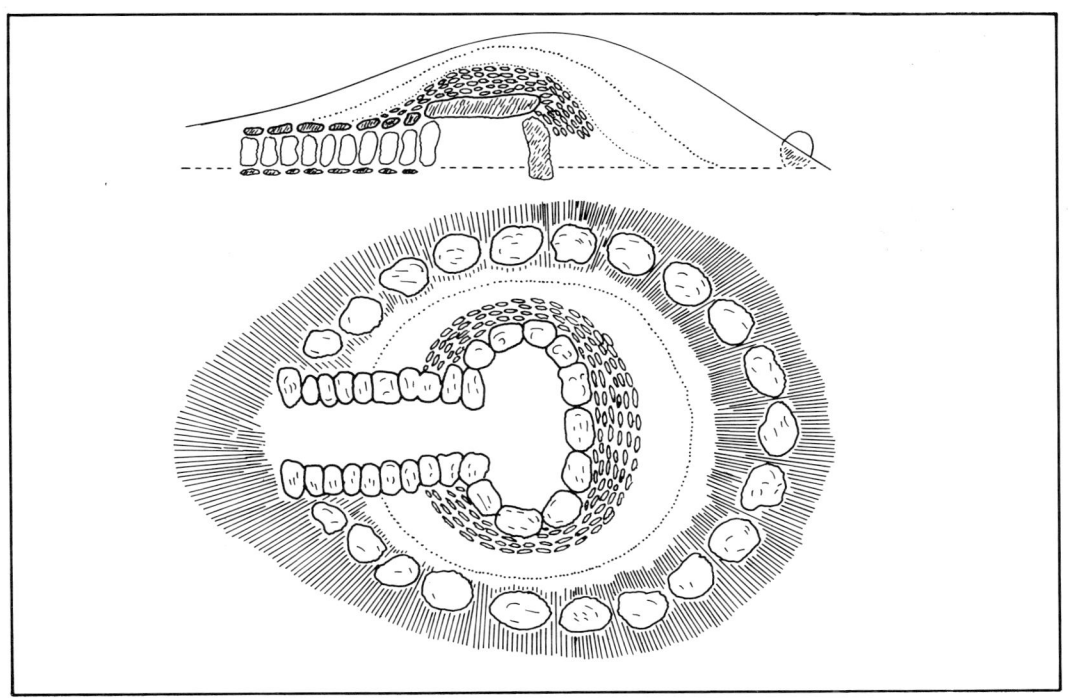

Ein 6 m langer Gang führt in die Grabkammer des »Denghoog«. Sie wird von 12 großen Tragsteinen gebildet und ist im Westen 1,90 m, im Osten 1,50 m hoch. In der Grabkammer wurden die Reste von einer unverbrannten Leiche und viele Knochen vorhergegangener Beisetzungen gefunden. Grabbeigaben weisen daraufhin, daß der »Denghoog« etwa vor 5000 Jahren angelegt wurde: Feuerstein-Waffen für die Männer, Bernstein-schmuck für die Frauen und verzierte Tongefäße für beide – Proviant-Behälter für die Reise ins Jenseits.

schwerster Deckenstein fast 40 Zentner wiegt, wurden außer Flintdolchen und Steinbeilen Scherben von 24 Gefäßen, 7 Bernsteinperlen und ein Rinderzahn gefunden. Die Grabkammer des „Denghoog" ist oval, fünf Meter lang und drei Meter breit. Sie wird aus zwölf großen Tragsteinen gebildet und ist an der Ostseite etwa 1,50 Meter, an der Westseite 1,90 Meter hoch. Ein etwa sechs Meter langer Gang führt von der Außenwelt in sie hinein.

Ein anderes Großsteingrab wurde 1951 beim ehemaligen Bahnhof Kampen aus dem Dünensand freigegraben. Zwei weitere Ganggräber liegen bei Archsum auf dem Land und im Watt: Der Middelmarschhoog und der Kolkinghoog, der im letzten Jahrhundert von den Gezeiten freigespült wurde und dessen zusammengestürzte Felsblöcke heute nur noch bei Ebbe zugänglich sind.

Von dem Morsumer Bollhoog geht seit Jahrhunderten die Sage, dort läge ein Morsumer Riese, der im Kampf gegen die Zwerge des Zwergenkönigs Finn aus Braderup gefallen sei. Er soll unter anderem ein Kuhfell mit goldenen Hörnern getragen haben. Doch als der Bollhoog 1842 beim Besuch des damaligen Dänenkönigs Christian VIII. geöffnet wurde, blieben zur allgemeinen Enttäuschung

des Hünen goldene Hörner unentdeckt.

Die Megalith-Leute in Südschweden, Dänemark, Schleswig-Holstein und Ost-Niedersachsen verschmolzen sich gegen Ende der Jungsteinzeit und Anfang der Bronzezeit (1500–500 v. Chr.) mit den in dieser Epoche einwandernden Streitaxt-Leuten, von denen niemand genau weiß, woher sie kamen. Auch sie bestatteten ihre Toten unter Erdhügeln, aber nicht in Sippengräbern, sondern einzeln in Baumsärgen. Die Mehrzahl aller Grabhügel auf Sylt stammt aus dieser Zeit der Vermischung. Die Toten wurden nun durchweg verbrannt und samt Beigaben in Steinkisten und Einzelgräbern beigesetzt.

So zahlreich sind die Hünengräber auf Sylt, daß der Frühgeschichtsforscher Peter Schmidt-Eppendorf sogar den Namensursprung der Insel daraus erklären möchte. Das aus dem altnordischen Wort »svelta« abgeleitete Wort »sylti« bedeutet soviel wie »qualvoll sterben«. Hieß das lebensfrohe Sylt des 20. Jahrhunderts einst »Insel der Toten«?

Noch in der Bronzezeit war die Verschmelzung von Megalithgrab- und Streitaxt-Leuten in Nordeuropa beendet. Ein neues Volk war geboren, unter dessen Schritt bald Europa erzittern sollte: die Germanen.   □

41

Semmelblond und blauäugig sind die Friesen heute noch. Berühmt waren sie schon zur Zeit der Römer. Auf Sylt wurden sie erst um 850 n. Chr. richtig seßhaft.

Die Friesen kommen

Berühmt«, so meint der größte römische Geschichtsschreiber Cornelius Tacitus im ersten nachchristlichen Jahrhundert, »ist unter den Germanen der Name der Friesen.«

Hochgewachsen, semmelblond und blauäugig war dieser germanische Stamm nach dem Ende der Bronzezeit und zu Beginn der Eisenzeit (500 v. Chr. bis 800 n. Chr.) im Norden Europas aufgetaucht. Aber es sollte fast tausend Jahre dauern, bis er dorthin zurückkehrte – und damit nach Sylt kam.

Denn zunächst hatten sich die Friesen – etwa 200 Jahre v. Chr. – auf den Marsch gen Süden gemacht und sich am Südrand der Nordsee niedergelassen, von der Rhein- bis zur Elbe-Mündung.

Dort stießen die Feldherren des römischen Kaisers Augustus bei ihren Eroberungszügen an das Meer auf sie: Erst der Kaiser-Bruder Drusus (12 v. Chr.), dann sein Nachfolger Tiberius (5 n. Chr.) und schließlich dessen Adoptivsohn Germanicus (16 n. Chr.). Von dort kehrte ein Teil der Friesen um 850 n. Chr. in den Norden zurück.

Sie brachten schon christliche Ausdrücke in ihrer Sprache mit (»pinkster« für Pfingsten). Sie waren in die Kunst des Deichbaus eingedrungen. Und außer ihren blauen Augen und blonden Haaren hatten sie sich inzwischen auch noch eine Reihe anderer Stammes-

merkmale erworben: Sie galten als stur, schweigsam, stolz.

Sie fanden im Norden unter anderem eine nur noch dünn besiedelte Insel vor: Sylt. Was war inzwischen mit dem Eiland geschehen? Noch in der frühen römischen Kaiserzeit, also um Christi Geburt, waren bei Archsum, Tinnum und Rantum eindrucksvolle burgähnliche Bauten entstanden: Ringwallanlagen, deren Durchmesser bis zu 80 Meter, deren Wallhöhen bis zu 8 Meter betrugen, Burgen und Kultstätten zugleich.

Ausgrabungen auf dem Wohnhügel Melenknop bei Archsum haben ergeben, daß er von der Bronzezeit bis in die ersten Jahrhunderte nach Christus wieder und wieder bebaut worden war, zuletzt bereits mit einem Gehöft, das als Vorläufer des heutigen Friesenhauses angesehen werden kann: ein west-

östlich gelegenes Landhaus, in dem Wohntrakt und Ställe bereits getrennt waren.

Doch dann, nach dem Einbruch der Hunnen um 375 n. Chr., war Europa in Bewegung geraten: Die Völkerwanderung begann. Auch auf Sylt brachen junge Leute auf, um zu überleben und um Abenteuer zu erleben, um Gold oder Ruhm zu suchen.

Die Insel entvölkerte sich. Um 450 n. Chr. sollen von dem damals vor Wenningstedt gelegenen Hafen Wendingstadt Jüten, Angeln und Sachsen zur Eroberung Englands aufgebrochen sein. Historisch verbürgt freilich ist ihr Einschiffungsort nicht.

Sicher ist aber: Der Melenknop bei Archsum und die benachbarten Wohnhügel verwaisten, wurden Wüstungen. Sylt war kaum noch bewohnt. So bot es sich den Friesen dar. Was sie sahen, gefiel ihnen. Sie nahmen es. □

Wie die Friesen Christen wurden

Gott und der Speer liehen ihre Namen jenem Mann, der das Christentum nach Nordfriesland trug. Gott, das hieß auf althochdeutsch »ans«, der Speer war »ger«. Und ein Benediktinermönch namens Ansgar wurde zum ersten Missionar in Schleswig, Dänemark und Schweden.

801 n. Chr. – Karl der Große hatte sich gerade zum deutschen Kaiser krönen lassen – war Ansgar in der Picardie geboren worden. Erst 25 Jahre alt, wurde der Mönch aus dem Benediktinerkloster Corvey an der Weser vom Kaiser dem Dänenkönig Harald zugeteilt, der sich 826 n. Chr. in Ingelheim hatte taufen lassen.

Der Dänenkönig empfahl Ansgar weiter an den Schwedenkönig: Er habe nie in seinem Leben einen so guten Menschen gesehen und bei keinem so große Treue gefunden.

Ansgar wurde erster Bischof von Hamburg, Päpstlicher Legat für den Norden, schließlich Erzbischof von Hamburg und Bremen. Doch immer wieder erhob das Heidentum sein Haupt. Bei dem Wikinger-Überfall wurde Ansgars Kirche und Kloster in Hamburg 845 n. Chr. angezündet, die Stadt von den Dänen dem Erdboden gleichgemacht. Er selbst konnte nur knapp entrinnen. Zwanzig Jahre später starb er in Bremen.

Irgendwann in jenem Jahrhundert hörten auch die Einwohner der Insel Sylt auf, zu ihren heidnischen Göttern zu beten. Der genaue Zeitpunkt steht nicht fest. Die Friesen gehörten damals zu einem Bund von sieben westgermanischen Stämmen, die zur Göttin Nerthus aufblickten. Sie war eine der wenigen germanischen Göttergestalten, die schon den Römern namentlich bekannt waren. Tacitus nennt sie die »Mutter der Erde«. Sie sollte in einem heiligen Hain auf einer Insel im Ozean leben. Ihr Gemahl war der Kriegsgott Tiu, dessen Name auch in der syltisch-friesischen Bezeichnung für »Dienstag« erhalten blieb: Tiisdai.

Womöglich noch schwerer als die heidnischen Götter aber waren für die christlichen Missionare die Gestalten der Mythen und Legenden auf der Insel auszurotten: »Sie sind plauder- und schwatzhaft«, klagte noch 1762 Pastor Martin Richard Flor aus Morsum über die Sylter, »zum Aberglauben sehr geneigt, und hängen noch sehr an Gespenster- und Hexenmärchen.« So an den Sagen über die unterirdischen Zwerge des Königs Finn von Braderup und die Riesen des Königs Bröns oder den Meermann Ekke Nekkepenn, das Rumpelstilzchen der Nordsee. Genau wie Rumpelstilzchen singt Ekke Nekkepenn:

> »Heute soll ich brauen
> Morgen soll ich backen
> Übermorgen will ich
> Hochzeit machen.«

Dort, wo Ekke Nekkepenn umging, wurde wahrscheinlich schon in Ansgars neuntem Jahrhundert nach Christus das erste Kirchenspiel der Insel gegründet – St. Peter in Rantum. Von ihm trennten sich später die anderen Kirchspiele ab.

Bereits um 1150 standen auf Sylt vier große Kirchen, und zwei von ihnen stehen noch heute: Die St.-Severin-Kirche von Keitum und die St.-Martin-Kirche von Morsum. Genau zu jener Zeit war es auch, daß Sylt erstmalig urkundlich erwähnt wurde: Dänenkönig Erich III., zu dessen tributpflichtigem Utland (Vorland) Sylt gehörte, bewilligte 1141 n. Chr. »den im Kloster Odense zu Gott dienenden Mönchen alljährlich 30 Mark von der Insel Sild«.

Ungleich schneller als die Christianisierung vollzog sich ein halbes Jahrtausend später die Reformation: 1517 hatte Martin Luther seine Thesen an die Schloßkirche von Wittenberg genagelt. Nur drei Jahre danach verbreitete der Husumer Vikar Hermann Tast Luthers Wort in Nordfriesland.

Von den Inseln öffneten sich Föhr und Amrum als erste der neuen Lehre. Auf Sylt blieb der Katholizismus noch am längsten erhalten. Aber bereits 1542, nur 25 Jahre nach ihrem Beginn, war die Reformation Nordfrieslands durch Annahme einer plattdeutschen Kirchenordnung auf dem Landtag von Rendsburg vollendet.

Indes, ob katholische Priester oder lutherische Pfarrer, alle Insel-Hirten hatten ihre liebe Müh mit dem unbändigen Freiheitsdrang ihrer friesischen Schäfchen, einem Drang, der in der Ablehnung des Zölibats (siehe Bildtext) genauso zum Ausdruck kam wie in dem Lied der Strandräuber von Hörnum:

> »Priester sind störrig –
> Doch wir, nicht faul,
> Wenn sie zu knurrig,
> Schlagen sie aufs Maul.«

Genau wie in ihren Geschäften verzichteten die Friesen auch in ihren Beziehungen zu Gott am liebsten auf jeden Makler. □

Der Benediktiner-
mönch Hildebrand
aus dem Kloster
Cluny wurde 1073
als Gregor VII.
(links) zum Papst
ausgerufen. Er
zwang den deut-
schen Kaiser zum
Bußgang nach Ca-
nossa. Doch an den
damals gerade erst
christianisierten
Friesen biß sich der
Kirchenfürst die
Zähne aus.
Immer wieder fielen
sie ins Heidentum
zurück und gaben
»den Priestern die
Schuld an Unwetter
und Sturmfluten, an
Seuchen und Un-
glücksfällen« (Gre-
gor in einem Brief an
Dänenkönig Harald
im Jahr 1080).
Vergebens suchte
der Papst im Norden
das Zölibat durchzu-
setzen, vergebens
forderte er das Volk
auf, sich von verhei-
rateten Priestern ab-
zuwenden. Noch vier
Jahrhunderte da-
nach notierte Enea
Silvio Piccolomini
(der spätere Papst
Pius II.) in seiner
Geschichte Europas
»Opera mundi« über
die dickköpfigen
Friesen: »Die Un-
zucht der Weiber
strafen sie hart. Ei-
nen Priester ohne
Ehefrau dulden sie
nicht, da er fremde
Ehebetten be-
schmutzen könnte.
Sie glauben nämlich,
es sei wider die Na-
tur, daß sich der
Mensch enthielte.«
Die Kinder aus Prie-
sterehen waren ille-
gitim. Bei den Frie-
sen aber erwuchs ih-
nen daraus kein
Nachteil.

45

Das Meer frißt Menschen, Vieh und ganze Dörfer

So rekonstruierte der Kartograph Johannes Mejer die Umrisse Sylts für das Jahr 1240: Hundert Jahre später kam die große Flut.

Caspar Danckwerths »Newe Landesbeschreybung« von Schleswig-Holstein erschien 1652 mit Karten des Königlichen Mathematicus Johannes Mejer aus Husum. Zehn Jahre lang hatte der dänische Kartograph das meerumschlungene Land vermessen, jede seiner Inseln hatte er besucht, mindestens dreimal ist sein Aufenthalt in List nachweisbar.

Von ihm stammt die bis heute beste Rekonstruktion der frühen Gestalt der Insel: Mit dem Festland fast verwachsen, hatte sie noch Mitte des 13. Jahrhunderts ein Vielfaches ihrer heutigen Größe.

Seither hat das Meer Stück um Stück von Sylt verschlungen. Das Land versank und mit ihm Vieh und Menschen und ganze Dörfer wie Wendingstadt und Eytum. Rantum ist seit jener Zeit unentwegt auf der Flucht vor der See ins Inselinnere.

Über kein Gebiet Deutschlands sind im vergangenen Jahrtausend so viele Naturkatastrophen hereingebrochen wie über Nordfriesland.

46

Der dänische Karto-
graph Johannes Me-
jer wurde im Jahr
1606 in Husum ge-
boren und starb dort
im Jahr 1674.

So vermaß der Kar-
tograph Johannes
Mejer die Umrisse
Sylts im Jahr 1648:
Das Meer hatte der
Insel bereits ihre
Grundgestalt
gegeben.

Die erste verheerende Sturmflut, von der
Einzelheiten überliefert sind, war »de grote
Manndränke« im Jahr 1362. Um Mitter-
nacht des 16. Januar soll ein furchtbarer
Sturm über das Meer gekommen sein – 30
Kirchen wurden vernichtet und 100 000
Menschen ertranken. Hundert Jahre später
notierte der älteste Sylter Chronist Hans
Kielholt, dessen Vater Albertus Prediger in
der versunkenen Westerseekirche von Ran-
tum gewesen war: »Die schöne Kirche, die
mein Vater hatte, steht nun täglich zwei

Faden tief im Wasser . . . Ach und Wehe!«
1570 tötete die Allerheiligenflut 20 000
Menschen, 1634 die Buchardiflut 9000. Da-
nach lag die Strandlinie immer noch rund 2,5
Kilometer westlich des heutigen Strandes.
Im Dezember 1917 fraß die See in einer
einzigen Sturmnacht 35 Meter Dünen bei
Hörnum. Und im Januar 1976 trennte das
Meer vorübergehend den Ellenbogen vom
Inselrumpf ab. Solange Sylt existiert, wird es
vom Meer verformt, und immer neue Karten
müssen gezeichnet werden.   □

47

Sylt lebt vom Sild

»Die Häringsfische-rei« heißt dieser Kupferstich eines unbekannten Künstlers aus dem Anfang des 19. Jahrhunderts. Die Sylter fischten meist in offenen Fahrzeugen, in Schniggen, Pinken und Ewern.

Sieben schwere Sturmfluten hatten im 15. Jahrhundert das damals fruchtbare und dichtbesiedelte Hörnum verwüstet. Auf der Südspitze der Insel hausten nun Überlebende in Erdhütten im Kressen-Jakobstal. Sie trieben Jagd und Fischerei, aber noch lieber Strand- und Seeräuberei. Ihr Gesang ließ die Handelsfahrer der westlichen Nordsee erzittern:

> Fri is de Fischfang,
> fri is de Jagd.
> Fri is de Strandgang,
> fri is de Nacht.

Unser is de See.
Und de schöne Hörnumer Rhee.
Doch bald wurde aus dem Seeräubernest neben dem Kressen-Jakobstal ein Fischereihafen: Der Renning am Budersandberg. Denn Europa hatte den Hering entdeckt. Die Hauptfischgründe lagen damals bei Helgoland. 1530 holten dort 2000 Fischer ihre Netze ein, darunter viele von Sylt.
Und als der Holländer Beukelsen herausgefunden hatte, daß der leicht verderbliche Hering durch Einsalzen haltbar gemacht werden konnte, wuchs der Anteil der Insel am Heringsfang noch einmal sprunghaft an. Denn im Gegensatz zu anderen Friesen hatten die Sylter sich schon früher eigens Siedereien zur Salzgewinnung gebaut, die sie nun nutzen konnten.

48

Der Heringsfang brachte ersten bescheidenen Wohlstand auf die Insel. Anstelle von Lehmhütten wurden 1560 die ersten Backsteinhäuser gebaut. Aber der Fang forderte auch bittere Opfer. Allein 1571 versanken bei Hörnum sechs Fischerboote mit ihrer gesamten Mannschaft, darunter 20 Morsumer. 1607 blieben 14 Heringsboote auf See, zwei Jahre später ertranken 18 Sylter Fischer. Jeder größere Sturm ließ einige Fischer sterben.

Ein gutes Jahrhundert hielt der Heringsboom an. Dann, 1610, schloß die Fischereistation von Hörnum. Die Hütten am Budersandberg fielen wieder Strandläufern in die Hände. Sylter Fischer hatten eine lohnendere Beute als den Hering entdeckt: den Wal bei Grönland. □

Daß der Name Sylt von Sild (dänisch: Hering) stammt, ist eine von zahlreichen unbewiesenen Theorien über den Ursprung des Inselnamens. Sicher ist jedoch, daß der Sild das erste Wappentier der Sylter war: Das Siegel wurde auf einem Aktenblatt von 1773 gefunden.

In der Nacht zum Petri-Tag: Das Biiken

In der Nacht zum 22.
Februar flammen
auf allen nordfriesi-
schen Inseln pras-
selnde Feuer auf.
Das Biike-Brennen
ist der älteste Volks-
brauch auf Sylt. Er
hat eine sonderbare
Geschichte.

Im 17. und 18. Jahrhundert wurde das heidnische Biike-Brennen zum Abschiedsfest für Sylts Seefahrer, die auf Wal- und Robbenjagd nach Grönland und ins Eismeer zogen. Die Feuer kündeten nun den Anbruch der Walfang-Saison.
Am Tag nach dem Biike-Brennen wurde auf den nordwestlich von Keitum gelegenen Thing-Hügeln bei einem »Thing-Lesen« notwendige Rechtsfragen geregelt, Verbote und Bekanntmachungen verkündet. Denn was immer die Grönlandfahrer erwartete, eines war gewiß: Keiner von ihnen würde vor dem Herbst und mancher von ihnen niemals wiederkehren.

Einst gingen in der Nacht vor dem Petritag Stroh und Strandgut in Flammen auf. Heute verbrennen die Sylter dann ihre ausgedienten Weihnachtsbäume: Das Biike-Brennen zwischen dem 21. und 22. Februar, Frühlingsfest aller Friesen, ist der älteste Volksbrauch auf der Insel – nach Ansicht des Sylter Chronisten C. P. Hansen (1803–1879) ist er über 1000 Jahre alt und heidnischen Ursprungs.

Das Wort »Biiken« stammt von »Baken« (Feuerzeichen). Die ersten Feuerzeichen leuchteten auf Sylt vor der Christianisierung zu Ehren des Germanengottes Wodan. »Weedke tiare« (»Wodan zehre«) riefen Männer und Frauen noch Jahrhunderte später, wenn sie die Flammen umtanzten.

Im 17. und 18. Jahrhundert wurde das heidnische Ritual zum weltlichen Abschiedsfest für alle jene Seefahrer, die zur Wal- und Robbenjagd nach Grönland und ins Eismeer aufbrachen.

Am Tag nach dem Biike-Brennen wurde auf den nordwestlich von Keitum gelegenen Thing-Hügeln bei einem »Thing-Lesen« notwendige Rechtsfragen geregelt, Verbote und Bekanntmachungen verkündet. Denn kein Grönlandfahrer, der nun Abschied nahm, würde vor dem Herbst wiederkehren. Der Wal wurde in zwei Jahrhunderten ausgerottet, das Biiken aber blieb. Kinder und Konfirmanden schleppten nun die alten Tannenbäume heran. 1909 wurden vom Munkhügel am Morsumkliff aus in der Nacht vor dem Petritag (Pidersdai) die Flammenscheine von 28 Biiken gezählt.

Vergeblich versuchte das NS-Regime in den 30er Jahren, das Fest in seinem Sinn umzufunktionieren. 1934 sollte als Ausdruck des »neuen Gemeinschaftsgeistes« nur noch ein Feuer für Westerland, Wenningstedt, Tinnum, Kampen und Keitum brennen. Wegen Mangel an Beteiligung konnte man schon im nächsten Jahr zur alten Form zurückkehren. Und im Februar 1946, im ersten Jahr nach dem Zusammenbruch des Dritten Reiches, brannten die Biiken heller und höher als je zuvor.

Heute wird an den Feuern in friesisch und hochdeutsch der Vergangenheit gedacht. Dann gibt es in den Wirtshäusern Grünkohl und Schweinebacke. Die ganze Nacht wird getanzt. Und der nächste Morgen bringt am Petritag das Schönste am Biiken für die Kinder: schulfrei. □

Wem gehört eigentlich das Listland?

Niels Diedrichsen steht auf seiner Privatstraße, die auf den Ellenbogen führt. Er ist Nachkomme einer jener beiden Familien, die das Listland seit drei Jahrhunderten beherrschen. Sie erheben im Sommer einen Wegzoll von jedem Auto, das auf den Ellenbogen fährt.

Das Listland wurde 1292 vom dänischen König der Stadt Ripen geschenkt und blieb – im Gegensatz zum Rest der Insel – bis 1864 dänisch. Auch die Einwohnerzahl blieb durch Jahrhunderte fast konstant. 1758 standen im Listland 8 Häuser mit 40 Einwohnern, 1905 waren es 10 Häuser mit 73 Einwohnern. Dann kamen die Touristen . . .

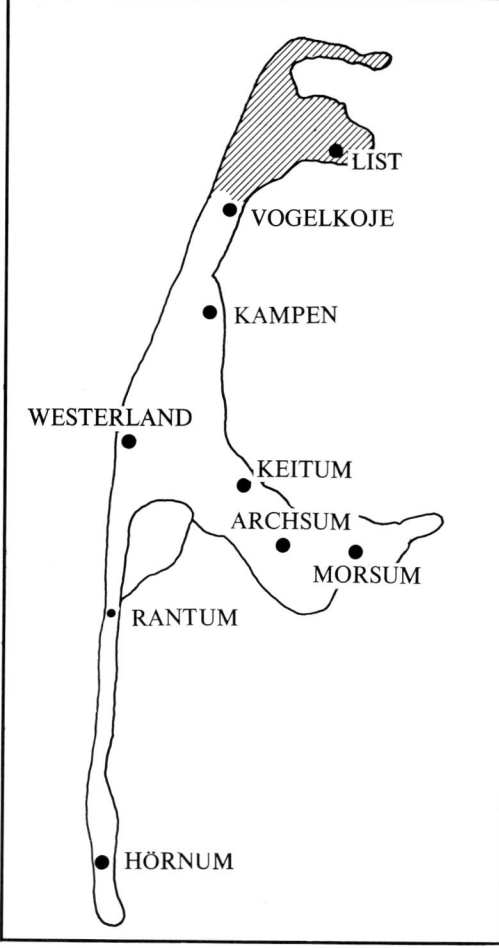

Ein Siebtel der Insel Sylt ist im Besitz einer einzigen Erbengemeinschaft: Die 1284 Hektar des Listlandes, das sich von der Vogelkoje an der Nordgrenze Kampens bis zum nördlichsten Punkt Deutschlands, dem Ellenbogen erstreckt. Denn im Norden von Sylt haben sich Erbrecht und Eigentumsbegriff völlig verschieden vom Rest der Insel entwickelt. Der Norden hat seine eigene Geschichte und eigene Gesetze. Der Norden ist anders. »Ich geh nach Sylt«, sagt der geborene Lister noch heute, wenn er einen anderen Ort auf der Insel aufsucht.

Wie fast alle Bewohner der Utlande, der vom Wasser zerklüfteten Marschen und Inseln Nordfrieslands, so dienten auch die Sylter in den letzten tausend Jahren manchen Herren: Sie zahlten Steuern an den dänischen König, waren Untertanen deutscher Kaiser, gehörten zum Herzogtum Schleswig, verbündeten sich mit den Grafen von Holstein, lebten im Schatten der Hanse.

Ungleich beständiger verlief die Geschichte des Listlandes. 1178 waren die Friesen erstmals nachweislich von Dänemark zur jährlichen Steuer verpflichtet worden. Und schon im nächsten Jahrhundert schenkte König Erich Menved den damals wertvollsten Teil der nordfriesischen Inseln seiner aufstrebenden Handelsstadt Ripen: das Listland mit seinem natürlichen Hafen und der davorliegenden Reede, dem Lister Tief zwischen Sylt und Röm.

Die Schenkungsurkunde ist vom Bartholomäustag 1292 datiert, und von jenem Tage an gehörte List zu Dänemark, bis es kurz nach dem Wiener Frieden von 1864 zusammen mit den Herzogtümern Schleswig, Holstein und Lauenburg an Preußen fiel.

Das alte Listum – ursprünglich weit westlich des heutigen List gelegen – ist in der landverschlingenden Sturmflut des Jahres 1362, in der »Manndränke« untergegangen. Die meisten Bewohner ertranken. Wer überlebte, wanderte aus.

Da nach dänischem Recht alles »wüste Land« an die Krone fiel, war nun der König von Dänemark wieder Herr des Listlandes. Von ihm erhielten es im nächsten Jahrhundert zwei Fischer aus Fanö als erbliches Lehen, »Erbfeste« genannt. Sie teilten das Land unter sich auf und siedelten auf der damals noch nicht mit Sylt verbundenen Insel Mellhörn. Ihre beiden Höfe begründeten das neue List. Und die Geschichte vom Westhof und Osthof wurde fortan die Geschichte Lists.

Da die Höfe als Erbfesten unteilbar waren, unterblieb im Norden von Sylt die im Süden der Insel mit dem Erbvorgang verbundene Aufsplitterung des Grundbesitzes. Während der Süden der Insel in immer kleinere Parzellen zerfiel, blieb der Norden in der Hand von zwei Familien, seine Einwohnerzahl blieb konstant.

Das »Ribehaus Erdbuch« von 1608 hat erstmals die beiden Familiennamen der Listlandbesitzer überliefert: Auf dem Osthof saß damals der Festebauer Jürgen Jensen, auf dem Westhof der Festebauer Jürgen Hansen, der Vorfahr von »Litje Paer« Hansen (siehe Seite 66).

Erst 1848 wurden die Erbfesten in Privateigentum umgewandelt. Und noch heute gehört das Listland den Nachkommen jener zwei Sippen der Fischer von Fanö: einer 28köpfigen Erbengemeinschaft mit den beiden Stammfamilien Diedrichsen (Osthof) und Paulsen (Westhof). Wäre das Listland als Bauland verkäuflich, so würden diese beiden Familien damit ein gewaltiges Vermögen machen können. Sie haben es mehrfach versucht, aber es wurde jedoch nie etwas daraus.

Der erste Vertrag über einen Verkauf wurde von den Familien Paulsen und Diedrichsen 1905 mit dem Berliner Bankhaus Siegmund Friedberg geschlossen. Die Bank wollte in dem einzigen Naturhafen zwischen Dänemark und Hamburg einen Umschlagplatz für Schiffsgüter und ein Seebad errichten. Aber der Vertrag wurde rückgängig gemacht.

Im Herbst des gleichen Jahres beauftragten die beiden Familien das Hamburger Bankhaus E. Calmann, das Listland für 400 000 Mark zu verkaufen. Die Bank selbst wollte sich am Ausbau eines Seebades beteiligen. Indes, auch daraus wurde nichts.

1908 dampfte dann die erste Inselbahn bis List, 1910 wurde die Staatlich Preußische Austernanlage von Husum nach List verlegt, und 1914 war eine Dampferverbindung zur Hoyerschleuse schon projektiert. Doch der Ausbruch des Ersten Weltkrieges vertagte alle Seebad-Träume. Statt der Kurgäste rückte das Militär in List ein: Der Hafen wurde Marinestützpunkt und Fliegerhorst. Die dafür benötigten 80 Hektar Land wurden den Listlandbesitzern entschädigungslos abgenommen.

Es sollte noch ärger kommen. Nachdem List in den zwanziger Jahren Verkehrs- und Segelfliegerschule geworden war (von dort startete 1931 Wolfgang von Gronau mit einem Dornier »Wal« zum Flug um die Welt, siehe Seite 202), enteigneten Hitlers Generäle weitere 168 Hektar. Der Rest war 1937 Naturschutzgebiet geworden.

Nach der Kapitulation erhielten die Listlandbesitzer vom Staat eine Entschädigung von 1,5 Millionen Mark. Etwa die gleiche Summe konnten sie noch einmal aus dem Verkauf von drei Gebieten erzielen, die von den Behörden zum Zwecke der Wiedergutmachung als Bauland ausgewiesen waren: Die heutige Siedlung Mellhörn Sonnenland I und II an der Blidselbucht. Den großen Gewinn aber strichen auch dort spekulierende Baulöwen ein.

So leben der »König von Sylt«, Listlandbesitzer Niels Diedrichsen und seine Frau Frauke heute vom Wegzoll am Ellenbogen, von zwei Ferienwohnungen und von tausend Schafen, die auf seinem ebenso wertvollen wie schwer verkäuflichen Großgrundbesitz weiden.

Der Großgrundbesitzer wohnt mit seiner Familie (drei Kinder) in einem kleinen reetgedeckten Haus in List. Der Großvater hängt als Ölbild an der Wand. In der Diele blöken Schafe. »Wenn wir wollten, könnten wir morgen die Straße zum Ellenbogen dicht machen«, lacht er. »Dann können nur noch ausdauernde Wanderer zur Nordspitze.« □

Wallenstein kam nur bis Morsum – die Pest bis Hörnum

Albrecht Eusebius Wenzel von Wallenstein (1583 bis 1634) diente dem Habsburger Kaiser als kaiserlicher Generalissimus. 1626 schlug er den Dänenkönig Christian IV. und besetzte Jütland. Um Wallenstein zu entlohnen, machte ihn der Kaiser zum Herzog von Mecklenburg und ernannte ihn zum »General des ozeanischen und baltischen Meeres«. Wenige Jahre später erwirkten die Kurfürsten auf dem Regensburger Reichstag Wallensteins Absetzung. Noch einmal gelang es dem Feldherrn danach, den Oberbefehl an sich zu reißen. Er siegte 1632 in der Schlacht bei Lützen, in der Schwedens König Gustav Adolf fiel. Zwei Jahre später aber stürzte er endgültig in Ungnade. Der Kaiser befahl, ihn tot oder lebendig zu fangen. 1634 erstach ihn in Eger der irische Hauptmann Devereux.

Hunger und Seuche, Krieg und Tod – das waren im deutschen Mittelalter die vier Reiter der Apokalypse. Zwei von ihnen hatten es schwer, übers Wattenmeer auf die Nordsee-Inseln zu galoppieren: der Krieg und die Seuchen. So hart und entbehrungsreich das Eiland-Dasein dort war – von durchziehenden Heeren und Epidemien wurden die Insulaner viel weniger heimgesucht als die Menschen auf dem Festland.

Und doch: Die Pest und der Wallenstein – sie kamen schließlich auch nach Sylt.

Die erste Pest, genannt die Justinianische Pest, war im sechsten Jahrhundert n. Chr. aus Ägypten nach Europa eingeschleppt worden, verschwand aber schon gegen Ende des gleichen Jahrhunderts wieder.

Die zweite Pest war schlimmer. Sie fuhr Anfang des 14. Jahrhunderts auf drei Handelsschiffen aus dem Orient in den Hafen von Messina ein. Zunächst vom Rattenfloh, dann von Mensch zu Mensch übertragen, breitete nun der »Schwarze Tod« sein Leichentuch über den Kontinent: Die Pest tötete den Kaiser Lothar und den Maler Tizian. Sie lähmte die Besiedelung des Ostens durch die Ritter des Deutschen Ordens. In Venedig raffte sie 100 000 Menschen dahin, in Smolensk blieben nur fünf am Leben, in Lübeck kamen neun Zehntel aller Einwohner um.

Diese Pestwelle erreichte 1349 auch Sylt. Die Insel wurde fast menschenleer. Der Chronist Henning Rinken (1777–1862) berichtet darüber: »In dieser Pest war ganz Morsum bis auf elf Personen ausgestorben, in Archsum kein Mensch am Leben geblieben. Personen oder Familien, die in Rantum übriggeblieben waren, zogen nach Archsum und nahmen die besten Häuser und Ländereien als Eigentum in Besitz. In Westerland sollen nur noch drei Familien am Leben geblieben sein.«

Und in seiner »Geschichte und Zustände des Herzogtums Schleswig« schreibt der Chronist Wimpfen: »Die Kranken bekamen heftiges Fieber mit Betäubung und Schlaflosigkeit verbunden. Die Zunge und der Gaumen waren verbrannt und schwarz, und aus dem Mund drang ein abscheulicher Gestank . . . Der Brand pflegte gleich darauf mit schwarzen Flecken über den ganzen Körper zu erfolgen . . . Überall gab es Trauer und Tränen. Häuser standen unbewohnt nur von

Hunden bewacht; Herden gingen ohne Hirten auf dem Felde umher; Söhne flohen vor den Leichen ihrer Eltern . . . Diese furchtbare Geißel Gottes kündigte sich, nach den nordfriesischen Sagen, durch häufiges Niesen an, weshalb man sich seit der Zeit im Frieslande gewöhnlich ›Gott help!‹ zuruft . . . In dieser Zeit der Not wurden die sogenannten Pestkuhlen auf den friesischen Kirchhöfen eröffnet und in dieselben die an der Pest Gestorbenen haufenweise hineingestürzt.«

Während die Pest in den nächsten zwei Jahrhunderten immer wieder in Wellen Europa überzog und das Land entvölkerte, blieb Sylt von ihr verschont. Erst 1581 und 1597 kehrte die tückische Seuche noch einmal zurück. Nach Angaben des späteren Küsters von Morsum, Muchel Madis, starben damals in seinem Kirchensprengel 142 Menschen.

Derselbe Küster Muchel Madis ist es, der auch über die zweite Heimsuchung Sylts Buch geführt hat, die ein paar Jahrzehnte später über die Insel hereinbrach: die Besetzung im Dreißigjährigen Krieg (1618–1648).

Zunächst wurden 1300 Mann dänischer und englischer Truppen auf Sylt einquartiert. Sie verpflegten sich aus dem Lande. Sie rückten erst ab, als sich 1626 auf dem Festland die Truppen des kaiserlichen Feldherrn Wallenstein näherten.

Indes: Für die Sylter hieß es nur, ein Übel mit dem anderen zu vertauschen. Denn auch die Kaiserlichen lebten aus dem Lande. »Der Krieg muß den Krieg ernähren«, hatte Wallenstein geknurrt, als er zum Schutz des Herzogs von Schleswig in den Norden einmarschierte.

Am 18. Mai 1628 landeten 400 kaiserliche Soldaten auf Sylt. »Des Kaisers Volk« kam an jenem Sonntag vor Himmelfahrt »mit Gewehr und Geschütz«, so notierte Küster Muchel Madis.

Der Kommandeur von Wallensteins Landungsunternehmen war Oberstleutnant Ernst von Suys. »Ein solcher«, schreibt Wallensteins Biograph Golo Mann über diesen Offizier, »im besten Fall, vergnügte sich mit Küstenpiraterie.«

Tatsächlich rückte Ernst von Suys mit seinen 400 Mann nur bis Morsum vor und verlangte 5000 Reichstaler Kontribution. Nur 3900 konnten die Sylter aufbringen. Da nahm der

Die Pesttafel (oben) in der Kirche von Morsum erinnert an die Schrecken des Dreißigjährigen Krieges. Auf hochdeutsch lautet die Inschrift:
»Unsere Kirche war mit Schanze und Graben fest versichert gewesen, doch schon das Jahr danach hat die Pest uns überfallen.«

Oberstleutnant kurzerhand zwei Einwohner als Geiseln. Peter Petersen aus Archsum und Manni Bundis aus Morsum. Und schon am nächsten Tag schiffte er sich mit seinen Kaiserlichen wieder ein. Die beiden Gefangenen mußten ihn begleiten. Sie sollten erst freigegeben werden, wenn die restlichen 1100 Taler bezahlt worden waren. Vergebens baten die zwei aus dem Kerker in einer Bittschrift an »Wohlgeborener Herr Oberster Leutenant« um Gnade, nicht »in Ewigkeit alleine im Stockhause pleiben« zu müssen.

Ungerührt schrieb Wallensteins Oberstleutnant an den Rand: »Sìe werden allda sitzen bleiben, bis ich werde zu frieden gestellt sein oder mit Gelt oder mit Bürgschaft.« Und so geschah es.

Die Pest, die 1629 noch einmal auf Sylt wütete (siehe Foto von der Pesttafel in Morsum), verschwand gegen Ende jenes Jahrhunderts für immer aus dem Abendland wie die Ratten, mit denen sie gekommen war. Die Zeit der Besatzer vom Schlage eines Ernst von Suys aber war für Europa gerade erst angebrochen. □

Die Seeschlacht vor List forderte 800 Tote

Von 10 Uhr morgens bis 4 Uhr nachmittags grollte am 16. Mai 1644 Kanonendonner über die Dünen von List. Sechs Stunden dauerte die Seeschlacht zwischen den Flotten eines armen Königs und eines reichen Mannes.

Der König war Christian IV. von Dänemark. Der reiche Mann hieß Lodewijk de Geer. Er stammte aus Holland. Dort hatte er sein Vermögen gemacht. Um den Wirren des Dreißigjährigen Krieges möglichst zu entgehen, war er 1627 nach Schweden übergesiedelt und hatte die schwedische Staatsbürgerschaft erworben.

Er war ein mächtiger Handelsherr, ein Fugger der Meere. Als Mäzen unterstützte er das Wirken des bedeutenden Schulreformers Comenius so üppig, daß der ihn beglückt einen »Großalmosenier von Europa« nannte. Als Kaufmann aber sah Lodewijk de Geer voll Unmut, daß der dänische König Christian IV. immer höhere Steuern im Öre-Sund erhob, den freien Verkehr zwischen Ostsee und Nordsee behinderte und die Geschäfte des Handelsmanns beeinträchtigte.

Als 1643 Krieg zwischen Schweden und Dänemark ausbrach, die Schweden Schonen besetzten und der schwedische Generalfeldmarschall Torstensen in Eilmärschen aus Schlesien und Mähren kommend in Holstein einfiel, da bot Lodewijk de Geer der schwedischen Krone seine Dienste an. Denn um die dänischen Inseln besetzen zu können, brauchten die Schweden vor allem eines: Schiffe zum Truppentransport. Sie zu beschaffen übernahm Lodewijk de Geer.

Noch im Dezember jenes Jahres 1643 reiste er in seine alte Heimat Amsterdam. Denn auch die Holländer, das wußte er, waren über die dänischen Zölle im Sund empört. Oft lagen über hundert holländische Kauffahrer auf Reede vor Helsingör und mußten warten, bis sie von den Dänen durchsucht waren und Zoll bezahlen durften.

Mit schwedischen Staatsmitteln, niederländischen Spenden und eigenem Geld mietete Lodewijk de Geer in Holland eine Flotte von über 30 Schiffen und 2000 Mann Besatzung unterschiedlicher Nationalität. Die meisten Schiffe waren leicht gebaut und hatten nur kleine Kanonen. Flaggschiff der Flotte war der »Vergulde Swan« mit 28 Kanonen und 100 Mann Besatzung. Zum Admiral dieser Flotte ernannte Lodewijk de Geer den Holländer Maarten Thijssen von der Westindischen Kompanie. Das war ein erprobter See- und Kriegsmann, der sich als Vizeadmiral in der Seeschlacht von Recife (1631) hervorgetan hatte.

Im Frühjahr 1644 lief Admiral Maarten Thijssen mit seiner für sechs Monate verproviantierten Flotte aus. Anfang Mai warfen seine 33 Schiffe Anker im Listertief zwischen Sylt und Röm. Am 12. Mai nahm er dort 700 Musketiere der Armee des schwedischen Generalfeldmarschalls Torstensen an Bord, drei Regimenter unter Führung von Oberst Lohhausen.

Flotte und Soldaten sollten nun in die Ostsee segeln, um dort mit dem Gros der schwedischen Streitkräfte die dänischen Inseln anzugreifen. Doch es kam anders.

Während Admiral Maarten Thijssen noch im Listertief auf günstigen Wind wartete, erhielt er die Nachricht, daß sich eine dänische Flotte nähere. Sofort entsandte er seinen Geschwaderkommodore Pieter Marcussen mit sieben schnellen Schiffen auf Erkundung nordwärts. Er selbst blieb mit 26 Schiffen im Listertief liegen.

Tatsächlich kreuzte zu dieser Stunde bereits eine dänische Flotte heran. König Christian IV. von Dänemark hatte sich am 31. März 1644 in Kopenhagen an Bord seines mächtigen Flaggschiffs »Trefoldighed« begeben und war mit acht weiteren Kriegsschiffen zur Belagerung des schwedischen Hafens Göteborg ausgelaufen. Dort hatte er vom Nahen der Mietflotte unter Admiral Thijssen erfahren. Um zu verhindern, daß sie sich mit dem Rest der schwedischen Flotte in der Ostsee vereinigte, brach der König die Blockade von Göteborg ab und segelte um Skagen herum in Richtung auf die Insel Sylt.

Am 15. Mai 1644, einen Tag, nachdem Marcussen mit seinen Schiffen als Spähtrupp zur See das Listertief verlassen hatte, langte der Dänenkönig mit seinen neun Dickschiffen an dessen Einfahrt an. Die Ankerketten rasselten ins Meer. Der Weg in die Nordsee war blockiert. Admiral Thijssen mit seinen 26 Schiffen saß im Listertief zwischen Sylt und Röm gefangen.

So hatten denn die Inspizienten der Historie die Szene für ein neues Schlachtengemälde der Geschichte hergerichtet. Kulissen und Akteure standen bereit. Der Vorhang konnte sich heben.

Prunkvoll gekleidet,
aber knapp bei
Kasse: König Chri-
stian IV. von Däne-
mark. Seine Zollpo-
litik brachte den
Krieg nach Sylt.

König Christian IV.
von Dänemark
wurde 1577 geboren
und bestieg als
19jähriger den
Thron. Bei der See-
schlacht von List war
er 67 Jahre alt; noch
im gleichen Jahr ver-
lor er sein rechtes
Auge in einem zwei-
ten Seegefecht gegen
die Schweden. Er
starb mit 71 Jahren,
als der Dreißig-
jährige Krieg zu
Ende ging: 1648.

Hauptakteur war der Dänenkönig. Gemessen an der damaligen durchschnittlichen Lebenserwartung war er mit seinen 67 Jahren bereits ein biblischer Greis. Seit 48 Jahren regierte er sein Land. Der schwere Burgunder, den er über alles liebte, und vor allem die vielen üppigen Fleischgerichte, die er nicht weniger liebte, hatten ihm eine überaus schmerzhafte Gicht eingebracht. Noch ärgere Pein jedoch kam ihm aus der Politik. Die Schweden, die er verabscheute, hatten ihn an den Rand des Ruins getrieben. Und wenn die Mietflotte im Listertief sich zum Feind in der Ostsee durchschlagen konnte, war Dänemarks Schicksal besiegelt.

In der Nacht vor der Schlacht hatte König Christian einen sonderbaren Traum: Mit nacktem Oberkörper wie ein einfacher Seemann trat er vor die Engel des Herrn, und sie bekränzten ihn mit Siegeslorbeer. Am nächsten Morgen, am 16. Mai 1644, herrschte fast völlige Windstille, nur gelegentlich fiel eine schwache Brise aus Osten ein. Dennoch ließ Admiral Thijssen auf seinem Flaggschiff »Vergulde Swan« an diesem Morgen das Signal zum Auslaufen setzen.

Gezogen von der Ebbe, trieb seine Flotte von 33 Schiffen westwärts aus dem Listertief, dem offenen Meer und dem Feind entgegen. Dort, am Barren vor dem Ausgang des Listertiefs, warteten die neun dicken Dänen. Ebbe, Windstille und östliche Brisen machten sie fast manövrierunfähig. Der König ließ seine Mannschaften in die Beiboote klettern, damit sie rudernd ihre großen Schiffe in günstigere Positionen schleppten.

Der »Vergulde Swan« von Admiral Maarten Thijssen, begleitet nur von zwei Fregatten, nahm Kurs auf des Königs »Trefoldighed«. Um 10 Uhr eröffnete der »Vergulde Swan« die Kanonade. Die Dänen, zum Teil vor Anker liegend, erwiderten mit Breitseiten. Sechs Stunden dauerte die Schlacht der neun gegen die sechsundzwanzig.

Als dann nach Mittag die Flut einsetzte, der Wind auffrischte und die Dänen manövrierfähiger wurden, da war das Schicksal der Mietflotte besiegelt: Sie floh zurück in das Listertief und das angrenzende Watt, wohin ihr die Dänen wegen ihres Tiefgangs nicht folgen konnten.

Ein Chronist über den Zustand der Geschlagenen: »Theils ohne Mast, theils ohne Segel, theils ohne Ruder, gar übel zugerichtet. Die Schiffe seyen überall dermaßen zugerichtet, zerschossen und ruiniert, daß sie eines Theils in viel Wochen nicht wieder repariert und seefertig gemacht werden können. Das darauf gebrachte Fußvolk ist gar übel zugerichtet und gequetscht, wie man denn hört, daß über 800 Tote sind geblieben.«

Um 4 Uhr nachmittags lag Admiral Thijssen wieder in der Sicherheit des Listertiefs und besah sich den Schaden. Die Verluste an Bord seines »Vergulden Swans« allein betrugen 55 Mann, darunter der Kommandeur der an Bord genommenen schwedischen Regimenter, Oberst Lohhausen.

Der Admiral befahl, unverzüglich mit den Ausbesserungsarbeiten an allen Schiffen zu beginnen und die Toten zu bestatten. Der Chronist: »Gestern sind hier auf List fünf Gruben gemacht, darinnen bei 500 Todte, theils ohne Kopf, ohne Arme, Beine und Lenden. Und soll auf den Schiffen ein groß Elend zu sehen seyn, wie das arme Volk gequetscht und zugerichtet.«

Draußen am Ausgang des Listertiefs hatte sich zwischen den Sandbänken Rüstsand und Salzsand nun wieder der siegreiche König mit seinen neun Dickschiffen auf Wache gelegt, um die Mietflotte eingesperrt zu halten. Doch schon am Morgen nach der Schlacht, am 17. Mai 1644, nahmen die Dinge eine neue, unvorhergesehene Entwicklung: Am Horizont tauchten sieben Segel auf. Es waren die sieben Schiffe, mit denen sich Pieter Marcussen fünf Tage zuvor auf Erkundungsfahrt begeben hatte.

In der Gewißheit, daß der zerschossene Feind ohnehin nicht fliehen konnte, vermochte König Christian der Versuchung nicht zu widerstehen und nahm die Verfolgung der sieben auf. Es war ein Wettlauf zwischen Hase und Elefant. Marcussens Schiffe waren ungleich wendiger und flinker als die behäbigen Dänen.

Schon im Schutz des Dunkels der ersten Nacht dieser Jagd konnte Marcussen dem König entwischen. Der segelte nun zurück in die Ostsee, wo er in einem Seegefecht mit den Schweden auf der Kolberger Heide zwischen Fehmarn und Kiel an Bord seiner »Trefoldighed« eine zweite Schlacht gewann, aber dabei auch – durch einen Granatsplitter – ein Auge verlor.

Pieter Marcussen hatte unterdessen beigedreht, alle Segel gesetzt und war zurück übers Meer zu seinem Admiral Maarten Thijssen in das Listertief geeilt. Am 19. Mai

1644 traf er dort ein. Alle 33 Schiffe der Mietflotte waren nun zwischen Sylt und Romö wieder vereint.

Am selben Tag übernahm auf Befehl von König Christian ein neues dänisches Geschwader unter den Admiralen Pros Mund und Ove Gjedde die Blockade vor dem Westausgang des Listertiefs.

Die Sylter waren zwar Untertanen der dänischen Krone. Aber ihre Begeisterung für diese Krone hielt sich in Grenzen. Umso ärger machte ihnen diese Schlacht zu schaffen. Erst hatten die Insulaner jene Leichen verscharren müssen, die an den Strand gespült worden waren. Nun wurden sie von marodierenden Musketieren heimgesucht. Denn während die Seeleute der Mietflotte ihre Schiffe reparierten, bauten ihre Passagiere, die schwedischen Soldaten, bei List an einer Schanze und vertrieben sich ihre Zeit mit Raubzügen.

Die Männer von Sylt waren auf Fischfang. Die Frauen mußten in ohnmächtiger Empörung die Plündereien über sich ergehen lassen.

Da landete im Süden der Insel Graf Christian von Rantzau mit einer kleinen Schar dänischer Soldaten. Er übernahm nun eine Rolle, die sich der Aristokrat nie hatte träumen lassen: Er wurde der Anführer eines Zuges von wütenden Insulanerinnen.

Am 25. Mai 1644 zogen er und seine Dänen an der Spitze der Sylterinnen in Richtung List. Die Frauen hatten Sonntagstracht angezogen: kniekurze Röcke, leuchtendrote Strümpfe und Umhänge in der gleichen Farbe. Ihre Kopfbedeckungen waren mit großen Silberknöpfen versehen. Bewaffnet waren sie mit Forken, Dreschflegeln und Spießen. Dazu sangen sie:

> »Dat geit na List mit Allemann,
> Mitt Bössen, Schwert und Forken,
> De hier nicht fechten will un kann,
> Dat sind wol rechte Schorken.«

Gegen Mittag erreichte der Frauenfeldzug sein Schlachtfeld. Ein Chronist berichtet: »Unten im Tal lagerten die Schweden um ein Biwak-Feuer und wollte sich gerade zum Essen setzen, da entdeckten sie merkwürdige Erscheinungen, die in langen Ketten über den Dünen auftauchten. Die silberblinkende Tracht der Frauen sah im Gegenlicht wie Kriegsrüstung aus. Die Schweden glaubten

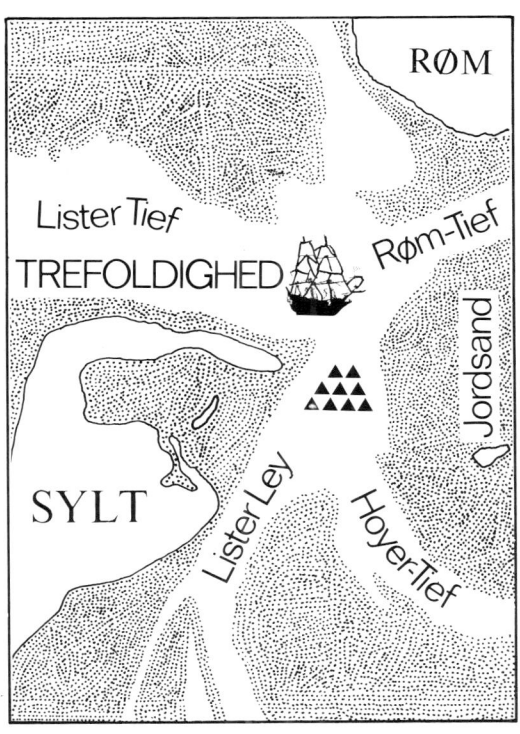

Das Listertief nördlich des Ellenbogens zwischen Sylt, Röm und dem Festland ist bis zu 20 Meter tief. Hier traf der dänische König am 16. Mai 1644 (Schiff) auf 26 Schiffe (▲) unter dem Kommando von Admiral Thijssen.

an einen Höllenspuk. Alles im Stich lassend, nur um ihr Leben besorgt, stürzten sie auf ihre Schiffe und hißten in Eile die Segel. Die Frauen und die dänischen Soldaten machten sich unterdessen über die verlassenen schwedischen Kochtöpfe her, und sammelten später die liegengelassenen Waffen ein. Dabei sollen vier Kanonen und 80 Pistolen gewesen sein.«

Noch am gleichen Tag, am 25. Mai 1644 unternahm die Flotte von Admiral Thijssen einen zweiten Ausbruchversuch aus dem Listertief. Wieder versuchten die Dänen, ihnen den Fluchtweg abzuschneiden. Doch diesmal war das Wetter den Ausbrechenden günstig. Alsbald ging die See so hoch, daß gezielte Kanonenschüsse nicht mehr möglich waren. In der Nacht trennte ein Sturm die Verfolgten von den Verfolgern. Der zerschundenen Mietflotte gelang die Flucht zurück nach Holland. Die Überlebenden dieses Abenteuers waren froh, mit Ach und Krach davongekommen zu sein. Ihre Mission aber war gescheitert. Das dänische Reich hatten sie nicht erschüttern können. Zum Gedenken verlieh König Christian IV. dem Schauplatz seines Sieges, der Reede von List, den Namen »Königshafen«. □

63

Mit dem Leichenhemd zur Hochzeit

Hell und fröhlich waren die Trachten auf allen nordfriesischen Inseln. Rot und Weiß waren die Farben Sylts. (Amrum hatte Blau/Weiß gewählt.) Schon gegen Ende des 16. Jahrhunderts hatten sich auf Sylt vier Frauentrachten herausgebildet: Eine Alltagstracht, eine Festtracht, eine Brauttracht und eine Brautjungferntracht. Die Röcke waren meist kurz. Die Beine steckten in flammendroten Strümpfen (auf Föhr dagegen waren sie grün).

Die Trachten dienten dazu, die soziale Stellung zu unterstreichen. Je wohlhabender eine Frau, umso üppiger ihr Umhang aus Schafsfellen, umso kostbarer die Schnallen auf ihren Schuhen. Jede Seemannsfrau betonte beim ersten Kirchgang nach der Rückkehr ihres Mannes von großer Fahrt die Breite ihrer Hüften durch untergeschobene Hüftkissen.

Im letzten Jahrhundert verfiel die schöne Tracht der Sylterinnen in wenigen Jahrzehnten. Heute erinnert nur noch zuweilen das weiße Kopftuch einer Greisin an die versunkene Pracht.

Brauttracht und Brautwerbung waren auf Sylt einem strengen Ritual unterworfen. Küster Hansen aus Keitum hat Mitte des letzten Jahrhunderts aufgezeichnet, wie nach der Trauung im Haus des Bräutigams Hochzeit gefeiert wurde. Sein Bericht:

»Fast alle Hochzeiten wurden in der Woche vor dem ersten Adventssonntage gehalten. Waren nun, wie gewöhnlich, der Hochzeitsgäste viele, so wurden nicht nur Pesel, Wohnstube und Dreschtenne, sondern auch die Bettstellen im Pesel voll besetzt. Gesalzene und getrocknete Fische mit Senf, Langkohl mit Schinken, Gersten- oder Reis-welling oder Fleischsuppe waren gemeiniglich die Gerichte. Mit Wein oder Punsch zu traktieren, war damals selbst bei den Reichen noch nicht Mode geworden. Den Kaffee kannte man noch nicht. Gutes Bier, Kornbranntwein und vielleicht auch Met waren die Getränke. Doch muß erwähnt werden, daß die beiden »Fuarfaamen« (Brautjungfern) besonders während des Tanzes mit einem Getränk in einer Schale umhergingen, das man »Swet-Skilk« nannte und das aus Branntwein, Syrup und einigen Brocken Hartgebäck bestand. Die Hochzeitsgäste durften aber nicht unmittelbar aus der Schale trinken. Die Brautjungfern führ-

Die Haube, auch Krone oder »Hüüf« genannt, war zwei Jahrhunderte hindurch das Wahrzeichen der Tracht der Sylterinnen. Oben breiter als unten, wurde sie mit Klammern im Haar befestigt. Sie war 20 Zentimeter hoch, aus Pappe, mit schwarzem Tuch überzogen. Silberne Knöpfe, die »Döpken«, schmückten ihren oberen Rand. Der Chronist Henning Rinken berichtet: »Die Sylterinnen damaliger Zeit trugen bei allen ihren Arbeiten jene Kopfbedeckung. Man sah sie damit beim Mähen, beim Dreschen, Düngerfahren und Pflügen. Auch fuhren sie damit aus zum Fischen.«
Eine Hüüf kostete bis zu 24 Reichstaler. Mit der Zeit wurde den Frauen die Kopfbedeckung unbequem und lästig. 1765 wurde an die Westerländer Kirche ein Vorbau gemauert, damit sich die Sylterinnen beim Kirchgang erst dort ihre Krone für den Gottesdienst aufsetzen konnten.
Es half nichts. 1804 wurde die erste Braut ohne Hüüf getraut. Seit 1807 werden die Kronen der Sylterinnen überhaupt nicht mehr gefertigt.

ten nämlich einen Eßlöffel mit sich.« Und mit dem löffelten sie das Gebräu den Gästen in die offenen Münder. Das machte Laune. Doch kam es auch zu Streitigkeiten, die zuweilen in Kämpfe auf Leben und Tod ausarteten. Und es heißt, so manche Frau habe ein Leichenhemd bei sich gehabt, um es ihrem Manne anzuziehen, wenn er etwa erschlagen werden sollte.
Die Braut saß zwischen den beiden »Aalerwüffen«. Diese gehörten zur Familie des Bräutigams und mußten die Braut vor etwaigen »Räubern« beschirmen. »Denn auf den Abend hin«, berichtet Küster Hansen, »kam es doch so, daß sie entführt wurde, um den

Bräutigam auf die Probe zu stellen, ob ihm auch seine Braut so lieb wäre, daß er sie mühsam aufsuchen würde.
Es war Sitte, daß Tänzer und Tänzerinnen sich bei jedem Nationaltanze dreimal küßten. Aber was waren die damaligen Küsse? Backe an Backe einen Augenblick gedrückt – das war alles. Da die meisten Seefahrer damals von Holland fuhren, so wurden immer holländische Lieder gesungen, die man »Düintis« nannte. Wenn ein paar Tänze gemacht waren, so mußte wieder eine alte »Düinte« gesungen werden. Mit Anbruch des folgenden Tages war die Hochzeit zu Ende.«   □

Zwölf Kinder machten »Litje Paer« zum Eierkönig

Graf Christian Ditlef Rantzau (rechts) hat vor dem Lister Festebauern Peter Hansen (Mitte) die Waffen gestreckt. Hansens Tochter Karen hat nur noch Augen für den entflohenen Leibeigenen des Grafen, Sören Nielsen (links), auch Bite Sören genannt. Die beiden heirateten 1713. Sören starb 1779 als Kapitän eines Flensburger Handelsschiffes im Alter von 91 Jahren in List. Heute leben auf Sylt etwa 150 Nachkommen des ehemaligen Leibeigenen.

Peter Hansen lebte von 1654 bis 1718 auf dem Listland. Er war einer der beiden dortigen Festebauern. Ungewöhnlicher Mut und außergewöhnliche Körperkraft zeichneten den untersetzten Mann aus. Als »Peter der Kleine«, »Lille Peter« oder »Litje Paer« ging er in die Sylter Historie ein.

Um beim Sammeln von Möweneiern gute Ergebnisse zu sichern, pflegte damals die dänische Krone kinderreiche Väter als »Eierkönige« einzusetzen. Festebauer Peter Hansen, Vater von zwölf Kindern, wurde der erste Eierkönig von Sylt.

Doch er schlug sich nicht nur mit Eierdieben und schwedischen Strandräubern herum. Er kämpfte auch gegen jütländische Edelleute, die entlaufenen Leibeigenen bis zum Listland folgten.

Obgleich er viele Söhne hatte, vererbte Peter Hansen seinen Festehof schließlich an seinen Schwiegersohn Peter Poen (Paulsen) aus

Kampen, dessen Familie noch heute zu den Listlandbesitzern gehört. Wie Peter Hansen zu einem anderen Schwiegersohn kam, das hat sein Nachkomme, der Insel-Chronist Christian Peter Hansen (1803–1879) beschrieben:

»Auf einem Gute in der Nähe von Aarhus in Jütland, wohnte ein Herr von Rantzau, welcher seine Leibeigenen über die Maßen plagte und mißhandelte und zuletzt auf den grausamen Einfall kam, sie zu sechsen vor den Pflug zu spannen, damit die Pferde inzwischen an der Haferkrippe ausruhen konnten.

In ihrer Verzweiflung entschlossen sich die Jütländer zur Flucht, und einer von ihnen, »Bite Sören« (Klein Sören) genannt, erreichte glücklich die Insel Sylt. Es war ein heller Frühlingsmorgen, als der arme Sklave die Heimat der freien Friesen betrat. Wie er aber niederknieen und Gott für seine Gnade danken wollte, bemerkte er im duftenden

Haidekraute ein wunderbar schönes Mädchen, das, den blondlockigen Kopf auf den schneeweißen Arm gestützt, süß und friedlich schlummerte.

Wie verzaubert blieb er stehen, ja selbst als der Vater des Mädchens herantrat und ihn mit herrischer Stimme fragte, wie er es wagen könne, sich an dem Anblicke seiner Tochter zu weiden, konnte er seine Überraschung nicht bemeistern, und statt sich beim Vater zu entschuldigen, entgegnete er: Sind alle Töchter der freien Friesen so schön, wie diese da, leuchtet aus den Augen aller freien Friesen solcher Muth und solche Herzensgüte, wie aus den Deinen, dann möge Gott mir gnädig beistehen, damit ich Einer der Euren werde. Führe mich zu dem Freunde der Unterdrückten, dem Beschützer der Verfolgten und Mißhandelten, zu Lille Peter führe mich, damit er mir ein Schwert gibt, mit dem ich gegen meinen grausamen Gutsherrn kämpfen kann.

Halt ein, unterbrach ihn der Fremde. Der Mann, zu dem du geführt zu werden wünschest, steht vor dir. Ich bin Lille Peter, und die Jungfrau, die du mit einem Engel vergleichst, ist meine Tochter Karen.

Während dieser Worte und während Bite Sören die Grausamkeit seines Herrn in ergreifender Sprache geschildert, war allmählich ein Boot mit der Danebrogsfahne der Küste nähergekommen, und das geübte Auge des Friesen erkannte gar bald ein Häuflein bewaffneter Ritter und Knechte, die bereit standen, ans Land zu springen. Schnell entschlossen, stieß Lille Peter in sein Horn, dessen kräftiger Ton weit über die öde Haide erschallte und seinen Söhnen als Zeichen galt, daß Gefahr im Anzuge sei. Es waren daher nur wenige Augenblicke verflossen, ehe sechs kräftige Jünglinge mit Schild und Schwert herbeieilten und sich dem Vater zur Seite stellten.

Ein Lächeln spielte um ihren Mund, als sie Bite Sören um eine Waffe bitten hörten, aber der Vater befahl seinem jüngsten Sohn, Schwert und Schild abzulegen und dem Leibeigenen zu geben, damit er Gelegenheit fände, sich selbst zum freien Mann emporzuschwingen. So ungern der Jüngling auch gehorchte, so wagte er doch nicht, gegen den Befehl des Vaters zu handeln. Bite Sören aber hatte kaum die Worte Peters vernommen, als er mit hastiger Ungeduld nach den Waffen griff und zugleich ausrief: Mein Herr ist es! Der Menschenschinder Ritter von Rantzau, gefolgt von seinen Knappen und Knechten!

Da nun Herr von Rantzau seinen entflohenen Leibeigenen eben so schnell erkannt hatte, als dieser ihn, stürmte er mit den Worten vorwärts: Gebt mir meinen Mann wieder, ihr Schurken, wenn ihr nicht wollt, daß ich Euch alle in Ketten schlagen und nach Jütland schleppen soll! Fort, feiges Gesindel! Wagt es nicht, einem Ritter die Stirn zu bieten!

Lille Peter hatte auf diese unverschämte Ansprache keine andere Antwort als einen unwiderstehlichen Hieb, durch welchen er den Ritter entwaffnete und zu Boden streckte. Dann hieb er mit seinen Söhnen so mutig und entschlossen auf die Knappen ein, daß sie nach kurzer, aber verzweifelter Gegenwehr den aussichtslosen Kampf aufgeben mußten.

Der Ritter bot Lille Peter Lösegeld für sich und die Seinen an, wenn er ihn in Frieden ziehen lassen wolle. Ihr habt mit Eurem Blute für Eure Frevel gebüßt, entgegnete dieser, ziehet hin im Frieden und lernt von dem feigen Gesindel der Friesen den Wahlspruch: ›Lieber todt, als Sklav‹! Und damit Ihr seht, wie wir den Mann achten, der zu diesem Wahlspruch hält – tritt näher, Bite Sören, freier, mutiger Mann! Keinen besseren Eidam hätte Gott der Herr mir schicken können.

Bite Sören traute seinen Sinnen kaum, als er Lille Peter so sprechen hörte. Als aber Karens Brüder herbeieilten und ihm freudestrahlend die Hände reichten, da schlang er seinen Arm um den Leib des holden Mädchens und sagte: Dir will ich mich ergeben zum leibeigenen Sklaven, du holdselige Maid, dir dienen, dich schützen und schirmen, so helfe mir Gott!

Als der Ritter und seine Gefährten sahen, welch üblen Ausgang ihr Raubzug genommen, schlichen sie beschämt nach ihrem Boote zurück, und die Kunde, die sie nach Jütland heimbrachten, scheint auch nicht den besten Eindruck gemacht zu haben. Denn nach ihnen hat es kein Adeliger gewagt, seine geflohenen Leibeigenen bis nach Sylt zu verfolgen. Bite Sören aber hat lange in Glück und Freuden mit der schönen Karen gelebt und ist in hohem Alter gestorben.«

So weit der Bericht von C. P. Hansen über Lille Peter.   □

Jagd auf das größte Tier der Welt

Im 17. Jahrhundert beginnt im Eismeer der Walfang, und Sylter Seeleute sind schon früh dabei. Ein Wal wird von einem Ruderboot aus harpuniert (links). Längsseits des Hamburger Schiffes (rechts) ist ein riesiger Wal vertäut und wird abgespeckt. Dieses Bild wurde 1685 von Fr. Stuhr gemalt.

Die Harpune, Waffe des Walfangs, gehört zu den ältesten Geräten der Geschichte. Das früheste Exemplar einer Knochenspitze mit Widerhaken ist etwa 20 000 Jahre alt, stammt aus der Altsteinzeit und wurde in einem Rentierjäger-Lager bei Ahrensburg (Holstein) entdeckt.

Der kleine Hering hatte ersten bescheidenen Wohlstand nach Sylt getragen. Der mächtige Wal brachte den ersten Luxus auf die Insel.

Auf der Suche nach einem nördlichen Seeweg nach Indien hatte der Holländer Willem Barents 1596 Spitzbergen entdeckt, das er für Grönland hielt. 11 Jahre später sichtete der Engländer Henry Hudson dort Herden von Robben, Walrossen und Walen. 1612 sandten deshalb die Engländer, 1613 die Holländer ihre ersten Schiffe zur Jagd aus: Robbenschlag und Walfang hatten begonnen.

Sylts Seefahrer waren früh dabei. Nach der Katastrophenflut von 1634, der zweiten »Manndränke«, heuerten sie bei Walfängern von Amsterdam bis Kopenhagen an. Die jüngsten von ihnen waren 11, die ältesten 70 Jahre alt. 1642 wurden die Brüder Bunde und Tam Petersen aus Tinnum Sylts erste »Grönland«-Kommandeure auf holländischen Schiffen. Und 1701 wurde ein Drittel aller von Hamburg auslaufenden Walfänger von Syltern kommandiert. Bis zu 3000 Mann von den nordfriesischen Inseln jagten damals im Eismeer den Wal. Jedes Frühjahr verließen sie ihre Familien und kehrten erst im

Herbst zurück. Sylt war in den Monaten dazwischen fest in zarter Hand: Zwei von drei Männern waren auf See und auf Jagd.

Ja, schlage Robben ohne Zahl,
daß wir einst jubilieren,
bereite dir ein Mittagsmahl,
von Herzen, Thran und Nieren!

Mit dem Walfang zogen erstmals Geld und Geist, Reichtum und Bildung, Samt und Seide auf der Insel ein. Auf dem Friedhof von Keitum künden noch heute Grabplatten vom Wohlstand der Walfänger – so von Hans Hansen Teunis, der dort nach 47 »Grönland«-Reisen seine letzte Ruhe fand.

Schon 1652 hatte der Bürgermeister von Husum, Danckwerth, über die Sylter notiert: »Ihrer viel ernehren sich mit dem Wallfisch-Fange . . . welche sonst unsaubere Handtierung ihnen gut Geldt in den Beutel trägt.« 1698 wurde die erste Privatschule in Keitum eröffnet. Tee wurde 1735 auf der Insel eingeführt, Kaffee 1742. Der Sylter Chronist Jens Booysen verzeichnete 1775 »beständig wachsenden Luxus an Häusern, Hausgerät und Kleidern«.

Sylt war aufgeblüht. Eine Volkszählung ergab 1769: Auf der Insel standen 713 Wohnhäuser mit insgesamt 2814 Einwohnern. 1180 davon waren männlich, 1634 weiblich. Der Frauenüberschuß war Folge des Blutzolls, den die Insel für ihren Wohlstand entrichten mußte.

Denn groß wie die Beute war die Gefahr. Die Jagd auf das nächst dem Blauwal größte

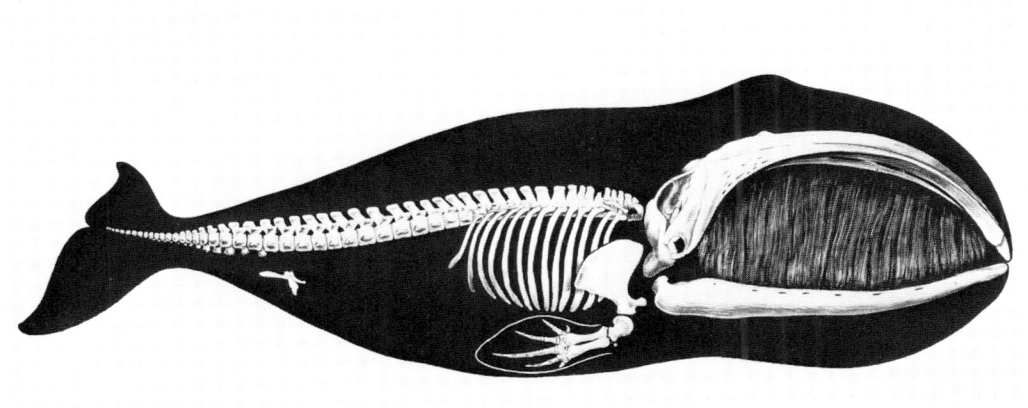

Die Jagd auf den plumpen Grönlandwal war einfach. Denn dieser Glattwal schwimmt nur langsam, und nach dem tödlichen Harpunenschuß sinkt sein bis zu 31 Meter langer Körper nicht, sondern treibt bauchoben auf dem Wasser. Das Skelett des blauschwarzen Tieres kennzeichnet es als Säugetier. Die ursprünglichen Gliedmaßen sind vorne zu Flossen umgewandelt, hinten fehlen sie. Vom Becken ist lediglich ein Knochen ohne Verbindung zum Rückgrat übriggeblieben. Nach einjähriger Tragzeit wird ein Junges geboren. Seit 1915 darf der Grönlandwal nicht mehr gejagt werden.

Lebewesen des Planeten (bis zu 31 Meter lang) fand mit einem der ältesten Werkzeuge der Menschheit, mit der Harpune, statt. Der Einsatz der Sylter bei diesem harten Geschäft im Eismeer war ihr Leben.
In kleinen Schiffen hetzten sie den Wal, je sechs Mann in einem Ruderboot. Die Verwegensten von ihnen sprangen dem schwimmenden Tier auf den aus dem Wasser ragenden Rücken und stießen ihm die Harpune in den Leib. Ein Schlag von der Schwanzflosse des verletzten Wals genügte dann, um die kleinen Boote zum Kentern zu bringen. Und immer wieder kam es vor, daß der Wal auf der Flucht eine Besatzung hinter sich unter das Eis zog, wenn er tauchte und die Leine zwischen Boot und Harpune nicht rechtzeitig gekappt werden konnte.

> Ja, haue, steche alles todt,
> nur laß den Menschen leben,
> und nimmer, wenn du steigst ins Boot,
> sei ängstlich und voll Beben.

Der Fang war enorm. Aber er verringerte sich schnell. In der Zeit von 1670 bis 1725 fuhren von Hamburg 2602 Walfänger aus, die 10 441 Wale erlegten – 4,7 Tiere pro Schiff. Von 1787 bis 1800 waren es 357 Walfänger und 1026 Wale – nur noch 2,9 Tiere pro Schiff.
200 Jahre hatten die Sylter auf jenen »grünen Wiesen, die unseren Kindern und Kindeskindern Brot geben werden« (Hermann Melville in »Moby Dick«) mitgeerntet. Um

1800 war der Grönlandwal fast ausgerottet. Auf Sylt lebten zu jener Zeit 120 Kapitäne, fast doppelt so viele Steuerleute und einige hundert Seefahrer.
1836 stach Sylts letzter »Grönland«-Fahrer in See: Kommandeur Peter Eschels mit dem Altonaer Schoner »Wettrenner«. Die Besatzung bestand aus 13 Mann. Und bald brach Unglück über sie herein. Am 6. August saß der »Wettrenner« im Treibeis fest. Am 17. August verließ die Besatzung das Schiff, um sich nach Whalespoint auf Spitzbergen durchzuschlagen, wo ein russischer Walfänger vermutet wurde.
Die Männer zogen Schaluppen hinter sich über das Eis, in denen sie eisfreie Strecken rudernd zurücklegen konnten. Ihre durchnäßten Kleider waren alsbald hartgefroren und machten jeden Schritt zur Qual. Fast alle verloren ihre Zehen.
Nach 13 Tagen erlegten sie ein erstes Walroß, nach 21 Tagen ein zweites. Um es wenigstens halbgar braten zu können, verfeuerten sie ihre letzten Krücken, auf denen sie sich über das Eis geschleppt hatten. Als sie schließlich auf Eisschollen rudernd den russischen Walfänger bei Whalespoint erreichten, bot sich ihnen ein trostloser Anblick. Schiff und Segel waren vom Sturm übel zugerichtet. Die Mannschaft lag tot an Bord, gestorben an der Pest. Peter Eschels Seefahrer begruben die Leichen, besserten das verlassene Schiff aus und machten es seeklar. Am 4. Oktober liefen sie in Hammerfest ein, zerschunden, aber lebend. □

Der Mann
mit dem schlenkernden Gang

Er war der erfolgreichste Sylter Walfang-Kommandeur aller Zeiten. Seine Existenz hat tiefe Spuren in Gesicht und Geschichte Sylts hinterlassen. Sein Haus ist Stein für Stein im Schleswig-Holsteinischen Freilichtmuseum nachgebaut. Sein Urenkel wurde ein gefeierter Freiheitsheld der Insel. Nachkommen von ihm finden sich im Westerländer Telefonbuch.

Aber es gibt kein Bild von ihm. Und schattengleich, wie er in unseren Vorstellungen leben muß, ist seine Herkunft.

Seine Urgroßmutter Greth, so weiß es die Legende, stammte aus Holland. Nach einem Schiffbruch sei sie als Baby und einzige Überlebende in ihrer Wiege in Rantum an Bord gespült und von Strandräubern liebevoll aufgezogen worden.

Sicher ist, daß Lorens Petersen de Hahn (in älteren Urkunden auch Haen, Han oder Haan geschrieben) im Dezember des Jahres 1668 als Sohn eines Seefahrers in Rantum geboren wurde. Er war einer von fünf Brüdern.

Alle fünf fuhren zur See. Alle fünf wurden Walfang-Kommandeure. Insgesamt machten sie 91 Grönland-Fahrten. Aber kein anderer war auch nur annähernd so ausdauernd und so erfolgreich wie Lorens.

Mit 11 Jahren war er als Schiffsjunge auf seinen ersten Heringsfang gezogen. Mit 25 Jahren wurde er Kommandeur auf dem Walfänger »Schwarzer Adler« (»De swaerte Arend«) unter Hamburgischer Flagge. Auf neun Fahrten erlegte er 59 Wale. Dann übernahm er das neuerbaute Hamburger Walfangschiff »De Stadts Welvaert« mit 45 Mann Besatzung. Und von weiteren mörderischen Fangreisen brachte er in 29 Jahren 110 Wale mit. Kein anderer Sylter Grönland-Kommandeur hat es ihm gleichtun können.

Jedes Tier war mehrere tausend Taler wert. Denn ein Wal erreichte im Durchschnitt eine Länge von 20 Metern, wog 3000 Zentner und gab 17 000 Liter Tran.

Da die Walfänger damals am Fangergebnis prozentual beteiligt waren, wurde Lorens Petersen de Hahn ein vermögender Mann, vermutlich der reichste der Insel.

Sein Erfolg ermutigte die Sylter, schon früh von dem ungefährlicheren, aber immer ärmer werdenden Heringsfang abzulassen und Walfänger zu werden. Keine andere deutsche Insel stellte so viele Grönland-Fah-

rer, außer Föhr. So kam der Wohlstand nach Sylt. Lorens Petersen de Hahn soll wortkarg, lang und hager gewesen sein, mit eigentümlich schlenkerndem Gang. Er war ein frommer Mann. Regelmäßig ging er zur Kirche, regelmäßig hielt er an Bord Gottesdienste ab. Und als im Jahr 1701 die Westerländer Kirche um einige Meter verlängert wurde, war er einer jener acht Bürger, die es bezahlten. Er lebte sparsam und ehrbar, half vielen Armen und trat stets für Recht und Freiheit ein.

In den Ruhemonaten von September bis Februar zwischen zwei Fangfahrten widmete er seine Kraft dem Gemeinwesen.

1713 wurde er zum Strand- und Düneninspektor bestellt, zum Aufseher über die Strandvögte. Innerhalb kurzer Zeit verschaffte er den Strandgesetzen Geltung, leitete meist selbst die Bergung von Schiffbrüchigen und räumte mit jeder Art von Strandräuberei auf.

Inge Andres Erken aus Tinnum hatte er 1699 zu seiner Frau gemacht. Sie waren gleicht alt. Oft, wenn er bei einer Rückreise von Grönland an Sylt vorbeisegelte, ließ er sie mit einer Schaluppe an Bord holen und nahm sie mit nach Hamburg. Sie schenkte ihm fünf Kinder, aber darunter nur einen Sohn, der früh verstarb.

Lorens Peter de Hahn schloß 1747 im Alter von 79 Jahren für immer die Augen. Seine Ehefrau überlebte ihn um elf Jahre. Sein schöner Grabstein erhebt sich noch heute auf dem Westerländer Friedhof. Aber sein Name steht nicht mehr darauf. Er wurde ausgelöscht und mußte dem Namen eines Nachkommen Platz machen. □

Von 1703 bis 1735 fuhr Lorens Petersen de Hahn als Kommandeur auf dem Walfänger »De Stadts Welvaert« unter dänischer Flagge. Er hatte 45 Mann Besatzung. Mit ihnen erlegte er 110 Wale. Jeder von ihnen war im Durchschnitt 20 Meter lang, wog 3000 Zentner und gab 17 000 Liter Tran

Diese silberne Tabaksdose hat einst Lorens de Hahn gehört. Auf dem gewölbten Deckel ist sein Name eingraviert. Eigentlich sollte sein Sohn sie erben. Doch der starb als Kind. Unter den Erben – ihre Namen sind am Rande festgehalten – sind zwei Grönlandkommendeure und vier Kapitäne.

Der Nachlaß des Walfängers

Dieses Stengelglas ließ Lorens Petersen de Hahn für seine Frau Inge anfertigen. Es stammt aus England. Das Dekor scheint niederländisch zu sein. Das Glas ist farblos mit Mattschnitt und Spiralfäden am Stil. Eingeschnitten ist eine Schiffsdarstellung, auf der Gegenseite ein Spiegelmonogramm.

Der reichste Sylter seiner Zeit war nie zur Schule gegangen – denn die gab es damals in Rantum überhaupt nicht: Lorens Petersen de Hahn. Er lernte bei einem alten Seemann im Winter Religion, Lesen, Rechnen und Schreiben. »Für seinen wißbegierigen, aufstrebenden Geist war dieser Unterricht freilich ungenügend«, berichtet der Chronist C. P. Hansen. »Der Knabe suchte das Fehlende durch häuslichen Fleiß und durch die Benutzung holländischer und deutscher Bücher zu ersetzen.«

»Hat keine Nahrung als die Seefahrt«, hieß es später im Erdbuch des Amtes Tondern über die Geschäfte des herangewachsenen Schülers. Indes, es war keine magere Nahrung. Hahns Vermögen wurde auf 100 000 Reichsmark geschätzt (nach heutigem Wert etwa 8 Millionen Mark).

Hansen berichtet von silbernen Gefäßen, die der Grönland-Kommandeur, wenn er eine Reise glücklich zurückgelegt hatte, »mit dänischen Kronen oder Hamburger Zweimarkstücken gefüllt, als Geschenk für seine Frau von seinen Schiffsreedern zu erhalten pflegte«.

Und als der Kommandeur die Augen für immer geschlossen hatte, da seien seine vier Töchter in den Keller hinabgestiegen und hätten einen Raum »mit schwarz gewordenem Silbergeld gefüllt gefunden und dieses in Mulden gemessen und unter sich verteilt«.

Lorens Petersen de Hahn hat, solange er lebte, sein Leben gewagt. Doch so hoch auch der Einsatz war, mit dem er spielte und gewann: Stets blieb er sparsam.

Henning Rinken, der eine seiner Urenkelinnen heiratete, schrieb: »Als Lorens de Hahn, der reichste Mann auf Sylt, seiner ältesten Tochter die Hochzeit ausrichtete, hatte sie noch nie ein Hemd angehabt.«

Damals lebten auch die wohlhabenden Sylter noch einfach und bescheiden. Als in jener Zeit die eisernen Kessel zum Bereiten von Kaffee und Tee durch Kupferkessel verdrängt wurden, empörte sich ein Sylter über die neue Üppigkeit: »Bankerottkessel«.

Gabeln etwa gab es im Haus des Lorens Petersen de Hahn erst kurz vor seinem Tode, Mitte des 18. Jahrhunderts.

Und im Erdbuch von Tondern ist festgehalten, womit sich seine Ehefrau abrackern mußte, während ihr Mann auf Walfang war: Im Jahr 1700 hielt sie zwei Pferde, zwei Kühe und sieben Schafe im Haus, säte dreieinhalb

Tonnen Getreide aus und brachte sieben Fuder Heu ein.

Die einzige Form, in der sich der Wohlstand der Walfänger ausprägte, war die Innenausstattung ihrer Häuser. Lorens Petersen de Hahn hatte 1699 als 31jähriger in Westerlands Süderende ein Reetdachhaus gebaut. Dessen Ausstattung galt seine ganze Liebe, denn dies war der Ort, wo der Mann, der die Sommermonate im Eismeer verbrachte, im Winter Wärme suchte. Kein Wunder, daß die Deckenbemalung des Pesels neben der Passion auch sommerlich bukolische Landschaftsidylle zeigt, umrahmt von roten und gelben Tulpen, Nelken und Rosen.

Die Wände des Hauses waren mit bemalten Holzpaneelen oder holländischen Fliesen verkleidet. Ein Bild aus zwanzig Fliesen zeigt das Schiff des Walfängers, »De Stadts Welvaert«. Kostbare Porzellane und Fayencen aus Delft oder Kopenhagen zierten neben Silber oder Zinn die Wandborde.

Gläser, Barockmöbel und eine Standuhr stammten aus England. Ein bronzener Kronleuchter war eine lübische Arbeit des 17. Jahrhunderts.

Das alles, auch sein Geld, erbten die vier Töchter des Walfängers:

● Gondel (1700–1771) heiratete in erster Ehe den Sylter Walfang-Kommandeur Erik Geiken und nach dessen Tod den Keitumer Walfang-Kommandeur Jürgen Schwennen. Ihr Enkel wurde Sylts Freiheitsheld Uwe Jens Lornsen (1793–1838), der die Erhebung Schleswig-Holsteins gegen Dänemark vorbereitete.

● Kressen (1705–1775) heiratete den Walfang-Kommandeur Jungpidder Erk Heiken aus Archsum, der 1736 von seinem Schwiegervater das Kommando auf »De Stadts Weelvart« übernahm.

● Merret (1709–1788) heiratete in erster Ehe den Kapitän Manne Jensen aus Keitum, der mit seinem Schiff »Tranquebar« auf der Rückreise von Ostindien unterging. Später ehelichte sie Keitums Bauernvogt Jacob Hansen.

● Inken (1713–1783) heiratete den Kapitän Buh Haulken Prott aus Keitum. Diese jüngste der vier Töchter war es, der das Haus des Walfängers in Westerland Süderende zufiel. Ihre Familie wohnt noch heute an der gleichen Stelle. Dem Haus aber war ein sondersames Schicksal beschieden, wie auf der nächsten Seite zu lesen ist. □

Auch dieses Stengelglas mit einem eingeschliffenen Hahn stammt – wie sein Gegenstück – aus dem Hausrat des Lorens Petersen de Hahn. Beide Gläser sind über 250 Jahre alt, 18 Zentimeter hoch und am Fuß 8,5 Zentimeter breit. Sie befinden sich heute im Besitz des Museums von Tondern.

Zweimal legte der Brandstifter Feuer

Dies ist der Pesel des restaurierten Hauses von Lorens Petersen de Hahn im Kieler Freilicht-Museum. Wie in allen schleswig-holsteinischen Bauernhäusern war der Pesel (die gute Stube) auch Mittelpunkt des Walfänger-Heims. Die Deckenbemalung zeigt – durch Balken getrennt – die Stationen der Passion: Christus in Gethsemane, Kreuzigung und Auferstehung. Selbst die Innenseiten der Bettklappen vor den eingebauten Schlafkojen im Pesel hatte der fromme Hausherr mit Bibelsprüchen versehen lassen (obgleich sie niemand zu lesen vermochte, wenn die Klappen zugezogen waren). Vor den Schlafkojen standen mächtige Truhen aus Husumer Werkstätten, damit die vier Kinder des Walfängers über sie in die hochgelegenen Schlafkojen klettern konnten.

Im Jahr seiner Eheschließung mit Inge Andres Erken aus Tinnum baute sich der Walfänger Lorens Petersen de Hahn 1699 in Westerland Süderende ein eigenes Haus: Ein flachgestrecktes, reetgedecktes Friesenhaus, in dessen Spitzgiebel er in strenger Schrift seine Initialen setzte – LPH. Wie die meisten alten Häuser auf Sylt stand es in ost-westlicher Richtung, um den Stürmen nur die Schmalseiten zu bieten: Im Sommer dem scharfen Westwind, im Winter dem eisigen Ostwind. Die Stallungen lagen westlich (links) der Eingangstür unter dem Giebel, die Wohnräume östlich (rechts). Küche und Vorratsräume und Kammern waren nach Norden, die Wohnräume nach Süden gewandt.

Nach dem Tod des Walfängers im Jahre 1747 fiel das Haus an seine jüngste Tochter Inken. Sie zog mit ihrem Mann Buh Haulken Prott zu ihrer Mutter, der alleingebliebenen Witwe. Und unter die großen Anfangsbuchstaben des Vaters wurden alsbald auch die Initialen des jungen Ehepaares an den Giebel geschmiedet: IB und BH. Dazu die Jahreszahl 1750.

Daß damals das Haus grundlegend umgebaut wurde, ist allerdings unwahrscheinlich. Vermutlich war lediglich der Spitzgiebel erneuert worden, der Giebel über der Haustür in der südlichen Querwand, dem in allen Friesenhäusern eine besondere Aufgabe zukommt: Er soll im Fall eines Brandes verhindern, daß brennendes Reet vom Dach rut-

Das alte Haus des Lorens Petersen de Hahn aus dem Jahr 1699 stand in Westerland Süderende (oben). Im Kieler Freilicht-Museum steht heute eine naturgetreue Kopie mit der restaurierten Original-Innenausstattung (unten). 1967, in den Monaten vor der Überführung, als die meisten Holzverkleidungen schon abgelöst und sichergestellt waren, legte ein Pyromane in der Nacht zum 11. Juli und zum 13. November in Westerland mehrere Brände. In beiden Nächten auch in jenem Haus am alten Südbahnhof, wo die Original-Stuben des Walfängers aufbewahrt wurden. Zwei wertvolle Ständer und zwei Deckenbalken brannten ab. Alles andere konnte gerettet werden. Der Brandstifter selbst wurde in der Nacht der zweiten Brandlegung festgenommen.

schen und den Fluchtweg (aus der Haustür) versperren kann.

Das Haus blieb durch Jahrhunderte im Besitz der Familie Prott.

Als Erich Prott, damaliger Landmann und Strandvogt, für seine Kinder Platz brauchte, baute er im Winkel eine Scheune an und verwandelte die ehemaligen Stallungen im alten Haus in Wohnräume.

1937 sollte das Haus noch einmal rigoros verändert werden. Dem Umbau wären die kostbaren alten Stuben des Walfängers zum Opfer gefallen. Um die Zeugnisse inselfriesischer Kultur zu erhalten, kaufte die Stadt Westerland sie. Die Stuben wurden ausgebaut und um sie herum entstand am alten Südbahnhof, der damals als Heimatmuseum diente, noch einmal der Wohntrakt des alten Walfänger-Hauses neu. Aber 1945 ging das Heimatmuseum unter; die Stuben des de Hahnschen Hauses verfielen; Paneele, Balken und Türen wurden vom Holzwurm befallen. Da kaufte das Schleswig-Holsteinische Freilichtmuseum die Überreste. Während im Sommer und Herbst 1967 die Innenausstattung zum zweitenmal vorsichtig abmontiert und zerlegt wurde, steckte ein Brandstifter zweimal das Haus am Südbahnhof in Brand. Beim zweiten Mal brannte es ab. Doch die Stuben wurden gerettet. Sie sind heute im Kieler Freilicht-Museum zu sehen, wo nach alten Plänen das ursprüngliche Haus des Lorens Petersen de Hahn naturgetreu nachgebaut worden ist.   □

Das Geheimnis des Kirchturms

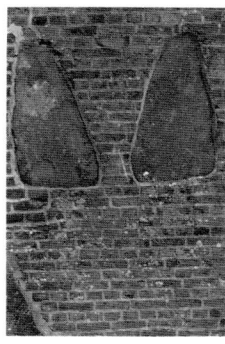

Am zweiten Weihnachtstag des Jahres 1739 fiel die Glocke der Keitumer Kirche herab und erschlug einen Läutebuben. Wegen eines Sprunges wurde sie zweimal neu gegossen. Sie trägt heute die Inschrift: »Lebende mahne ich, Tote beklage ich, Gott den Herrrn lobe ich.« Die Glocke ist 14 Zentner schwer. Wird sie geläutet, so scheint sie zu rufen: Ing und Dung, Ing und Dung, Ing und Dung.

Die weiße Kirche mit ihrem roten Turm ist das schönste Gotteshaus der Insel. Das Kirchenschiff ist romanisch und stammt aus dem 12. Jahrhundert, der Kirchturm spätgotisch und wurde vermutlich erst im 15. Jahrhundert angebaut.

Jahrhunderte hindurch haben die Einwohner auch anderer Gemeinden auf Sylt zu seinem Unterhalt und notwendigen Reparaturen beigetragen: Der Turm galt den Seefahrern als Seezeichen.

Seine Backsteinmauer birgt ein Geheimnis, das bis heute niemand zu entschlüsseln vermochte: Zwei sonderbare Feldsteine sind in sie eingelassen. Keiner kennt ihre Bedeutung. So entstand die Sage von Ing und Dung. Der Insel-Schriftsteller Peter Schmidt-Eppendorf hat sie in seinem Buch »Sylt« aufgezeichnet:

»Es lebten einst zu Keitum die beiden Schwestern Ing und Dung. Sie waren so reich, daß sie es sich leisten konnten, ihre alten Tage hinter den Mauern eines Bettelklosters zu verbringen, das nahe der Kirche gestanden haben soll. Tagtäglich hatten sie diese vor Augen, und tagtäglich kam ihnen auch ein Mangel des sonst so schönen Gotteshauses tiefer und tiefer ins Bewußtsein: Die Kirche hatte keinen Turm. Und eine Kirche ohne Turm war für sie eine halbe Sache.

Schließlich hielt es die beiden Schwestern nicht länger, und in ihrer Großzügigkeit holten sie den Sparstrumpf unter der Pritsche hervor. Über den sonntäglichen Klingelbeutel senkte sich in der Folge ein Regen, wie ihn der brave Leutpriester von Keitum nie zuvor in seinem Leben gesehen hatte. Nicht lange darauf geschah jenes zwiefältige Wunder, das noch heute die Welt allenthalben bewegt: Dem Priester verwandelten sich die Dukaten in Steine, dem Ziegelbrenner jedoch seine Steine zu lauter Dukaten. So ging man ans Werk. Doch ehe es noch zu halber Manneshöhe gediehen war, da raffte ein etwas voreiliger, aber darum nicht weniger guter Engel die beiden Schwestern hinweg, und der Vater im Himmel krönte ihre Wohltätigkeit mit einer gewiß turmhohen ewigen Freude. Demgegenüber fielen ihre Grabsteine recht unscheinbar und mager aus, aber die Dankbarkeit der Keitumer verlieh ihnen den würdigsten und zugleich sinnvollsten Platz, der sich dafür denken ließ: in der westlichen Mauer des Kirchturms.« □

Der Quälgeist und sein Schatz

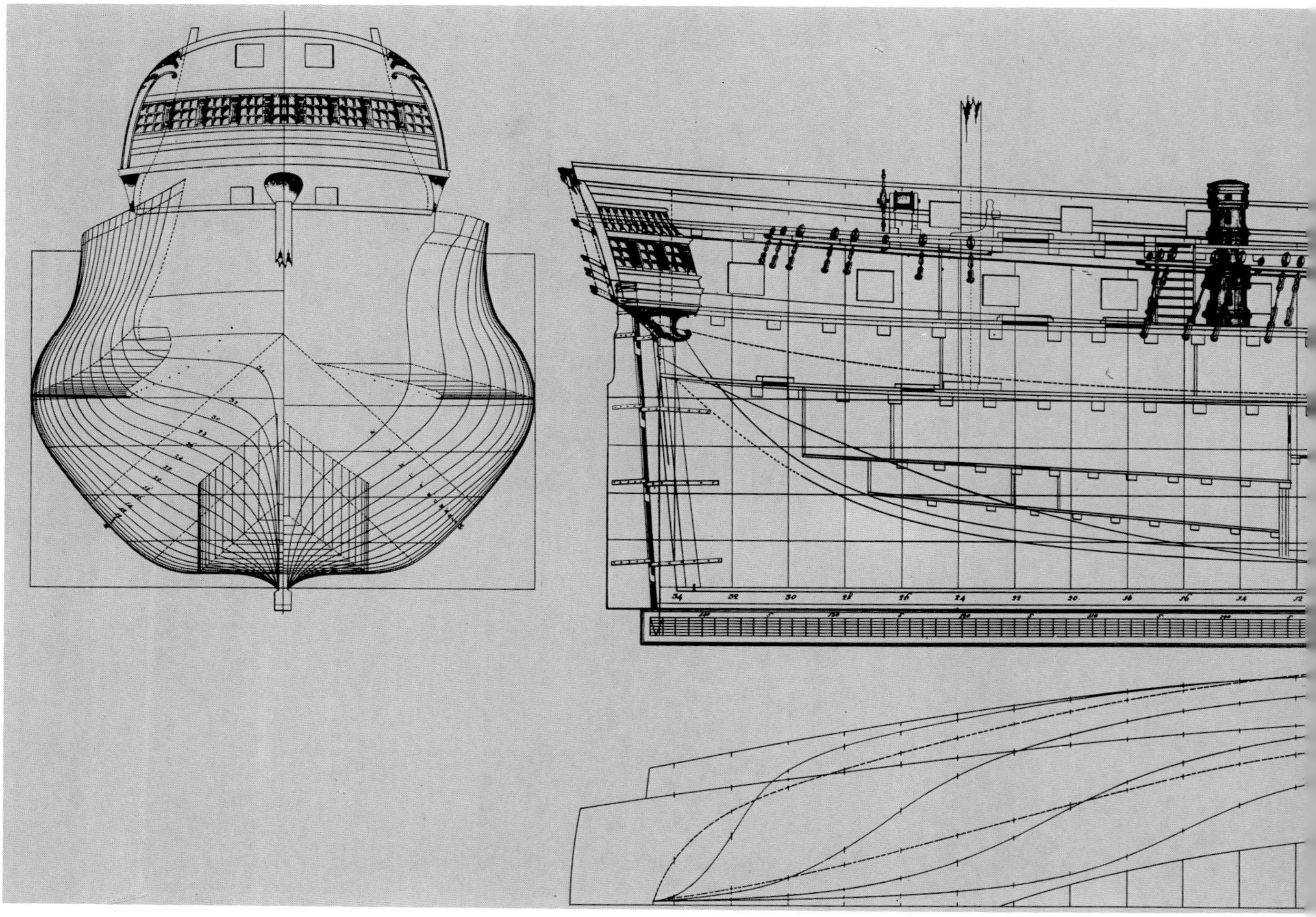

Helmtaucher bargen im Herbst 1857 einige Schiffsgeschütze, 64 Gold- und 64 Silberbarren sowie 15 000 spanische Silbermünzen. Aber noch heute liegt der größte Teil des »Lutine«-Schatzes im sandigen Meeresgrund.

Rantums Strandvogt Peter Taken fand am 11. November 1799 am Strand von Hörnum eine Leiche. In jenen Tagen wurden Strandleichen meist in der nächsten Düne verscharrt.

Doch mit diesem Toten war es anders. Er trug elegante Kleider und seine Papiere wiesen ihn als wohlhabenden Engländer aus. Darum meldete Strandvogt Peter Taken seinen leblosen Fund weiter an den Strandinspektor Broder Decker, der alle Sylter Strandvögte beaufsichtigte. Und Decker veranlaßte für den Toten alles weitere: »Ich ließ ihn in Leinwand einwickeln, in einen Sarg legen und auf dem Westerländer Kirchhof auf bürgerliche Art begraben, allwo seine Angehörigen ihm ein Grabmal machen lassen können, wo sie es haben wollen.«

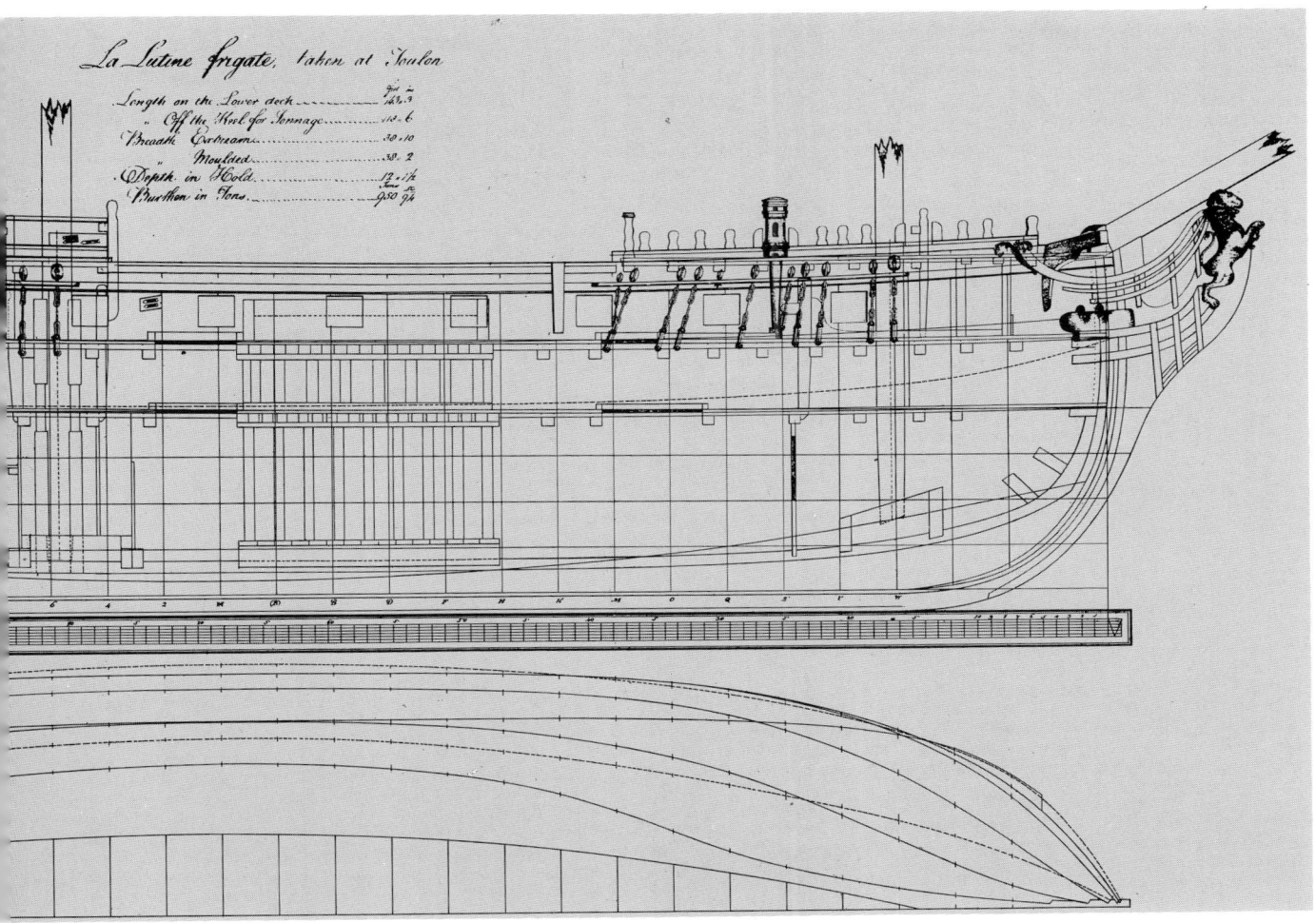

La Lutine fregate, taken at Toulon

Length on the Lower deck _____ 143.3
„ Off the Keel for Tonnage ____ 115.6
Breadth Extreme _____ 38.10
„ Moulded _____ 38.2
Depth in Hold _____ 12.1½
Burthen in Tons _____ 950 94/94

Im Westerländer Strandprotokoll sind die Ausgaben verzeichnet, die sich für die Angehörigen aus diesem Umgang mit der Leiche in Reichstahlern und Schillingen ergaben:

Fuhrlohn an Transport von Hörnum nach Rantum	Rt 3 12 sh.
an zwey Personen die bey folgten ihm auf und ab zu nehmen, visitieren, im Sarg zu legen	Rt 3 –
Der Sarg mit Eisenhandgriff	Rt 8 8 sh.
8 Ellen Leinwand a. g. Hl.	Rt 4 8 sh
Von Rantum nach Westerland transportieren	Rt 1 8 sh.
Das Grab zu machen und zudecken	Rt 1 –
und dieses Briefes Porto	Rt 1
	Rt 23

Der angespülte und so bestattete Tote war Daniel Wienholt aus London. Und sein Name ist es, der Sylt mit einem der geheimnisumwobendsten Schiffsuntergänge aller Zeiten verknüpft: Mit dem Untergang der Fregatte »Lutine«.

Die »Lutine« war 1779 in Toulon vom Stapel gelaufen und segelte ursprünglich unter französischer Flagge als »La Lutine« (Der Quälgeist).

Nach der französischen Revolution und dem Sturz der Monarchie wurde sie in ihrem Heimathafen Toulon – zusammen mit 15 anderen Kriegsschiffen – von französischen Royalisten den Engländern übergeben, um sie vor dem Zugriff der Republikaner zu retten.

Die Briten bauten die 45 Meter lange Fregatte um, beschlugen ihren Rumpf und bestück-

Querschnitt der Fregatte »Lutine«. Das Schiff sank nachts vor Hollands Küste und riß 200 Menschen und einen Schatz mit auf den Meeresgrund.

ten sie mit 32 Kanonen. So war sie im Herbst 1799 modernisiert und wohlgerüstet – für ihre letzte Fahrt.

Frankreichs Napoleon hatte damals Europa mit Krieg überzogen und gegen England die Kontinentalsperre verlangt. Doch früher als den Briten versetzte der Korse damit dem Handel von Europa den Todesstoß. Allein in der Hansestadt Hamburg gerieten etwa 140 Unternehmen in Konkurs. Den Banken ging das Bargeld aus. Verzweifelt wandten sich die Hanseaten an ihre englischen Vettern.

Die Londoner Bank Benjamin und Abraham Goldsmith & D. Eliason erklärte sich zusammen mit der Bank of England bereit, den Hamburgern eine Anleihe in Höhe von 1,5 Millionen Pfund Sterling zu gewähren. Zum Transport wurde die Kriegsfregatte »Lutine« ausersehen. Ihre Ladung bestand aus 1900 Gold- und Silberbarren und Fässern mit gemünztem Gold im Gesamtwert der Anleihe. Unter den Passagieren befand sich Daniel Wienholt, Sohn des Londoner Kaufherren John Wienholt. Auch er, in Geschäften seines Vaters unterwegs, trug eine ansehnliche Summe bei sich: 40 000 Pfund in Gold.

Die »Lutine« unter Kapitän Lancelott Skynner verließ am 9. Oktober 1799 Yarmouth, geriet in der folgenden Nacht vor der holländischen Küste in einen schweren Nordweststurm und strandete Stunden später auf einer Sandbank im Vliegat nordwestlich der Insel Terschelling.

»Es war ein Sturm, wie es ihn in vielen Jahren nur einmal gibt«, schrieb damals ein zeitgenössischer Berichterstatter. »Jedes gestrandete Schiff wurde von den kurzen harten Norseewellen zerhackt.«

Am 10. Oktober 1799 gegen 2.30 Uhr früh versank das stolze Schiff »Lutine« mit seinen Schätzen in den Fluten. Nur ein einziger von etwa 200 Seeleuten und Passagieren wurde gerettet: Ein Notar namens Schabrack. Alle anderen, darunter Daniel Wienholt, ertranken.

Die Nachricht vom Untergang der so reich beladenen Fregatte sprach sich schnell herum. An der Küste und auf den Inseln brach das Goldfiber aus. Das zerschlagene Schiff war bei Ebbe auszumachen. Doch es gelang nur wenigen, einige Barren zu bergen. Denn Holland war mit England im Kriegszustand und erklärte das schatzschwere Wrack

zur Kriegsbeute. Die »Lutine« wurde streng bewacht.

In den fast 200 Jahren, die seither verstrichen sind, machte man Versuche, die versunkenen Schätze der »Lutine« zu heben: Mit Tauchern und Taucherglocken, Baggern und Fischernetzen, Saugrohren und Spezialschiffen. Doch obgleich das Hauptteil des Wracks entdeckt wurde, konnte lediglich ein Bruchteil der Ladung der See entrissen werden: Gold und Munzen im Wert von etwa einer halben Million Mark. Über 100 Millionen Mark aber liegen wohl noch heute auf dem Meeresgrund.

Das Ruder und die Schiffsglocke der »Lutine« wurden 1858 gehoben. Beide fanden den Weg zu der Firma Lloyds in London, wo die Ladung versichert war. Das Ruder wurde zu einem Tisch mit Stuhl verarbeitet und die Glocke der »Lutine«, Symbol der Katastrophe für Versicherer und Versicherte, kündet noch heute bei Lloyds das Schicksal in Seenot geratener Schiffe: Ein Glockenschlag bedeutet Untergang, zwei Glockenschläge Rettung.

Ein drittes Memento ist in Marmor gehauen in der Dorfkirche von Westerland zu besichtigen: Der Gedenkstein für Daniel Wienholt, dessen Leiche weit vom Unglücksort entfernt an den Strand von Hörnum gespült worden war. Seine Inschrift lautet:
»Gewidmet dem Gedächtnis des Daniel Wienholt, des zweiten Sohnes des John Wienholt, von Great St. Helen's in der Stadt London, Kaufmann, welcher zum unaussprechlichen Kummer einer Mutter, eines Bruders und einer Schwester mit H.B.M. Fregatte ›Lutine‹ in der Nacht des 9. Oktobers 1799 an der Küste von Holland verlorenging. An den Strand von Sylt getrieben, wurde er aufgefunden von dem Herrn Strandvogt Decker, dem die Familie große Dankbarkeit schuldet für seine große Aufmerksamkeit und sorgfältige Verwahrung des Eigentums der Leiche, die begraben wurde in Westerländer Kirchhofserde am 11. November 1799.«

Fast ein Jahrhundert nach dem Untergang der »Lutine« und dem Tod des Daniel Wienholt besuchte 1875 einer seiner Verwandten Sylt, studierte die Papiere und war gerührt von der Behandlung, die dem leblosen Leichnam seines Onkels auf der Insel widerfahren war. Er stiftete 500 Taler für die Vollendung von Westerlands Orgel. □

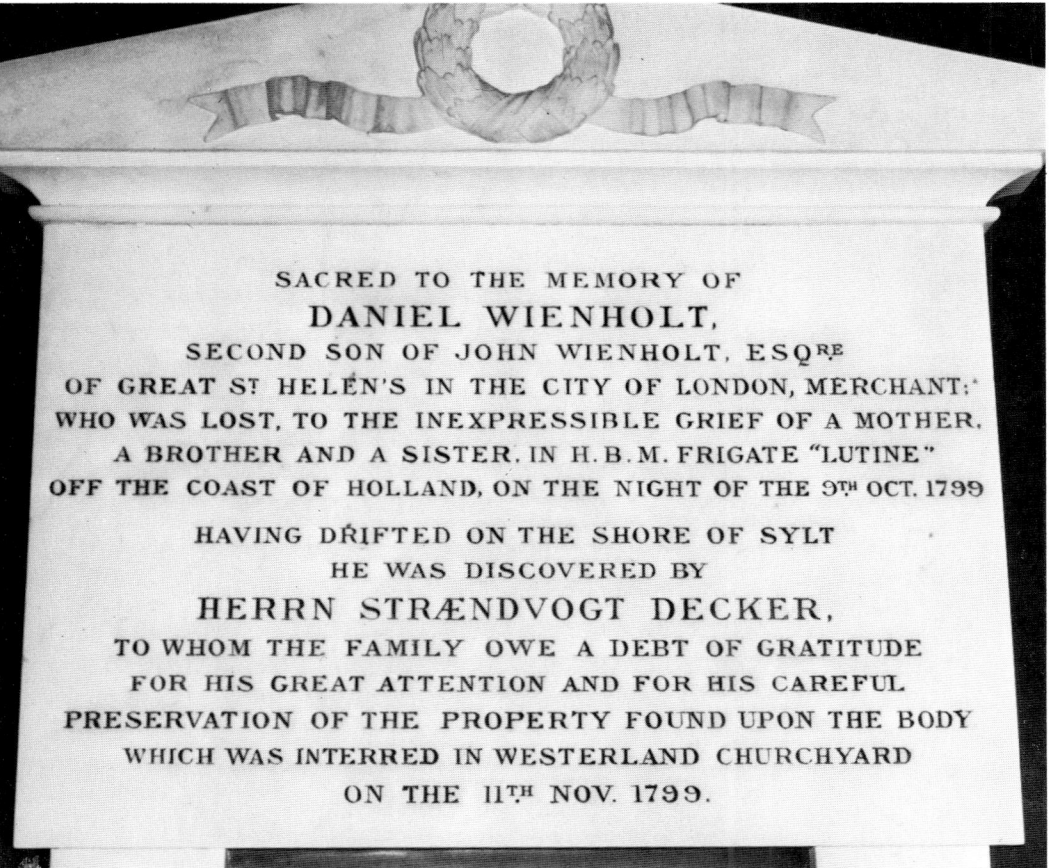

SACRED TO THE MEMORY OF
DANIEL WIENHOLT,
SECOND SON OF JOHN WIENHOLT, ESQᴿᴱ
OF GREAT Sᵀ HELEN'S IN THE CITY OF LONDON, MERCHANT:
WHO WAS LOST, TO THE INEXPRESSIBLE GRIEF OF A MOTHER,
A BROTHER AND A SISTER, IN H.B.M. FRIGATE "LUTINE"
OFF THE COAST OF HOLLAND, ON THE NIGHT OF THE 9ᵀᴴ OCT. 1799

HAVING DRIFTED ON THE SHORE OF SYLT
HE WAS DISCOVERED BY
HERRN STRÆNDVOGT DECKER,
TO WHOM THE FAMILY OWE A DEBT OF GRATITUDE
FOR HIS GREAT ATTENTION AND FOR HIS CAREFUL
PRESERVATION OF THE PROPERTY FOUND UPON THE BODY
WHICH WAS INTERRED IN WESTERLAND CHURCHYARD
ON THE 11ᵀᴴ NOV. 1799.

Die Marmortafel in der alten Kirche von Westerland erinnert an den ertrunkenen Sohn des Londoner Bankiers Wienholt und dankt dem Strandvogt Broder Hansen Decker »für seine große Aufmerksamkeit und sorgfältige Verwahrung des Eigentums der Leiche«.

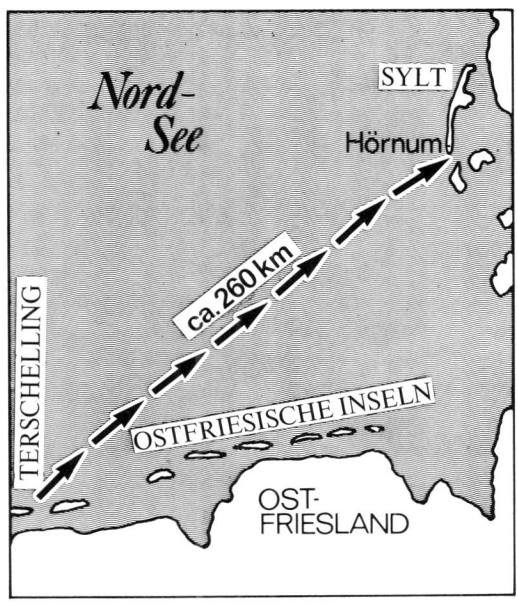

Die Glocke der »Lutine« konnte geborten werden. Noch heute kündet sie bei Lloyds in London vom Schicksal in Seenot geratener Schiffe. Ein Glockenschlag bedeutet: Untergang, zwei Glockenschläge: Rettung.

Von der holländischen Insel Terschelling trieb die Leiche des Londoner Bankiersohns Daniel Wienholt in 33 Tagen bis an den Strand von Hörnum.

In der Vogelkoje lauerte der tausendfache Tod

Vogelkojen waren Enten-Fallen. In der Vogelkoje Kampen wurden von 1809 bis 1921 insgesamt 686 169 Wildenten gefangen. Jeder von ihnen wurde der Hals umgedreht. Das beste Fangjahr war 1841 mit 25 224 Enten. Im letzten Fangjahr 1921 waren es nur noch 99. Seit 1935 ist die Vogelkoje von Kampen Naturschutzgebiet. Auch in den anderen zwei erhaltenen Vogelkojen auf Sylt droht den Enten keine Gefahr mehr. Grundsätzlich aber ist in Deutschland durch das Bundesjagdgesetz von 1977 der Ententod in Vogelkojen noch immer legalisiert. Die Idee stammt aus Holland und ist von den Inselfriesen übernommen worden. 1767 wurde die Kampener Vogelkoje angelegt. Lange Zeit waren die Vogelkojen auf Sylt wichtig für den Lebensunterhalt der Inselbewohner. Wildenten galten als Delikatesse und konnten auf dem Festland günstig verkauft werden. Eine ungewöhnlich große Zahl der Enten aber wurde auch auf den Inseln selbst verzehrt. Knechte und Mägde aller Miteigentümer einer Vogelkoje mußten sich verpflichten, zweimal in der Woche Ente zu essen. Ein Kojenwärter drehte bis zu 2000 Enten pro Tag den Hals um.

84

Vogelkojen, zwei bis zehn Hektar groß, wurden meist unweit des Seedeichs angelegt. Mittelpunkt war stets ein Süßwasserteich, umgeben von angepflanzten Bäumen und Büschen.

Von den Teichecken aus wanden sich 20 bis 30 Meter lange Kanäle hornförmig ins Land: die »Fangpfeifen«, auch »Piepen« genannt. Sie waren mit Netzen überspannt.

Auf den Teichen selbst schwammen zahme Lockenten mit gestutzten Flügeln.

Alljährlich zwischen August und Dezember fielen auf ihrem großen Zug nach Südwesten, Scharen von Stock- und Spieß-, Pfeif- oder Krickenten in diese lauschigen Rastplätze ein.

Die Lockenten veranlaßten ihre wilden Verwandten, zum Fressen in die Mündung der Fangkanäle zu schwimmen.

Dort, hinter einer Sichtblende aus Schilf oder Stroh versteckt, lauerte ein Kojenwärter.

Der Kojenwärter, zuweilen von einem Kojenhund unterstützt, trieb die Wildenten nun immer tiefer in den Fangkanal hinein, an dessen Ende sich eine Reuse befand. War der Vogel dort gefangen, wurde er herausgenommen und »geringelt«. Das heißt: Er wurde durch Umdrehen des Genicks getötet.

85

Das Ende ist nur eine Handbewegung

Der Berliner Theaterkritiker Alfred Kerr besuchte 1920 Sylt. Der preußische Graf Adelbert von Baudissin war 1864 auf der Insel. Beide haben ihre Eindrücke in Buchform veröffentlicht. »Die Welt im Licht« heißt Kerrs Buch, »Schleswig-Holstein meerumschlungen« das des Grafen. In beiden Büchern ist auch die Kampener Vogelkoje beschrieben. Und so unterschiedlich die Berichte auch ausfielen – ihre Empfindungen in den Vogelfanganlagen von Kampen waren offensichtlich ähnlich: Ekel.

12 000 Enten unter einer Weste

Scherzend und plaudernd hatte ich mich dem Saume des Wäldchens genähert, als ich zwischen den Zweigen ein wütendes Gesicht und dicht neben der vor Kälte blau angelaufenen Nase die geballte Faust des Wächters erkannte. Ich war so überrascht, daß ich wie festgebannt stehen blieb. Die Faust öffnete sich aber, ein Zeigefinger von ziemlicher Größe entwickelte sich aus dem Gewirr von Fingern, krümmte und streckte, streckte und krümmte sich – und ich erriet, daß ich näher kommen – aber stillschweigend näher kommen sollte.
Ich gehorchte und stand nach einigen Schritten vor einem kleinen, griesgrämigen Menschen, der ein Kohlenbecken, auf welchem Torfkohlen brannten und ihren erstickenden Qualm entwickelten, hin und her schwenkte. Er nickte vorsichtig mit dem Kopfe, drehte die Augen nach hinten, um mir anzudeuten, daß es dort etwas gäbe, und winkte mir endlich, ihm zu folgen.
»Ein Taler heilt so manchen Schmerz«, dachte ich, »warum nicht auch diesen!« Mein Taler rutschte in die Hand des Wächters. Er genierte sich aber gar nicht, besah ihn im Gegenteil sehr sorgfältig und sagte: »Is dat en Preuß?«
»Ja!« flüsterte ich.
Der Mann nickte, zog einen langen ledernen Beutel hervor, der mir für seinen Inhalt viel zu groß zu sein schien, steckte den »Preußen« hinein, drehte den Beutel, als wenn er ihn strangulieren wollte, und schob ihn mit äußerster Gemütsruhe in die Hosentasche.
»Es ist mir gar nicht recht, daß Sie hier sind«, wisperte mir mein Freund ins Ohr. »Wollen Sie nicht wieder gehen?«

»Nein!« antwortete ich, ebenfalls flüsternd.
»Was wollen Sie denn?« flüsterte er.
»Wie lange seid Ihr schon Entenfänger?«
»Einunddreißig Jahre.«
»Wieviel Lohn bekommt Ihr?«
»Achtzig Taler und freien Entenbraten.«
»Freien Entenbraten? Wie viele eßt Ihr denn?«
»Vier, wenn sie aber zu fett werden, drei.«
»Drei Enten? Wann? Jede Woche?«
»Jeden Tag«, antwortete der Wächter. »Morgens tue ich eine in die Pfanne, mittags eine, und abends verschnabuliere ich zwei.«
»Gott stehe mir bei«, sagte ich, »jeden Tag vier Enten!«
»Wenn Sie zu fett werden, nur drei«, fiel er berichtigend ein.
»Ganz recht, jeden Tag vier, und wenn sie zu fett werden, drei. Wie lange dauert der Fang jährlich?«
»Drei bis vier Monate.«
»Also eßt Ihr jeden Herbst gegen vierhundert Stück Wildenten?«
»Ja, so um vierhundert, ein paar mehr oder weniger!«
»Das macht in einunddreißig Jahren zwölftausend Stück! Himmlischer Vater! Wie kann man zwölftausend Wildenten im Leibe haben, ohne Schwimmfüße und Federn zu bekommen!«
Der Wächter maß mich mit einem souveränen Lächeln, schwenkte sein Räucherfaß und schlug sich seitwärts ins Gebüsch.
Der Kerl mit den zwölftausend Enten unter der Weste, vielleicht sitzt er in diesem Augenblick wieder vor der Pfanne und würgt seinen Entenbraten hinunter! Trotzdem wird er von vielen beneidet, und wenn von ihm die Rede ist, sagt einer zum andern: »Ja, der kann wohl lachen! Der Kerl hat freien Entenbraten und kann essen, so viel er will!«
Aber ich – nie wieder Entenbraten!

Adelbert von Baudissin

Wilde Enten, sanfte Menschen

I.
Frieseneiland . . . Sanft ist der Wächter mancher Entenkoje. »Koje« – das Wort klingt traulich, einlullend, gemütlich. Der Tod steckt dahinter.
Es ist der Tod, der wilden Enten dräut. Vom Nordland kommen sie geflogen. Ein sanfter Mann waltet im Gebüsch.

Weit dehnt sich (zwischen den zwei Meeren) die Heide, sie blüht braunviolett, oben die Blüten leuchten, unten streckenweis holziges Braun, alles fest und dicht, daß es wie ein Pelz auf dem Eilandsboden aufsitzt. Heide, Heide, Heide – umsäumt vom Dünengebirg', durchtränkt von Salzluft, überlaubt von einem blauhellen Himmel. Und da ...

II.
Da hebt sich etwas wie ein Sträucherzaun, mittendrin; ein großes, grünes Viereck. Was ist das? Es ist die Koje. Mannshoch das Gebüsch. Man sieht nicht, was dahinter vorgeht ... Durch lebende Wände mit verstohlenen Durchlässen, Seitengängen, verborgenen Querpfaden, deckenden Laubmauern geht es in das Innere des Vierecks. Der Kern ist: ein Teich, mit Süßwasser, auf dem ein paar Wildenten schwimmen. Locktiere.
Sie können nicht davon, denn ein Flügel ist ihnen verschnitten. Auch kriegen sie ihr tägliches Futter – so haben sie den Wunsch nicht, wegzufliegen; werden willig zu Verrätern an ihren Brüdern und Schwestern, ... die sie, gewohnheitsmäßig, in das Mordnetz locken.

III.
Denn sie sind abgerichtet, vor denen her in ein Netz zu schwimmen, aus dem sie selber sich zeitig retten ... Ja, Norwegens Wildenten fliegen im Herbst nach Süden und erblikken auf der Frieseninsel von oben her Süßwasserteiche, von hohem Gebüsch umsäumt. Sehn ein paar Stammesgenossen dort schwimmen. Gleich gehn sie hinunter, der lange Seeflug macht Eßlust ... da beginnen die gefütterten Kameraden ihr schäbiges Werk: locken sie ins Verderben.
Von dem Teich gehn Seitengräben aus, dahinter schwimmen die Locktiere; die wilden folgen; plötzlich finden sie, daß ein Drahtnetz den Graben überdacht ... Wehe!
Die gefütterten Verräter verlassen den Graben durch einen Seitenweg – denn sie fürchten sich nicht vor dem sanften Mann, dem Wächter, der jetzt hinter einer Binsenwand vortritt.

IV.
Die armen wilden Enten trauen sich nicht mehr zurück; nicht mehr an ihm vorbei, der ihnen mit einem Schritte den Weg versperrt,

– sie tief hineinjagt in den Graben, dessen Netz immer enger wird. Dann zieht er die ihm hingekehrte Seite des Netzes zu. Jetzt sind sie ... in rettungsloser Haft.

V.
Wenn ein Herbst gut ist, werden dreißigtausend Enten auf den Inseln so gefangen ... Ich frage manchmal den sanften Mann: »Und was machen Sie, wenn die Tiere im Netz sind?« Er sagt: »Ich öffne am äußersten Ende des Netzes einen klaainen Spalt, lange mit der Hand hinein und nehme aaine Ente heraus ... Und dann«, fügt er freundlich zu, mit jener flüsternden Zartheit im Sprechen, welche die Nordwestdeutschen an der Wasserkante haben, »dann werf' ich das Tier nur mal eben so'n beten um meine Hand herum, daß es die Wirbelsäule bricht.«
Er sagt dann: »Sie sind maaistens glaaich doot, man muß es nur versstehn.«
Wieviel tötet er hintereinander bei günstigem Fang? Er sagt freundlich und zart: »Manksmal über hundert Sstück hintereinander.«

Alfred Kerr

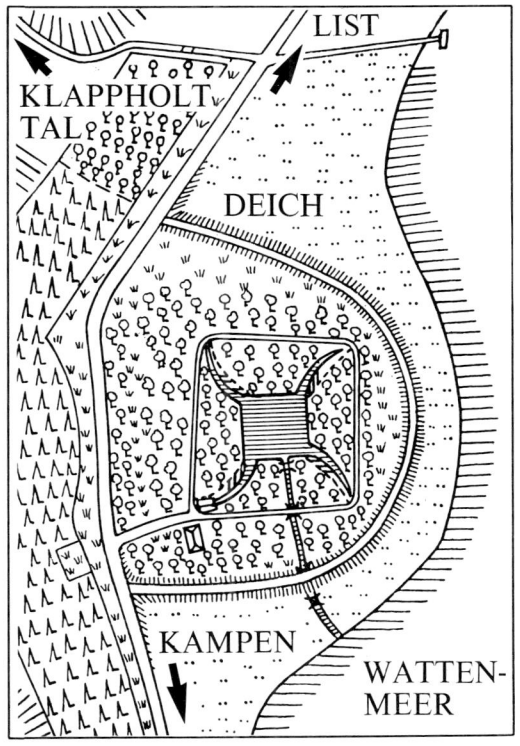

Die Vogelkoje von Kampen ist heute Naturschutzgebiet und Auflugsziel. Der Süßwasserteich in ihrer Mitte ist 60 mal 60 Meter breit. An seinen Ecken beginnen die Fangkanäle.

Liebe, Glück und 21 Kinder

Zwei englische Kriegsschiffe jagten an einem sonnigen Frühlingstag zwei kleine dänische Kaperschiffe auf den Strand von Sylt.

Es war der 23. Mai 1809. Dänemark und Schleswig-Holstein waren damals in den Strudel eines mächtigen Waffenganges geraten: Napoleon hatte gegen England die Kontinentalsperre verhängt. So wollte Frankreichs Kaiser die Briten in die Knie zwingen. Mit der Schiffahrt aber starb für Sylt der Wohlstand. Armut hatte am Tisch der Seefahrerfamilien hinter den Deichen Platz genommen. Und doch sollte inmitten dieser Notzeiten dieser kriegerische Tag im Wonnemonat Mai das Glück einer großen Sylter Familie begründen.

Das kleinere der beiden flüchtenden dänischen Kaperschiffe hatte vier Kanonen und stammte aus Flensburg. Es ankerte vor Hörnum. 19 Mann Besatzung unter Kapitän Gries nahmen in ihren Booten reißaus und ruderten an Land. Ihr Schiff wurde von einer englischen Brigg als Prise entführt.

Das größere Schiff, ein Lugger mit 26 Mann Besatzung unter Kapitän Bödger aus Bornholm, floh nordwärts, bis sein Kiel im Sand bei Rantum festsaß. Wegen Untiefen konnte sein Verfolger, ein englischer Schoner, nicht näher als eine Viertelmeile heranmanövrieren. Wütend begannen die Engländer daher mit einer Kanonade, um den Lugger zu versenken. Zwölfpfünder schossen sie ab, aber keine Kugel traf.

Inzwischen hatten die Dänen selbst ein Loch in den Rumpf ihres Schiffes gestoßen, ihre auf dem Vordeck stehende Kanone »Long Maren« über Bord gehoben und sich mit ihr auf Land in Sicherheit gebracht. Dort hatten der Kanonendonner, Glockengeläut und Trommelwirbel die Küstenmiliz alarmiert. Zweihundert Sylter mit Flinten stießen zu der Besatzung.

Als nun die Engländer ein Boot aussetzten, um den Lugger entweder abzuschleppen oder in Brand zu setzen, da wurde ihnen am Strand von der »Long Maren« und den Syltern ein unerwartet heißer Empfang bereitet. Mit Verwundeten und einem Toten zogen sie sich zurück.

Zwei Tage lang versuchten die Engländer, doch noch zu landen, des Luggers habhaft zu werden oder seine Verteidiger mit ihrer Artillerie zu vertreiben. Am dritten Tage segelten sie unverrichteter Dinge ab.

Es war, wie der Rantumer Lehrer Jakob Erken Ohm berichtete, ein »glorreicher Sieg für die tapferen Kaperleute, worunter einer namens Peter Nicolai Lassen aus Bergen sich besonders auszeichnete«. Und dieser Norweger Peter Nicolai Lassen war es, dessen Schicksal sich nun auf der Insel erfüllen sollte.

Er war als Sohn wohlhabender Eltern, am letzten Tag des Jahres 1783 in Bergen geboren. Aber sein Vater Ole Lassen und seine Mutter starben früh. Stiefeltern nahmen sich seiner an. Da ging der Junge zur See. Auf dem Lugger, der vor Sylt gestrandet war, tat er mit 26 Jahren Dienst als Quartier- und Proviantmeister.

Nach dem Abzug der Briten schleppten Peter Nicolai Lassen, der Rest der Besatzung und mehrere hundert Sylter, vor allem Frauen, den angebohrten Lugger fast einen halben Kilometer über die Dünen bis kurz vor das Ostufer der Insel. Dort wurde das Schiff repariert. Das dauerte weitere Tage.

In dieser Zeit lernte Peter Nicolai Lassen die schöne Tochter Merret des Rantumers Peter Clasen kennen und lieben. Sie war gerade zwanzig geworden. Die beiden verlobten sich. Noch einmal fuhr Peter Nicolai Lassen als Junggeselle in seine norwegische Heimat zurück. Doch schon zu Beginn des nächsten Jahres kehrte er zu seiner Braut zurück. Am 20. März 1810 wurden die beiden in Rantum getraut.

Merret Lassen gebar ihrem Mann, der nie von ihr lassen mochte, 21 Kinder: 14 Söhne und 7 Töchter. Zwei kamen allerdings tot zur Welt und zwei starben in der Wiege. 17 aber wuchsen in dem kleinen Haus der Lassens auf. Und wenn es abends Zeit war, zu Bett zu gehen, so trieb der Vater die ganze Schar zunächst einmal nach draußen, stellte sich selbst an die Tür und ließ die Kinder dann einzeln an sich vorbei wieder ins Haus marschieren, um festzustellen, ob auch keines fehlte.

Er war ein sparsamer und gerechter, auf die Erziehung seiner Kinder bedachter und auch gestrenger Mann. Sein Sohn Gerret erinnerte sich: »Wir gehorchten wie die Soldaten.« Das Leben schenkte den Lassens nichts. Der Krieg hinderte den Norweger, zur See zu fahren. So wurde er Fischer oder verdingte sich während der Cholera in Hamburg als Quarantäne-Wächter, transportierte Waren zwischen Husum und Sylt auf einem selbst-

Auf diesem Schiff, dem Lugger »Helsingoer«, floh Steuermann Peter Nicolai Lassen nach Sylt. Dort lernte er die schöne Merret kennen, und eine ungewöhnliche Liebesgeschichte begann.

gezimmerten Boot oder fertigte aus Dünenhalmen Stricke zum Festbinden der Reetdächer. Dabei mußten ihm seine Kinder helfen, obwohl sie noch kaum über den Tisch sehen konnten.

Als Peter Lassen einmal dabei war, eine Ladung Dünenhalme nach Sylt zu schaffen, kenterte sein Boot. Er wurde nur knapp dem nassen Tod entrissen.

Stürmische Westwinde wälzten wenig später ungeheure Sandmassen gegen sein kleines Haus und drohten ihn und seine Familie lebendig zu begraben. Da baute sich Lassen südöstlich ein neues Haus und wurde so zu einem der Begründer des heutigen Rantum. Aber die große Flut des Jahres 1825 suchte auch dieses Haus heim, riß seine Ostmauer nieder, zerstörte das Mobiliar und spülte

zwei Schweine davon. Nur seine Familie konnte Lassen durch Sturm und Regen auf einen höher gelegenen Ort retten. Dann begann er von neuem.

Und doch, es sollte sich lohnen. Als Peter Nicolai Lassen am 16. August 1848 im Alter von 64 Jahren starb, da lag ein glückhaft erfülltes Leben voller Gefahren, Arbeit und Mühsal hinter ihm. Der Mann, der als Fremder auf die Insel gekommen war, starb als geachteter, viel betrauerter Mann. Acht seiner Söhne wurden Kapitäne. Zwei andere kamen unter dem Namen Gold- und Silber-Lassen in Hamburg zu Reichtum. Insgesamt hatte er 90 Enkel. Und seine Urenkelin Gondel Wielandt hat ihm in ihrem Buch »Die Lassens von Sylt« ein hübsches Denkmal gesetzt. □

Ein Ort in Australien
trägt den Namen eines Sylters

Dirk Meinerts Hahn war einer der großen Söhne Sylts. Sein Leben ist randvoll angefüllt mit guten Taten. Ein Ort dieser Erde trägt seinen Namen. Er starb 1860 am Säuferwahn.

Sein Ahnherr war ein Bruder des Walfängers Lorens Petersen de Hahn gewesen. Sein Vater lebte als Kapitän in Westerland. Und eben dort wurde auch Dirk Meinerts Hahn am 28. Januar 1804 geboren. »Er war«, so erinnert sich sein Schulkamerad, der spätere Insel-Chronist C. P. Hansen, »ein lebhafter, viel schwatzender und lachender Knabe, der beste Tänzer und Schlittschuhläufer unter uns.«

Der junge Hahn wäre gern Pastor geworden. Sein Vater schickte ihn zur See. Mit 16 Jahren machte er seine erste Fahrt unter Kapitän Peter Broder Decker von Hamburg nach Barcelona und zurück. Sie dauerte fünf Monate.

Auf seiner nächsten Reise erlebte er mit 17 Jahren, wie eine Epidemie an Bord ausbrach und seinen besten Freund Peter tötete. In Malaga wurde die Quarantäne über sie verhängt. Kapitän Peter Broder Decker mußte vor dem Haß der Spanier fliehen, denn die von ihm eingeschleppte Seuche hatte an Land Tausenden den Tod gebracht. Steuermann Peter Boysen führte das Schiff zurück, führte es in der Nordsee in einen schweren Sturm. Vor Hahns Augen wusch eine Sturzsee den Schiffsjungen über Bord, »eines Juden Sohn aus Hamburg«, wie er in seinen Aufzeichnungen bemerkte.

Mit 18 Jahren machte Dirk Meinerts Hahn sein erstes Steuermanns-Examen. Und als er sich neun Jahre später, mit 27 Jahren, entschloß, seine Verlobte, die sanftmütige Hedewig J. Nicolaisen aus Westerland, zu ehelichen, da war er ein weitgereister, welterfahrener Mann, der mit Leben und Tod auf vertrautem Fuße stand.

Schicksalsschläge, die heute als Ausnahmefälle empfunden werden, gehörten damals zum Altag eines Seemannsdaseins. So auch die Umstände der Hochzeit des Sylters. Am 30. Oktober 1831 traf er mit einer Ladung Wein aus Oporto in Hamburg ein. Doch statt in die Arme der auf der Insel wartenden Braut zu eilen, mußte Dirk Meinerts Hahn erst einmal in Quarantäne: In Hamburg wütete die Cholera.

Und als er schließlich im Dezember in Westerland eingetroffen war, da legte sich die Mutter seiner Hedewig, die Witwe Margaretha Boy Nicolaisen, zum Sterben nieder. Auf ihren Wunsch wurde das junge Paar an ihrem Sterbebett am Weihnachtsabend getraut. Ohne Gäste, ohne Schmaus. Fünf Tage später war die Schwiegermutter tot.

Dirk Meinerts Hahn segelte damals schon seit sieben Jahren mit dem Kapitän Lorenz Johann Felix aus Westerland. Die beiden waren auf den Weltmeeren unzertrennliche Freunde geworden. 1833 durchstanden sie gemeinsam die gefährlichste Stunde, die einem Seemann schlagen konnte: Schiffbruch.

Ihr Schiff, die »Neptun«, zu deren Besatzung noch fünf weitere Sylter gehörten, geriet am 31. August jenes Jahres in der Nordsee in schwere See. Beim Segelbergen stürzte der Zimmermann Klein, ebenfalls ein Sylter, von der Fock-Rah auf das Deck und war sofort tot.

Am Abend des nächsten Tages – es stürmte mit unverminderter Heftigkeit – hatte Hahn zusammen mit einem Matrosen aus Neumühlen und »meinem Vetter und Liebling Peter A. Christiansen« die erste Wache. Gegen 10 Uhr glaubten sie am nördlichen Horizont einen weißen Streifen zu sehen, der besseres Wetter ankündigte: Es war eine Grundsee.

Wie einst der kleine jüdische Schiffsjunge, so wurden nun seine beiden Wachgenossen vor seinen Augen über Bord gewaschen. Hahn überlebte wie durch ein Wunder: Zufällig hatte er sich an einer eisernen Stütze festgehalten.

Alles Holz an Deck aber war von der Grundsee fortgerissen – von den Schanzverkleidungen bis zum Ruder. Der Großmast mußte gekappt werden. Das Schiff war leck geschlagen.

Zwei Tage trieb die »Neptun« hilflos in den Wogen vor Texel. Am Abend des 4. September lief sie auf Grund und mußte aufgegeben werden. Zwei holländische Schiffe kreuzten in Sichtweite. Hahn selbst hat aufgezeichnet, was weiter geschah:

»Nun war das Boot die einzige Zuflucht, unser Leben zu retten. Die Holländer waren höchstens zwei Schiffslängen von uns entfernt. Wir schrien und winkten diesen zu, sie möchten unser doch warten und uns aus dem Boot bergen.

Allein noch war unser Unglückskelch nicht leer. Diese schienen bloß aus Neugierde oder

»Hahndorf« nannten die Auswanderer ihre Siedlung in Australien zum Dank dafür, daß Kapitän Dirk Meinerts Hahn (links) ihnen nach glücklicher Landung sogar noch Ackerland besorgt hatte.

etwaiger Raubbegier zuzusehen, ob wir lebendig aus der Brandung herauskämen. Wie wir dicht an sie kamen, setzten sie Segel und ließen uns im Boot dahertreiben.

Durch dies abscheuliche Verfahren waren wir nun in ein großes Unglück versetzt, wie uns bisher noch nicht betroffen hatte: Weil wir glaubten, nur nach diesen Holländern hinzufahren, hatten wir keine Lebensmittel in das Boot genommen, weder Wasser noch Brot, und was das Schlimmste war, wir hatten keinen Kompaß. Die finstere Nacht kam über uns.«

Sie erwartete die Schiffbrüchigen mit Sturm und Regen. Das Boot schlug halb voll Wasser. Erschöpft dösten die Matrosen apathisch ein. Nur Hahn und sein Freund Kapitän Felix ruderten noch. Am Morgen des 5. September aber sahen sie Land, das Isumer Siel in Westfriesland. Sie waren gerettet.

In diesem Sturm vor Hollands Küste gelobte Dirk Meinerts Hahn, daß sein Sohn, sollte seine Frau ihm je einen schenken, niemals Seemann werden würde.

Am 19. September schloß der Schiffbrüchige seine geliebte Frau Hedewig auf Sylt wieder in die Arme. Und neun Monate später gebar sie ihm tatsächlich einen Sohn, sein erstes Kind, mit Namen Dirk Dirksen.

Des Vaters Gelöbnis erfüllte sich: Der Sohn wurde nicht Seemann, sondern ein erfolgreicher Kaufmann in Südamerika, heiratete eine Nordamerikanerin und zog mit ihr erst nach Omaha in Nebraska, später nach Trinidad. Ein Enkel von ihm, der nach dem Zweiten Weltkrieg als US-Offizier in Deutschland stationiert war, hat die Heimat seiner Vorfahren besucht.

Im Winter 1835/36 hatte Dirk Meinerts Hahn einen seltsamen Traum, der ihn veranlaßte, sich bei einem Herrn Dede im dänischen Altona bei Hamburg um die Stelle eines Obersteuermanns an Bord von dessen Schiff »Zebra« zu bewerben.

Er wurde angenommen. Und schon auf der ersten Reise mit der »Zebra« im Frühjahr 1836 geschah, was seinem Traum eine ungewöhnliche Bedeutung verlieh. Der Kapitän Steltring, ein untüchtiger Rohling, wurde zwei Wochen nach der Ankunft in Havanna vom Gelbfieber befallen. »Sieben Stunden später«, so erinnerte sich Hahn an seinen Kapitän, »war er eine Leiche.«

Obersteuermann Hahn führte die »Zebra« heil nach Hamburg zurück. Sein Reeder

Dede bestellte ihn zum neuen Kapitän des Schiffes. Und nun begannen jene Fahrten des Dirk Hahn unter dänischer Flagge, die seinen Ruhm begründeten.

Auf seiner ersten Fahrt als Kapitän brachte er 1836 mit der »Zebra« 140 Auswanderer nach New York. Unterwegs wurde ein Passagier wahnsinnig, und ein Kind kam zur Welt.

Hahn: »Am 1. November erblickten wir die amerikanische Küste. Als die Menschen das Land sahen, waren sie nicht mehr zu zügeln, schrien alle Hurra! für das freie Land.«

Im nächsten Jahr nahmen Kapitän Hahn und seine »Zebra« Kurs auf Bahia.

Hahn: »Meine Ladung bestand aus Mehl, Fleisch, Flinten, Pistolen, Säbeln und sonstigen Eisenwaren.«

Als er am 4. Februar 1837 in die Bai von Bahia einsegelte, sah er inmitten der Bucht eine Flotte von Kriegsschiffen liegen. Ohne Warnung eröffneten sie das Feuer auf ihn. Dennoch gelang es ihm, das Schiff heil in den Hafen zu steuern.

Was Hahn nicht wissen konnte: Die Kriegsschiffe gehörten zur kaiserlich-brasilianischen Marine, die Bahia seit zwei Monaten blockierte. Denn die Stadt war in Aufruhr und hatte sich gegen das Regime des Kaisers erhoben.

Die Rebellen waren durch die Blockade von jedem Nachschub abgeschnitten und hatten nur noch Proviant für drei Tage. Die »Zebra« mit ihrer unfreiwillig gebrachten Ladung war ein Gottesgeschenk für sie. Hahn hatte ihnen eine Galgenfrist verschafft. Mitte März war auch sie abgelaufen. Am 13. März begannen die Kaiserlichen mit einem Bombardement von Stadt und Festung. Die »Zebra« geriet wiederholt in die Schußlinie und mußte mehrmals verlegt werden.

Hahn: »Nachmittags den 15. März, wie die Rebellen sahen, daß sie den Sieg nicht mehr davontragen konnten, zündeten sie die Stadt in Brand.« Auch das Viertel der deutschen Kaufleute begann zu brennen. Hahn, der bereits in den Wochen zuvor portugiesische Flüchtlinge vor den Rebellen an Bord versteckt hatte, schickte nun den Deutschen eine Rettungsmannschaft zur Hilfe und bot ihnen Schutz an.

Hahn: »Wie die Stadt besiegt wurde, zählte ich während der Schlacht in drei Tagen 40 fremde Personen, die Schutz und Nahrung an Bord bei mir hatten. Ich habe auch keinen Heller von diesen unglücklichen Menschen angenommen, was sie mir stündlich und täglich anboten, so daß die Armen, die Neger, ihren Dank auf den Straßen ausschrien, wenn sie mich in der Ferne gewahrten.«

Kapitän Dirk Meinerts Hahn war ein berühmter Mann geworden. Aber auch seine sanfte Frau Hedewig war in diesen Monaten nicht untätig gewesen. Als er schließlich nach Sylt heimkehrte, hatte sie das zweite Kind entbunden, eine Tochter Margaretha. (Zwei weitere – Inken und Brigitta – sollten später folgen).

Im nächsten Jahr ließ Kapitän Hahn auf der »Zebra« die Segel zu seiner legendärsten Reise setzen: Er sollte 199 Auswanderer, die ihres Glaubens wegen Preußen verlassen wollten, von Hamburg nach Australien bringen.

Im Preußen König Friedrich Wilhelms III. war es damals zu einer Spaltung zwischen Lutheranern und Calvinisten gekommen, die der Monarch durch Druck beheben wollte. Dagegen wiederum wehrten sich einige Alt-Lutheraner aus Schlesien. Sie wollten eher die Heimat verlassen, als dem Staat zuliebe einen Glaubenskompromiß einzugehen. Diese verzweifelten Menschen waren es, die Kapitän Hahn in eine neue Welt führen sollte.

Es war eine gefährliche, weil explosive Fracht, die der Kapitän da an Bord nahm: religiöse Eiferer. Hahn, der selbst eine schmächtige Statur hatte, war froh, zwei stämmige Burschen aus Keitum als Steuerleute zu haben: Obersteuermann Boy Dirksen, der über zwei Meter maß und jeden Auswanderer wie ein schwächliches Kind behandelte, und Untersteuermann Ingwer Lorenz Petersen.

Kapitän Hahn berichtete:

»Den 12. August 1838, morgens 6 Uhr, schleppte uns ein Dampfschiff aus der Stadt. Den 17. ging schon bei Jull-Sand ein Kind mit Tode ab, den 19. starb ein zweites Kind bei Krautsand. Segelten den 21. August aus der Elbe in See. Es befanden sich im ganzen an Bord unter den Passagieren 106 Erwachsene und 91 Kinder.

Die Passagiere waren auf ein halbes Jahr ausproviantiert. Ihr Mundvorrat bestand aus 26 674 Gallonen Wasser, 24 400 Pfund Brot, 27 Fässern Schweinefleisch etc.

Zuvörderst werde ich den Zustand der Passagiere schildern. Nicht genug habe ich die

94

Standhaftigkeit bewundern können, wie sie nach täglicher Verfolgung in vollen 8 Jahren ihrem Glauben treu geblieben sind. Meilenweit waren sie gewandert, hatten sich in Wäldern versteckt, um das heilige Abendmahl zu empfangen von ihren lutherischen Predigern, die als Flüchtlinge umherirrten. Dennoch höre ich die guten Menschen fast jeden Abend für den König von Preußen beten.

Selten habe ich eine rührendere Szene gesehen, als wenn in der Abendstunde das ganze Verdeck voll Menschen auf den Knien liegend, alle vereint, Gott um Segen und Beistand anflehten.

Die Genügsamkeit dieser Menschen sowohl im Essen als Trinken muß ich ebenfalls bemerken. Nur bei Milchspeise, Kartoffeln und Brot haben sie fortwährend gelebt. Luxusartikel wie Kaffee, Zucker und Thee etc., haben mir selbst die Bemittelten unter ihnen erzählt, seien nie in ihre Häuser gekommen.

Sie hatten ihre Milchkühe als Ochsen vor den Pflug spannen müssen. Einer von ihnen, Thiel, aus dem Dorf Nichern bei Zullichau, erzählte mir, er habe neben seiner einzigen Kuh seine Frau angespannt, um mit diesem ungleichen Paar den Acker zu pflügen.«

Rund um Afrikas Südkap führte die mühselige Reise. Mehr als vier Monate war die »Zebra« unterwegs. Zwölf Auswanderer waren verstorben.

Am 28. Dezember 1838 warf Kapitän Hahn Anker in Südaustraliens Holdfast Bay.

Dirk Meinerts Hahn hatte sich so sehr an die Verantwortung für seine weltfremden Passagiere gewöhnt, daß er ihnen jetzt auch noch Land verschaffte.

Er handelte mit den drei Großgrundbesitzern William Dutton, Duncan Macfarlane und John Finnis einen Kontrakt aus, der den Auswanderern fast 300 Morgen fruchtbares Land unterhalb des Mount Barker bescherte. Aus Dankbarkeit nannten seine frommen Freunde ihre neue Siedlung »Hahndorf«.

Hahndorf, keine 30 Kilometer von der Stadt Adelaide entfernt, ist heute eine blühende Gemeinde von etwa 1000 Einwohnern.

Noch heute steht dort ein Lehmhaus der ersten Siedler.

In vielen Familien wird noch deutsch gesprochen. Deutsche Inschriften zieren die Grabplatten auf dem Friedhof, deutsche Gerichte die Speisekarte von »Capt. Hahn's Weinstu-

be«. Im Mittelpunkt des Ortes steht ein Stein: »Zum Gedenken an Dirk Meinerts Hahn«.

Kapitän Hahn segelte noch zwölf Jahre über die Ozeane. 1851 zog er sich zu seiner Familie zurück, um, wie sein Schulfreund C. P. Hansen später zu berichten wußte, »von den Zinsen seiner Kapitalien zu leben«.

Doch nur drei glückliche Jahre in seinem Ruhesitz an Westerlands Stadumsstraße waren ihm beschieden. 1854 starb seine Frau Hedewig.

Dirk Meinerts Hahn hat ihren Tod nie überwunden. Er suchte Trost im Wein. C. P. Hansen: »Er starb am Säuferwahnsinn, den 4. August 1860, in einem Alter von 56 Jahren, 6 Monaten und 6 Tagen. Sein Leichnam ruht jetzt in Frieden an der Seite seiner teuren Hedewig auf dem kleinen heimatlichen Gottesacker.«

Die restaurierten Grabsteine des Ehepaares stehen auf der Ostseite der alten Dorfkirche in Westerland. □

Nach einem dramatischem Seefahrerleben fand Hahn auf dem heimatlichen Inselfriedhof seine letzte Ruhe. Auf dem Grabstein ist er auf immer vereint mit seiner »teuren Hedewig«.

Di Skrapel kumt jest tö Täärp

Das Titelbild des ersten Sylt-friesischen Theaterstückes: »Der Geizhals auf der Insel Sylt«. Dargestellt ist die Wohnstube des Titelhelden.

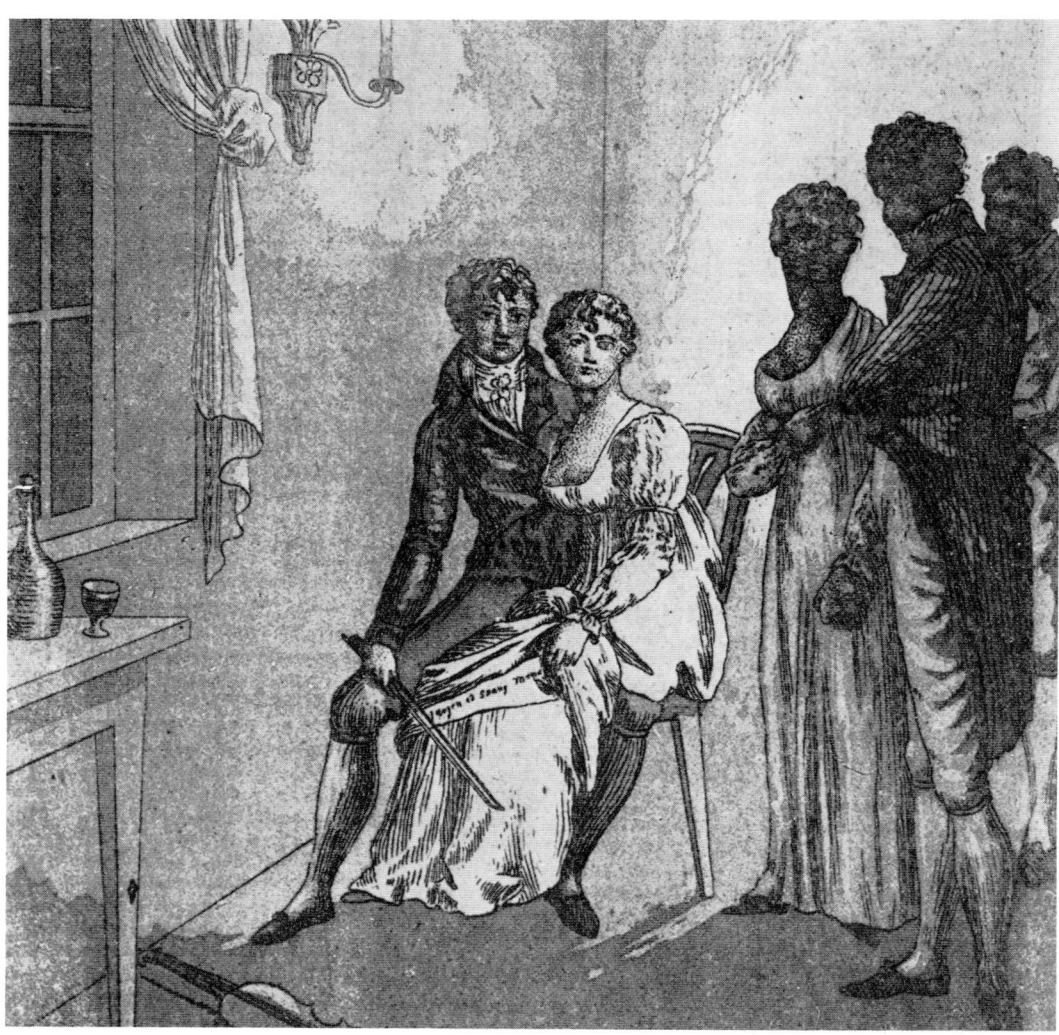

Das Titelbild des ersten Sylt-friesischen Theaterstückes: »Der Geizhals auf der Insel Sylt«. Dargestellt ist die Wohnstube des Titelhelden.

Kumt Riin, kumt Senenskiin,
kum junk of lekelk Tiren,
tö Söl' wü hual' – aural!
Wü bliiv truu Sör'ring Liren!
(Kommt Regen, kommt Sonnenschein,
kommen dunkle oder glückliche Zeiten,
zu Sylt halten wir überall!
Wir bleiben treue Sylter Menschen!)
Heimatlied in Sylter Friesisch.

Friesisch ist kein deutscher Dialekt, sondern (wie Holländisch und Englisch) eine eigene westgermanische Sprache. In Schleswig-Holstein sprechen noch rund 10 000 Menschen friesisch, aufgesplittert in zehn verschiedene Mundarten.

Das Sylter Friesisch heißt »Söl'ring«. Es ist am schwersten zu erlernen und zu verstehen. Nur 2500 von den 27 000 Syltern sprechen es noch.

Während auf der Insel Föhr noch Gemeinderats-Sitzungen auf friesisch abgehalten werden, ist »Söl'ring« vom Aussterben bedroht. Das hat vor allem drei Gründe:

- Die Abhängigkeit Sylts vom Tourismus – und damit der Zwang, hochdeutsch zu sprechen.
- Die feste Verbindung Sylts mit dem Festland durch den Hindenburgdamm – und damit die berufliche Tätigkeit vieler Sylter außerhalb des »Söl'ring«-Sprachgebiets.
- Zwei Weltkriege und ihre Folgen – lang-

96

jährige militärische Besetzung und Tausende von Flüchtlingen.

So kommt es, daß heute selbst Eltern, die zu Hause, auf dem Schulhof und beim Spielen, noch »Söl'ring« sprachen, befürchten, daß ihre Kinder im Aufstieg behindert wären, wenn sie nicht hochdeutsch sprechen würden. Sogar Plattdeutsch wird zuweilen dem »Söl'ring« vorgezogen.

Sprachforscher haben ermittelt, daß das Friesische dem Englischen am nächsten verwandt ist. »My sister is in« sagt der Brite. »Min Sester es bin«, der echte Friese. »I broke my arm« ist Englisch, »ik brok min Jerem« Friesisch.

Seit Jahrhunderten gesprochen, wurde Syltisch erstmals um 1800 geschrieben: von Jap Peter Hansen, dem Vater des wichtigsten Insel-Chronisten C. P. Hansen.

Jap Peter Hansen wurde im Sommer 1767 in Westerland als Sohn eines Lehrers geboren. Nach der Konfirmation zog es ihn, wohin es alle Sylter zog: Er fuhr zur See. Um 1800, als sein Vater aus dem Amte schied, konnte sich Jap entscheiden, Kapitän oder Vaters Amtsnachfolger zu werden.

Er ließ nach Seemannsart ein »Ordal« entscheiden. Er warf sein Seemannsmesser: »Mark bop, dann werd ik Captein. Mark önder, dann werd ik Schulmeester.« Das Messer machte ihn zum Lehrer und Küster, erst in Westerland, später in Keitum.

Deutsch	Sylter friesisch	Englisch	Dänisch
Haus	Hüs	house	hus
Garten	Guart	garden	have
Schiff	Skep	ship	skib
Brot	Bruar	bred	brød
Wurst	Marig	saussage	pølse
Wort	Uurt	word	ord
Welt	Warel	world	verden
Sonne	Sen	sun	sol
Meer	See	sea	hav
Bild	Skelt	picture	billede
Sklave	Slaav	slave	slave
Ohr	Uar	ear	øre
Mantel	Mantel	coat	frakke
Schuh	Skoch	shoe	sko
Insel	Ailön	island	Ø
Hut	Hur	hat	hat
Montag	Mondai	monday	mandag

Damals schrieb Jap Peter Hansen bereits in seinen Mußestunden auf Syltisch. 1809 erschien seine Komödie »Di Gidshals of de Söl'ring Pid'ersdei« (Der Geizhals oder der Sylter Petritag). Das Motiv war eine Anleihe bei Molieres Komödie »L'Avare«: Der reiche, aber geizige Bauer Pider Madsen, der seinen Kindern kein Geld zur Feier des Sylter Nationalfestes (Petritag) gibt, wird rigoros von seinem Geiz geheilt. Es war das erste Werk in Sylter Sprache.

100 Jahre später machten weitblickende Männer den Kampf ums Überleben der Sylter Mundart zu ihrer Sache. Auf Betreiben des Hamburger Überseekaufmanns Andreas Hübbe (1869–1941) wurde um 1900 der erste Sylter Sprachverein gegründet. Auf Bitten Hübbes schrieb der aus Keitum stammende, in Hamburg im Ruhestand lebende Rektor Boy Peter Möller (1843–1922) ein Lesebuch, auf Syltisch.

Und der Keitumer Kapitän und Bauer Nann Mungard (1849–1935) gab 1909 ein erstes Wörterbuch in Sylter Friesisch heraus.

Seither hat es nicht an Versuchen gemangelt, die Sprache mit staatlicher Hilfe künstlich am Leben zu erhalten.

An der Christian-Albrecht-Universität in Kiel ist ein Lehrstuhl für Friesisch eingerichtet worden. Und eine 1950 gegründete Nordfriesische Wörterbuchstelle in Kiel arbeitet an einem umfassenden Wörterbuch für alle nordfriesischen Dialekte.

Nur, ob Friesisch stirbt oder leben wird, das können nicht Forscher und Bürokraten bestimmen. Darüber müssen die Friesen selbst entscheiden, auch auf Sylt.

In ihrem Band »Söl'ring Spreekuurter en wat Söl'ring Snak« (Sylter Sprichwörter und was Sylter reden) haben Gondel Wielandt (1896–1964), die Urenkelin des großen Dirk Meinerts Hahn, und Hermann Schmidt Beispiele für die bildhafte Kraft der Sylter Sprache und die verschlagene Weisheit der Sylter festgehalten:

● »Di Skrapel kumt jest tö Täärp«.(Der Schall kommt zuerst ins Dorf, d. h. das Gerede geht vor einem her.)

● »Dit wel ske, wan Wäästersir drüch lapt.« (Das wird geschehen, wenn das Meer an der Westküste Sylts leerläuft – also nie.)

● »En Gidshals en en Swin kum jest tö Gaagen, wans duar sen.« (Ein Geizhals und ein Schwein werden erst nützlich, wenn sie tot sind.) □

Jap Peter Hansen (1767 bis 1855), Seemann, Schulmeister und Küster, schrieb das erste Buch in Sylter Friesisch. Nur wenige Sylter können diese Sprache heute noch sprechen.

Der Selbstmord am Genfer See

Uwe Jens Lornsen (1793–1838) stritt für das, was erst Bismarck verwirklichte. So wurde er zum Freiheitshelden Sylts. Er wähnte sich durch eine Krankheit fluchbeladen und starb von eigener Hand.

Das Grab des Uwe Jens Lornsen lag am Genfer See. Dort war am 13. Februar 1838 die Leiche des nur 44 Jahre alten Landvogts von Sylt geborgen worden: Mit durchschnittenen Pulsadern und zerschossenem Herzen.

Die Wellen des Genfer Sees spülten am 13. Februar 1838 eine Leiche mit durchschnittenen Pulsadern und zerschossenem Herzen an den Strand: Ein Selbstmörder hatte gründliche Arbeit geleistet. Wie zu seinen Lebzeiten hatte Uwe Jens Lornsen auch bei seinem Freitod nichts dem Zufall überlassen wollen. So starb er, fern der Heimatinsel, von eigener Hand und nur 44 Jahre alt, als der meistbesungene Freiheitsheld Sylts, als Vorkämpfer einer Loslö-

sung Schleswig-Holsteins von Dänemark, als Streiter für die deutsche Einigung.

Uwe Jens Lornsen hatte am 13. November 1793 in Keitum das Licht der Welt erblickt. Sein Vater war bei seiner Geburt abwesend und sah den Sohn zum erstenmal, als der schon vier Jahre alt war. Bis dahin hatte der Schiffskapitän Jürgen Jens Lorensen die Wellen des Atlantik durchpflügt.

Nun aber zog er sich zurück, wurde Ratmann auf der Insel und widmete sich der Erziehung seiner beiden Kinder, des Sohnes Uwe und der Tochter Erkel.

Zunächst sollte der Sohn wie sein Vater zur See fahren. Aber die kriegerischen Wirren der napoleonischen Zeit hatten den Seehandel Dänemarks fast zum Erliegen gebracht. Die Berufschancen für Seeleute waren schlecht. So ließ der Vater den Sohn studieren.

Nach der Dorfschule besuchte der junge Sylter das Seminar in Tondern, das Domgymnasium in Schleswig und schließlich die Universität in Kiel.

Von seiner Studentenzeit an nannte er sich Lornsen, während er den Namen seines Vaters weiterhin Lorensen schrieb.

Von Kiel wechselte Uwe Jens Lornsen 1818 als 25jähriger an die Universität Jena über. Dort wurde sein Geist von den Ereignissen entscheidend geprägt. Napoleon war geschlagen. Patriotische Begeisterung bewegte die Jugend. Lornsen wirkte mit bei der Gründung der Allgemeinen Deutschen Burschenschaften. 1820 bestand er seine juristischen Prüfungen mit Auszeichnung, bemühte sich erfolglos um die Errichtung einer Anwaltspraxis im dänischen Altona und trat schließlich als Volontär in die Schleswig-Holsteinisch-Lauenburgische Kanzlei ein.

Das war damals die höchste Landesbehörde. Sie saß in der dänischen Hauptstadt Kopenhagen.

Neun Jahre arbeitete er dort. Dann brach das Jahr 1830 an. Es sollte für Lornsen zum Schicksalsjahr werden.

In jenem Jahr wurde er erst zum Kanzleirat befördert und dann, als erster Einheimischer seit hundert Jahren, zum Landvogt von Sylt ernannt.

Von da an überstürzten sich die Ereignisse. Lornsen reiste noch im gleichen Monat in die Heimat ab. Seine erste Station war Kiel. Dort verlas er am 1. November einem Gremium angesehener Männer aus Ostholstein eine von ihm verfaßte Schrift: »Über das Verfassungswerk in Schleswigholstein«.

Lornsen forderte in dieser Schrift:
- Verlegung der Kanzlei von Kopenhagen in die Herzogtümer;
- Errichtung eines Parlaments, eines Obersten Gerichtshofes und eines Staatsrates in den Herzogtümern;
- Trennung von Justiz und Verwaltung.

Im Kern liefen die Vorschläge auf eine weitgehende Unabhängigkeit der Herzogtü-

mer Schleswig und Holstein von Dänemark hinaus. Lornsen: »Nur der König und der Feind sei uns gemeinsam.«

Die nur 14seitige Schrift wurde in 9000 Exemplaren gedruckt und überall im Lande verbreitet. Der Widerhall war lebhaft. Die Regierung in Kopenhagen forderte den Autor auf, die Agitationen einzustellen und endlich sein Amt in Sylt anzutreten.

Lornsen gehorchte. »Es naht eine tatenvolle Zeit heran«, so hatte er einem Vetter geschrieben, »die jeden streitbaren Mann mahnt, sich wohlgerüstet vorfinden zu lassen, und meine Sylter Muße soll meine Rüstkammer werden.« Sie wurde sein Gefängnis.

Am 13. November 1830 traf Uwe Jens Lornsen als neuer Landvogt von Sylt auf der Insel ein. Zehn Tage später erschien bei ihm in Keitum der Justizrat Dröhse aus Tondern und verhaftete ihn im Namen des Königs.

Vergebens baten 171 Sylter Bürger im Januar 1831 in einer Bittschrift an die Regierung in Kopenhagen um Rückgabe ihres »geliebten Landvogts Lornsen«. Nach sechs Monaten Untersuchungshaft in Rendsburg wurde Lornsen am 31. Mai 1831 für schuldig befunden, seine Pflicht als Beamter verletzt und die öffentliche Ruhe gefährdet zu haben.

Das Urteil: Ein Jahr Festung.

In seiner Haft in Rendsburg und Friedrichsort vertiefte Lornsen seine politischen Studien. Dabei trat sein eigentliches Anliegen immer klarer zutage: Annäherung der Herzogtümer Schleswig und Holstein an ein geeinigtes Deutschland unter Preußens Führung: »Die politische Einheit Deutschlands unter einem Oberhaupte ist die höchste Idee.«

Der Häftling Lornsen weigerte sich, um Begnadigung zu bitten, und auch ein Angebot der Regierung, mit Staatspension ins Ausland zu gehen, lehnte er ab, um nicht »als abgekaufter und zu Kreuz gekrochener Demagog« zu erscheinen.

Nach seiner Entlassung kehrte Uwe Jens Lornsen noch einmal auf die Heimatinsel zurück. Aber immer mehr gewann nun eine seit langem schwelende geheimnisvolle Krankheit Macht über ihn.

Äußerlich war Lornsen ein strahlender Typ. »Er imponierte durch sein Äußeres und übte eine seltene Anziehungskraft aus.« So beschrieb ihn sein bedeutender Zeitgenosse, der Staatsrat Francke: »Groß, mit mächtigen breiten Schultern und einem Jupiterkopf, reich an dichtem gekräuseltem dunklem Haar, vollem Gesicht, offener Stirn und ernstem leuchtendem Auge überraschte der gewöhnlich schweigsame Mann, wenn er sich wohlfühlte, durch eine zwanglose Heiterkeit, die alles um ihn her erfreute.«

Hinter dieser kraftvollen Fassade indes verbarg sich die Krankheit. Über deren wirkliche Natur konnten sich Lornsens zahlreiche Biographen nie einig werden. »Sicher ist, daß sie mehr seelischer als körperlicher Art war«, schreibt Karl Alnor. »In Verbindung mit einer Bluterkrankung entwickelte sich bei ihm die Zwangsvorstellung, eine eigenartige Ausdünstung aus seinem Körper hätte auf die Menschen, mit denen er zusammenkäme, einen verhängnisvollen Einfluß. Er glaubte, an ihnen eine eigenartige Verzerrung der Gesichtszüge bemerken zu können, und hielt sich daher für fluchbeladen. Diese Wahnvorstellung hat sein Seelenleben immer mehr überschattet.«

So auch in den zwei Jahren, die er nach seiner Festungshaft wieder auf Sylt verbrachte. Er lauschte in sich hinein, beobachtete seinen Zustand, machte qualvolle, selbsterdachte Heilversuche. Denn erst wenn er die Krankheit überwunden hätte, davon war er überzeugt, könne sich sein öffentliches Wirken voll entfalten.

Im Oktober 1833 reiste er plötzlich nach Rio de Janeiro. Einer seiner engsten Vertrauten, der am Keitumer Kliff wohnende Arzt Dr. Wülfke, verriet, Lornsen hoffe in der Fremde Heilung zu finden »von seinem halb körperlichen, halb geistigen, halb wirklichen, halb eingebildeten Leiden«.

In Südamerika erfuhr Uwe Jens Lornsen, daß die dänische Regierung begann, seine alten Forderungen schrittweise zu erfüllen: Die Herzogtümer erhielten Provinzialstände, einen Gerichtshof und eine eigene Regierung auf Schloß Gottorf.

»Dieses hat mich über die Maßen erfreut«, schrieb Lornsen vom Zuckerhut aus an seinen Freund, den Kieler Professor Hegewisch: »Im schlimmsten Falle gehe ich doch mit dem beruhigenden und erhebenden Bewußtsein aus der Welt, nicht umsonst gelebt zu haben.«

1837 kehrte er nach Europa zurück. In seinem Gepäck war sein umfangreichstes Werk: »Die Unionsverfassung Dänemarks und Schleswigholsteins«.

Es sollte erst zwei Jahre nach seinem Tod erscheinen. Denn in Europa nahm der alte Krankheitswahn wieder von ihm Besitz. Zudem war seine Schwester in Schwermut gefallen und dem Wahnsinn nahe. Das quälte ihn. »Ich bin von Kummer und Gram zu Boden gedrückt«, notierte er 1837.

Und am 10. Dezember jenes Jahres vertraute er aus Genf brieflich seinem Freund Hegewisch an: »Möge Gott mir mit seiner Hilfe nahe sein. Mir kann die Hilfe nur von oben kommen.«

Zwei Monate später setzte er seinem Leben ein Ende. Seine politische Wirksamkeit hat er im Rückblick so gesehen: »Ich bin nichts gewesen als die Fliege, welche sich auf dem Gipfel des Schneebergs niederläßt und damit die Lawine in Gang setzt.«

Erst ein Menschenleben nach seinem Freitod verwirklichte Bismarck all das, wovon Lornsen geträumt hatte: Er entriß die Herzogtümer Schleswig-Holstein den Dänen, gliederte sie Preußen an und einte die Deutschen unter ihrem Kaiser. □

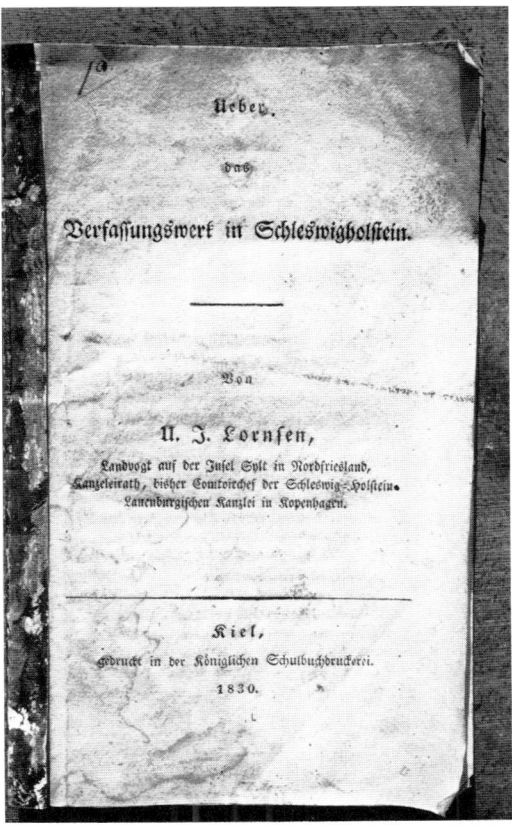

In einer 14seitigen Schrift »Über das Verfassungswerk in Schleswigholstein« trat Lornsen für größere Unabhängigkeit von Dänemark ein. Wegen Agitation wurde er festgenommen und zu Festungshaft verurteilt.

101

Die Fremden kommen

»Vor wem macht ihr denn eigentlich Toilette, ihr badenden Damen? Vor den Regenpfeifern, die in der Luft umherfliegen und ›pfüt‹, ›pfüt‹ rufen? Vor den Seehunden, die auf den Watten Mittagsschlaf halten?«
Aus: »Schleswig-Holstein meerumschlungen« von Graf Adelbert Baudissin, 1865.

Das erste Hotel – der Untergang beginnt

Norderney wurde 1797 erstes deutsches Nordseebad. Die Sylter ließen sich noch ein halbes Jahrhundert Zeit. Und bis heute sind sie sich nicht ganz einig, wann auch Westerland schließlich ein Bad wurde. Denn der dänische König Christian VIII. besuchte Sylt zwar 1842 und badete bereits im Meer. Doch eigentlich war er zur Entenjagd auf die Insel gekommen, und ins kühle Naß hatte ihn möglicherweise nur der Anblick badender Sylterinnen gelockt.

1851 erschien der Bestseller »Der Voigt von Sylt« von Theodor Mügge und machte die Insel in Deutschland populär. »Legt Seebäder an und eure Möwen und Seeschwalben werden goldene Flügel bekommen!« hieß es in dem Roman.

1854 – Westerland hatte damals 500 Einwohner – wurden die ersten Badegäste empfangen. Und 1855 stellte der Landvogt und Kammerherr v. Levetzau einen ersten hölzernen Badekarren am Strand auf. In jenem Jahr sollen bereits 100 Fremde ihre Ferien in Westerland verbracht haben. Inselchronisten berichten von einem Fräulein Feddersen, das sich in jenem Jahr bei der Ankunft »nur auf zwei Krücken fortbewegen konnte, durch das Baden im Sylter Brandungsspiel jedoch so gestärkt wurde, daß es tanzend abreiste«. Fräulein Feddersen soll außerdem bereits eine »Cur-Karte« gehabt haben.

1857 schließlich wurde der Grundstein zum ersten Hotel der Insel gelegt. Es war die »Dünenhalle« in Westerland. Von nun an wurden dort immer mehr Häuser ohne das herkömmliche Reetdach gebaut. Der Untergang der schönen einsamen Insel hatte begonnen. □

Sylts erste Badegäste landeten mit einem Kutter in Munkmarsch, stiegen mit ihrem Gepäck auf einen Wagen um (Bild links) und wurden dann nach Westerland gefahren. 1857 wurde dort das erste Hotel errichtet: die »Dünenhalle« (Bild oben).

36 Meter Lampendocht pro Jahr

Der Leuchtturm Rote Kliff bei Kampen steht seit 1855. Er ist 38 Meter hoch. Sein Licht ist noch in 38,9 Kilometer Entfernung zu erkennen. Es sichert die Einfahrt in das tückische Lister Tief. Seit 1978 arbeitet der Leuchtturm ohne Wärter – als Automat.

Am 31. Oktober 1978 kletterte der Leuchtturmwärter Manfred Karwin zum letzten Mal die 187 Stufen des Leuchtturms von Kampen herab. Dann wurde der Turm zum Automaten. Seit dem 1. November werden alle sechs Leuchttürme von Sylt (außer dem von Kampen gibt es noch drei in List und zwei in Hörnum) elektronisch von einer Zentrale für Schleswig-Holsteins Westküste in Tönning gesteuert.

Schon der erste bekannte Leuchtturm der Geschichte zählte zu den sieben Weltwundern der Antike: Ein Turm auf der Insel Pharos vor der Einfahrt von Alexandria, um 280 v. Chr. errichtet und etwa 120 Meter hoch.

In Deutschland entstand der erste Leuchtturm in Travemünde im Jahre 1220.

Auf Helgoland wurde 1630 eine »Blüse« gebaut, ein massiver Turm mit offenem Steinkohlenfeuer.

Und auch der Turm von Kampen war zu seiner Zeit so etwas wie ein Inselwunder: Auf der Pariser Weltausstellung von 1852 hatte die dänische Regierung unter König Friedrich VII. für 40 000 dänische Taler einen neuartigen, mit Öl gespeisten Leuchtapparat erstanden. Sie beschloß, ihn auf einem Turm auf Sylt einzubauen.

So wuchs 1855 auf einer der höchsten Erhebungen der Insel, nahe dem Roten Kliff

bei Kampen, der 38 Meter hohe Turm. So leuchten seine Scheinwerfer genau 62,70 Meter über dem mittleren Hochwasser.

C. P. Hansen berichtet, daß das Feuer in der Nacht des 1. März 1856 erstmals entzündet wurde. Es verbrauchte jährlich 3400 Kilo Rüböl und 36 Meter Lampendocht.

»Seefahrer, welche in das Lister Tief einfahren wollen,« so berichtete der Insel-Beschreiber Graf Adelbert Baudissin, »müssen das Feuer des Kampener Leuchtthurmes gerade über dem des Lister Thurmes erblicken, um ungefährdet in den Hafen gelangen zu können.«

Der steinerne weiße Turm mit schwarzem Eisen-Ring und grüner Kappe war durch einen Blitzableiter gesichert, der in einen 27 Meter tiefen Brunnen führte. Neben dem Turm lagen kleine Häuschen mit Dienstwohnungen für die drei Turmwärter, die sich alle acht Stunden beim Dienst in der Wachstube ablösten. Die Wachstube in schwindelnder Höhe war durch ein Sprachrohr mit allen Wohnungen verbunden. Ein Uhrwerk hielt den mit Prismen verstärkten Leuchtapparat in kreisender Bewegung.

1908 wurde auf dem Leuchtturm Rote Kliff das Feuer auf Petroleum-Glühlicht, dieses 1929 auf Elektrizität umgestellt.

Heute ist der Schein des Leuchtturmes bei klarer Sicht noch in 38,9 Kilometer Entfernung zu sehen. □

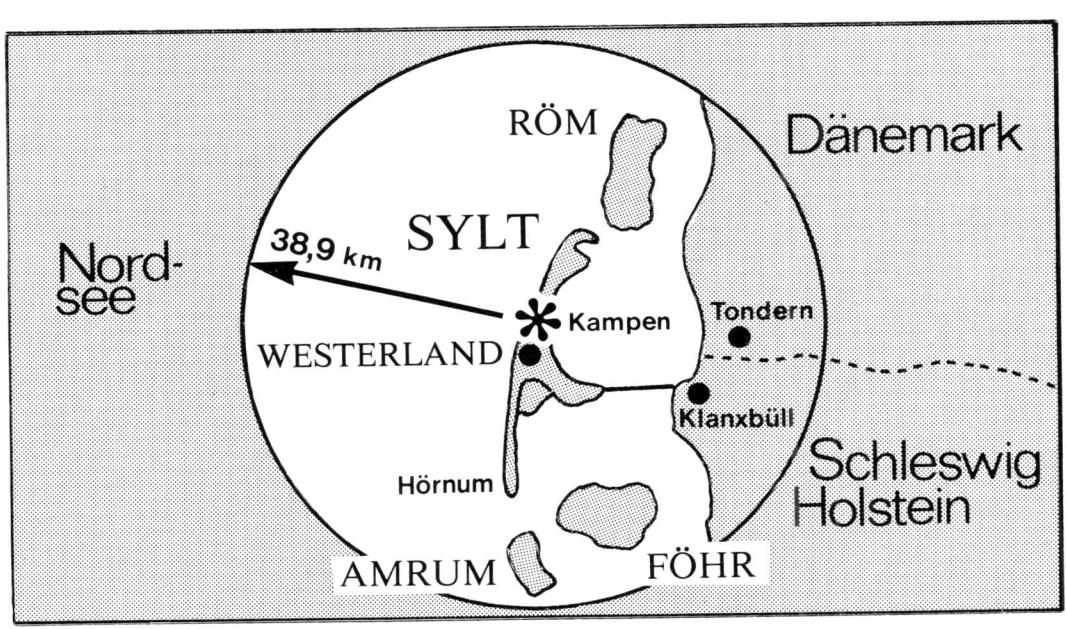

Viermal in der Minute – alle 15 Sekunden – wiederholt sich das Signal des Leuchtturms Rote Kliff: 2 Sekunden Licht, 1 Sekunde Dunkelheit, 2 Sekunden Licht, 1 Sekunde Dunkelheit, 5 Sekunden Licht, 1 Sekunde Dunkelheit.

Von den zehn Mann auf der »Posa« kehrten nur drei zurück

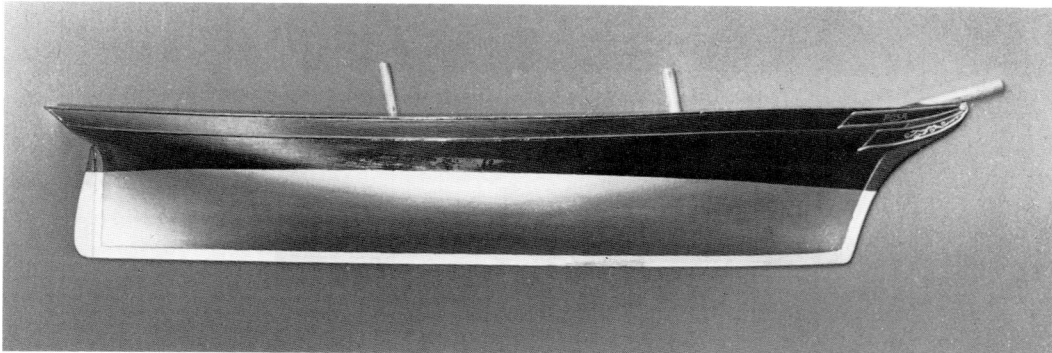

Der Rumpf des Schoners »Posa« als Halbmodell. Das Schiff war erst zwei Jahre alt, als es 1856 zu seiner letzten Reise auslief. Es gehörte dem Hamburger Reeder P. E. Meyer.

Am 30. August 1856 verließ der Schoner »Posa« seinen Heimathafen Hamburg. Seine Ladung war für Hongkong bestimmt. Seine Besatzung bestand aus dem frisch verheirateten Kapitän Meinert Boysen aus Kampen und neun Mann, unter ihnen zwei weitere Sylter.

In der Biscaya geriet die »Posa« in schwere See. Fockmast und Bugspriet mußten in Lissabon repariert werden. Das war im Herbst.

Ein Sturm am Kap der Guten Hoffnung zerfetzte die vordere Takelage. Sie konnte mit Bordmitteln ausgebessert werden. Nun war schon Winter.

Weihnachten und Silvester feierten die zehn Mann auf hoher See.

In der Nacht vom 9. auf den 10. Januar 1857 machte die »Posa« neun Knoten Fahrt durch die Molukken-See. Gegen drei Uhr nachts meldete der am Ruder stehende Zimmermann weißes Wasser voraus. Der wachhabende Obersteuermann eilte nach vorn, meinte aber beruhigend, die See spiegele wohl nur das helle Mondlicht wider. Da krachte es. Das Schiff war in der Nähe von Neu-Guinea auf das Helena-Riff von Gilolo gelaufen. Kapitän und Freiwache stürzten an Deck. Sie kappten die Masten, um das Schiff leichter zu machen. Zu spät. Schon sprang vorn das Deck auseinander. Die Schaluppe wurde ausgesetzt, Hartbrot und Branntwein wurden hineingeworfen. Doch ein Brecher zertrümmerte das Rettungsschiff. Nun blieb nur noch das Beiboot. Es wurde zu Wasser gelassen. Die zehn von der »Posa« rafften zusammen, was ihnen in die Hände fiel, und sprangen hinein. Beim Niederlassen war das Boot halb voll Wasser und leckgeschlagen. Das Loch wurde mit einem Hemd zugestopft.

Als der Morgen des 10. Januar heraufdämmerte, machte Kapitän Meinert Boysen aus Kampen Bestandsaufnahme: Zur Fortbewegung standen ihm ein Bramlee-Segel und zwei Riemen zur Verfügung. Die Mannschaft hatte zwei kleine Fässer Wein, einen Schinken und ein paar Brote gerettet. In der Kapitänskassette befanden sich die Schiffspapiere, ein Sextant und ein Kompaß, eine silberne Uhr, 11 preußische Taler und 31 Pfund in Gold. Es fehlten: Wasser und Waffen.

Das Boot segelte südwärts. Schon nach wenigen Tagen begannen Hunger und Durst die Schiffbrüchigen zu quälen. Das einzige Trinkwasser, das sie hatten, waren Regenböen, die auf das Boot niedergingen.

Erst am 13. Tag sichteten sie Land, eine Insel. Kapitän Boysen steuerte das Boot in eine kleine Bucht. Schwarzbraune, kraushaarige Wilde, die nur ihre Schamteile mit Blättern und Lappen verhüllt hatten, erwarteten sie am Strand. Sie waren mit Messern und Bögen bewaffnet. Als der Kapitän und sein Obersteuermann an Land gingen, um Wasser zu suchen, schwirrten die ersten Pfeile.

Durch Gesten gaben die Schiffbrüchigen zu verstehen, sie seien hungrig und durstig. Die Eingeborenen brachten drei Gefäße voll Wasser, einige Fische und Schildkröteneier. Dafür erhielten sie Hemden, Gürtel und Münzen, waren aber damit offensichtlich nicht zufrieden.

Sie benahmen sich so verdächtig, daß es Boysen ratsam erschien, auf dieser Insel nicht die Nacht zu verbringen, sondern lieber wieder in See zu stechen.

Doch kaum hatte das Boot abgelegt, da wurde es an jeder Seite von einem Kanu der Wilden verfolgt. Ein Pfeileschauer überschüttete die Schiffbrüchigen. Alle zehn wurden verwundet. Den Obersteuermann traf ein Pfeil in die Brust. Er war auf der Stelle tot. Erst als bei Einbruch der Dunkelheit das Boot die offene See erreicht hatte, zogen sich die Eingeborenen zurück.

Am nächsten Morgen wurde die Leiche des Obersteuermanns nach Seemannsbrauch dem Meer übergeben. Fünf Tage später erlag auch Kapitän Boysen aus Kampen seinen Verletzungen. Ihrer beiden Führer beraubt, verfielen die Schiffbrüchigen nun in tiefe Niedergeschlagenheit.

Vier Tage nach dem Tod des Kapitäns tauchte vor ihnen die Küste Neu-Guineas auf. In einer einsamen Bucht fanden sie Wasser und unbekannte Früchte. Sie aßen davon, mußten sich erbrechen und wanden sich in Magenkrämpfen.

Gegen Abend erspähten sie eine Bucht mit zahlreichen Kanus. Vergeblich suchten sie zu flüchten. Die Wilden hatten sie entdeckt. Zwei Kanus mit je sechs Kriegern machten Jagd auf die Schiffbrüchigen und hatten sie bald eingeholt. Die Eingeborenen gaben den Weißen Fische und bedeuteten ihnen, an Land zu steuern. Als die acht Mann von der »Posa« zögerten, zischten wieder Pfeile durch die Luft und bohrten sich ins Fleisch der Seeleute.

Panik erfaßte den Zimmermann und einen Matrosen der »Posa«. Aus Angst vor dem grausamen Tode begingen sie Selbstmord. Sie, die beide nicht schwimmen konnten, sprangen über Bord und gingen sofort unter. Der Leichtmatrose Wachsmuth von Sylt und der Kajütenjunge Stahmer, – 16 und 15 Jahre alt, – sprangen ebenfalls. Doch die Wilden fischten diese beiden Selbstmörder auf, ehe sie ertrinken konnten, und zogen sie in ein Kanu.

Die Krieger des anderen Kanus fielen über die letzten vier im Boot her. Sie plünderten sie aus, ließen ihnen nur ihre Hosen und schlugen mit Holzknüppeln auf sie ein. Später bugsierten sie das Boot und die blutenden Insassen an Land. Die Gefangenen wurden getrennt in Hütten untergebracht, die je von zwei oder drei Familien bewohnt waren. Der zweite Steuermann starb, ehe er die ihm zugedachte Hütte erreicht hatte. Nun lebten nur noch fünf von den zehn Mann der »Posa«-Besatzung.

Am bösesten stand es um den Sylter Matrosen Johann Siebrand Josiassen. Er blutete aus fünf Wunden. Die schlimmste war durch einen Pfeil entstanden, der in die Brust eingedrungen, zersplittert und nur zum Teil aus dem Rücken wieder ausgetreten war. Der Verwundete konnte nicht einmal liegen. Die Wilden schoben ihm ein Brett in den Rücken, so daß er halb aufrecht saß. Sie stärkten ihn mit Sago, Fisch und Wasser. Schließlich holten sie eine alte Frau aus einer benachbarten Hütte. Sie legte trockene Blätter auf die Wunde und drückte sie mit ihrer Zunge darauf, bis sie voller Blut waren. Das wiederholte sie mehrmals. Danach wusch sie die Wunde aus. Dann röstete sie am Feuer eine Wurzel, zerrieb sie zwischen ihren Händen und streute sie auf die Verletzung. Der Matrose Josiassen aus Sylt fühlte sich besser. Doch seine Leiden waren noch nicht vorbei. Nach 14 Tagen entzündete sich auch seine Rückenwunde. Die Wilden banden ihn auf ein Brett und schnitten ihm bei Bewußtsein mit einem Messer Pfeilsplitter aus dem Leib. Josiassen war dem Tode nahe. Aber er kam durch. Dafür erlag bald darauf der Koch der »Posa« seinen Verletzungen. Nun waren es nur noch vier.

Wochen und Monate vergingen. Die Schiffbrüchigen teilten das Leben der Wilden: Sie schliefen halbnackt auf Matten in den Pfahlhütten.

Der Überlebende der »Posa«, Carl Eduard Jensen von Föhr, hat es später beschrieben: »Die Wilden hatten selbst nicht viel zu essen. Diese Menschen sorgen nicht für den anderen Morgen. Sie sind nur tätig, wenn sie hungrig sind; haben sie einen guten Fang gemacht, so fressen sie wie das Vieh, solange etwas da ist.

Ihr bester Versorger ist der Sagobaum, weil er von selber wächst. Andere Früchte zu pflanzen, haben sie keine Lust. Außerdem bleiben ihnen nur Fische und Schildkröten. Ihre elenden Wohnungen sind gewöhnlich auf Pfählen im Wasser in der Nähe des Ufers errichtet. Der Fußboden ist mit einer Art Baumrinde bedeckt, auf der sie Matten liegen haben. Das Dach ist mit großen Blättern bedeckt, die vor Regen schützen. In einer Hütte wohnen gewöhnlich zwei bis drei Familien und liegen durcheinander wie das Vieh«.

Die elf Preußischen Taler des Kapitäns hatten die Wilden zu Ringen und Amuletten geklopft. Seine Uhr hatten sie zerlegt, um herauszufinden, woher das Ticken kam. Den

Eingeborene von Neu-Guinea nahmen die Schiffbrüchigen der »Posa« gefangen. Drei der Überlebenden wurden später verkauft.

Sextanten hatten sie kaputt gespielt. Aus dem Eisensteven des Beibootes hatten sie sich Messer geformt. Ihre Bewunderung galt einem Brennglas, mit dem die Schiffbrüchigen Feuer entzündet hatten.

Kurz vor Ostern kam der Tag, an dem die Schiffbrüchigen erfahren sollten, warum die Wilden sie gepflegt und am Leben gelassen hatten: Sie sollten verkauft werden. Die Eingeborenen ruderten den Leichtmatrosen Wachsmuth von Sylt zu einem Molukken-Schoner unter holländischer Flagge, der vor der Küste lag.

Sie forderten von dem Kapitän im Tausch gegen den Sylter ein Gewehr. Aber der lehnte ab. So kam das Geschäft nicht zustande. Doch informierte der Kapitän zwei preußische Missionare in holländischen Diensten, die auf einer Insel vor der Nordküste Neu-Guineas die christliche Botschaft verbreiteten. Und diese beiden kauften gegen Gewehre, Perlen, Messer und Baumwollzeug drei Mann der »Posa« frei: den Matrosen Johann Siebrand Josiassen von Sylt, den 16jährigen Leichtmatrosen Carl Eduard Jensen von Föhr und den Kajütenjungen Gustav Stahmer aus der Nähe von Hamburg.

Der vierte und letzte Mann, der Leichtmatrose Wachsmuth von Sylt – so versicherten die Wilden – sei gestorben.

Sobald die drei Geretteten halbwegs genesen und wiederhergestellt waren, unternahmen sie mit einem holländischen Dampfboot, das mit einer Kanone bestückt war, eine Fahrt zurück an die Stätte ihrer Leiden, um das Schicksal ihres Kameraden Wachsmuth zu klären.

Die Wilden zeigten eine Stelle, wo er begraben worden sei. Und als dort keine Gebeine zu finden waren, beteuerten sie, wilde Schweine müßten die Leiche gefressen und verschleppt haben.

So kehrten von den zehn Mann der »Posa« nur drei in die Heimat zurück. Am 24. April 1858, fast zwei Jahre nach seiner Abreise, traf Johann Siebrand Josiassen wieder bei seiner Mutter auf Sylt ein.

Ein unbekannter Heimatdichter hat seine Abenteuer in eine Ballade von elf fünfzeiligen Strophen gefaßt, die später auch vertont und auf Sylt gesungen wurden:

> »Mit schneeweißen Segeln
> bei günstigem Wind
> verließ einst ein
> Schiff Hamburgs Auen . . .« ☐

1864: Nach den Dänen – die Preußen

Jahrhunderte hindurch waren die Einwohner der Herzogtümer Schleswig und Holstein brave Untertanen der dänischen Majestät gewesen.

Ausgerechnet in jener ersten Hälfte des 19. Jahrhunderts aber, in der Europa durch Napoleons Kriege heimgesucht wurde und nur die Zugehörigkeit zu Dänemark das meerumschlungene Land vor schlimmen Verwüstungen bewahrt hatte, begannen die Schleswig-Holsteiner, die immer strenger werdende Dänen-Herrschaft als unerträgliches Joch zu empfinden: Sturm und Drang der deutschen Befreiungs- und Einigungs-Bestrebungen hatten nach dem Sturz des kleinen Korsen auch den Norden angesteckt. 1852 schlossen Preußen und Österreich mit Dänemark ein Abkommen, in dem zwar die Personalunion zwischen Dänemark und den Herzogtümern Schleswig und Holstein bekräftigt wurde. Auf der anderen Seite jedoch machte man Dänemark zur Auflage, sich das Herzogtum Schleswig nicht als Provinz anzugliedern. Und genau das war die Absicht der Dänen gewesen.

Kein Wunder also, daß der Vertrag nur elf Jahre lang eingehalten wurde. Dann verkündete Kopenhagen doch ein gemeinsames Grundgesetz für Dänemark und Schleswig. Der Deutsche Bund und Österreich erhoben Einspruch und ließen in Eilmärschen Holstein von sächsischen und hannoverschen Truppen besetzen.

Kalt stellte Preußens Ministerpräsident Otto von Bismarck den Dänen ein unannehmbares Ultimatum: »Aufhebung des dänischen Grundgesetzes und damit die Loslösung Schleswigs von Dänemark« – innerhalb von 48 Stunden.

Wie von Bismarck erhofft, lehnte Kopenhagen ab. Da marschierten am 1. Februar 1864 Preußen und Österreicher in Schleswig ein. Bei Oevensee und den Düppeler Schanzen wurden die Dänen vernichtend geschlagen. Eines der letzten Gefechte des Krieges fand im Wattenmeer um Sylt statt.

Schleswig und Holstein sollten an die Sieger Österreich und Preußen fallen. Doch im Prager Frieden vom August 1866 trat Wien seine Ansprüche an Bismarck ab: Die Herzogtümer wurden nun preußische Provinz. Mancher Sylter fühlte sich durch diese Befreiung vom dänischen Regen in die deutsche Sonne versetzt, andere meinten, in die preußische Traufe geraten zu sein. □

Am 12. April des
Kriegsjahres 1864
landete der dänische
Leutnant Uldall vom
11. Infanterieregi-
ment mit 4 Unterof-
fizieren und 100
Mann auf Sylt, um
flüchtige Wehr-
pflichtige einzufan-
gen. Vergebens
durchkämmte er die
Insel. Dann ließ er
ihre Frauen und
Bräute verhaften, in
einem Fall am Kran-
kenbett des Kindes.
Da stellten sich zwei
der Unterge-
tauchten.

»Willkommen,
Deutschlands Heldensöhne!«

Dänemarks Kapitänleutnant Otto Chr. Hammer (rechts), damals 42 Jahre alt, verteidigte 1864 Sylt. Hammers Flottille ankerte vor Munkmarsch und beherrschte das Watt zwischen Sylt und dem Festland.

Die barfüßigen Helden: Kapitän Andersen, Fregattenkapitän Lindner, Graf Waldburg und Hauptmann von Wiser. Ihr Marsch durchs Watt zum Kanonenboot »Blitz« machte die Landung auf Sylt erst möglich.

Das mürbe Eis auf dem Wattenmeer war zu dünn, um darüber zu laufen, zu dick, um hindurchzurudern. So war Sylt im Schicksalsmonat Februar 1864 abgeschnitten von der auf dem Festland abrollenden Weltgeschichte: Deutsche und österreichische Truppen hatten am 21. Februar angegriffen und Dänemark die Herzogtümer Schleswig und Holstein entrissen. Alles aber, was die Einwohner der Insel zunächst mitbekamen, war das Grollen fernen Kanonendonners und der Schein einiger brennender Dörfer fern am östlichen Horizont.

Erst Ende Februar gelang es den Kapitänen Cornelius Bleicken aus Keitum und Haulk Bohn Prott aus Westerland unter Lebensgefahr, das Watt zu überqueren. Sie trugen eine von etwa 300 Syltern unterschriebene Adresse an Herzog Friedrich von Augustenburg bei sich, dem die Schleswig-Holsteiner zum Zorn der Dänen als rechtmäßigem Herren der Herzogtümer huldigten. Die Botschaft wurde am 27. August in Kiel überreicht.

Am Sonntag darauf sollte der dänische Pastor Meier in der Keitumer Kirche Kinder konfirmieren. Die Kapitäne Andreas Andersen und Karl Jansen hatten ihn zuvor aufgefordert, nicht länger in der Kirche für den König von Dänemark zu beten. Empört setzte da zuerst der Pastor den Gottesdienst, dann die Kirchspielversammlung den dänischen Pastor ab.

Drei Tage später, am nebligen 3. März, kamen seine Rächer. Der dänische Kommandeur der schleswigschen Westinseln, Kapitänleutnant Otto Chr. Hammer, landete mit 20 Matrosen seiner Flottille in List, ließ mehrere Sylter festnehmen, darunter die Kapitäne Andersen und Jansen, und legte ihnen in der Sylter Landvogtei in Tinnum ein Dokument vor: Darin sollten sie sich zur Treue gegenüber dem König von Dänemark und zur Ruhe auf Sylt verpflichten. Alle lehnten die Unterschrift ab.

Inzwischen hatten sich ein paar hundert erregte Sylter mit Knüppeln und Messern vor der Landvogtei versammelt. Sie umringten die Dänen und forderten die Freilassung der Gefangenen: 21 standen gegen fast 300. Was würde geschehen? Kapitänleutnant Hammer befahl seinen Leuten, die Gewehre zu laden und anzulegen. Da trat Kapitän Thomas Lassen aus Westerland vor und rief: »Füer!

Ein Teil der Hammerschen Flottille an einem Strand Nordfrieslands. Links ein Raddampfer, rechts bewaffnete Ruderboote mit dem Kriegs-Danebrog, zu deutsch »Dänentuch«. Mit seinen Schiffen beherrschte der dänische Kapitän das Wattenmeer zwischen Sylt, Amrum und Föhr. Erst ein dramatischer Nachtmarsch brachte die Wende.

Je Satans, a Je Kurage heft!« Statt zu feuern, ließ der besonnene Däne die Festgenommenen frei und zog ab.

Doch schon im nächsten Monat, am 12. April, landeten wieder dänische Soldaten auf Sylt: Hammers Leutnant Uldall mit 4 Unteroffizieren und 100 Mann. Er war gekommen, flüchtige Wehrpflichtige zu jagen. Zwar waren alle Insel-Friesen vom Wehrdienst befreit. Aber fünf Militärpflichtige vom Festland hielten sich auf der Insel auf. Als Leutnant Uldall sie nicht aufzuspüren vermochte, nahm er Frauen und Bräute der Flüchtigen in Gewahrsam (siehe die zeitgenössische Darstellung auf Seite 112–113).

Da stellten sich zwei der Untergetauchten. Die drei anderen entkamen zu Fuß übers Watt.

Danach waren den Syltern ein paar ruhige Wochen beschieden. Am Abend des 14. Juni ging Hammers Flottille wieder vor Munkmarsch vor Anker: 2 Dampfschiffe, 6 Kanonenboote und etwa 15 kleinere Yachten.

Noch in derselben Nacht zog der Däne mit etwa 200 Soldaten nach Keitum. Sieben Sylter, die in Berlin eine Bittschrift an Preußens Ministerpräsidenten Otto von Bismarck übergeben hatten, wurden von ihm als Gefangene nach Kopenhagen geschickt (siehe Seite 118/119).

Die letzte Phase des Krieges war nun angebrochen. Auf dem Festland waren die Dänen längst vernichtend geschlagen und für den 12. Juli war die Landung auf Sylt vorgesehen. Dreieinhalb deutsche Kompanien in 85 kleinen Booten sollten vom Festland her übersetzen. Doch die Kanonen von Hammers Flottille, die das Watt beherrschte, vereitelten das Unternehmen.

Am Vortag war vor Sylt ein preußisch-österreichisches Geschwader aufgekreuzt, aber in Unkenntnis der Lage nicht den Landtruppen zu Hilfe gekommen.

Da krempelten noch am 12. Juli drei preußische Offiziere ihre eleganten Uniformhosen hoch, um – geführt von dem Keitumer Kapitän Andersen – durch das Watt den eigenen Kriegsschiffen entgegenzuwaten: Hauptmann von Wiser, Rittmeister Graf Waldburg und Fregattenkapitän Lindner.

Bis auf etwa 600 Meter kamen sie an das inzwischen im Lister Tief vor Anker gegangene preußische Kanonenboot »Blitz« heran. Dann stoppte die Flut ihren Marsch. Verzweifelt winkten sie mit einem weißen Tuch an einer langen Stange.

Im letzten Augenblick wurden sie entdeckt. Zwei ausgesetzte Boote der »Blitz« retteten die barfüßigen Helden gegen 3 Uhr vor dem Ertrinken. Am Nachmittag des 12. Juli war so die ersehnte Verbindung zwischen Land- und See-Streitkräften hergestellt.

Der Rest war ein Kinderspiel. Unter dem Schutz der Kriegsschiffe landeten am nächsten Tag, am Morgen des 13. Juli, 300 steirische Jäger bei Munkmarsch und Nösse, von den Syltern jubelnd begrüßt. 36 weißgewandte Ehrenjungfrauen bildeten Spalier. »Ihr seid willkommen, Deutschlands Heldensöhne!« hatte Insel-Poet C. P. Hansen zu Ehren der Befreier gereimt. Nun übergab er ihnen das Gedicht. Vorlesen konnte er es nicht. Die Kehle war ihm zugeschnürt.

Gut zehn Jahre später allerdings notierte er über den Unterschied zwischen der alten dänischen und der neuen preußischen Herrschaft auf Sylt: »Das, was früher durch einige wenige Persönlichkeiten auf der stillen Insel getan wurde, dazu ist jetzt eine Menge Beamten vorhanden und natürlich bisweilen auch tätig.«

Sylt war unübersehbar deutsch geworden. □

Kriegsbericht aus dem Watt

Theodor Fontane, Dichter und Journalist, war auch Kriegsberichterstatter. In seinem Werk »Der Schleswig-Holsteinische Krieg im Jahre 1864« schildert er im letzten Kapitel, wie der dänische Kapitän Hammer zwischen zwei Feuer geriet und gefangen wurde.

Von Theodor Fontane

Im Juli 1864 erschien eine preußisch-österreichische Kanonen-Flottille zwischen Helgoland und den Friesischen Inseln und steuerte nordwärts. Diese Flottille sollte den »Hammer« einfangen. Und sie fing ihn wirklich. Das war jedoch keine kleine Aufgabe, da zu den Schwierigkeiten, die das Befahren der »Wattensee« überhaupt bot, noch die kam, daß Capitain Hammer (ein geschickter und energischer Seemann) alle Baken entfernt oder gar falsch ausgelegt hatte. Die Lotsen hielten sich zurück, weil sie fürchteten, wieder einmal in Hammers Hände zu fallen. Dennoch mußte es gewagt werden.

Der Feldzug, der sich nunmehr gegen Capitain Hammer eröffnete, war eine Art Treib-jagd. Er steckte wie der Fuchs in seinem Bau, in einem Bau mit den verschiedensten Fährten und Ausgängen. Er war nicht eher zu fangen, als bis man ihm seine Fährten gekreuzt und seine Ausgänge verlegt hatte. Wir werden sehen, in welcher Weise dies geschah.

Zuvor vergleichen wir die Kräfte bei Freund und Feind. Capitain Hammer verfügte über eine Flottille von etwa 30 Fahrzeugen, von denen für den Fall eines Kampfes, wohl nur zwei kleine Dampfschiffe (»Limfjord« und »Augusta«) und sechs Ruderkanonenjollen in Betracht kamen. Das andere waren Zollkutter und Transportschiffe. Die Besatzung dieser Schiffe belief sich auf etwa 200 Mann, darunter Hammer selbst mit acht Offizieren. Die Flottille der Alliierten bestand zunächst aus vier Kanonenbooten, zu denen sich später der österreichische Raddampfer »Elisabeth« gesellte. Die vier Kanonenboote waren »Wall«, »Seehund«, »Basilisk« und »Blitz«, die beiden ersten der österreichischen, die beiden andern der preußischen Marine zugehörig. Der »Blitz«, der den geringsten Tiefgang hatte, wurde für diese Expedition besonders wichtig. Unterstützt wurde dieselbe durch zwei Compagnien steirischer Jäger.

Die Eigentümlichkeit der ein, zwei und drei Meilen breiten »Wattensee«, die zwischen dem Festland und den Inseln gelegen ist, schuf nun die eigentliche Schwierigkeit des Unternehmens. Es war ein Terrain, in dem der Gejagte nicht nur vollständig Bescheid wußte, sondern auch überall hin konnte, weshalb es für Schiffe, die ihm nicht überall hin folgen konnten, überaus schwer war, ihn zu stellen und zu fangen.

Hammer war der Pirat auf diesem Grabengeflecht, auf diesen Canälchen und Canälen. Unbestimmbar lange mochte er sich auf diesen Zickzackstraßen, auf diesem Wasserlabyrinthe halten. Von dem Augenblick an aber, wo die zwei oder drei großen Portale, die einzig und allein ein Entschlüpfen in die See hinein gestatteten, geschlossen waren, von diesem Moment an war das Umstellen und Einfangen des Piraten nur noch eine Frage der Zeit. Hammer wußte das selbst. Wohl vertraut indes (durch Kundschafter aller Art) mit dem Gang der Unterhandlungen, die mehr und mehr dem Frieden zuneigten, hoffte er, sich in dem Grabengewirr wenigstens so lange halten zu können, bis der

116

Friedensschluß oder doch ein vorläufiger Waffenstillstand ihn aus seiner üblen Lage befreite. In der Tat war er nahe daran, auf die Weise seiner Niederlage und Gefangennehmmung zu entgehen. Am 19. Juli kapitulierte er, am 20. Juli wurde der Frieden durch einen Waffenstillstand eingeleitet.

Am 18. Juli um sechs Uhr früh war die Situation folgende: Sylt und Föhr waren durch österreichische Abteilungen besetzt. Die Alliierten konnten, vom Ufer beider Inseln aus, die vorüberfahrenden feindlichen Schiffe unter Feuer nehmen. Die Lister-Tiefe und die Fahrtrapp-Tiefe waren durch den »Basilisk« und die »Elisabeth« geschlossen und der Rest der Flottille war bis über den Gabelpunkt in Höhe der St-Johannis-Kirche vorgedrungen und hatte dadurch ein Entkommen mit Hilfe der Reuter-Tiefe ebenfalls unmöglich gemacht.

Hammer und seine 30 Schiffe waren im Wattenmeer vollständig eingeschlossen und das Einzige, was ihm noch blieb, war ein Hin- und Herfahren auf dem zwischen Föhr und Sylt gelegenen Kanal-Labyrinth. Am 18. Juli um sechs Uhr früh begannen der »Wall«, der »Seehund« und der »Blitz« ihre Beschießung der vor Wyk liegenden Hammerschen Flottille; Infanteriefeuer von der Insel aus unterstützte diese Kanonade. Einige Schiffe wurden im Laufe des Tages genommen, doch im übrigen keine entscheidenden Erfolge erzielt. Hammer erklärte, »er werde sich so lange halten, wie sein Proviant reiche«. Dem mußte man zuvorkommen.

»Wall« und »Seehund« blieben vor Wyk in Front der Hammerschen Flottille. Der »Blitz« aber dampfte am 19. Juli mittags zur Fahrtrapp-Tiefe, wo die »Elisabeth« lag, fuhr an dieser vorbei und drang nun von Norden her in die Föhrerley ein, in der Capitain Otto Hammer mit dem Rest seiner Flottille lag.

Hammer kam dadurch zwischen zwei Feuer, er hatte keinen Ausweg, auch keine freie Bewegung mehr, selbst ein Hin- und Herfahren in dem Gewirr der Kanäle war nicht länger möglich. Zwischen »Wall« und »Seehund« von Süden und dem »Blitz« von Norden her auf engstem Raume eingeschlossen, blieb ihm nichts anderes übrig, als sich zu ergeben.

Um 7½ Uhr abends erschien er mit seinem ersten Offizier, Lieutenant Hollby, an Bord der »Blitz« und kapitulierte. Hier schrieb er

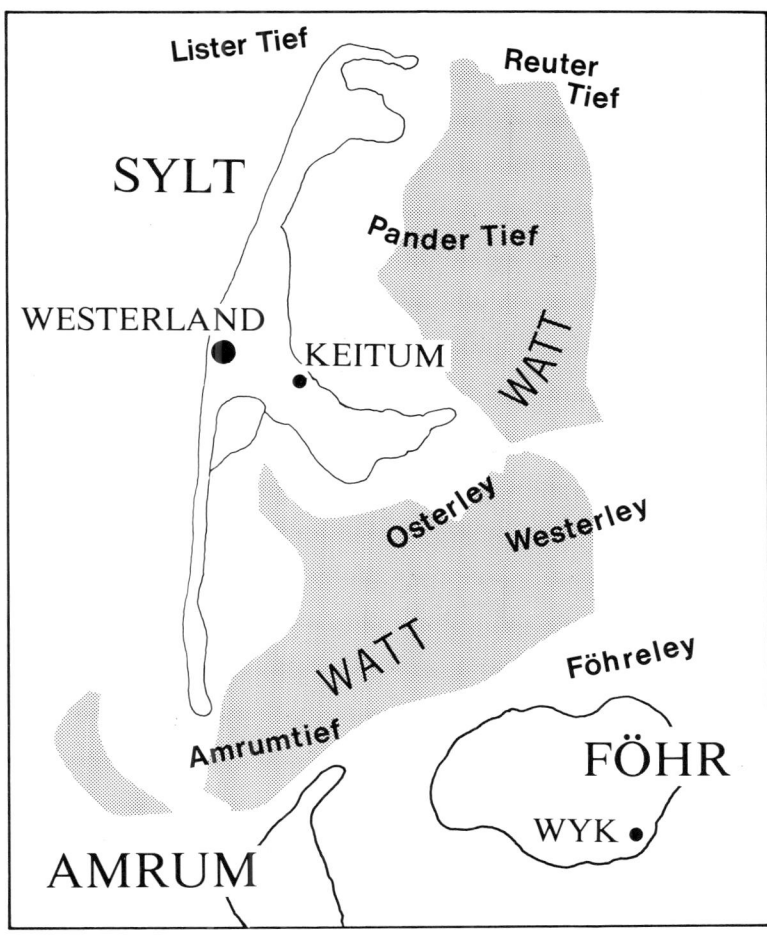

auch den Befehl an seine Untergebenen, ein Gleiches zu tun. Das Wetter aber war so schlecht, daß es unmöglich war, vom »Blitz« aus diesen Befehl an die andern Fahrzeuge der Hammerschen Flottille zu überbringen. Diese hatte inzwischen für sich selbst gehandelt. Die ganze Besatzung, 7 Offiziere und 185 Mann, waren an Bord des »Seehund« erschienen und hatten sich bei den Kommandeur der Flottille, Fregattencapitain Kronowetter, als Gefangene gemeldet.

Das war in der Nacht vom 19. auf den 20. Zwölf Stunden später traf die Nachricht ein, daß eine vorläufige Friedensbasis gefunden und ein Waffenstillstand abgeschlossen sei. Mit dieser kleinen, aber glänzend durchgeführten Waffentat schloß der Krieg. Auch das letzte Stück vom schleswigschen Boden war dem Feinde entrissen – Schleswig-Holstein frei. □

Die Tücken des Wattenmeeres und der Gezeiten retteten den dänischen Kapitän Hammer viele Tage lang vor der Gefangenschaft. Dann aber kam das preußische Kanonenboot »Blitz«.

Die Heimkehr der sieben Gefangenen

Zwei Monate verbrachten sieben Sylter in dänischer Gefangenschaft. Bei ihrer Heimfahrt aus Kopenhagen entstand in Flensburg ein Gruppenbild von ihnen (links). Am nächsten Tag reisten sie weiter auf die Insel, wo sie wie Helden gefeiert wurden (ganz links).

Erst drei Wochen nach Beendigung der Feindseligkeiten von 1864 kehrten Sylts einzige Kriegshelden auf die Insel zurück: Es waren (auf dem Foto von links nach rechts): Arzt Dr. Jenner (Keitum), Kapitän Cornelius Bleicken (Keitum), Kapitän Uwe Bleicken (Keitum), Ratmann Wulff Hendricks, Bauernvogt Andreas J. Simonsen (Keitum), Kapitän Haulk B. Prott (Westerland), Ratmann Clas Jacob Hein (Archsum). Alle sieben waren am 15. Juni 1864, während eines sechswöchigen Waffenstillstandes der kriegführenden Mächte, von Kapitän Hammer auf Sylt als Verräter festgenommen und nach Dänemark verfrachtet worden. Sie wurden auf ihrer Reise nach Kopenhagen von Dänen beschimpft, bespuckt und mit rohen Eiern bedacht, die »uns aber wegen des Ungeschicks beim Werfen glücklicherweise nicht trafen« (Kapitän Haulk B. Prott). Kapitän Prott hatte eine schwerkranke Frau und vier kleine Kinder zurücklassen müssen. Seine Tochter Inken jedoch, selbst schon mit dem Kapitän Nicolai D. Möller verheiratet, war umso energiegeladener. Noch am Abend der Festnahme stahl sie sich an den dänischen Wachen vorbei und setzte mit einem Boot aufs Festland über, um Hilfe zu mobilisieren.

Tatsächlich erreichte ihr Bericht über den Vorfall Berlin. Doch ehe diplomatische Schritte gegen die Verletzung des Waffenstillstands Erfolg haben konnten, brachen am 26. Juni 1864 die Kriegshandlungen wieder aus.

So saßen die sieben Sylter Woche um Woche als Gefangene in Kopenhagens Zitadelle Friedrichshafen. Dorthin hatte man sie transportiert, in Droschken versteckt, um sie bei der Fahrt durch die Stadt vor dem Pöbel zu schützen.

In der Zitadelle wurden sie gut behandelt und durften sogar Zeitungen lesen. Am 8. August 1864 kehrten sie als freie Männer begeistert gefeiert nach Sylt zurück.

Kapitän Haulk B. Prott wurde bald danach als Feuermeister auf dem neuen Leuchtturm von Kampen angestellt und – wie Insel-Chronist C. P. Hansen berichtet – »dadurch gewissermaßen für seinen Patriotismus belohnt und für seine Leiden entschädigt«.

So bescheiden waren damals noch die Vorstellungen von Vaterlandsdank und Entschädigung. ☐

Der Maler, der als Eierdieb verdächtigt wurde

Der Leuchtturmwärter Reich vom Sylter Ellenbogen meldete der Königlichen Wasserbauinspektion am 2. Juni 1898, ein Kutter aus Tinnum habe am Pegel auf dem Ellenbogen verbotenerweise einen Mann mit einem Korb abgesetzt, der dann landeinwärts in Richtung List entschwunden sei. Gegen den »Herren, welcher mir unbekannt war«, wurde wegen des Verdachts des Diebstahls von Möweneiern ermittelt.

Indes, die amtliche Untersuchung verlief im Dünensande. Bei dem vermeintlichen Eierdieb handelte es sich um den bedeutendsten bildenden Künstler, den Sylt hervorgebracht hat, um den Maler Andreas Dirks. Er war am 16. Juni 1865 in Tinnum als Sohn eines Segelschiffskapitäns geboren worden. Die Straße, in der sein Geburtshaus heute noch steht, ist nach ihm benannt.

Seine Kindheit verlebte Dirks auf Sylt. Seine künstlerische Ausbildung erhielt er auf der Kunstakademie in Düsseldorf und bei Leopold Graf Kalckreuth in Weimar. Weite Studienreisen führten ihn bis nach Deutsch-Südwestafrika und die USA. 1916 wurde ihm in Düsseldorf der Titel eines Königlichen Professors verliehen.

Doch immer wieder zog es Dirks nach Sylt zurück. Im Westerländer »Haus Windhuk«, Ecke Steinmann- und Brandenburgerstraße, das seiner Schwester Paula Kayser gehörte, richtete er sich ein eigenes Atelier ein. Er sprach gern Friesisch, ging auf der Insel zur Jagd und kreuzte mit seinem Segelboot »Nes Pük« auf dem Wattenmeer zwischen den Inseln und den Halligen. Sein friesischer Landsmann Momme Nissen nannte ihn den »berufenen Maler der Nordsee«. Nach seinen eigenen Worten suchte Dirks, »die Kraft der Farbe zu erfassen, die Logik des Lichtes zu ergründen«.

Zwiespältigkeit zeichnete ihn aus. Er liebte die Natur, und doch konnte er den Genüssen der Großstadt nie entsagen. Er schwankte zwischen Lebensfreude und Schwermut. Er malte Aquarelle und Ölbilder, mit dem Pinsel und dem Spachtel. Sein Werk war vorwiegend impressionistisch, die Nordsee sein Hauptmotiv (links: »Abendstimmung bei Keitum«). Etwa 30 seiner Gemälde befinden sich heute in Sylter Privatbesitz. In Keitums St.-Severin-Kirche hängt seit 1899 ein Luther-Bild von Dirks. Der Maler starb 1922 im Alter von nur 57 Jahren in seiner Wahlheimat Düsseldorf. □

Andreas Dirks war ein kräftiger Mann mit breiter Stirn und hochgezwirbeltem Schnurrbart. In seinem Gesicht standen, nach den Worten eines Jagdfreundes, »wache Augen wie zwei Vorstehhunde«.

Der Retter wurde nie wieder gesund

Am Nachmittag des 30. September 1872 war Peter Dirk Eschels mit einem Fuhrwerk von Munkmarsch nach Westerland unterwegs. Der 24jährige Seemann hatte Steine geladen. Als er den neuen Friedhof Westerlands erreichte, kam ihm eine erregte Frau entgegen. Bei Wenningstedt, so berichtete sie, sei ein Schiff gestrandet, aber niemand traue sich, die Besatzung aus stürmischer See zu retten. Peter Dirk Eschels ließ sein Gespann laufen, in der Hoffnung, es werde allein den Weg nach Haus finden. Er selbst hetzte über die Heide zum Strand. Von den Dünen aus erspähte er das Unglücksschiff, die holländische Kuff »De Spreut«.

Kuff war ein Kurzwort für »Kopfardie« (Kauffahrteischiff), ein besonders in Ostfriesland verbreiteter Küstenfrachtsegler mit runden Schiffsenden.

Ein Rettungsboot lag schon am Strand bereit. Doch außer einem älteren Mann war niemand von den versammelten Neugierigen bereit, es zu besteigen. Eschels band sich eine Leine um den Leib, wies den Alten aus dem Boot und sprang hinein. Dann wurde es in die schäumenden Wasser geschoben. Mit Aufbietung aller Kraft ruderte Eschels durch die Brandung.

Glücklich erreichte er das gestrandete Schiff. Die vier Besatzungsmitglieder kletterten zu ihm herab. Er legte ab – da kenterte sein Boot in einer gewaltigen Sturzwelle. Der Brecher schleuderte alle fünf Mann in die See. Eschels, nach Luft ringend, gelang es, den Kapitän der Kuff, Folgening, zu ergreifen. Die beiden wurden ohnmächtig an den Strand gezogen und gerettet. Die anderen drei, darunter der Sohn des Kapitäns, trieben ab und ertranken. Nur die Leiche des 15jährigen Schiffsknechts Hendrik Smit wurde später geborgen und in Keitum beigesetzt. Während Kapitän Folgening an Land bald wieder zur Besinnung kam, stand es um Eschels schlecht. Er wurde in Wenningstedt in ein Haus gebracht, und erst am nächsten Morgen konnte seine Frau benachrichtigt werden, daß ihr Mann sie zu sprechen wünsche.

Der Retter wurde nie wieder gesund. Nur zwei Jahre später starb er, erst 26 Jahre alt, in Boston (USA) an einer Lungenentzündung. Seinem kleinen Sohn Emil hinterließ er den Lohn für seine gute Tat: zwei Ehrenmedaillen. □

Die 1872 vor Wenningstedt gestrandete Kuff aus Holland. Von den vier Mann Besatzung überlebte nur der Kapitän.

Ein Segen für die Sylter – Strandgut

So wurde damals
Strandgut geborgen.
Das Ölbild entstand
1873. Es hängt heute
in der Kieler Kunst-
halle. Sein Maler
Hinrich Wrage
nannte es »Strand
auf Sylt«.

Wrage München 73.

Was immer das Meer an den Strand trieb, der Strandvogt war dafür verantwortlich. Hatten sich größere Mengen angesammelt, wie hier eine Holzladung des Strandvogts in Westerland, dann wurde eine Auktion angesetzt.

Der Herr segne unseren Strand«, baten die Prediger am Sonntag von den Kanzeln der Kirchen. Und die Sylter beteten es nach. Doch was die Friesen da in ihren Gotteshäusern so inbrünstig erflehten, war anderer Leute Unglück: Strandungen und Strandgut.

Die Sylter hegten den unfrommen Wunsch freilich nicht allein. Auf Norderney, so ist es überliefert, hat ein Pastor noch 1693 mit seinem Herrn gehadert, die Inselbewohner hätten den Glücksfall einer Strandung nun lang genug entbehren müssen. Und in Mecklenburg wurde die Formel »Gott segne den Strand« erst 1777 aus dem kirchlichen Gebetsbuch gestrichen.

Die Gebete der Sylter wurden in der Regel erhört. Bis Anfang dieses Jahrhunderts das Dampfschiff die Segler verdrängte, verging auf der Insel kaum ein Jahr ohne Strandungsfall. Allein in der Nacht vom 15. auf den 16. Oktober 1881 liefen vor der Insel nicht weniger als vier Schiffe auf Grund: Die »Elsa« aus Stettin, eine schwedische Bark, eine englische Kuff und die finnische »Patria«.

Die Wracks aller Unglücklichen gerieten den Syltern zum Segen. Aus ihrem Holz – auf der waldlosen Insel ein teurer Rohstoff – wurden Häuser und Straßen gebaut. Schiffsbalken verwandelten sich zu tragenden Pfosten, Decksplanken zu Fußböden in Tenne und Kammer, Rahen zu Ziehbrunnen auf den Feldern.

Die im Mittelalter entwickelten Strandgesetze billigten der Obrigkeit ursprünglich zwei, später ein Drittel vom Wert allen geborgenen Strandguts zu. Die Strandvögte sollten darüber wachen, daß Strandräuber den Staat nicht um diesen Anteil an der Beute brachten. Doch wenn es so weit war, so sahen die einheimischen Vögte meist angestrengt in eine andere Richtung. Und sahen sie hin, konnte es ihnen oft zum Schaden gereichen. So erging es Niß Bohn, dem Strandvogt von Rantum: 1694 hatte er drei Männer und vier Frauen wegen Strandraubs angezeigt. Kurz darauf heiratete er. Bei der wilden Hochzeitsfeier wurde er erstochen, der Täter nie gefaßt. Zurück blieb eine jungfräuliche Witwe – die allerdings dennoch mit einem Strandvogt alt werden sollte. Denn der damalige Landvogt Steffen Taken ergriff die Gelegenheit, seinem Sohn Take Steffen die Position des Toten zuzuschanzen. Und der machte die Witwe seines Vorgängers zu seiner Frau. Über anderthalb Jahrhunderte blieb fortan das Amt des Strandvogts im besonders räuberischen Rantum in den Händen der Taken und Steffen.

126

Fünf Jahre nach dem Mord mußten gleich 19 Rantumer vor Gericht, weil sie »ein Oxhoft franz. Wein eigenmächtig beim Strand pardiret...«.

Später hielt sich eine junge Rantumer Witwe, die gerade dabei war, ein angetriebenes Butterfaß vom Strand zu rollen, den Strandvogt nur dadurch vom schönen Leib, daß sie sich geistesgegenwärtig entkleidete und so den sittsamen Gesetzeshüter auf Distanz zwang.

Weniger Weisheit bewies der Rantumer Strandräuber Hinrich Lorenzen. Er hatte am Strand eine Kiste mit kostbaren Männerkleidern gefunden. Nun bot er auf Sylts Dörfern seine Heidekrautbesen in der Staatstracht eines spanischen Granden an. Endstation: der Kerker in der Landvogtei.

Um die Weihnachtszeit 1713 strandete ein Schiffer aus Archsum mit seinem Kutter südlich von Westerland. Während er zerschunden und halbertrunken den rettenden Strand erreichte, fielen Strandräuber schon über sein Wrack her. Der Erschöpfte protestierte. Da wurde er niedergeschlagen und in einem Dünental verscharrt. Doch er war nur scheintot. Krallenhaft reckte er seine Hand aus dem Sand hervor. Wütend schlug sein Mörder ihm auch noch den Arm ab; der Schiffbrüchige verblutete.

Der Schiffer aus Archsum war ein Freund des großen Sylter Walfängers Lorenz Petersen de Hahn gewesen. Empört ließ sich der reiche Grönland-Kommandeur im nächsten Jahr 1714 zum Strandinspektor bestellen. Damit übernahm er die Aufsicht über alle Strandvögte. Und in wenigen Jahren verschaffte er auf Sylt einer neuen »Hochfürstlichen Schleswig-Holsteinischen Strandordnung« Geltung.

Erstmals verpflichteten die neuen Strandgesetze die Insulaner zu Hilfeleistungen bei Schiffbruch und Strandungsfällen. Schwere Strafen drohten demjenigen, der ein Schiff durch falsche Signale oder Feuerzeichen auf den Strand lockte – eine in Poesie und Prosa oft beschriebene Missetat, die aber in der Geschichte der Insel Sylt nicht ein einziges Mal belegbar ist.

Einige Jahrzehnte nach dem Tode des Lorenz Petersen de Hahn übernahm 1788 Broder Hansen Decker das Amt des Strandinspektors. Und von nun an blieb es durch vier Generationen hindurch im Besitz der Familie. Über 200 Strandungsfälle haben vier Strandinspektoren Decker in einem Jahrhundert erlebt, bearbeitet und aufgezeichnet.

Unter den Deckers wurden die Sylter auch erstmals angehalten, sich bei Strandungen nicht nur um das Strandgut, sondern auch um die Strandleichen zu kümmern. »Tote Körper, auch tierische, sind am Ufer nicht zu dulden, sondern einzuscharren«, heißt es – aus Angst vor Seuchengefahr – in einer »Instruktion für die Ufervögte« des Jahres 1834: »Zu allen menschlichen Körpern oder Fragmenten derselben sind viereckige Kisten aus den alten Wrackbrettern zusammenzuzimmern.«

Von 1825 bis 1854 sind in den Büchern der Strandinspektoren Decker nicht weniger als vierzig solcher Beerdigungen von Strandleichen irgendwo in den Dünen verbucht, darunter ein etwa drei Jahre altes Kind, das »in einem Seesarge, mit Steinkohle, aber nicht hinlänglich beschwert, auf Rantumstrand angetrieben« worden war.

Erst der dritte Strandinspektor der Familie, Wulf Hansen Decker, war es dann, der 1854 in Westerland einen kleinen Friedhof für Schiffbrüchige stiftete. Dort wurden die Strandleichen fortan christlich beigesetzt. Und als 1888 Rumäniens Königin Carmen Sylva ihre Ferien auf der Insel verbrachte, schenkte sie den Syltern dafür einen Gedenkstein mit einem eingemeißelten Achtzeiler des Hofpredigers Rudolf Kögel. Er gab darin dem Friedhof einen Namen, den er noch heute trägt: »Heimat der Heimatlosen«.

Das geltende, gegenwärtige Strandrecht fußt auf der Strandordnung von 1874. Es regelt die Ansprüche von Eigentümer, Staat und Berger. Für die Sylter ist es praktisch bedeutungslos geworden. Bei dem geringen Wert gelegentlich angetriebener Planken, leerer Fässer oder Fischerkugeln lohnt die Bergung nur noch selten.

Der letzte gerichtsnotarisch verzeichnete Fall von Strandraub ereignete sich im Ersten Weltkrieg. – Ein Strandvogt hatte ein Weinfaß geborgen und in seinem Hühnerstall sichergestellt. Doch als es dem Staat überstellt werden sollte, war es leer. Unbekannte Täter hatten den Weg durchs Hühnerloch gefunden und Flasche um Flasche abgefüllt. Wo sich das Ganze ereignete? In Rantum, natürlich. Wer der Strandräuber war? Das ist nie herausgekommen, natürlich. □

Früher wurden Strandleichen im Sande verscharrt. Erst Mitte des vergangenen Jahrhunderts entstand in Westerland ein kleiner Friedhof, genannt »Heimat der Heimatlosen«. Rumäniens Königin Carmen Sylva (oben) stiftete den Gedenkstein.

Des Spions vergessenes Notizbuch

Der seltsame Gast der Witwe Johannsen in Keitum hieß nicht Arnold Rieder, sondern Elie Armand Ebenhezer Reclus. Er war nicht Schweizer, sondern Franzose. Und er war kein Rentner, sondern Offizier. Ein Spitzenagent der französischen Kriegsmarine.

Abends um 8 Uhr hielt vor dem Logierhaus der Witwe Elisabeth Johannsen in Keitum der einspännige Postwagen. Ein Fremder stieg aus und bat um Quartier. Die Witwe war froh über den unerwarteten Gast. Er lebte offenbar in besseren Verhältnissen, war wohlgekleidet und sah vornehm aus. Ein Backenbart mit rötlichen Spitzen und eine hohe Stirn über einer kühnen Nase kennzeichneten sein Profil. Er sprach gewähltes Deutsch mit ausländischem Akzent.

Sein Name sei Arnold Rieder, so sagte der Fremde. Er sei Schweizer und mache eine Vergnügungsreise.

Gleich nach dem Abendbrot begab sich Arnold Rieder zu Bett. Am nächsten Morgen, nach dem Frühstück, machte er sich auf, um Westerland und Kampen zu besuchen. Der Assistent vom Leuchtturm Rote Kliff erinnerte sich später, der »feingekleidete Herr« habe ihn gefragt, ob der Leuchtturm zu besichtigen sei und ob er seine Anstellung vom Militär habe.

Mittags war Arnold Rieder zurück in Keitum, erstand beim Kaufmann Sievers ein paar Hausschuhe und vereinbarte mit dem Schiffer Klein für den nächsten Tag eine Bootsfahrt nach List.

Auf dieser Fahrt fiel dem Schiffer Klein ein dickes Buch auf, das der Fremde bei sich trug und einem vom Preußischen Marineministerium herausgegebenen Schiffahrtswerk ähnlich sah.

Außerdem führte Arnold Rieder eine Karte vom nördlichen Teil der Insel mit sich, auf der auch Seezeichen und Tiefenzahlen eingetragen waren.

In List kehrte der Reisende beim Gastwirt Hansen ein und befragte dabei den Schwiegersohn des Hauses bei einem Glas Bier nach den Sprachverhältnissen im Ort, wo viele Dänen wohnten.

Bei der Rückfahrt nach Keitum gerieten Schiffer Klein und sein Passagier in einen bösen Sturm, der sie zauste, den aber beide heil überstanden.

Am Tag danach, am 11. Juni, erörterte Arnold Rieder mit seiner Wirtin seine Erfahrungen in List. Er erkundigte sich, warum dort fast nur Dänisch gesprochen wurde und ob man auch in Keitum Dänisch lernen könne.

Bei dieser Gelegenheit deutete er an, daß er am übernächsten Tag, am 13. Juni, nach Föhr weiterreisen wolle.

An jenem 13. Juni 1875 erschien morgens um 8.30 Uhr Keitums Gemeindevorsteher Jansen auf der Landvogtei des Ortes und erstattete Anzeige: Unter den Einheimischen habe ein Fremder Verdacht erregt, der im Begriff sei, abzureisen.

Unverzüglich machte sich nun Landvogt Hübbe zum Haus der Witwe Johannsen auf, stellte sich dem Fremden vor, der gerade aufbrechen wollte, und verwickelte ihn in ein Gespräch.

Rieder erzählte ihm, er stamme aus dem schweizerischen La Tour de Peilz, und übergab dem Landvogt seine Visitenkarte. Als der Landvogt verwundert bemerkte, daß darauf keine Berufsbezeichnung angegeben sei, erklärte Rieder, er habe keinen Beruf, sondern lebe wie sein Vater von seinen Zinsen. Sprach's, zog aus seinem Notizbuch einen Bleistift und vervollständigte seine Visitenkarte für den Landvogt mit dem handschriftlichen Zusatz: »Rentier« und übergab sie ihm.

Befriedigt zog Landvogt Hübbe ab, befriedigt nahm Arnold Rieder seinen Reisesack auf. Was beide nicht bemerkten: Auf dem Tisch der Witwe Johannsen blieb das kleine Notizbuch des Fremden liegen.

Schiffer Klein, der schon den Ausflug nach List mitgemacht hatte, war es, der den Fremden jetzt auch nach Föhr übersetzte. Beim Segeln bekamen sie Wasser ins Boot. »Am schlimmsten ist es für meine Koffer«, sorgte sich Rieder, »das meiste darin sind Bücher.«

Auf Föhr angelangt, entdeckte Rieder den Verlust seines Notizbuches. Telegrafisch bat er die Witwe Johannsen, es ihm nachzusenden. Doch sollte er vergebens darauf warten. Denn am Nachmittag jenes 13. Juni hatte in Keitum auch Landvogt Hübbe zufällig von dem vergessenen Notizbuch gehört und es sogleich selbst bei der Witwe Johannsen abgeholt, die, wie er notierte, »keinen Begriff von dessen Bedeutung« hatte.

Landvogt Hübbe dagegen gewann nach nur oberflächlichem Studium noch am gleichen Tag einen »Begriff von dessen Bedeutung«. Er sandte einen Brief an das Landratsamt in Tondern.

Darin teilte er dem Königlichen Landrat M. Bleicken mit: ». . . daß diesseitigen Ermessens der Fremde ohne alle Zweifel in fremdländischem Solde unerlaubte, dem Staatswohl nachteilige Notizen sammelt. Wenn derselbe hier angegeben, daß er keinen Stand und Beruf habe, und, wie das Notizbuch zeigt, doch fähig ist, Croquis von Festungswerken aufzunehmen, so liegt hier eine offenbare Unwahrheit.«

Auf Föhr wurde Arnold Rieder von den telegrafisch alarmierten Behörden zunächst unter Haussarrest gestellt und am 18. Juni 1875 verhaftet. In seinem Besitz befanden sich 1000 Taler in Banknoten, zahlreiche Angaben über Watt- und Meerestiefen, Preußische Generalstabskarten sowie Skizzen der Festung Friedrichsort bei Kiel, die er vor seinem Aufenthalt auf der Insel Sylt mit Erlaubnis des Festungskommandanten besucht hatte.

Am 4. August 1875 wurde der seltsame Gast der Witwe Johannsen in Flensburg zu drei Wochen Gefängnis verurteilt, »weil keine besonders gravierenden Beweise vorlagen, die Aufnahme von Festungswerken und ähnlichem jedoch strafbar ist.« Die erlittene Untersuchungshaft wurde als Strafe angerechnet. Der Verurteilte wurde deshalb aus der Haft entlassen und begab sich sofort nach Dänemark.

»Hier schließen die Akten«, berichtete die »Sylter Rundschau«, die erstmals hundert Jahre später, im Juni 1976, einen ausführlichen und glänzenden Bericht über den Spionagefall veröffentlichte: »Über den weiteren Verlauf der Affaire Rieder ist im Archiv Westerland nichts bekannt.«

Im Archiv Westerland nicht – wohl aber im Archiv der französischen Kriegsmarine im Schloß von Vincennes.

Danach hieß der Fremde von Keitum nicht Arnold Rieder, sondern Elie Armand Ebenhezer Reclus. Er war kein Schweizer, sondern Franzose. Und er war kein Rentner, sondern Offizier, ein As des französischen Geheimdienstes.

Einen dicken Fisch hatten die Deutschen dank des vergessenen Notizbuches in ihren Netzen gefangen – und ihn nach drei Wochen Haft wieder laufen lassen.

Elie Armand Ebenhezer Reclus war am 13. März 1843 in Orthez am Fuß der Pyrenäen als Sohn eines protestantischen Pfarrers geboren. Er hatte zwölf Geschwister (nach seinem Bruder Elisée, einem Geographen und Entdecker, ist eine vornehme Straße in Paris benannt).

Er selbst wurde in einem deutschen Internat erzogen. Daher rührten seine Sprachkenntnisse. Mit 17 wurde er Seekadett.

Die Kriegsschule absolvierte er als bester seines Jahrgangs. 1871 wurde er Leutnant zur See. Seine Vorgesetzten beurteilten ihn als »sehr intelligent«, »sehr fleißig«, »sehr ehrgeizig«. Und als »Offizier mit Zukunft«.

Im Dezember 1874 heiratete Reclus die Kaufmannstochter Jeanne Guignard. Kein halbes Jahr später brach er nach Deutschland auf.

Schon damals galt er als Experte für Fotografie und U-Boot-Abwehr, zwei zu jener Zeit noch kaum entwickelte Gebiete.

Zweimal taucht in seinen Militärpapieren die lapidare Formel »beurlaubt« auf, was nichts anderes hieß, als daß er in Sondereinsätzen unterwegs war. Einmal – in Sachen Panama-Kanal – sogar zwei Jahre lang, von 1877 bis 1879.

Nach seiner Heimkehr wurde der Agent zum Ritter der Ehrenlegion geschlagen und übernahm 1880 im Marineministerium die Abteilung Geheimdienst im Kabinett seines Ministers.

Der geheimnisvolle Fremde von Sylt starb am 10. Januar 1927 in Saint Foy la Grande in der Gironde, als in Ehren ergrauter pensionierter Spion. □

50 Jahre lang mußten Damen und Herren getrennt baden

»Das Meer wäscht alle Übel vom Menschen ab«, hatte schon der Grieche Euripides gesagt. Aber noch zu Beginn des 20. Jahrhunderts hatte am Damenbad von Westerland das Meer Mühe, an die Übel heranzukommen. Die Damen waren verhüllt wie zu einem Kostümfest. Eine Straße (heute Käptn-Christiansen-Straße) führte zum Damenbad, eine andere (heute Johann-Möller-Straße) zum Herrenbad.

Der Sylter Arzt A. Jenner war seiner Zeit weit voraus. Um 1850 empfahl er: »Unter allen Umständen bade man ohne Kleider. Ausgenommen sei hierin allein eine Wachstuchkappe für das Haar der Damen. Denn nicht nur hindern die Kleider, auch wenn sie noch so dünn sind, die Wirkung des Wellenschlages, sondern sie vereiteln gar leicht den Erfolg des ganzen Bades dadurch, daß sie den durch den Wellenschlag erwärmten Körper durch das Anschlagen im nassen Zustande beim Hinausgehen aus dem Wasser wieder durchkälten.«

Überzeugender hätte es ein FKK-Anhänger hundert Jahre später kaum formulieren können. Indes, der Weg von Dr. Jenner bis nach Abessinien war weit, mit Textilien verhangen und in zwei historische Etappen unterteilt, jede etwa 50 Jahre umfassend:

● Erst, von Mitte des vergangenen Jahrhunderts bis zur Jahrhundertwende, gab es getrennte Damen- und Herrenbäder.
● Dann, von der Jahrhundertwende bis zur Mitte dieses Jahrhunderts, gab es Familienstrände mit Badeanzügen.

Wie streng zu Westerland einst die Bräuche waren, verdeutlicht das Bade-Reglement vom 20. April 1885, das vom Königlichen Landvogt Hübbe genehmigt war und bis 1902 galt: »Das Baden ist nur an den mit den Tafeln als Herrenbad oder Damenbad bezeichneten Plätzen, und zwar nur unter Benutzung einer Badekarre und nur von 6 Uhr morgens bis 1 Uhr nachmittags erlaubt.

Der Damenstrand und die angrenzenden Dünen sind während der Badezeit streng abgesperrt. Nach 2 Uhr dagegen sind alle Teile des Strandes jedem zugänglich. Sobald die Flaggen am Strand und auf den Dünen eingezogen sind, ist das Baden untersagt. Auch dürfen der Damenbadestrand sowie die dort gelegenen Dünen von Herren (ausgenommen sind hiervon nur der Direktor und der Badearzt zwecks gelegentlicher Revisionen des Personals und der Sicherheitsvorkehrungen) nicht betreten werden, solange die Flaggen dort aufgezogen sind.«

Weiter im Text: »Am Damenstrande dürfen Knaben, welche über 5 und unter 8 Jahren sind, nur in den Stunden zwischen 11 und 1 mitgenommen werden.«

Schließlich: »Das Baden am Strande darf nur in Benutzung von Badekleidung stattfinden.«

Die Badekleidung wurde von den Damen in den Badekarren angelegt. Allerdings wurden die Karren auf Sylt – im Gegensatz zu Föhr und Amrum – wegen der Brandung nicht von Pferden in das Wasser gezogen. Über den Strand mußten die Grazien schon laufen, daß die Rüschen rauschten. Die durchschnittliche Badezeit betrug damals 6 bis 8 Minuten. Mehr wurde als ungesund empfunden. Und die am Strand spazierenden Herren blieben wie angewurzelt vor einem Schild stehen: »Halt! Damenbad. Halt!« Etwa so wie heute eine Sprengung angekündigt würde. Wie schon gesagt: A. Jenner war seiner Zeit weit voraus. □

131

Auf einer Düne bei Wenningstedt . . .

Unter dem 9. August 1887 verzeichnet die Fremdenliste der Sylter Kurzeitung: »Th. Storm und Tochter Lucie . . .« In seinem siebzigsten Lebensjahr war der Friesen bedeutendster Dichter erstmals auf die Insel übergesetzt, »um kräftiger in den Winter zu kommen«.

Theodor Storm hatte Magenkrebs. Tiefe Furchen durchzogen sein nobles, von einem weißen Vollbart umrahmtes Gesicht. Arzt und Familie wußten um seinen Zustand, verheimlichten aber die Diagnose vor dem Dichter. Den Anbruch des Jahres 1887 erlebte er auf dem Krankenlager. Im Frühling hatte er sich so weit erholt, daß er wieder arbeiten konnte.

»Um kräftiger in den Winter zu kommen«, so schrieb er im Mai an seine Tochter Elsabe, werde er im Sommer eine Insel besuchen, die in den letzten Jahren in den Ruf gekommen war, ein gesundheitsförderndes Klima zu besitzen. Sie lag von Husum, Storms grauer Stadt am grauen Meer, nicht weit entfernt, nur 60 Kilometer in Vogelfluglinie. Doch erst jetzt, in seinem 70. Lebensjahr, sollte Theodor Storm übersetzen auf die – wie er sie nannte – »Sageninsel Sylt«.

Unter dem 12. August 1887 trug er in Westerland in sein Tagebuch ein: »Am 9. August des Monats von meinen lieben Kindern fort; über Tondern hierher. Stürmische Überfahrt von Hoyer nach Munkmarsch . . . Bis jetzt Sturm, der uns die Majestät des Meeres zeigt.«

Theodor Storm galt damals schon lange als berühmter Mann. 1817 in Husum geboren, war er als junger Rechtsanwalt für die Erhebung Schleswigs und Holsteins gegen die dänische Herrschaft eingetreten. Deshalb mußte er Husum verlassen. 1853 wurde er Assessor in Potsdam. Doch 1864, im Jahr des Anschlusses der Herzogtümer an Preußen, kehrte er als Landvogt in seine Heimatstadt zurück.

Schon im nächsten Jahr traf ihn ein harter Schlag: Seine erste Frau Konstanze Esmarch, mit der er 19 Jahre verheiratet gewesen war, starb. 1866 ging er eine zweite Ehe mit Dorothea Jensen ein. Die beiden Frauen schenkten ihm sieben Kinder. Storm wurde Amtsrichter und 1879 Amtsgerichtsrat.

Bereits als junger Jurist hatte er zu schreiben begonnen, zunächst Lyrik, später Novellen. »Immensee« (1850) war sein erster großer Erfolg. Beeinflußt von Claudius und Eichendorff, befreundet mit Mörike und Gottfried Keller, wurde er zu einem der erfolgreichsten deutschen Erzähler des 19. Jahrhunderts. Liebe zur nordischen Heimat und Schwermut über die Nichtigkeit des Lebens durchziehen sein Werk.

1887, als er an der Schwelle zum Greisenalter zu seiner ersten und letzten Reise nach Sylt aufbrach, hatte er mit einer »eigentümlichen, nicht eben ausgedehnten Arbeit« begonnen, die sich jedoch im Lauf der Zeit immer weiter entwickelte – bis hin zu »dem Größten, was ich bisher schrieb«. Gemeint war die Novelle »Der Schimmelreiter«.

»Am ›Schimmelreiter‹ wird alle Wochen vier- oder fünfmal ein Stückchen geschrieben«, notierte er im Juni. Und das Manuskript war noch lange nicht fertig, als er zwei Monate später, begleitet von seiner Tochter Lucie, nach Sylt abreiste.

Die Fremdenliste der Sylter Kurzeitung aus dem Jahre 1887 verzeichnete unter dem 9. August: »Th. Storm und Tochter Lucie . . . Wohnung Direktor Pollacseck«.

Dr. Pollacseck war der Besitzer des Sylter Strandbades. Er und seine Frau Elise (geb. von Tiedemann) waren mit den Storms seit Jahren bekannt und hatten den Dichter auf die Insel eingeladen. Bei ihnen wohnte noch ein alter Freund Storms: der damalige Regierungspräsident des Bezirks Bromberg, Christoph von Tiedemann.

»Wir plaudern viel zusammen«, vertraute Storm seinem Tagebuch an. Und dieser Christoph von Tiedemann war es, der Theodor Storm die Idee zu einer neuen Erzählung eingeben sollte, zur sogenannten »Sylter Novelle«.

Storm, immer auf der Suche nach neuen Anregungen und seit ein paar Jahren besorgt, daß ihm der geeignete Novellenstoff ausgehen könne, hatte schon als 25jähriger Sylt als einen an Sagenstoffen »reichhaltigen Boden« ausgemacht (Brief vom 21. 12. 1842 an Theodor Mommsen). Damals unterhielt er einen Briefwechsel mit dem Keitumer Küster und Inselchronisten C. P. Hansen. Dessen Sagensammlungen standen in Storms Bücherschrank.

Aber als Storm 45 Jahre später, im Sommer 1887, endlich auf der Insel landete, da war Hansen bereits seit acht Jahren tot. Storm konnte nach einem Besuch »in dem großen schönen Dorf Keitum« nur noch in sein Tagebuch schreiben: »Hansens Museum, dessen alte Witwe, das Bild, das keusche, seiner ersten Frau«.

Fünf Tage nach seiner Ankunft, am Sonntag den 14. August 1887, machte Storm mit seinem Freund von Tiedemann einen Ausflug nach Wenningstedt. Tagebuch-Eintragung:

»Prächtige Dünen. Auf der Spitze einer Düne sitzend, erzählte mir Tiedemann die von ihm tags zuvor erdachte Novellenskizze. Ich habe sie notiert.«

In einem Brief an seine Frau Do beschreibt er die gleiche Szene so: »Als Tiedemann und ich oben auf einer Düne saßen, erzählte er mir, indem wir in die Dünen-Wildnis hinabsahen und der kalte Wind uns ins Gesicht blies, den Stoff zu einer Sylter Novelle, den er sich tags zuvor erdacht hatte. Er ist so vortrefflich, daß ich schon gleich ans Schreiben möchte. Die Skizzierung habe ich schon begonnen.«

Und einen Tag darauf berichtet er Frau Do: »Nach Tisch mit Dr. Pollacsecks Fuhrwerk nach Keitum, auf halbem Weg besah ich mir die alte Landvogtei, die in einer demnächstigen hier spielenden Novelle vorkommt, deren Stoff Tiedemann hier neulich vollständig skizziert erfunden hat und mir, als wir bei Wenningstedt auf der höchsten Düne saßen, erzählte und übergab.«

Am 21. August 1887 kehrte Theodor Storm auf das Festland zurück. Am 14. September feierte er seinen 70. Geburtstag. Dann galt es, 100 Briefe und 70 Telegramme zu beantworten. Im Dezember zweifelte er, »ob ich noch die Kraft habe«, den »Schimmelreiter« fertigzustellen. Doch am 9. Februar 1888 trug er in sein Tagebuch ein: »Heute vormittag den »Schimmelreiter« beendet.« Am 4. Juli jenes Jahres starb der Dichter.

Seine »Sylter Novelle«, die in den Dünen zwischen Westerland und Wenningstedt spielt, konnte Theodor Storm im Gegensatz zum »Schimmelreiter« nie vollenden. Aber er hatte einen Rohentwurf verfaßt, fünf sauber beschriebene Einzelblätter. Seine jüngste Tochter und Biographin Gertrud Storm legte sie in eine Mappe, auf deren Deckel sie schrieb: »Verschiedene Bruchstücke von Manuskripten.«

Sie hat in ihren Veröffentlichungen über ihren Vater diese »Sylter Novelle« nie erwähnt, aber die Mappe bis zu ihrem Tod am 24. April 1936 aufbewahrt. Dann ging das Material in den Besitz der Schleswig-Holsteinischen Landesbibliothek über. Über dreißig Jahre blieb die »Sylter Novelle« dort verborgen. In der Storm-Forschung ist sie mit keinem Wort erwähnt. Erst nach dem Zweiten Weltkrieg wurde sie zufällig in Kiel entdeckt, 81 Jahre nach dem Tod des Dichters. □

Theodor Storms »Sylter Novelle«

Todkrank kam Theodor Storm nach Sylt. Sein Freund Christoph von Tiedemann regte ihn dort zu einer neuen Novelle an. Sie spielt in den Dünen zwischen Westerland und Wennigstedt. Storm schrieb einen Entwurf von fünf Seiten. Aber er konnte die Erzählung nie vollenden. Seine jüngste Tochter und Biographin Gertrud Stein legte die Blätter mit anderen Fragmenten in eine Mappe. Nach ihrem Tod gelangte die Mappe in den Besitz der Kieler Landesbibliothek.

Orthographie und Interpunktion des Originals wurden genau beibehalten. Der in [] gesetzte Text kennzeichnet Ergänzungen.

Von Theodor Storm

Einem Cylter (in Wenningstedt) wird seine einzige Tochter von einem dän[ischen] See-Offizier (Schiff ist hier stationirt) verführt. S[ein] Haß gegen Militair u[nd] alles Gesetzliche. Er strandraubt etc., der König setzt einen energischen Landvogt, mit einer halbgewachsenen dito [?] Tochter. Die Verführte war im Wochenbett gestorben; der hinterlassene Sohn (schön, stark, gleich des Landvogts Tochter), ist vom Gr[oß]Vater im Haß gegen Militair u[nd] Gesetz erzogen u[nd] verrufen auf der Insel. Da – etwa Jahrmarkt – tritt er ihr, die von andern Knaben u[nd] Mädchen umringt ist, entgegen. Jene warnen sie vor dem gefürchteten Jungen, u[nd] sie sagt ihnen, sie sollten ihn wegjagen. Sie versuchen ist [es?], er wirft sie. Da werden ihre Augen zornig. »Zurück, laßt mich – nein allein!« und das schöne kräftige Mädchen stürmt gegen ihn; er starrt sie an, und wie sie mit ihren kleinen festen Händen ihn packt, kommt es wie Lähmung über ihn, sie wirft ihn u[nd] setzt ihren Fuß auf seinen Nacken.
Er geht schweigend fort.
Sie geht gern in die Dünen, es spukt dort, Geheul u[nd] Geschrei (aber auf Anrichten des alten Sylters von s[einem] Enkel um die Menschen fortzuscheuchen). Da tritt der Alte ihr entgegen; sie erschrickt u[nd] entflieht; da k[ommt] d[er] Alte lachend hinterher; sie stürzt, verrenkt den Fuß u[nd] kann nicht wieder aufkommen. Da ist der Junge zur Stelle; er hebt sie sanft vom Boden. »Trage mich nach Haus!« befiehlt sie ihm. – »Ja«, u[nd] er thut es. Sorgfältig wie eine Mutter trägt er sie. (Du bist doch der Stärkste!« sagt sie sanft u[nd] schließt dabei die Augen. »Nur jetzt«, sagt er; »aber mach doch die Augen auf«.
»Willst Du es?« »Ich will nicht, ich bitt Dich nur darum; denn Du bist doch die Stärkste!«) Da thut sie es; so gehen sie Aug' in Auge; er strauchelt einmal; fast wären sie gefallen. Er trägt sie nach Westerland ans Haus u[nd] pocht das Gesinde heraus. Dann wendet er sich u[nd] schweigend entflieht er, als hätte er ein Verbrechen begangen.
(Zwiespalt bei ihr, wer der Mächtigste. Er sagt ihr jetzt oder später, daß er dem Alten fort will u[nd] zur See)
Er hat sie vor dem Alten beschützt, der Alte deshalb gegen ihn. Er geht fort, zur See.
Sie verlobt sie [sic!] sich nach c[irc]a 2 Jahren, sie denkt seiner nicht mehr sehr, wesentlich Werk des Vaters. Die V[er]lobten sitzen zusammen in d[er] Laube, sie duldet unangenehm seine Zärtlichkeiten. Als er sie umfassen will, springt der Schiffer herein u[nd] wirft ihn über den Zaun. Ihre Empörung gegen ihn, erbittert weist sie ihn zurück.

Noch achtzig Jahre nach dem Tod des Dichters gab es in der gesamten Storm-Forschung keinen einzigen Hinweis auf seine »Sylter Novelle«. Niemand wußte von ihrer Existenz. Erst nach dem Zweiten Weltkrieg wurde das Manuskript zufällig in der Kieler Landesbibliothek entdeckt und 1969 erstmals veröffentlicht. Wie bei seinem bedeutendsten Werk, dem »Schimmelreiter«, wollte Storm auch in der »Sylter Novelle« eine friesische Sage mit der eigenen Erzählung verweben.

Der Bräutigam geschunden u[nd] gestoßen klagt; ihr erscheint innerlich der Contrast zwischen den Beiden; sie lächelt oft innerlich.

Hochzeitsnacht. Sie etwas erschüttert; am Tage vorher geht sie in die Dünen, um von der Größe u[nd] Stille Abschied zu nehmen. Der Schiffer will auch folgen, ist auch da, sein Schatten wird ihr sichtbar, das Brausen des Meeres; es fällt ihr auf die Seele: morgen sollst Du den Jämmerlichen heirathen.

Mondlicht in den Dünen. Wuth, Groll, Leidenschaft, Erbitterung gegen die Menschen kämpfen in ihr mit d[er] keuschen Scheu, die ihr die Herrschaft über ihn giebt. Sie begegnen sich: Weshalb bist Du hier? Wohl deshalb, wie Du. Ich will nicht, was ich soll. Ich weiß, Du verachtest mich, tritt mich mit Füßen, nur einen Blick in Deine Augen (oder so etwas) er umfaßt sie; sie steht reglos; da schlägt sie die Arme um ihn. Rasende Leidenschaft von beiden Seiten.

Brautnacht in den Dünen. Das Meer. Er wirft sich vor ihr nieder. Sie verlangt, daß er ihr verspricht, nie wiederzukommen, sie nie wiederzusehen. Er verspricht es. (Gespräch vorher, daß er morgen fort muß.) Am Morgen Trauung. Zwiespalt in ihr, daß sie schon mit einem Ehebruch in die Ehe tritt. Der Priester hält die Wahrheit als Grund der Ehe ihr vor. Sie sagt: »Nein.« Aufruhr, Zorn des Vaters; aber sie will nicht. Bräutigam fort.

Sie lebt im väterl[ichen Hause] bis ihre Schwangerschaft deutlich wird. Verstoßung. Hülfesuchen beim alten Sylter, dem sie Alles erzählt. Höhnische Freude an seinem Enkel, daß er seine Mutter gerächt hat. Aber er verlangt strengen Gehorsam, sie bleibt als Aschenbrödel, muß bei Strandraubfällen Dienste thun. Sie gebiert ein Kind.

Sehnen nach ihm, jedes Segel läßt sie hoffen; aber sie weiß, er wird sein Wort nicht brechen.

Ein alter Schiffer erzählt, er sei bei einem gewalt[i]gen Kapitain gewesen, der in die Nordsee eingelaufen, habe zwischen Sylt u[nd] Helgoland nach Hamb[ur]g wollen, wenn der Sturm ihn jetzt nur nicht zu fassen kriegt.

Nachts Strandfall; der Sylter sammelt seine Kameraden. Der Alte läuft um sein Gewerbe zu betreiben an den Strand. Sie von der Angst gefaßt es könne Lars sein, folgt dem Alten.

Kampf in d[er] Dunkelheit zwischen Vater u[nd] Sohn; sie kommt dazu u[nd] findet den Sohn sterbend oder Todt.

– – Eine irrsinnige Frau geht in den Dünen um. – Sie geräth in ein Dünenthal, läuft im Dämmern gegen einen Pfahl, der im Sande eingerammt ist; sie sieht auf, da stehen wohl über 20 Pfähle. Sie weiß es, man hat es ihr gesagt, da liegen die Heimathlosen, die Gestrandeten, die Erschlagenen. Ihr grauht; sie läuft zwischen die Pfähle durch; da Geheul von einer Seite, es antwortet von der andern. Sie entflieht u[nd] fällt. □

Die Geschichte der Inselbahn

1888 fuhr der erste
Insel-Expreß von
Munkmarsch nach
Westerland. Fahr-
zeit: 12 Minuten.
Fahrpreis: eine
Mark pro Kopf –
gleichermaßen für
Mensch oder Kuh.

Im Jahr 1888 dampfte die erste Inselbahn über Sylt: von Munkmarsch nach Westerland. 1970 ratterte der letzte Insel-Express: von Kampen nach Westerland. Dazwischen liegen 82 Jahre Sylter Goldrausch: von der Erschließung der einsamen Insel (durch die Bahn) bis an den Abgrund ihrer Zerstörung (durch die Autos).

Die Ost-Bahn
1888, im gleichen Jahr, als Westerlands Straßen erstmals Namen erhielten, erhielt jener Mann von der Regierung die Genehmigung zum Bau einer Bahn von Munkmarsch nach Westerland, der ein Jahr zuvor der Gastgeber von Theodor Storm gewesen war: Westerlands Badinhaber Dr. Pollacseck.
Sein Interesse an einer solchen Verbindung war groß. Westerland war nun schon ein Vierteljahrhundert Bad. Aber noch immer mußten alle Kurgäste, die vom Festland kamen, von der dänischen Hoyer-Schleuse aus mit Raddampfern nach Munkmarsch übersetzen und von dort mit Pferdefuhrwerken nach Westerland transportiert werden.
Im Mai 1888 wurde unter der Leitung des Flensburger Kleinbahndirektors Emil Kuhrt mit dem Bau der Ost-Bahn begonnen. Sieben Wochen später war die 4,2 Kilometer lange Strecke zu Beginn der Saison fertig. Gesamtkosten: 131 400 Mark. Am 8. Juli 1888 dampfte der erste Zug von Munkmarsch nach Westerland.
Unter den ersten Passagieren war Rumäniens Königin Elisabeth, eine geborene deutsche Prinzessin zu Wied, die unter dem Pseudonym Carmen Sylva gefühlvolle Gedichte veröffentlichte und den Sommer in Westerland verbrachte.
Stationsvorsteher in Munkmarsch war der Gastwirt Selmer. Er hatte in seinem Gasthaus am Hafen einen Warteraum für Passagiere eingerichtet. Insgesamt bestand das Bahnpersonal aus acht Personen. Die beiden Lokomotiven hießen »Präsident von Maybach« und »Herzog Maximilian von Württemberg«, kurz »May« und »Max« genannt. Ihre mächtigen Glocken dienten vor allem dazu, Schafe von den Gleisen zu bimmeln.
Die Fahrt von Munkmarsch nach Westerland dauerte 12 Minuten. Sie kostete eine Mark pro Kopf – für Mensch und Kuh. Im Winter ruhte der Bahnverkehr. Bei Bedarf wurde ein von einem Pferd gezogener Personenwagen eingesetzt.

Die Nord-Bahn
Nach nur drei Jahren verkaufte der Bahngründer Pollacseck die Munkmarsch-Bahn 1891 an den Mann, der sie gelegt hatte und seither betrieb: an Emil Kuhrt. Und Kuhrt baute nun vom Westerländer Bahnhof aus eine sogenannte Nord-Bahn, erst bis Wenningstedt und Kampen (1903), schließlich bis List (1908). Streckenlänge: 17,3 Kilometer. Kosten: rund 5 Millionen Mark.
Den dazu notwendigen Boden erwarb Kuhrt in Westerland und Wenningstedt für 20 Pfennig pro Quadratmeter, im Listland für 2 Pfennig.
List war damals noch ein kleines Dorf mit einigen wenigen Häusern und gehörte zur Kirchengemeinde Keitum. Aber nicht einmal ein Feldweg verband die beiden Orte. Man ging oder fuhr am Watt entlang. Selbst die Straße Westerland-Wenningstedt-Kampen wurde erst 1925 gebaut. Es war die Eisenbahn, die als erste eine brauchbare Verbindung zwischen diesen drei Ortschaften herstellte.
In der Betriebsgenehmigung, die Emil Kuhrt für seine Nord-Bahn ausgestellt wurde, war unter anderem festgelegt: »Dem unterzeichneten Reg. Präsidenten und der Königl. Eisenbahndirektion in Altona sind alle Unfälle zu melden, die einem von Mitgliedern regierender Fürstenhäuser benutzten Zuge zustoßen, auch wenn die nur leichter Natur sind ... Die Tötung oder Verletzung anderer Personen ... sowie die Verunglückung von Beamten und Arbeitern im Bahndienste sind nicht zu melden ... Die höchste zulässige Geschwindigkeit wird auf höchstens 30 Kilometer in der Stunde festgesetzt.«

Die Süd-Bahn
Noch bevor Emil Kuhrts erster Nord-Expreß mit 30 Stundenkilometern durch die Dünen gen List raste, war eine dritte Sylter Bahnstrecke in Betrieb genommen worden: Die Süd-Bahn von Hörnum nach Westerland.
Sie wurde von der Hapag-Reederei finanziert. Es gab damals schon direkte See-Verbindungen von Hamburg nach Sylt. Aber stets mußten die Passagiere auf See von den Hapag-Dampfern auf kleinere Schiffe umsteigen. Zunächst vor Föhr, später vor Amrum und schließlich – ab 1896 – im Pander-Tief hinter List. Stets endete die Reise in Munkmarsch.
Das sollte nun anders werden. Die Hapag

Die Trasse der Nord-Bahn führte durch die große Wanderdüne vor List. Der Quadratmeter kostete den Erbauer damals zwei Pfennig.

baute in Hörnum eine 120 Meter lange Anlegerbrücke für ihre Schnelldampfer. Später legten dort auch die von Bremen kommenden Schiffe des Norddeutschen Lloyd an.

Im gleichen Jahr wie die Brücke wurde auch die Bahnlinie vollendet: 14,5 Kilometer von Hörnum über Rantum nach Westerland. Ihre Züge waren ungleich eleganter als die der Nord- und Ost-Bahn: cremefarben gestrichene Personenwagen mit vier Achsen, die größere Laufruhe garantierten.

Am 1. Juli 1901 fuhr der erste Zug der Süd-Bahn. Hörnum existierte damals noch nicht einmal als Dorf. Das erste feste Haus, das auf der Südspitze errichtet wurde, war der Bahnhof. Eine Straße nach Westerland gab es nicht. Und doch wurden allein im ersten Betriebsjahr 15 000 Passagiere von der Süd-Bahn befördert.

Die zwei Weltkriege

Diese drei Strecken – Ost-Bahn, Nord-Bahn und Süd-Bahn – bildeten das Bahnnetz von Sylt. Es hat sich während seines Bestehens nicht wesentlich verändert. Nur während der beiden Weltkriege wurden zu militärischen Zwecken zahlreiche Abzweigungen und Nebengleise gelegt, die später aber restlos

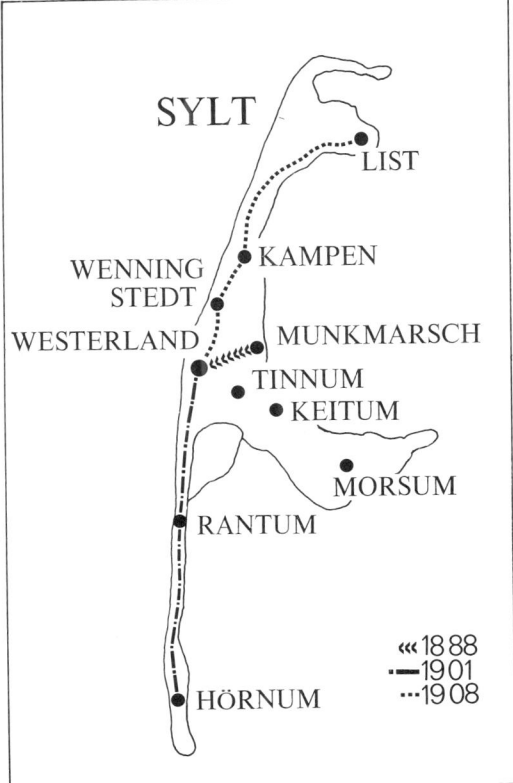

Die drei Sylter Strecken waren insgesamt 36,2 Kilometer lang. Als sie gelegt wurden, gab es noch keine Straßenverbindung zwischen Hörnum und List.

139

Oben: Der Erbauer und spätere Besitzer der Ost-Bahn und Nord-Bahn, Emil Kuhrt, vor einer seiner ersten Lokomotiven. Unten: Ein Salonwagen der Südbahn.

wieder abgerissen wurden: Rangier-Anlagen in Hörnum, eine Ellenbogen-Abzweigung in List und eine Regelspurbahn zum Seeflieger-horst Rantum.

Wirklich bemerkenswert waren nur zwei militärische Beiträge zum Sylter Strecken-netz:

● 1917 wurden auf Betreiben der Marine die Gleise der Nord- und der Süd-Bahn miteinander verbunden. Aus dem südlichen der beiden Nachbarbahnhöfe wurde das Gasthaus »Sylter Hahn«.

● In Keitum befand sich im Ersten Welt-krieg in einem Gasthaus (dem späteren »Kaffee Nielsen«) ein Lazarett. Deshalb zweigte die Marine von der Ost-Bahn eine 5 Kilometer lange Stichlinie nach Keitum ab. Sie endete nahe der Kirche. 1923 wurde sie wieder abgerissen.

Fünf Jahre später wurde die gesamte Ost-Bahn stillgelegt: Der Hindenburg-Damm war gebaut und damit der Fährverkehr nach Munkmarsch überflüssig geworden.

Die Besitzverhältnisse

Im Gegensatz zum Streckennetz änderten sich die Eigentumsverhältnisse der drei In-selbahnen in der Zeit ihres Bestehens oft und drastisch. Nach dem Tod des 61 jährigen Emil Kuhrt im Jahre 1909 fielen die Ost- und die Nord-Bahn in die Hand der Sylter Dampfschiffahrts-Gesellschaft, die den

Fährverkehr vom Festland nach Munkmarsch betrieb.

Die Aktienmehrheit der Gesellschaft lag beim Bankverein für Schleswig-Holstein und dem Hamburger Bankhaus Schröder. Später gerieten Nord- und Ost-Bahn in den Besitz eines gebürtigen Holländers mit Namen Regendans. 1923 wurde die Sylter Inselbahn AG gegründet. Sie pachtete dann die immer noch der Hapag gehörende Süd-Bahn zur Nord- und Ost-Bahn hinzu.

Im Zweiten Weltkrieg enteignete die Luftwaffe die Süd-Bahn. Ihr Betrieb wurde jedoch weiter von der Nord-Bahn geführt. Nach dem Krieg entstand 1952 die Sylter Verkehrs GmbH. Alleininhaber war ab 1956 Ruy Prahl. Er betrieb sowohl die Nord-Bahn wie die Süd-Bahn. Aber es gehörte ihm zunächst nur die Nord-Bahn. Die Süd-Bahn kaufte er 1957 aus Bundesbesitz hinzu.

Die Sylter Inselbahn erhielt nun den Status einer Straßenbahn. Immer mehr Dieseltriebwagen (zuletzt 10) ersetzten immer mehr Dampf-Loks (zuletzt 3). Immer mehr Buslinien wurden eingerichtet. Von 1952 bis 1970 wurden dennoch rund 15 Millionen Fahrgäste mit der Inselbahn über Sylt geschaukelt. Am 30. Dezember jenes Jahres aber fuhr der letzte Zug. Die Inselbahn hörte auf zu existieren. Die Gleise wurden abgerissen. Nur ein paar Schwellen liegen noch vereinzelt in den Dünen. □

Oben: Zugunglück bei Puan-Klent 1936 – die Süd-Bahn ist entgleist. Unten: Nach dem Zweiten Weltkrieg ersetzten zehn Diesel-Triebwagen die alten Dampfloks.

Er erfand die Postkarte –
und förderte Sylt

Eine der ersten Bildpostkarten, die von Sylt auf das Festland verschickt wurden, trägt den Poststempel: »Westerland, 29. 7. 89.« Sie ist gerichtet an »Fräulein Amanda Peeck, Altona bei Hamburg, Schillerstraße 17 I«. Ihr Inhalt unterscheidet sich nicht wesentlich von dem von Millionen Postkarten, die im nächsten Jahrhundert von der Insel abgeschickt werden sollten.

Der Kartentext: »Liebes Mädchen! Kaum kommt man zum Schreiben, bei all den Herrlichkeiten und Schönheiten, die der Sylter Strand bietet. Es ist hier herrlich. Viele Altonaer sind hier, auch große Künstler wie Fr. Ellermanig, Howath u. andere mehr sind anwesend. Wir amüsieren uns köstlich, die Bäder sind erquickend und wohltuend. Ich wollte, Sie könnten gleich hier sein. Mit den herzlichen Grüßen auch von meinem Mann Ihre A. Hesse Unsere Adresse: Fr. B. Selmer, Keitum. Werden Sie auch einmal schreiben? Bitte! Keitum a/Sylt.«

Mindestens acht Sommer verbrachte Heinrich von Stephan auf der Insel. Er war der erste Generalpostmeister des Deutschen Reiches. In Westerland wurden eine Straße, eine Pension und ein Restaurant nach ihm benannt. Vor dem Rathaus steht seine Büste.

Als Sohn eines einfachen Handwerkers war Heinrich Stephan 1831 in Stolp in Pommern geboren. Seine Verdienste um das Postwesen trugen ihm den Adelstitel ein.

1865 schlug er auf einer internationalen Postkonferenz in Karlsruhe die Einführung eines »Postblattes« aus steifem Papier vor: Die Postkarte. Doch er drang damit nicht durch.

So wurde die Postkarte zunächst 1869 in Österreich als »Correspondenzkarte« (8,5 cm × 12,2 cm) eingeführt und erst ein Jahr danach in etwas größerem Format in Deutschland (10,8 × 16,3 cm).

Sie war sofort ein Erfolg: Am ersten Verkaufstag in Berlin wurden 45 468 Stück abgesetzt.

Heinrich von Stephan hatte damals gerade die Norddeutsche Bundespost organisiert, in der in späteren Jahren auch die Thurn- und Taxis-Post aufging.

Nach Gründung des Reiches 1871 wurde sie Vorbild für die neue Deutsche Reichspost und für die Organisation des Postwesens in anderen Ländern.

Heinrich von Stephan war der erste Chef der Deutschen Reichspost.

1874 wurde auf sein Drängen als höchste Instanz für alle Fragen des internationalen Postwesens der Weltpostverein gegründet, dem heute über 150 Nationen angehören.

Der Name des Staatsministers Dr. Heinrich von Stephan ist in Sylts Kurlisten von 1874 bis 1879 und von 1894 bis 1896 verzeichnet. Er stieg meist in Westerland in einem Logierhaus ab und pflegte (mit Rotspon und Virginia) im naheliegenden Restaurant »Seestern« zu speisen. Beide Häuser lagen in der Friedrichstraße, eines trug später seinen Namen.

Der alte Herr mit dem Spitzbart war ein freizügiger Gast. Schon beim Übersetzen auf dem Postboot gab er stets einen Schnaps für die Mannschaft aus. Und als ihn der Keitumer Jagdpächter im Boot zur Entenjagd aufs Wattenmeer herausruderte, drückte Stephan ihm nach jedem Schuß einen Taler in die Hand.

Einmal, als er in seinen Ferien beim Listlandbesitzer Diedrichsen wohnte, begegnete ihm beim Spaziergang das Fuhrwerk, das damals dreimal in der Woche die Post zwischen Westerland und List beförderte. Die Räder malten den Dünensand. Auf dem Bock war der Fuhrmann in der Mittagshitze eingedöst. »Jung, du schlöpst ja!« rief Heinrich von Stephan ihm zu. Der Postkutscher rieb sich die Augen, erblickte den einsamen Wanderer und antwortete dem Schöpfer der Deutschen Reichspost: »Wat geiht di dat an.«

Seiner Zeit weit voraus erörterte Heinrich von Stephan mit Freunden auf Sylt Pläne zur Erschließung der Insel, die erst viel später Wirklichkeit werden sollten. So die Verbindung mit dem Festland durch einen Damm und den Ausbau des Hafens von Hörnum. Ihm verdankt Sylt, daß es schon 1892 ein Kaiserliches Postamt erhielt und 1897 ein Fernsprechkabel zum Festland – Jahre vor allen anderen Nordseeinseln.

Aber die Sylter wußten auch, daß mit dem umgänglichen Herrn dienstlich nicht zu spaßen war. Als bekannt wurde, daß er sich auf Inspektionsfahrt auf dem Festland befand, kabelte das Postamt von Keitum warnend an die Kollegen in Hoyer: »Nehmt Euch in acht. Stephan ist unterwegs. Er steckt seine Nase in alles.«

Postwendend kam die Antwort: »Er hat sie schon drin.«

1896 verbrachte Heinrich von Stephan seinen letzten Sommer auf Sylt. Im Atelier des Westerländer Malers Korwan-Katzenstein in der Strandstraße stand er dem Berliner Bildhauer Hugo Berwald Modell. Im nächsten Jahr starb Heinrich von Stephan im Alter von 66 Jahren.

Die Berwaldsche Büste wurde auf einem 1,50 Meter hohen Marmorsockel zunächst 1899 auf dem Platz vor dem »Hotel Royal« aufgestellt und später in die Grünanlagen vor dem Kurhaus versetzt.

Zur Einweihung sprach Heinrich von Stephans alter Jagdgefährte, der Badearzt Nicolas: »Er wollte hier auf Sylt nichts anderes bedeuten als jeder sonstige Badegast auch. Er wollte hier frei und ungestört leben, nicht frei von der Arbeit, aber frei von dem Zwang der Gesellschaft und seiner Stellung. Er wollte sich an der Natur, den Schönheiten des Meeres und unserer Insel erfreuen, in dem erquickenden Haus unseres Klimas Erholung und Genesung suchen.« ☐

Die Büste des Heinrich von Stephan in den Grünanlagen vor dem Rathaus war Westerlands erstes Denkmal. Es wurde 1899 eingeweiht.

Zum 75. Jahrestag der Gründung des Weltpostvereins erschien 1949 eine Sonderbriefmarke der Deutschen Post mit dem Profil von Heinrich von Stephan.

Der Poet und sein Pirat

Der Dichter Detlev von Liliencron hat mit seiner Ballade von dem freiheitsbewußten Fischer Pidder Lüng zum Ruhm der Insel Sylt beigetragen.

Detlev von Liliencron, der Lyriker, dessen Ballade »Pidder Lüng« den Namen Sylts in die Weltliteratur einbrachte, war nur einmal auf der Insel (1904). Detlev von Liliencron, der Sänger des Vaterlandes, dem Kaiser Wilhelm II. einen Ehrensold zahlte, mußte wegen Schuldenmacherei zweimal den Dienst fürs Vaterland quittieren.

Detlev von Liliencron, der Poet ehelicher Liebe und Treue, war dreimal verheiratet. Das ebenso unordentliche wie ungewöhnliche Leben dieses widersprüchlichen und bedeutenden Mannes begann am 3. Juni 1844 in Kiel. An jenem Tage wurde Friedrich Adolf Axel Freiherr von Liliencron (genannt »Detlev«) als Sohn eines Zollverwalters und einer Offizierstochter geboren. Nach verträumter Kindheit trat er als neunzehnjähriger Leutnant in Preußens Armee ein. Drei Feldzüge machte er mit: Gegen Polen, gegen Böhmen und gegen Frankreich (wo er verwundet wurde).

Nach Gründung des Reiches mußte er 1875 wegen seiner Schulden die Offiziersuniform ausziehen. Er versuchte sich als Stallmeister und Pianist in Amerika, später als Gesanglehrer in Hamburg.

1878 heiratete er zum ersten Mal. Helene Freiin von Bodenhausen hieß die Auserwählte. Er bereitete sich auf eine standesgemäße Karriere im Verwaltungsdienst vor. 1882 wurde er Hardesvogt auf der nordfriesischen Insel Pellworm, 1884 Kirchspielvogt in Kellinghusen. Dann machte er wieder Schulden, und die Ehe wurde geschieden. Zum zweiten Mal quittierte Detlev von Liliencron den Dienst fürs Vaterland und nahm sich 1887 eine zweite Frau: Auguste Brandt.

Jahre als freier Schriftsteller in München, Berlin und Hamburg folgten. 1900 heiratete der jetzt schon 56jährige ein drittes Mal: Anna Michael.

Mit ihr lebte er bis zu seinem Tode in Rahlstedt bei Hamburg. Und mit dem Alter kam der Ruhm: ein Ehrendoktorhut und ein Ehrengehalt vom Kaiser.

Zu seiner Ballade »Pidder Lüng«, die 1892 erschien, wurde er nach einem Hinweis des nordfriesischen Malers Momme Nissen durch Lektüre der »Friesischen Sagen und Erzählungen« des Sylter Insel-Chronisten C. P. Hansen angeregt.

So hat er als Kehrreim in seiner Ballade jenen friesischen Wahlspruch übernommen, den C. P. Hansen seinem Buch voranstellte: Lewwer duad üs Slaav – Lieber tot als Sklave sein.

Tatsächlich aber ist diese Parole erst 1840, dreieinhalb Jahrhunderte nach den Lebzeiten von Pidder Lüng, formuliert worden. Historisch ist denn auch über Sylts Freiheitshelden Pidder Lüng wenig mehr belegt als in der Geschichte über so manchen Freiheitshelden: Man weiß, daß er gelebt hat.

Als die Allerheiligen-Flut des Jahres 1436 das Dorf Rantum verschlang, gehörte zu den wenigen Überlebenden Kressen Jakobs, die Frau des Jakob Lüng. Sie siedelte sich mit anderen Überlebenden an der Südspitze Sylts an und führte den heimkehrenden Fischern, die während des Untergangs von Rantum auf hoher See gewesen waren, dort den Haushalt.

Noch heute gibt es in den Dünen von Hörnum ein »Kressen-Jakobs-Tal«, und damals hießen die von ihr betreuten rauhen Seeleute alsbald auf der ganzen Insel die »Kressen-Jakobs-Söhne«.

Indes: Auch einen leiblichen Sohn, so jedenfalls meint Reimer Kay Holander vom Nordfriisk Instituut in Bredstedt, habe die Sylterin Kressen Jakobs in den Dünen von Hörnum großgezogen: Pidder Lüng.

Henning Pogwisch – Pidder Lüngs Todfeind in Liliencrons Ballade – hat ebenfalls nachweislich gelebt. Er wurde 1470 zum Amtmann von Tondern bestellt. Zusammen mit seinen Söhnen führte er ein so tyrannisches Regime, daß der König von Dänemark ihn bereits 1479 wieder seines Amtes enthob und vertrieb.

Die von Liliencron besungene Begegnung zwischen dem Fischer Pidder Lüng und dem Amtmann Henning Pogwisch ist daher – wenn sie überhaupt stattgefunden hat – jedenfalls mit Sicherheit nicht tödlich für einen der beiden ausgegangen.

Unsicher dagegen das weitere Schicksal Pidder Lüngs: Er wurde Pirat, Freibeuter. Nach seiner Rückkehr auf die Insel soll er von dem listigen Strandvogt Erk Mannis gefangengenommen und auf dem Galgenhügel zwischen Keitum und Munkmarsch hingerichtet worden sein.

Wie auch immer er gelebt haben mag: Detlev von Liliencron hat ihn unsterblich werden lassen. ☐

144

Pidder Lüng

»Frii es de Feskfang,
Frii es de Jaght,
Frii es de Strönthgang,
Frii es de Naght,
Frii es de See, de wilde See
En de Hörnemmer Rhee.«

Der Amtmann von Tondern, Henning Pogwisch,
schlägt mit der Faust auf den Eichentisch:
Heut fahr ich selbst hinüber nach Sylt,
und hol mir mit eigner Hand Zins und Gült.
Und kann ich die Abgaben der Fischer nicht fassen,
sollen sie Nasen und Ohren lassen,
und ich höhn ihrem Wort:
Lewwer duad üs Slaav.

Im Schiff vorn der Ritter, panzerbewehrt,
stützt sich finster auf sein langes Schwert.
Hinter ihm, von der hohen Geistlichkeit,
steht Jürgen, der Priester, beflissen, bereit.
Er reibt sich die Hände, er bückt den Nacken.
Der Obrigkeit helf ich, die Frevler packen;
In den Pfuhl das Wort:
Lewwer duad üs Slaav.

Gen Hörnum hat die Prunkbarke den Schnabel gewetzt,
ihr folgen die Ewer, kriegsvolkbesetzt.
Und es knirschen die Kiele auf den Sand,
und der Ritter, der Priester springen ans Land,
und waffenrasselnd hinter den beiden
entreißen die Söldner die Klingen den Scheiden.
Nun gilt es, Friesen:
Lewwer duad üs Slaav!

Die Knechte umzingeln das erste Haus,
Pidder Lüng schaut verwundert zum Fenster heraus.
Der Ritter, der Priester treten allein
über die ärmliche Schwelle hinein.
Des langen Peters starkzählige Sippe
sitzt grad an der kargen Mittagskrippe.
Jetzt zeige dich, Pidder:
Lewwer duad üs Slaav!

Der Ritter verneigt sich mit hämischem Hohn,
der Priester will anheben seinen Sermon.
Der Ritter nimmt spöttisch den Helm vom Haupt
und verbeugt sich noch einmal: Ihr erlaubt,
daß wir euch stören bei euerm Essen,
bringt hurtig den Zehnten, den ihr vergessen,
und euer Spruch ist ein Dreck:
Lewwer duad üs Slaav.

Da reckt sich Pidder, steht wie ein Baum:
Henning Pogwisch, halt deine Reden im Zaum.
Wir waren der Steuern von jeher frei,
und ob du sie wünschst, ist uns einerlei.
Zieh ab mit deinen Hungergesellen,
hörst du meine Hunde bellen?
Und das Wort bleibt stehn:
Lewwer duad üs Slaav!

Bettelpack! fährt ihn der Amtmann an,
und die Stirnader schwillt dem geschienten Mann:
Du frißt deinen Grünkohl nicht eher auf,
als bis dein Geld hier liegt zu Hauf.
Der Priester zischelt von Trotzkopf und Bücken,
und verkriecht sich hinter des Eisernen Rücken.
O Wort, geh nicht unter:
Lewwer duad üs Slaav!

Pidder Lüng starrt wie wirrsinnig den Amtmann an.
Immer heftiger in Wut gerät der Tyrann,
und er speit in den dampfenden Kohl hinein:
Nun geh an deinen Trog, du Schwein.
Und er will, um die peinliche Stunde zu enden,
zu seinen Leuten nach draußen sich wenden.
Dumpf dröhnts von drinnen:
Lewwer duad üs Slaav!

Einen einzigen Sprung hat Pidder getan,
er schleppt an den Napf den Amtmann heran,
und taucht ihm den Kopf ein und läßt ihn nicht frei,
bis der Ritter erstickt ist im glühheißen Brei.
Die Fäuste dann lassend vom furchtbaren Gittern,
brüllt er, die Türen und Wände zittern,
das stolzeste Wort:
Lewwer duad üs Slaav!

Der Priester liegt ohnmächtig ihm am Fuß.
Die Häscher stürmen mit höllischem Gruß,
durchbohren den Fischer und zerren ihn fort;
in den Dünen, im Dorf rasen Messer und Mord.
Pidder Lüng doch, ehe sie ganz ihn verderben,
ruft noch einmal im Leben, im Sterben
sein Herrenwort:
Lewwer duad üs Slaav!

Detlev von Liliencron

Die englische Galjot
»Reintjedina« lief
1890 vor Wenning-
stedt auf das Außen-
riff und sank. Vier
Mann banden sich in
den Rahen fest. Nur
zwei wurden ge-
rettet.

Zwei Nächte hingen die Männer am Mast der »Reintjedina«

1865 wurde die »Deutsche Gesellschaft zur Rettung Schiffbrüchiger« in Kiel gegründet. Schon im nächsten Jahr erschien ihr Abgesandter auf Sylt.

Über 300 Schiffe sind seit 1788 vor Sylt gestrandet. Hunderte von Seeleuten wurden geborgen, Hunderte fanden den Tod. Ein Untergang aber sollte in der Geschichte der Rettung Schiffbrüchiger eine dramatische Wende bringen: Der Untergang der »Reintjedina« am 29. Oktober 1890. Die englische Galjot unter Kapitän Reed war mit Tonröhren und Mauersteinen von Middelsborough nach Hamburg unterwegs gewesen. Jetzt lag das Schiff vor Wenningstedt etwa 460 Meter vom Strand entfernt auf Grund.

Die vierköpfige Besatzung kletterte in den Vordermast, band sich an den Rahen fest und winkte um Hilfe. Doch die Brandung war so wild, daß ein Ruderrettungsboot aus List unverrichteter Dinge umkehren mußte. Nun wurden alle Sylter Rettungsraketen herbeigeschafft. Nach über 30 Schüssen gelang es auch, eine Leinenverbindung herzustellen. Dagegen mißlang jeder Versuch, eine stärkere Trosse für die Hosenboje hinüberzubringen.

Da wagte es der Schiffskoch aus Carlisle als erster, sich mit einem Block über die hochgespannte Leine an den Strand abzuseilen. Es gelang. Einige Stunden später versuchte der Steuermann das gleiche Manöver, doch die Leine riß. Nur seine Leiche konnte auf den Sand gezogen werden.

Die Nacht brach herein. Alle Bergungsversuche mußten eingestellt werden.

Am nächsten Morgen, am 30. Oktober, gaben die zwei Mann am Mast der »Reintjedina« noch immer Lebenszeichen von sich. Mit einer Depesche war inzwischen ein Rettungsboot aus Amrum angefordert worden: Um 14 Uhr lief die »Theodor Preusser« mit zehn Mann aus. Das Boot kam bis unter Hörnum. Dort schlug eine Kreuzsee das Boot voll und brachte es zum Kentern. Die Mannschaft wurde hinausgeschleudert, die Masten brachen unter Wasser ab.

Zwar gelang es, das Boot wieder aufzurichten. Aber zwei Mann fanden nicht mehr die Kraft heranzuschwimmen. Ihre Leichen wurden Mitte November in Jütland angespült und dort beigesetzt.

Die zweite Nacht war hereingebrochen. Und noch immer hingen zwei Mann in den Rahen der »Reintjedina«. Die letzten Raketen von Sylt waren inzwischen verschossen. Die Leinen hatten sich so unglücklich verfangen, daß die Schiffbrüchigen sie nicht erreichen konnten.

Am 31. Oktober schließlich, am dritten Tage der Rettungsarbeiten, gelang es einem Boot der Westerländer Badeverwaltung, zum Wrack durchzukommen. Die beiden Männer wurden vom Vordermast losgeschnitten. Einer von ihnen war tot: Kapitän Reed. Der andere lebte: Schiffsjunge Miller.

Nach dieser Strandung, die tragisch deutlich werden ließ, daß die Sylter für Seenotfälle schlecht ausgerüstet und ausgebildet waren, rief der Westerländer Fotograf Paul Ebe Nickelsen das »Freiwillige Rettungscorps« der Insel ins Leben. Es arbeitete eng mit der »Deutschen Gesellschaft zur Rettung Schiffbrüchiger« zusammen.

Von nun an wurde die Insel für Bergungsfälle besser und besser vorbereitet – bis hin zur Gegenwart, da in Westerland Seenotrettungs-Hubschrauber und in List Seenotrettungs-Kreuzer stationiert sind. □

Für Junggesellen kein Zutritt

Revolution am Strand – erstmals durften Männer und Frauen im Juli 1902 gemeinsam an den Strand und in die Fluten, aber nur Ehepaare. In Westerland hatte man das erste Familienbad der Nordsee eröffnet.

Seit Westerland Mitte des vergangenen Jahrhunderts Bad geworden war, wurde es immer größer, immer reicher, immer schöner, immer besuchter – sein Niedergang war nicht mehr aufzuhalten. Anfang dieses Jahrhunderts hatte es 2174 Einwohner; 13 639 Gäste kamen im Sommer. Und am 26. Juli 1902 vermeldet die Kurzeitung ein »historisches Ereignis«: Das erste Familienbad der Nordsee wurde eröffnet. Mann und Frau durften fortan gemeinsam in die Fluten. Die Kurzeitung schrieb am nächsten Tag: »Nach Überwindung vielfacher Hindernisse,

welche sich der Errichtung der Familienbäder immer wieder gegenüberstellten, konnte endlich gestern der neue Familienbadestrand der öffentlichen Benutzung übergeben werden. Trotz ungünstiger Witterung war die Beteiligung schon in den ersten Stunden eine sehr lebhafte, so daß sich alsbald ein recht munteres Leben und Treiben am Familienbadestrand entfaltete. Das gemeinschaftliche Baden vollzog sich in fröhlichster Stimmung aller Badenden in tadelloser Ordnung. All die Vorurteile und Befürchtungen, welche allzu ängstliche Gemüter schon im vor-

148

aus beunruhigt hatten, wurden glänzend widerlegt.«

Natürlich waren Sicherungen in das Wagnis eingebaut: Junggesellen hatten keinen Zutritt, Fotografieren war verboten. Muster der vorgeschriebenen Badeanzüge lagen im Badebüro aus.

Dennoch trugen die Fahnen in den Strandburgen nun verwegene Aufschriften wie: »Hier finden Damen liebevolle Aufnahme« oder: »Hier wird ein Mann gesucht«.

Ab 1903 residierte in einer Strandburg ein »Internationales Heiratsbüro«. Es wurde abgelöst von der »KB«, der Kartenlegerburg, die Westerlands Ruf als Verlobungsbad begründen half. 1909 wurden 69 Verlobungen gemeldet. Und ehe der erste Weltkrieg auch die Lichter Westerlands verlöschen ließ, sorgte sich der »Generalverwaltungsbericht« der Nordseebäder Westerland und Wenningstedt: »Vor allem bei Zimmermädchen, Kellnern und Köchen, die in Kontakt mit den Gästen standen, sind oft fortgeschrittene Stadien von Geschlechtskrankheiten festgestellt worden.« (Oestreich: »Der Fremdenverkehr der Insel Sylt«)   □

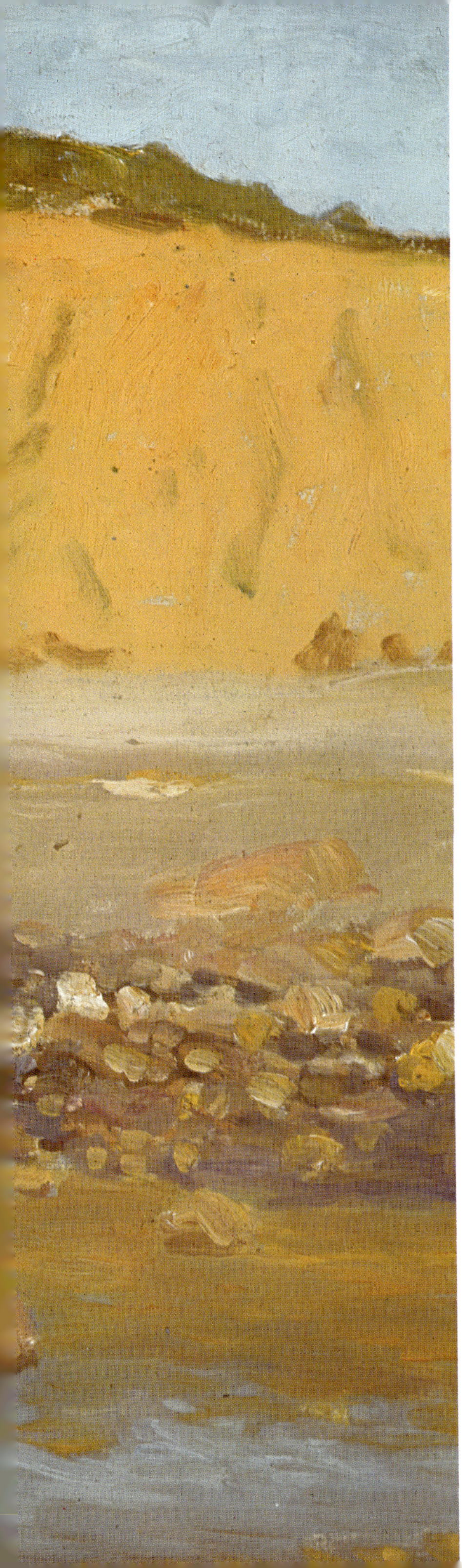

»Wie vertraut ihm die Bewegung des Wassers ist«

Fritz Overbeck wurde 1869 in Bremen als Sohn eines Direktors des Norddeutschen Lloyd geboren. Er studierte an der Düsseldorfer Akademie und wurde Mitbegründer der Worpsweder Malerkolonie. Er starb 1909, noch nicht 40 Jahre alt, an einem Schlaganfall.

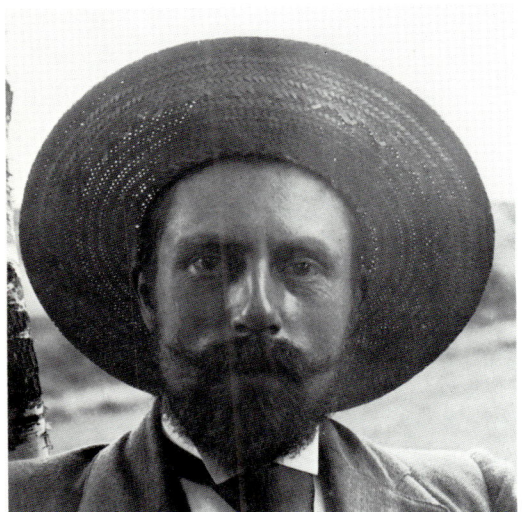

Fritz Overbeck besuchte dreimal Sylt. »Eine große Einfachheit«, notierte er 1903 bei seiner ersten Reise. »Wundervolle Linien der Dünen und des Strandes.« Im Juni 1904 berichtete er: »Wind, manchmal sogar Sturm, allerdings jeden Tag, aber daran gewöhnt man sich doch bald, und andererseits ist die See auch niemals schöner als dann.«
Drei Jahre später fuhr er noch einmal zum Malen auf die Insel. Am 17. September 1907 feierte er dort seinen 38. Geburtstag. Zwei Tage danach klagte er in einem Brief: »Gestern und heute war es schauderhaft windig, wodurch das Arbeiten so sehr erschwert wurde, daß nicht viel Freude dabei war. Schwierig wird es auch, weil ich nicht meinen guten soliden Malkasten mit habe, sondern nur einen leichten Keilrahmen, auf den ich die Pappe nagele. Leicht ist ja dies Gepäck, aber darum eben dem Winde nicht gewachsen.«
Die mindestens 30 Sylt-Motive, die Overbeck insgesamt malte, gehören dennoch zu seinen eindrucksvollsten Bildern. Bewundernd lobte Rainer Maria Rilke: »Der Bremer, der durch seine Heimat und besonders noch durch den Beruf des Vaters von früher Zeit her enge Beziehungen zum Meer hatte, zeigt, wie vertraut ihm Farbe und Bewegung des Wassers ist . . . Wie meist bei Overbeck ist die Komposition auch hier durch horizontal gelagerte Linien bestimmt, die jenen Eindruck des Ernstes und der Schwere mit sich bringen, den er liebt.« □

Das Haus mit der Wanne im Dach

Avenarius baute 1903 sein Haus »Uhlenkamp«: Ein zweieinhalbstöckiges Jugendstil-Monstrum, halb Friesenhaus, halb Schwarzwald-Haus. Zwischen den Schornsteinen war eine kupferne Wanne in den Dachfirst eingelassen: Zum Nackt-Sonnenbaden. Nach dem Zweiten Weltkrieg wurde das Haus verkauft und abgerissen.

Ferdinand Avenarius wurde 1856 in Berlin geboren. Sein Vater war Buchhändler, seine Mutter die Halbschwester Richard Wagners, Cäcilie Geyer. Er selbst wurde Schriftsteller und gab seit 1887 die Zeitschrift »Kunstwart« heraus. Wirtschaftswunder, Völlerei und Verkrustung des Kaiserreichs hatten um die Jahrhundertwende zwei große Protestbewegungen gezeugt: »Jugendstil« und »Jugendbewegung«. Sie waren die Kräfte, die auf Avenarius einwirkten und auf die er einwirkte. In der Mondlandschaft von Kampen fand er seine Zuflucht vor der Zivilisation. 1903, auf dem Höhepunkt seines Erfolges, baute er dort sein Haus »Uhlenkamp«. In einem von außen nicht einzusehenden, von innen begehbaren Storchennest im Dachfirst konnte er hüllenlos sonnenbaden. Von seinem Arbeitszimmer reichte sein Blick übers Watt bis zur Vogelkoje. In Kampen redigierte er im Sommer seinen »Kunstwart«. Viele Künstler zog er damals auf diesen wilden, noch unberührten Teil der Insel. Über die Westerländer Touristen spottete er: »Nach vier Wochen wird der Haufen in die Groß-stadt zurückgekehrt.« Schon 1913 forderte er im »Kunstwart«: »Das ganze Gebiet zwischen Kampen und List sollte zum Naturschutzgebiet erklärt werden.«

1923 erlag er in Kampen einem Herzschlag. Ernst von Salomon hat seinen Tod beschrieben:

»Ferdinand Avenarius starb mitten in der schrecklichen Inflationszeit. Seine Witwe wünschte, daß ihm eine Totenmaske abgenommen werde. Aber wer sollte das tun? Nun, Jürgen Bleicken, eines der Insel-Originale und ein Mann, der sich an alles wagen konnte, erklärte, er könne auch dies. Weil das besondere Öl nicht aufzutreiben war, welchen den Gips von der Haut trennte, nahm Bleicken Kuhmist und schmierte damit das Haupt des toten Avenarius ein.

Als der Gips getrocknet war, löste sich mit der Masse auch der Bart des Toten. Aber Bleicken wußte sich zu helfen: Er nagelte schleunigst den Sarg zu und erklärte der Witwe, er wolle ihr den neuen Abschiedsschmerz ersparen. Ferdinand Avenarius aber ruht, wie er es sich wünschte, auf dem Friedhof von Keitum.«

152

Der Schriftsteller
Ferdinand Avena-
rius war Herausge-
ber des »Kunstwart«
und Gründer des
»Dürerbundes«. Er
machte Kampen um
die Jahrhundertwen-
de zu einem Künst-
lerdorf, ähnlich wie
Hiddensee und
Worpswede. Ver-
geblich versuchte er,
Sylt zum Natur-
schutzpark erklären
zu lassen.

Lovis Corinth:
»Der Kellner kannte mich mit Namen«

Lovis Corinth, neben Liebermann der wohl bedeutendste Vertreter des deutschen Impressionismus, verbrachte den Sommer 1908 auf Sylt, zusammen mit seiner Frau, der Malerin Charlotte Berend-Corinth. Im nächsten Jahr fuhr er wieder auf die Insel, aber diesmal allein. Bei diesem Besuch entstand eine kaum bekannte Zeichnung des Sylter Strandes (links).

Aus seinem Quartier, dem »Grand Hotel« in Westerland, schrieb er damals einen Brief an seine 22 Jahre jüngere Frau, sein »liebes Petermannchen«:

»Ich stehe hier im Portierhaus von unserem Hotel und schreibe: Leider wurde ich den ersten Abend der Ankunft in ein Nebenhaus quartiert, was mir natürlich nicht angenehm von wegen des späteren Umquartierens war. Nachher zum Abendbrot ging ich in das Restaurant, und da kannte mich wirklich noch ein Kellner mit Namen, der Wirth noch nicht, jetzt aber bin ich bekannt und zahle 20 Mark Pension, sie ist aber wirklich ausgezeichnet.

Der Sturm ist genau derselbe; nur sind die Leute zwar vielfach elegant, aber voriges Jahr waren ein paar interessantere da.

In einem Schaufenster von einem Buchladen steht das ›Verlernen der Malerei oder der kleine L. C.‹, leider fehlt jedoch mein Original.«

Das von Corinth vermißte Original war sein 1908 erschienenes Buch »Das Erlernen der Malerei«. Was statt dessen im Schaufenster von Westerland auslag, war eine 64seitige Broschüre, eine Parodie eines anonymen Verfassers auf Lovis Corinth.

Der Maler war 1858 im ostpreußischen Tapiau geboren. Sein Vater, ein Gerbermeister, hatte ihn auf die Namen Franz Heinrich Louis getauft. Er studierte an den Akademien von Königsberg, München, Antwerpen und Paris. Später lebte und malte er in Berlin, Königsberg und München. Seit 1900 trug er den Vornamen Lovis. 1911 erlitt er einen schweren Schlaganfall, von dem er sich nie wieder erholte. Corinth blieb linksseitig gelähmt. Im Kampf mit den nachlassenden Kräften, auch der rechten Hand, wurden seine Arbeiten konzentrierter, seine Pinselstriche heftiger. 1918 wurde er anläßlich seines 60. Geburtstages Professor. Er starb 1925 in Zandvoort in Holland. Seine Ehefrau überlebte ihn um 42 Jahre. Sie starb 1967 in New York. □

Lovis Corinth, einer der bedeutendsten deutschen Maler, besuchte als Fünfzigjähriger Sylt. Arbeiten von ihm, die auf der Insel entstanden, sind aber so gut wie unbekannt. Die farbige Kreidezeichnung, von Corinth selbst bezeichnet »Sylt 1909«, wird hier erstmals veröffentlicht.

Vier Jahre Festung für zwei Spione

Ein Zeichner der »Illustrated London News« hielt 1910 im Reichsgericht zu Leipzig die Hauptpersonen des Spionage-Prozesses auf seinem Skizzenblock fest. Oberste Reihe von links nach rechts: Die Angeklagten Brandon, Trench, Ankläger Zweigert. Mittlere Reihe: Der englische Vizekonsul in Hamburg Oliver, der Kanonier Worms mit und ohne Helm. Unterste Reihe: die Verteidiger Dr. Otto und v. Gordon, der Gerichtspräsident Menge.

THE "BRITISH SPY TRIAL" IN GERMANY: SKETCHES IN COURT.

SKETCHES BY ONE OF OUR SPECIAL ARTISTS IN COURT.

LIEUT. VIVIAN RONALD BRANDON, R.N.

CAPT. BERNARD FREDERIC TRENCH, R.M.L.I.

DR. ARTHUR ZWEIGERT, IMPERIAL PROSECUTOR. PROSECUTING COUNSEL

MR. FRANCIS OLIVER, BRITISH VICE-CONSUL AT HAMBURG. REPRESENTATIVE OF THE FOREIGN OFFICE.

BOMBARDIER WORM, OF BORKUM, WHO ARRESTED LIEUT. BRANDON.

BOMBARDIER WORM. — AN IMPRESSION.

DR. OTTO, JUNIOR COUNSEL FOR DEFENCE.

DR. VON GORDON, LEADING COUNSEL FOR DEFENCE.

DR. MENGE, THE PRESIDING JUDGE.

THE CASE THAT RESULTED IN THE SENTENCING OF CAPTAIN TRENCH AND LIEUTENANT BRANDON TO FOUR YEARS' DETENTION IN A FORTRESS IN GERMANY: PERSONALITIES OF THE PROCEEDINGS AT LEIPZIG.

Lieutenant Vivian Ronald Brandon, R.N., who is about twenty-eight years of age, entered the Navy as cadet in July 1890. Seven years ago he was appointed to a surveying-vessel, and three years later he was given a position in the Hydrographic Department of the Admiralty. Further surveying followed; then he became a Naval Assistant in the Hydrographic Department at the Admiralty, a post he still held in August last. Captain Bernard Frederic Trench, R.M.L.I., is thirty. He entered the Royal Marines in January 1899. Three years ago he qualified as interpreter in German. In June of this year he received permission to study the Danish language abroad on full pay. He is also an interpreter in French. Dr. Arthur Zweigert, who is the Imperial Prosecutor, led for the prosecution. Mr. Francis Oliver, who is British Vice-Consul at Hamburg, was present during a considerable portion of the trial as representative of the British Foreign Office, but was not allowed to remain in court during that part of the proceedings which was heard in camera.

156

Der Geheimdienst der britischen Marine, das Naval Intelligence Department (NID), bestand gegen Ende des vergangenen Jahrhunderts aus einer Handvoll Offiziere und zwei schmalen Räumen in der Admiralität. Einer seiner ersten Direktoren war Captain Henry William Hall.

Da Spionage in England wie ein Familienunternehmen vom Vater auf den Sohn vererbt wurde, begann sich Anfang dieses Jahrhunderts auch der Sohn des Geheimdienst-Direktors, Commander William Reginald Hall, für das Nachrichten-Geschäft zu interessieren.

Der Junior war ein ungewöhnlicher Mann. Er war fest und zu Recht überzeugt, daß die Deutschen heimlich stärker aufrüsteten, als sie öffentlich zugaben, um Englands Herrschaft auf den Weltmeeren zu brechen.

Im Hochsommer 1909 machte Hall mit dem Schulschiff »Cornwall« eine Rundreise durch dänische und deutsche Ostseehäfen. Und er nutzte diese Goodwill-Tour seiner ahnungslosen Kadetten zu einer folgenschweren Spionage-Operation.

In Kiel borgte er sich von dem Herzog von Westminster, der dort zufällig oder nicht ganz zufällig einen Besuch machte, dessen 40 Knoten schnelle Motoryacht, verkleidete sich als Ingenieur und spionierte so die Hafenanlagen des wichtigsten deutschen Marine-Stützpunktes aus.

Halls Berichte und Fotografien überzeugten die britische Admiralität, daß alle Angaben ihres Geheimdienstes über deutsche Marineanlagen hoffnungslos veraltet waren.

Das Ergebnis ihrer Erkenntnis: Im Frühjahr des nächsten Jahres, im Mai 1910, erhielten zwei britische Marineoffiziere einen umfassenden Spionageauftrag:

● Captain Bernard Frederic Trench, 30, von der Marine-Infanterie. Er entstammte einer irischen Adels-Familie. Ein Vetter von ihm hatte als britischer Marine-Attaché in Berlin gedient. Trench selbst hatte 1907 Deutschland besucht, die Dolmetscher-Examen in Deutsch und Französisch abgelegt und erhielt nun zur Tarnung die Erlaubnis, bei vollem Sold in Kopenhagen zu leben, um dort Dänisch zu lernen.

● Leutnant Vivian Ronald Brandon, 28, von der Hydrographischen Abteilung der Britischen Admiralität. Seine Mutter entstammte der angesehenen Frankfurter Bankiers-Familie Lyon. Sein Vetter war der Unterhaus-Abgeordnete Sir William Bull.

Beide Offiziere sahen blendend aus, trugen einen eleganten Schnurrbart und verabredeten sich für den 17. August 1910 am Elbe-Ausgang des Kaiser-Wilhelm-Kanals. Zu ihrer Ausrüstung gehörten Kompaß, Senkblei, Meßinstrumente und ein kleiner Fotoapparat.

Captain Trench kam von Kopenhagen zum Treffpunkt Brunsbüttel, Leutnant Brandon direkt aus London.

Ihre Reise führte sie nun nach Bremen und zur Wesermündung, nach Helgoland und Cuxhaven, auf die Inseln Sylt, Föhr, Amrum und Norderney.

Am 20. August 1910 waren beide schon fast am Ende ihrer Tour auf Borkum angelangt. Abends verließen sie gemeinsam das Hotel, um den neuen Scheinwerfer des Leuchtturms, die Hafen-Einrichtungen und eine durch Stacheldraht gesicherte Küstenbatterie zu inspizieren. Wegen der Menge des zu bearbeitenden Stoffes trennten sie sich.

Gegen 11 Uhr entdeckte der Wachtposten Kanonier Worms »eine Zivil-Person auf dem Terrain innerhalb des Stacheldrahts . . . etwa 10 Schritt neben den Geschützen«. Es war Leutnant Brandon. Worms nahm ihn fest.

Wenig später wurde auch Trench verhaftet. In seinem Besitz wurden Fotos und Blitzlichtpatronen, Zeichnungen und Angaben über Festungsanlagen, Fahrwasser und maritime Einrichtungen der gesamten deutschen Nordseeküste entdeckt. Trench: »Die hatte ich in meinem Zimmer versteckt, teilweise unter der Matraze, teilweise lagen sie auf dem Ofen.«

Zunächst stritten die beiden Verhafteten jede Schuld ab, dann gaben sie unumwunden alles zu.

Wenige Tage vor Weihnachten des Jahres 1910 begann vor dem Reichsgericht in Leipzig der Prozeß gegen die Spione. Er wurde zum Teil öffentlich, zum Teil nichtöffentlich geführt. Die englische Krone hatte als Beobachter ihren Vizekonsul in Hamburg, Francis Oliver, entsandt. Verteidigt wurden die beiden Angeklagten vom Justizrat von Gordon und Dr. Hans Otto. Vertreter der Anklage war Oberreichsanwalt Dr. Zweigert.

An der Stirnseite des Saales thronten 14 deutsche Richter des vereinigten 2. und 3. Strafsenats in lila Roben mit Samtkappen auf

Captain Bernard Frederic Trench von der britischen Marine-Infanterie war einer der beiden englischen Offiziere, die vom Reichsgericht in Leipzig wegen Spionage zu vier Jahren Festung verurteilt wurden. Bis zuletzt weigerte er sich, die Identität seines Auftraggebers mit dem Decknamen »Reggie« zu verraten: »Ich lehne es ab, irgend etwas über diesen Herrn zu sagen.«

dem Kopf. Ihr Vorsitzender war Senatspräsident Dr. Menge.

Menge führte die Verhandlung fair, wenn auch mit einem leichten Hang zur Überheblichkeit. Als etwa der Angeklagte Captain Trench sagte: »Ich möchte heute grundsätzlich die Wahrheit sagen«, mokierte sich Menge: »Das ist hübsch von Ihnen!«

In dem zweitägigen Verfahren kamen die Gerichtsreporter auf ihre Kosten. Da wurden verschlüsselte Briefe vorgelegt, in denen Leutnant Brandon als »Charles« und Captain Trench als »John« fungierte. Da wurde eine telegrafische Deckadresse enthüllt, an die beide Spione kabeln konnten: »Sunburnt London«.

Da wurde schließlich die Existenz eines geheimen Nachschlagewerkes der britischen Admiralität über alle deutschen Marine-Einrichtungen bekannt, von dem Captain Trench lakonisch behauptete: »Es steht in diesem Buch alles drin, was von einem gewissen Nutzen für englische Offiziere sein kann ... Eine Art Marine-Baedeker.«

Und es wurde erstmals offenbar, was die Spione auf Sylt gesucht hatten: England hatte die weitgehend unbefestigte Insel offenbar als möglichen Brückenkopf für eine Landung in Deutschland auserwählt (siehe Seite 164 f.).

Wörtlich sagte dazu Oberreichsanwalt Zweigert im Prozeß: »Ich hebe hervor, daß gerade Sylt ein ganz besonders wichtiger Stützpunkt sein kann für eine englische Flotte, die sich dort sammeln und von dort aus operieren könnte. Ich möchte den Angeklagten fragen, ob er zugibt, daß gerade die Insel Sylt von großer Bedeutung ist.«

Trench wich aus: »Ich habe es in der Tat aus dem Marine-Baedeker.«

Aber nun setzte auch der Sachverständige, Korvettenkapitän Traegert vom Admiralstab der Kaiserlichen Marine, nach: »Früher konzentrierte sich das Hauptinteresse auf Borkum, jetzt, nachdem Borkum befestigt ist, ist das lebhafte (englische) Interesse bezeichnend, das sich gerade für diese nördliche Inselgruppe geltend macht. Der Angeklagte Trench hat nach meiner Meinung auch mit guten Gründen gerade am Nordende von Sylt gebadet. Er hat selbst durch sein Baden Kundschafterdienste geleistet, denn er wollte nach meiner Meinung den Charakter des Strandes dadurch feststellen.

Über die Landungsbrücken an der Südspitze hat er bis ins einzelne gehende Aufzeichnungen gemacht. Er hat sogar angegeben, an welchen Stellen der Landungsbrücke Schiffe befestigt werden können.«

Captain Trench bestritt weder Bad noch Brückenbesuch. Er warf nur ein: »Ich habe die Landungsbrücke auf Sylt der Länge nach abgeschritten, die Tiefe des Wassers ist von mir geschätzt worden, ich habe mein Senkblei nie benutzt.«

Auch sein Mitangeklagter wurde von Gerichtspräsident Menge zu Sylt befragt: »Leutnant Brandon, Sie haben auf Sylt fotografische Aufnahmen von einem Austernbassin gemacht. An sich würde ja ein Austernbassin nicht von militärischer Bedeutung sein, aber man hält auf Sylt vielfach dieses Austernbassin für etwas anderes. Es liegt die Vermutung nahe, daß auch Sie es für etwas anderes gehalten haben. Man sieht es nämlich häufig als einen Hafen für Torpedoboote an ...«

Leutnant Brandon antwortete: »Ich weiß nicht, wofür ich es gehalten habe, sicher habe ich es nicht für ein Austernbassin gehalten.«

Am 22. Dezember 1910 wurden Captain Trench und Leutnant Brandon zu je vier Jahren Festung verurteilt. Es war eine ehrenvolle Strafe. Sie hätten auch ins Zuchthaus geschickt werden können. Aber ihre patriotischen Motive, ihr soldatisches Verhalten und die Tatsache, daß sie nicht versucht hatten, einen Deutschen für ihre Zwecke einzuspannen, wurden als mildernde Umstände gewertet.

Captain Trench wurde zur Verbüßung seiner Strafe auf die Festung Glatz verbracht, Leutnant Brandon auf die Festung Wesel, später nach Königstein.

Doch die Gefangenschaft für beide währte nur zwei Jahre und fünf Monate. Im Mai 1913 wurden sie begnadigt – als freundschaftliche Geste gegenüber ihrem König Georg V. Denn er wurde in jenem Frühjahr in Berlin erwartet – als Gast bei der Hochzeit von Viktoria Luise, der einzigen Tochter Kaiser Wilhelms II., mit dem Herzog von Braunschweig.

Während des Prozesses, in Festungshaft und bis zu ihrem Tode haben sich Captain Trench und Leutnant Brandon nie ein Wort über die Identität ihres Auftraggebers entlocken lassen. Sie nannten ihn nur »Reggie«. Er habe mit dem Geheimdienst der Marine in Ver-

Die Verhandlung im Gerichtssaal zu Leipzig. Links stehend Leutnant Brandon und Hauptmann Trench. Dann sitzend die Verteidiger, stehend der Übersetzer, im Hintergrund die Richter unter dem Vorsitz von Dr. Menge. Im Vordergrund Sachverständige, rechts Marine-Offiziere. Ganz rechts stehend Staatsanwalt Dr. Zweigert.

bindung gestanden, und sie hätten ihn nach Erfüllung ihres Auftrages im niederländischen Delfzyl treffen sollen, gleich hinter der deutsch-holländischen Grenze. Mehr sagten sie nicht.

Captain Trench im Prozeß: »Ich lehne es ab, irgend etwas über diesen Herrn zu sagen.«

Leutnant Brandon im Prozeß: »Ich lehne es ab, über diese Persönlichkeit Auskunft zu geben.«

Dennoch wurden die beiden Spione nach ihrer Rückkehr von der britischen Admiralität ungewöhnlich kühl behandelt. Die Royal Navy weigerte sich sogar, finanzielle Verluste auszugleichen, die beide Spione durch ihr patriotisches Abenteuer im Ausland erlitten hatten.

Einer aber war empört – jener Mann, dessen Mißtrauen gegen die Deutschen die Operation eingeleitet und die Affaire ins Rollen gebracht hatte: Der ehemalige Kommandant des Schulschiffes »Cornwall« und Vorgesetzte von Trench und Brandon, Commander William Reginald Hall.

Er war außer sich vor Zorn. »Mein einziges Bestreben«, so schrieb er an Captain Trench, »ist, zuerst dafür zu sorgen, daß Sie und Brandon ihr Recht bekommen, und dann

sicherzustellen, daß sich so eine Panne niemals wiederholt.«

Und William Reginald Hall hielt Wort. Denn er stieg auf, wurde berühmt, geadelt, einflußreich. Als Admiral Sir William Reginald Hall wurde er binnen kurzer Zeit Chef des Marine-Geheimdienstes und einer der mächtigsten Männer des Empire.

In dieser Eigenschaft nahm er die beiden Spione unter seine Fittiche. Captain Trench wurde zum Major befördert und suchte im Ersten Weltkrieg als Geheimdienst-Offizier in Queenstown Standpunkte deutscher U-Boote zu orten.

Leutnant Brandon brachte es noch weiter. Er war bei Kriegsende 1918 als Captain unmittelbarer Mitarbeiter des Geheimdienst-Admirals.

Heute, über ein halbes Jahrhundert nach dem Spionage-Fall, kann auch das letzte Rätsel der Affaire auf ein Minimum reduziert werden. Wer war »Reggie«? Entweder war es Captain Regnart von der Naval Intelligence, der Mann, der die beiden Spione rekrutiert hatte. Oder es war Sir Reginald Hall selbst – auch wenn er in der Navy nicht »Reggie«, sondern »Blinker« gerufen wurde. □

159

Ein Gedicht von Gustav Stresemann

1913 schrieb Gustav Stresemann dieses Gedicht in das Gästebuch des Hotels »Miramar«. 1926 tippte der »Miramar«-Besitzer Georg Busse die nebenstehende Abschrift auf Briefpapier seines Hauses. Stresemann hatte in jenem Jahr den Friedensnobelpreis erhalten.

HAUS MIRAMAR
Besitzer: GEORG BUSSE
Telegramme: MIRAMAR
Fernruf Nr. 376

WESTERLAND-SYLT, den 22. August 1926.

Flatternde Fahnen am Badestrand
Vielhundertfältig, von jedem Land,
Wohlige Freude, Kindliches Lärmen
Der Strandweg wimmelnd von Mädchen~~raumen~~ schwärmen
Hoch aus den Lüften der Möwe Schrei
Von ferne grüssend ein Segel vorbei
Da surrt es - ein "Hoch" grüsst dem Flieger nach,
Das ist Westerland am sonnigen Tag.

Das Meer aufbrausend in Giseht und Schaum
Im Nu überflutend der Burgen Raum
An die Buhnen krachend mit wilder Gewalt
~~Ein~~ das/pfeifendes Heulen die Luft durchhallt
Zerrissener Wolken ein fliehendes Heer
Die der Sturmgott treibt über Länder daher
Und ein Tosen wie uraltes Siegerlied
Das ist Westerland wenn der Sturmwind zieht.

Du deutsche Insel am Nordseestrand
Wo friesische Art in Ehren genannt
Empfange alljährlich die Pilgernden gern
Die in der Grossstadt dem Meere fern.
Lass in Sonnesgluten und Windeswehen
Ein kernhaft gesundes Geschlecht erstehen
Dass in Freiheitskämpfen der Zukunft wild
So fest einst steht wie der Vogt von Sylt.

Zur Erinnerung an den schönen und genussvollen Aufenthalt in Sylt. Miramar Soümer 1913.

gez. Dr. Gustav Stresemann
und Familie.

160

Gustav Stresemann (1878–1929) war der bedeutendste Politiker der Weimarer Republik. Nur drei Monate des Jahres 1923 war er Reichskanzler einer Großen Koalition. Außenminister aber blieb er bis zu seinem Tode, sechs Jahre später.

Im August 1912 verzeichnete die Westerländer Kurzeitung erstmals die Ankunft eines »Dr. Stresemann, Syndikus, Dresden 1, Hotel Hohenzollern.«
Schon im nächsten Jahr kam der Kurgast mit seiner Familie wieder, stieg diesmal im »Miramar« ab und trug dort vor seiner Abreise das nebenstehende Gedicht ins Gästebuch ein.
Sein Biograph Rudolf Olden hat über Stresemanns Neigung zur Poesie später berichtet: »Mit Ästhetizismus hatte seine Liebe zur Literatur nichts zu tun. Seine Gedichte waren fast immer, was Goethe Gelegenheitsgedichte nannte. Es kam ihm auf den Sinn, auf die Bedeutung an, wenig auf die Form, mit der er ohne viel Bedenken umging.«
Der bedenkenarme Poet war als Sohn eines »Budikers« geboren worden. Sein Vater betrieb in einem Berliner Arbeiterviertel ein Weißbier-Lokal. Neben Bier und Korn verkaufte er Rollmops und Soleier an der Theke.
Gustav Stresemann war ein schüchternes, verträumtes Kind. »Traumjörg« wurde er genannt. Und unter dem Titel »Traumjörg – Gedichte einer Jugend« gab er 1920 als

gereifter Mann auch seine ersten poetischen Versuche heraus.
Die Verse hatte er geschmiedet, als er als einziges von fünf Geschwistern die höhere Schule und die Universität besuchen durfte. Mit 22 Jahren promovierte der junge Nationalökonom mit einer Doktorarbeit über »Die Entwicklung des Berliner Flaschenbiergeschäfts.« Zwei Jahre später, 1902, war er Syndikus des Verbandes sächsischer Industrieller und blieb es 16 Jahre lang.
In dieser Zeit kam er nach Sylt. Unter sein Gedicht im Gästebuch des »Miramar« schrieb er damals: »Zur Erinnerung an den schönen und genußvollen Aufenthalt in Sylt. Miramar, Sommer 1913. Dr. Gustav Stresemann und Familie.«
Im nächsten Sommer grollte Kanonendonner über den Kontinent. In Europa gingen die Lichter aus. Der Erste Weltkrieg begann. Und erst nach dessen Ende brach Stresemanns große politische Karriere an. Ähnlich wie Konrad Adenauer nach dem Zweiten Weltkrieg baute er das Fundament zum außenpolitischen Wiederaufstieg des geschlagenen Deutschland. Nach Sylt kam er nie wieder.   □

Eine Frau irrt übers Eis

Johanna Ruhsert kam 1906 als junge Frau von 21 Jahren auf die Insel. Ihr Mann war als Lehrer nach Morsum versetzt worden. Schon 1912 aber wurde er in den Ruhestand geschickt. 1931 verstarb er. Zäh, fleißig und sparsam hatte sich das Paar inzwischen einen landwirtschaftlichen Besitz erarbeitet, von dessen Einkünften Johanna Ruhsert noch als 90jährige Witwe und Urgroßmutter leben konnte. In einer Nacht in ihrem langen Leben hat sie durchlebt, was nur wenige Menschen je überlebten: Sie hatte sich auf dem Eis im Watt verlaufen.

Am 5. Februar 1922, als das Watt zugefroren und die Gezeiten gewaltige Packeisberge zwischen Sylt und dem Festland aufgeschichtet hatten, war Johanna Ruhsert mit Freunden über das Watt gewandert, um ihren Sohn in Niebüll zu besuchen. Für den nächsten Mittag um 14 Uhr hatte sie sich mit ihrem Führer und anderen in Rodenäs verabredet, von wo der Rückweg über das Eis angetreten werden sollte.

Vier Stunden marschierte Johanna Ruhsert allein durch die Kälte von Niebüll nach Rodenäs – und kam dort zu spät an. Was dann geschah, hat sie später selbst aufgezeichnet:

»Als ich in Rodenäs anlangte, sah ich vom Seedeich aus, daß der Führer mit den übrigen Reisenden bereits auf dem Brodeleis angelangt war. Na, die konnte ich ja leicht erreichen, aber eine Tasse Kaffee mußte ich absolut erst haben! In der Gaststube saß ein Bekannter, der per Rad von Sylt gekommen war. Da erfuhr ich denn, daß der Wind weiter herum von Nordosten nach Norden, ja schon ein wenig mehr nach Westen gegangen war! Er meinte, ich dürfe wohl keine Zeit mehr verlieren, wenn ich noch heute hinüber wolle. Das klang so ein wenig sonderbar, und ich dachte ganz flüchtig: ›Da wird doch wohl keine Gefahr dabei sein?‹

Als ich wenig später vom Deiche herunterging, verschwanden meine Reisegenossen gerade in den Eisbergen. Aber ich hatte ja die Spur . . .

Nun war ich in den Eisbergen, doch wo war die Spur? Die Sonne hatte die Eisflächen ein wenig schlüpfrig gemacht, so daß die Fußspuren verschwunden waren. Es sah wunderschön aus hier auf dem Eise in dem hellen Sonnenschein! Ein seltsames Geräusch vernahm ich. Das waren die Tropfen, die von den Eisklötzen ins Wasser fielen. Das hatten wir gestern nicht bemerkt, oder hatte die Sonne heute so viel mehr Kraft?

Rüstig schritt ich aus. Ich wollte doch lieber die anderen Insulaner bald erreichen! Jetzt kam ich an eine halbmetertiefe Packeisstufe. Ich sprang hinab – und saß mit dem rechten Bein bis übers Knie im Wasser. Auch das hatte es gestern nicht gegeben. Ich war wohl ein bißchen weit nach Süden gekommen. Lieber wollte ich mich etwas nördlicher halten.

Inzwischen war ich tüchtig weitermarschiert. Auf einmal saß ich wieder im Wasser, diesmal mit dem linken Bein. Und bald darauf schon wieder, und diesmal mit beiden Füßen zugleich. Ein Gruseln lief mir über den Rücken. Was war es, das mich immer schneller laufen machte? War es Angst? Wieder brach ich ein.

Ich war allein in der großen Eiswüste. Es wurde langsam dunkel. Zitternd kletterte ich auf den nächsten Eisberg. Nichts von Land zu sehen, weit und breit immer nur Berg und Tal aus Eis.

Schon wieder war ich im Wasser bis weit über die Knie, und keinen Grund unter den Füßen. Herrgott erbarme Dich, ich bin doch nicht irre gegangen? Nur schnell, Johanna, ehe die Nacht kommt! Wieder lief ich, so schnell es ging. Aber ich brach ein, tiefer und immer öfter. Ich hatte herausgefunden, daß ich mich, wenn ein Fuß einsank, sofort der Länge nach aufs Eis warf. Ich kam dann nicht so tief ins Wasser.

Ich lief um mein Leben, brach ein, lief weiter, brach wieder ein. Das Eis wurde immer mürber, und ich war allein. Warum mußte ich so umkommen? Ich hatte mich ja gar nicht ordentlich verabschiedet von meinen Lieben!

Plötzlich sah ich einen Seehund. Das bedeutet offenes Wasser. Ich machte kehrt, sprang schon von Scholle zu Scholle und lief zurück, so schnell ich konnte. Ein quälender Durst plagte mich. Ich steckte ein Stück Eis in den Mund, aber das half nichts.

Plötzlich sah ich ein Licht vor mir. Es war das Amrumer Leuchtfeuer. Und gleich darauf noch eines, das Hörnumer Feuer. Mir wurde ganz elend zumute. Nun wußte ich, wo ich war, und konnte doch nicht an Land kommen. Hierbleiben konnte ich auch nicht. Der Mond schien klar vom Himmel herab, und ich sah am Horizont einen ziemlich großen Stern, der alle Augenblicke ver-

Johanna Ruhsert war Bäuerin und lebte in Morsum. Wie gefährlich das Leben auf Sylt auch für Frauen sein konnte, hat sie erlebt, als sie sich bei der Rückkehr vom Festland verspätete.

schwand. Es mußte wohl der Richtung nach das Feuer von Kampen sein! Ja, nun lauf nur drauflos!

Aber schon war ich wieder eingebrochen, bis an die Hüften im Wasser, und wo ich die Ellenbogen aufs Eis legte, um wieder herauszukommen, brach das Eis wieder durch! Endlich schaffte ich es. Und nun erging es mir sonderbar. Ich sah die große Einbruchstelle und war mit einem Male fest überzeugt, daß meine Stunde noch nicht gekommen sei, sonst wäre ich hier nicht wieder herausgekommen! Da fand ich Worte zum Gebet und flehte zu Gott um mein Leben. Und dann hatte ich wieder Mut und lief weiter, immer nach Norden, auf den großen Stern, das Kampener Feuer zu. Ich wußte, einbrechen durfte ich nicht wieder, ich hätte keine Kraft mehr gehabt, herauszukommen.

Einige Male barst ganz in meiner Nähe die Eisdecke, das gab erst einen dumpfen Knall und dann einen zischenden Laut, so als wenn Dampf abgelassen wird. Mit Grauen dachte ich daran, daß das auch direkt unter meinen Füßen geschehen könnte.

Lange war ich so gelaufen. Die Zunge war mir vor Durst geschwollen. Aber da entdeckte ich Reif auf einem Eisberg, also Wasser ohne Salz. Das hat mir den Durst gelöscht. Als ich die Eisberge hinter mir hatte, meinte ich, Land vor mir zu sehen, aber beim Näherkommen waren es wieder nur Eisberge, und so ging es immer weiter.

Die Verzweiflung packte mich. Mir wurde kalt. Meine Mütze war mir verlorengegangen, ich band mir das Schultertuch um den Kopf. Die Mäntel waren steifgefroren, so daß ich sie nicht schließen konnte. Die Kleider hingen wie eine Tonne um mich, meine Glieder waren taub.

Der Mond verschwand hinter einer großen schwarzen Wolke. Da kletterte ich auf einen hohen Eisblock und suchte mir eine Sitzgelegenheit. Ich wollte lieber erfrieren als ertrinken. Und dann kamen alle Gedanken, kamen alle meine Lieben, und alle hatten sie noch Wünsche, wollten noch etwas von mir, konnten mich noch nicht entbehren. Wunderliche Gedanken. Ich dachte an die guten Kleider, die ich anhatte. Die würde nun niemand mehr erben können. Die schönen Kleider! Das darf nicht sein! Also weiter! Ich kletterte von meinem Sitz herunter und begann wieder zu laufen.

Da, auf einmal, was war das? Erst vier helle Schläge und dann zwölf dunklere Schläge. Eine Uhr, eine Kirchenuhr! Gott sei Dank! Hinauf ging es auf den nächsten Eisberg, aber nirgends war Land zu sehen.

Nun lugte nahe am Horizont der Mond ein wenig hinter der Wolkenwand hervor. Da glaubte ich so etwas wie einen Schornstein zu sehen. Doch dann verschwand der Mond wieder.

Lange lief ich so weiter. Das Kampener Feuer blendete mich schon fast, da endlich hatte ich den Schornstein groß vor mir inmitten vieler Eisberge. Es war mir, als wenn die Eisfläche etwas schräge in die Höhe ging. Dann auf einmal hatte ich viele Schiffe zu meiner Rechten, ein Holzgitter zur Linken und Steinpflaster unter den Füßen. Land hatte ich, festes Land! Munkmarsch mußte es sein, und gleich muß ein Wegweiser kommen mit der vertrauten Aufschrift »Wiesenhof«. Ich lief dahin. Den Wegweiser krampfhaft umschlungen, habe ich geweint, geweint wie noch nie!

Nun nach Haus mit letzter Kraft! Als ich mich durch die menschenleere Straße schleppte, schlug die Uhr fünf. Da, das Haus, die Pforte, das Schlafstubenfenster! Mit beiden Händen schlug ich gegen die Fensterläden. Und als ich die Stimme des Mannes hörte, wußte ich: gerettet! Und brach zusammen.« □

163

Churchill wollte den Krieg auf Sylt entscheiden

Zehn fröstelnde Herren hatten sich in London am 1. Dezember 1914 im schmalbrüstigen Haus Downing Street 10 um den brennenden Kamin versammelt. Es waren die mächtigsten Männer des damals mächtigsten Reiches der Erde: der Kriegsrat des britischen Empire.

Den Vorsitz führte der farblose Hausherr, Premierminister Asquith. Neben ihm ragte das Löwenhaupt seines Schatzkanzlers David Lloyd George empor, der später das Land zum Sieg führen sollte.

Gegenüber saß der Eroberer des Sudan, der Bezwinger der Buren, der Verteidiger Indiens, Lord Horatio Kitchener, Earl of Khartoum, Feldmarschall und Kriegsminister Seiner Majestät.

Zwischen diesen legendären Gestalten, die ihre Namen längst in das Buch der Geschichte eingetragen hatten, leuchtete das rosigrunde Babygesicht des Ersten Lords der Admiralität Winston S. Churchill. Er war gerade erst 40 geworden.

Der Nachkomme des Herzogs von Marlborough hatte bereits um die Jahrhundertwende im Burenkrieg durch einen waghalsigen Ausbruch aus der Kriegsgefangenschaft mit 26 Jahren nationalen Lorbeer gepflückt. Seit 1911 war er Marineminister und hatte Englands Marine bis zum Ausbruch des Ersten Weltkrieges im Sommer 1914 auf höchste Kampfbereitschaft getrimmt.

Ein halbes Jahr befand sich Europa schon im Kriegszustand, in jenem Zustand also, der zum eigentlichen Lebensinhalt dieses Mannes werden und ihn schließlich zum Weltbeweger machen sollte.

An diesem kalten Dezembermorgen wollte Churchill den Kriegsrat der Krone zu einem Abenteuer gewinnen, von dem er sich kriegsentscheidende Wirkung erhoffte: zur Eroberung einer deutschen Nordsee-Insel.

In dem von Oberstleutnant Hankey, dem Sekretär des Kriegsrats, geführten Protokoll heißt es über den Sitzungsverlauf wörtlich:

»Mr. Churchill wies darauf hin, daß die Eroberung und Besetzung einer passenden Insel die Errichtung eines Flugstützpunktes ermöglichen könnte, von dem aus die Bewegungen der deutschen Flotte dauernd zu beobachten wären. Es würde uns außerdem in die Lage versetzen, eine große Zahl von U-Booten und Zerstörern ständig vor den deutschen Häfen kreuzen zu lassen. Alle paar Tage könnten wir auch ein paar Bomben werfen. Unter solchen Umständen wäre es für die Deutschen sehr schwer, eine Invasion vorzubereiten oder mit ihren Kriegsschiffen aus den Nordsee-Häfen zu fliehen, ohne daß wir es merken würden. Eine Invasion wäre dann nur noch aus der Ostsee möglich.«

Feldmarschall Lord Kitchener schnaubte verächtlich. Sein eisgrauer Schnurrbart bebte. Er zweifele am Sinn einer solchen Operation, sagte er. »Unsere Aufgabe auf dem Kontinent ist es aber, soviel deutsche Truppen wie möglich zu binden, um sie davon abzuhalten, an die Ostfront verlegt zu werden und dort die Russen zu schlagen.«

So schnell gab Churchill nicht auf. Zwar wurde das Thema vertagt. Aber die Admiralität erhielt den Auftrag, es weiter zu untersuchen und dann Bericht zu erstatten.

Unverzüglich machte sich Churchill an die Arbeit. Am nächsten Tag, am 2. Dezember 1914, diktierte er nur zwei Schriftstücke:

● Das erste Memorandum war kurz und hatte mit der Sache nichts zu tun. Die neutrale Schweiz hatte sich darüber beschwert, daß englische Piloten über ihr Territorium geflogen waren. Unter dem Vermerk »Geheim« riet Churchill jetzt Englands Außenminister Sir Edward Grey, was er den Eidgenossen antworten solle: »Sagen Sie ihnen, sie sollen ihre Kühe melken gehen!«

● Das zweite Memorandum war länger. Schon im Eröffnungssatz wurde verraten, welche deutsche Insel der Verfasser erobern wollte.

»Sylt ist 20 Meilen lang und an vielen Stellen nur eine halbe Meile breit.« So beginnt die acht Seiten lange Untersuchung über die beste Möglichkeit einer Landung (siehe Kasten Seite 166 f.).

Churchill war von seinem eigenen Plan fasziniert. Immer wieder drängte er fortan im Kriegsrat auf die Invasion Sylts. Aber immer wieder wurde die Entscheidung vertagt.

Drei Wochen später schrieb Churchill enttäuscht an seinen Stabschef Lord John Arbuthnot Fisher:

»Der Schlüssel zur Seekriegsführung ist ein Marinestützpunkt vor der feindlichen Küste, mit Waffengewalt genommen und mit Waffengewalt gehalten, von dem aus unsere U-Boote und Zerstörer die Deutsche Bucht Tag und Nacht blockieren können.«

Das war aber nicht alles, was Churchill mit

Sylt im Sinn hatte. Seinem Ersten Seelord vertraute er an, er wolle die Insel nutzen, um kriegsentscheidende Waffengänge zu erzwingen.

»Um den Stützpunkt müßte es zu einer Serie erbitterter See- und Landschlachten kommen, bis der Feind schließlich ruiniert ist. Aber ich kann niemanden finden, der diesen Plan in die Tat umsetzt.«

Alle Klagen halfen nichts. Der Kriegsrat faßte in Sachen Sylt keinen Beschluß. Rastlos suchte Churchill nach einem neuen Invasionsort – und fand ihn zu seinem Unglück im nächsten Jahr.

1915 landeten die Alliierten an den türkischen Dardanellen. Doch sie erlitten eine blutige Niederlage. Als verantwortlicher Minister mußte Churchill seinen Abschied nehmen.

Nun bewährte er sich als Bataillons-Kommandeur an der Front in Belgien. Unvergessen sind seine Begrüßungsworte, die er – wie immer halb Poet und halb Pirat – dort an seine Offiziere richtete: »Wer für mich ist, für den werde ich sorgen. Wer gegen mich ist, den werde ich vernichten.«

1917 – inzwischen war Lloyd George Premier – wurde Winston Churchill wieder ins Kabinett gerufen. Und mit ihm kehrte noch einmal jener Vorschlag auf den Tisch des Kriegsrates zurück, den alle anderen Mitglieder längst beerdigt und vergessen wähnten: ein verbesserter Plan zu einer Eroberung von Sylt.

In seinen Memoiren erinnert sich Churchill: »Zehn Tage bevor ich am 17. Juli 1917 als Rüstungsminister wieder in Lloyd Georges Kabinett eintrat, hatte ich, ohne Hilfe von Sachverständigen, einen Plan zur Einnahme der beiden friesischen Inseln Borkum und Sylt entworfen.

Die Landung der Truppen sollte unter dem Feuerschutz der Flotte erfolgen, durch Gas und Rauch von torpedosicheren Transportern unterstützt und mit kugelsicheren Leichtern durchgeführt werden. Ungefähr hundert müßte man für die Landung einer Division vorsehen. Hinzu kommen sollten etwa 50 Panzerlandungs-Leichter, deren jeder einen oder mehrere Panzer trägt und am Bug eine Vorrichtung zum Zerschneiden von Stacheldrähten hat. Über eine Klappbrücke würden die Panzer mit eigener Kraft landen und so zugleich verhindern, daß die Infanterie beim Angriff auf die Befestigungen und

Batterien durch Stacheldraht aufgehalten wird.

Diese Erwägungen weisen vielleicht neue Wege und mögen als wichtig und fruchtbringend angesehen werden.«

Sie wiesen neue Wege – doch erst 40 Jahre später, erst im Zweiten Weltkrieg sollten die Generalstäbe der Alliierten die Vorstellungen Winston Churchills durch kombinierte Landungsoperationen in der Normandie, im Mittelmeer und im Pazifik in die Tat umsetzen.

Die Insel in der Nordsee, an der sich diese Vorstellungen entzündet hatten, blieb sowohl im Ersten wie im Zweiten Weltkrieg von einer Invasion verschont. ☐

Als Winston Churchill 40 Jahre alt war und seinem König als Erster Lord der Admiralität diente, schlug er vor, Sylt zu erobern.

Churchills Memorandum

Admiralität, 2. 12. 1914

1. Sylt ist zwanzig Meilen lang und an manchen Stellen nur eine halbe Meile breit. Auf der Seeseite ist das Wasser nahe dem Strand oft so tief, daß hier Schlachtschiffe operieren können. An der Landseite liegen zwischen acht- und vierzehntausend Meter Sandstrand, die zweimal täglich überflutet werden. Dieser Strand, die Nachbarinsel Röm und das Festland gegenüber dem Tief vor List bis zu einer Breite von 6000 m landeinwärts lassen sich von Schlachtschiffen aus beschießen, die im Tief vor List oder Röm liegen. Damit wird es dem Feind unmöglich gemacht, Verstärkungen von einem Teil der Insel zum anderen zu bringen.

2. Vorschlag: Wir greifen die Nordspitze der Insel an und setzen die feindlichen Maschinengewehre mit Hilfe von Schiffsfeuer aus den Positionen im Norden und Westen außer Kraft. Mit diesem Feuerschutz gelingt es, eine Infanteriebrigade (4000 Mann) mit Technikern zu landen, List zu besetzen und den engen Hals der Insel nahe Dovecot zu halten. Es wird vorgeschlagen, auf der Insel selbst und im Lister Tief eine Flugzeug-, U-Boot- und Zerstörerbasis zu errichten und danach den Rest der Insel zu besetzen.

3. Es wird weiter vorgeschlagen, die Insel gegen Angriffe von Land durch Schiffsfeuer zu sichern, wann immer das notwendig erscheint, und zwar sowohl von See wie von der Küste aus, um so den Feind daran zu hindern, auf dem Festland oder auf Röm schwere Maschinengewehre aufzustellen oder auf der Strandseite mit Infanterie anzugreifen. Diese Aufgaben lassen sich leicht durchführen, ohne daß dafür starke oder wertvolle Marinestreitkräfte freigesetzt werden müssen.

4. Es wird vorgeschlagen, feindliche Angriffe auf Sylt von See her ausschließlich durch die U-Boote und Zerstörer, die im Lister Tief stationiert sind, abzufangen. Die Insel muß imstande sein, selbständig und aus eigener Kraft jeden seeseitigen Angriff des Feindes abzuwehren.

5. Es wird vorgeschlagen, die U-Boot-Zerstörer und Flugzeuge, die auf der Insel stationiert sind, zur regelmäßigen Beobachtung und Kontrolle der Wasserwege aus der Helgoländer Bucht heranzuziehen, damit ein Überfall oder eine Invasion von See her niemals unbeobachtet und ohne Warnung in die Wege geleitet werden kann.

Ablauf der Operationen:

1. Ist die Zeit für den Angriff gekommen, so kreuzen sechs U-Boote im Gebiet zwischen Helgoland, dem Heever-Fluß und dem weiter östlich gelegenen Gebiet.

2. Ein vor Sylt liegendes U-Boot meldet nachts (drahtlos oder durch Brieftauben) einem wartenden Zerstörer Ostwind und günstiges Wetter.

3. Die Expedition wird wie folgt zusammengesetzt:

A. Angriffskräfte
4 Majestics oder Royal Sovereigns, auf 20 Fuß geleichtert durch Schwimmkästen, die auch Schutz gegen Torpedos bieten
3 Abhör-Monitoren
20 Torpedoboot-Zerstörer

B. Landekräfte
4 kleine Transporter mit vollständiger Ausrüstung zum Landen, zum Transport von 4000 Mann regulärer Infanterie mit Maschinengewehren und Pionieren, insgesamt 5000 Mann

C. Verteidigungskräfte
18 U-Boote Klasse C
Erste u. Dritte Zerstörerflotte (bis zu 40 Booten)
2 Träger für Wasser- und Luftflugzeuge
6 Kanonenboote und Kreuzer
3 Feldbatterien
4 Schiffsgeschütze (6 Zoll) und 12 dto. (4.7 Zoll) für Landmontage oder Boote mit flachem Boden

4. Teil A und B der Expedition müssen am ersten Tag noch bei Tageslicht vor Sylt eintreffen. Vier Schlachtschiffe und drei Monitoren greifen von den Stellungen A und B – je nach Lage – die Nordspitze der Insel an. Hier kann der Feind nicht mit Hilfe

rechnen, weder vom Festland noch vom Inselgebiet selbst.

5. Sobald die feindliche Artillerie zum Schweigen gebracht wurde – wahrscheinlich nicht später als zwei Stunden nach Tagesanbruch –, landen die Truppen unter dem Feuerschutz der Schlachtschiffe an jeweils passenden Stellen der Westküste und nehmen dann Aufstellung im Gebiet von List.

6. Bei Hochwasser fahren die Schlachtschiffe bis unter die Küsten von Röm und Sylt und nehmen Aufstellung im Norden von Sylt, wo sie den schmalen Hals der Insel, die Anmarschgebiete vom Festland zu den beiden Inseln sowie das Festland gegenüber von List kontrollieren können. Die Monitoren leisten dabei Unterstützung.

7. Im Laufe des Tages ist die Besetzung des nördlichen Inselteils beendet. Inzwischen wird der Teil C der Expedition seine Ausgangsposition verlassen haben und bei Anbruch der Nacht vor Sylt eintreffen.

8. Die Besetzung des restlichen Inselteils ist je nach Lage vorzunehmen; eine zusätzliche Infanteriebrigade (4000 Mann) steht auf Abruf zur Verfügung. Ebenso sind die neun Bataillons der Royal Naval Division (9000 Mann) einsatzbereit, um die Infanterie zu verstärken oder abzulösen.

9. Alle diese Operationen werden unter dem Feuerschutz der Kreuzer und Schlachtkreuzer und – soweit notwendig – der Großen Flotte durchgeführt. Jeder Angriffsversuch der feindlichen Flotte wird von starken Kräften zurückgeschlagen werden. Mit einem U-Boot-Angriff ist für den ersten Tag nicht zu rechnen, höchstens mit einem zufällig in der Nähe befindlichen Vorpostenboot. Alle unsere Truppen müssen an Land sein, bevor U-Boote aus Helgoland eintreffen könnten. Besteht ernste Gefahr eines U-Boot-Angriffs, so kann der Transport in flache Gewässer umgeleitet werden. Weitere Schritte sind abhängig von den Unternehmungen des Feindes, aber mit unüberwindlichen Schwierigkeiten ist nicht zu rechnen. Eine Zerstörerpatrouille vor der Haffenbarre muß am zweiten und dritten Tag den Ankergrund vor Röm und List gegen feindliche U-Boote abschirmen; bis zum vierten Tag muß ein U-Boot-Fangnetz vor der Hafeneinfahrt angebracht sein. Die Flugzeugbasis ist so rechtzeitig zu erstellen, daß die Schlachtschiffe in den Gewässern vor Röm und List imstande sind, den Aufbau schwerer Geschütze des Feindes innerhalb einer Zone von sechstausend Metern an der Festlandküste zu verhindern. Sollte die feindliche Infanterie bei Ebbe im Strandgebiet angreifen, so kann sie leicht vom Gewehr- und Artilleriefeuer der Besatzung – unterstützt von den Monitoren, Kriegsschiffen und Kanonenbooten – zurückgeschlagen werden. Die Artillerie der Verteidigungskräfte kann durch Feld- und schwere Geschütze an Land ständig verstärkt oder in bereitstehenden Booten zusammengestellt werden. Die Landung feindlicher Kräfte auf Röm kann verhindert werden durch Kanonenboot-Monitoren und Zerstörer, die von Norden feuern, und durch Geschützfeuer der Schiffe in den nahen Gewässern um Röm, die ohne Frage eine Aufstellung schwerer Geschütze auf den Stränden verhindern können. Die Eisenbahnlinie auf dem Festland läßt sich durch Beschuß aus den Schlachtschiffen vor Röm zerstören, und schwere Geschütze, die von Eisenbahnwaggons aus feuern, können außer Gefecht gesetzt und abgestellt werden. Angriffe von feindlichen Zerstörern und leichten Kreuzern werden ohne weiteres von unseren Schiffen abgewehrt. Angriffe schwerer Schiffe werden stets rechtzeitig von Flugzeugen gemeldet und von U-Booten der Klasse C abgefangen. Die U-Boot- und Zerstörerflotte kann jederzeit so verstärkt werden, wie es die Lage erfordert. Je mehr Kräfte der Feind beim Angriff auf Sylt einsetzt, desto besser für uns, denn damit würde für uns ein wesentlicher Zweck erfüllt werden. Wenn starke militärische Kräfte des Feindes von anderen Schauplätzen abgezogen und zum Angriff auf Sylt eingesetzt werden, so ist das für uns in jeder Hinsicht von Vorteil. Selbst wenn der Feind dort Stellung bezöge, könnte er sich unter dem Kreuzfeuer unserer Kriegsschiffe niemals halten oder am schmalen Hals zum Norden der Insel vorrücken. Schließlich ließen sich dann unsere Streitkräfte jederzeit mühelos zurückziehen. □

Sie sollten die Landung der Alliierten verhindern

Bei Ausbruch des Ersten Weltkrieges im Sommer 1914 übernahmen zwei Bataillone den Schutz der Insel, zunächst vom Infanterie-Regiment 162, später vom Landwehr-Regiment 85. Bei den Vergütungssätzen für die Quartiere der Soldaten kam kein Sylter auf seine Kosten: Pro Nacht zahlte der Kaiser 2,25 Mark für einen General und 14 Pfennig für einen Gemeinen.

Kriegsjahr 1914
Rekrutenabteilung
Westerland / Sylt

Der erste Schuß des Ersten Weltkriegs

Das Bäderschiff »Königin Luise« wurde 1914 in wenigen Stunden zu einem Minendampfer umgebaut und nur fünf Tage später vor England versenkt. 77 Mann Besatzung ertranken. Auf die Überlebenden wartete eine neue Katastrophe.

Der erste Schuß, der im Ersten Weltkrieg in einem Seegefecht abgefeuert wurde, galt der »Königin Luise«, einem deutschen Bäderschiff, das noch wenige Tage zuvor unbeschwerte Feriengäste von Hamburg nach Hörnum gebracht hatte.

Das Schiff war erst im Vorjahr, 1913, in Stettin gebaut worden – 2163 BRT groß, 94 Meter lang und 12,2 Meter breit. Turbinen trieben seine zwei Schrauben an. Es konnte 1850 Passagiere aufnehmen. Die Hamburg-Amerika-Linie setzte es im Seebäderdienst zwischen Hamburg und Hörnum ein.

Am Tag der Mobilmachung, am 1. August 1914, wurde die »Königin Luise« in Cuxhaven zum Streuminendampfer umgebaut – in zwölf Stunden. Die Kriegsbesatzung umfaßte fünf Offiziere und 115 Mann.

Am 4. August 1914, am Tag der englischen Kriegserklärung, ankerte die »Königin Luise« in Ems. Dort erreichte sie der Befehl der Admiralität: »Sofort in höchster Fahrt auslaufen in Richtung Themse. Minen möglichst nahe an englische Küste bringen. Minen nicht in der Nähe neutraler Küsten werfen und nicht nördlicher als 53° Nord-Breite.«

Während der folgenden Nacht hielt sich die »Königin Luise« unter der holländischen Küste auf und tarnte sich. Um möglichst unentdeckt über den Kanal zu kommen, wurde sie englischen Kanalfähren ähnlich angetüncht.

Am Morgen des 5. August 1914 stand die »Königin Luise« vor der Themse-Mündung. Gegen 11.40 Uhr kam sie dort aus einer Regenbö heraus. Dabei wurde sie von englischen Kriegsschiffen gesichtet. Sie machten sofort Jagd auf den deutschen Minenleger. Der Kommandant der »Königin Luise«, Korvettenkapitän Biermann, gab den Befehl, sofort mit dem Minenlegen zu beginnen. 200 Minen wurden gelegt. Die Engländer merkten nichts davon.

Dann versuchte die »Königin Luise«, in Richtung auf die holländische Küste zu entkommen. Doch sie hatte keine Chance. Die Engländer waren schneller. Um 12.15 Uhr hatten sie sich bis auf 4000 Meter genähert. Der erste Schuß, der nun fiel, war zugleich der erste Schuß des Ersten Weltkrieges, der auf einem Kriegsschiff abgefeuert wurde.

Die Engländer hatten 10,5-cm-Kanonen und 10-cm-Schnellfeuergeschütze, die Deutschen nur zwei 3,7-cm-Kanonen mit 2000 Meter Reichweite.

Die Engländer brauchten sich also nur in etwa 3000 Meter Entfernung aufzuhalten, um das Gefecht gefahrlos zu gewinnen. Und so geschah es.

Nach etwa einer Stunde war die »Königin Luise« hoffnungslos zusammengeschossen. Um 13.20 Uhr befahl Kommandant Biermann, das Schiff zu verlassen. Mit wehender Flagge ging die »Königin Luise« unter. 77 von den 120 Mann Besatzung waren tot. Die Überlebenden in ihren Booten brachten drei Hurras auf den Kaiser aus. Dann wurden sie von den Engländern an Bord der »Amphion« genommen.

Nach Versenkung der »Königin Luise« unternahm der englische Verband eine Aufklärungsfahrt in die deutsche Bucht. Am nächsten Tag kehrte er von dort zurück. Dabei nahm er direkt Kurs auf die von der »Königin Luise« gelegte Minensperre. Nur die deutschen Gefangenen an Bord der englischen Kriegsschiffe wußten um die kommende Katastrophe. Aber obwohl sie sich selbst damit in Gefahr brachten, verriet keiner mit einem Wort und einer Geste, was Sieger und Gefangene erwartete.

In voller Fahrt lief der Kreuzer »Amphion« auf eine Mine. Er sank innerhalb weniger Minuten. Von 320 Mann Besatzung ertranken 150 – und 18 Überlebende der »Königin Luise«. □

171

Das Paradies wird Festung

Der Sommer 1914 ist sonnig, heiß und wolkenarm. Ende Juni fallen in Sarajewo Schüsse: Der österreichische Thronfolger Franz Ferdinand und seine Gemahlin werden ermordet. Aber auf Sylt verzeichnet die Kurliste von Westerland im Juli noch 9266 Badegäste. Am 1. August 1914 nachmittags um 5.10 Uhr ergeht der Mobilmachungsbefehl. Der Erste Weltkrieg hat begonnen.

Oberst von Koppelow vom Infanterie-Regiment 162 erläßt an diesem Tag als »Kommandant der Insel Sylt« in Westerland »auf Grund des verhängten Kriegszustandes« seinen ersten Tagesbefehl. »Fremde Personen«, so heißt es darin, »haben sich beim Betreten der Insel dem Inselkommando zu melden.«

Fluchtartig verlassen in jenen Wochen die Badegäste Sylt. Die Dampfer nach Hoyerschleuse können die Menge der Abreisenden nicht bewältigen. Motor- und Segelboote müssen helfen. Gleichzeitig trifft ein erster Truppentransport aus Lübeck ein. Am 5. August wird das Seebad Westerland für geschlossen erklärt. Das Ferienparadies ist Festung geworden.

1914

Schon im ersten Kriegsmonat, im August 1914, wurden auf dem Westerländer Kriegerfriedhof die ersten Gefallenen bestattet. Am 28. August waren die beiden Kreuzer »Mainz« und »Köln« nach einem Gefecht mit englischen Panzerkreuzern in der Nordsee versenkt worden. Zwei Tage später trieben 17 Tote der »Mainz« und der »Köln« am Weststrand an und wurden in einem gemeinsamen Grab beigesetzt.

Sylt wurde nun in Verteidigungszustand versetzt. Das Lister Tief wurde vermint. Die Leuchtfeuer der Insel erloschen. Im Hotel »Deutscher Kaiser« quartierte sich die Kommandantur ein. Die Heide bei Wenningstedt wandelte sich zum Exerzierplatz. Auf den Dünen wurden Schützengräben ausgehoben, in den Tälern Drahtverhaue angelegt.

In Hörnum und auf dem Ellenbogen gingen die ersten Festungsgeschütze in Stellung. 74 Baracken-Unterkünfte wuchsen aus dem Inselsand. Zwei Bataillone des Inf.-Regt. 162, die zunächst den Schutz der Insel übernommen hatten, wurden abgelöst durch zwei Bataillone des Landwehr-Regiments 85. Alle wehrfähigen Männer von Sylt formten –

in Uniformen gesteckt – die sogenannte »Inselwache«. Sie patrouillierten Tag und Nacht an der dem Feind zugewandten Westküste von der Nordspitze bis zur Südspitze. Insgesamt war die 38 Kilometer lange Strecke in acht Patrouilleabschnitte aufgeteilt, je vier nördlich und südlich von Westerland. Auf dem Dach des Hotel Miramar in Westerland zog ein Fliegerbeobachtungsposten auf. In Hörnum, Rantum, Westerland und Kampen und auf dem Ellenbogen wurden Scheinwerfer so eingebaut, daß der ganze Strand abgeleuchtet werden konnte.

Für die Einwohner von Sylt brachte der Krieg eine Wirtschaftskrise. Der Ferienbetrieb war bereits zur Haupteinnahmequelle der Insel geworden. Jetzt blieben die Badegäste aus. Von den Quartiersätzen für die Soldaten konnten die Hausbesitzer nicht leben. Pro Nacht zahlte der Kaiser 2,25 Mark für einen General, 61 Pfennig für einen Feldwebel und 14 für einen Gemeinen. Arbeitslosigkeit breitete sich aus, und die Lebensmittel wurden knapp. Die Stadtverordnetenversammlung bewilligte dem Bürgermeister darum schon im Monat des Kriegsausbruchs für Lebensmittelbeschaffung einen Kredit von 200 000 Mark.

Der Kommandierende General setzte Höchstpreise für Lebensmittel fest. Ein Pfund Weizenmehl kostete 27 Pfennig, ein Pfund Zucker 27 Pfennig, ein Pfund Rindfleisch 85 Pfennig, ein Pfund Butter 1,30 Mark. Für die Sylter wurde Paßzwang eingeführt. Ihren Strand und ihre Dünen durften sie nicht mehr betreten. Dennoch zeichneten sie bei der ersten Kriegsanleihe ansehnliche 100 000 Mark.

1915

Gerüchte über geplante englische Angriffe gegen Schleswig-Holsteins Küste führten zum Ausbau der Verteidigungsanlagen. Eine Fliegerabteilung wurde nach List verlegt. Im Hafen von List waren Torpedo-Boote, U-Boote und der Minenleger »Nautilus« stationiert. Zu den Batterien auf dem Ellenbogen führte eine neue Feldbahn. Eine Minensperre vor Amrum schützte zugleich Hörnums Hafen. Immer mehr Geschütze gingen in Stellung: bei Kampen, bei Hörnum und auf dem Ellenbogen.

Militärischer Höhepunkt des Jahres: Am 9. August 1915 wurden mittags um 12.10 Uhr westlich von Sylt fünf englische Panzerkreu-

Als Robinson mit Karabiner präsentiert sich dieser deutsche Soldat auf Sylt. Die Postkarte trägt die Unterschrift: »Eingeborener vom Ellenbogen, Kriegsjahr 1915.«

zer mit östlichem Kurs gesichtet. Entfernung etwa 60 Seemeilen. Sylt wurde in Alarmzustand versetzt. Doch der erwartete Angriff blieb aus. Die Schiffe drehten ab.

Für die Zivilbevölkerung wurde das Leben unbequem. Luftschutzunterstände waren in den Dünen angelegt, Brotkarten ausgegeben worden. Die Zwangswirtschaft begann. Die Butter war auf 600 Gramm pro Kopf und Monat rationiert. Jeder Haushalt erhielt nur noch anderthalb Liter Petroleum pro Woche.

1916

Im Januar 1916 erließ der neue Inselkommandant Oberst Müller aus Sorge vor Fliegerangriffen einen ersten Verdunklungsbefehl: »Von der See her und über der See aus nordwestlicher, westlicher und südwestlicher Richtung darf kein Licht auf der Insel zu sehen sein.« Die Straßenbeleuchtung wurde abgeschaltet.

Die Inselkommandantur schätzte die Kosten für alle notwendigen Militärbauten auf 1,1 Millionen Mark. Die Bewaffnung der Insel wurde verstärkt, vor allem durch Fliegerabwehr-Batterien, aber auch durch sieben 24-Zentimeter-Geschütze.

Sylt unterstand jetzt der neugebildeten Armee Küstenverteidigung, deren Oberkommando unter General Oberst von Falken-

hausen in Hamburg stationiert war.

Im Mai lief das deutsche Torpedoboot »S 123« bei List auf die eigene Minensperre und sank. Von 59 Mann Besatzung konnten 32 gerettet werden.

In der Nacht vom 31. Mai zum 1. Juni ließ dumpfes Grollen Türen und Fenster der Sylter Häuser erzittern: Im Norden tobte die Skagerrakschlacht zwischen Deutschen und Engländern.

Die Lage der Zivilbevölkerung verschlechterte sich. Butterkarten wurden ausgegeben, fleischlose Tage eingeführt, Kriegsküchen errichtet. Neue Höchstpreise für Lebensmittel: ein Pfund Rindfleisch, das 1914 höchstens 85 Pfennig kosten durfte, kostete nun 2,60 Mark.

1917

Noch einmal erhöhte sich Sylts Feuerkraft. Die Insel-Verteidiger wurden mit dem Karabiner 98 ausgerüstet, 8000 Handgranaten wurden ausgegeben, neue MG-Nester angelegt. Im Frühjahr 1917 waren auf List 29 Wasserflugzeuge stationiert. Eine Feldeisenbahn ratterte nach Keitum, wo ein Feldlazarett entstand. Aber die Moral der Truppe begann schon zu zerbröckeln.

Gammeln bei schlechter Verpflegung forderte seinen Zoll. Im Sommer wurden bei

Gruppenfoto mit Pferd und Mine: Acht Soldaten haben eine Seemine erst entschärft und dann mt zwei PS ins Lager geschleppt.

List mehrere Schafe gestohlen, vermutlich von Soldaten.

Die Zivilbevölkerung litt. In den ersten Monaten 1917, im »Steckrübenwinter«, erreichten Lebensmittel- und Rohstoffknappheit ihren Höhepunkt. Es gab nur noch 200 Gramm Fleisch, 90 Gramm Butter und 5 Pfund Kartoffeln pro Kopf und Woche. Schulen und Kirchen wurden nicht mehr geheizt. Frauenhaar, Korken und Gummireste wurden gesammelt. Selbst Glocken und Orgelpfeifen der Gotteshäuser wurden zu Kanonen eingeschmolzen. Der Schwarzhandel begann zu blühen. Einbruch-Diebstähle – vor Kriegsausbruch auf Sylt unbekannt – gehörten nun zum Insel-Alltag.

1918

Im letzten Kriegsjahr entspannten zwei unerwartete Ereignisse die Versorgung der Zivilbevölkerung. Nach dem Friedensvertrag mit Rußland gab es ukrainischen Zucker auf der Insel zu kaufen. Und im September wurden acht dänische Fischkutter als Prisen nach Sylt eingebracht – mit 46 000 Pfund Schellfisch.

Im Herbst wütete die Grippe auf der Insel. Am 26. Oktober 1918 waren laut Kriegstagebuch 8 Offiziere und 446 Mann krank. Die Schulen waren geschlossen.

Nach der Grippe kam die Revolution. Sie war ebenso ansteckend. Noch am gleichen 5. November 1918, an dem der Matrosen-Aufstand in Kiel ausbrach, meuterten auch schon die Besatzungen der Minensuchboote in List. Am 8. November wurde in List ein Soldatenrat gebildet. Am 9. November hißte die Marinenachrichtenstelle auf dem Ellenbogen die rote Fahne. Am Nachmittag des gleichen Tages übernahm in Westerland ein Soldatenrat die Befehlsgewalt und ließ die Kommandantur besetzen.

Aber als am Abend ein starker englischer Flottenverband im Anmarsch auf die schleswig-holsteinische Küste gemeldet wurde, übertrugen die Räte die Befehlsgewalt zur Sicherheit doch noch einmal auf den Inselkommandanten. Am Tage danach, als sich die Gefahr verflüchtigt hatte, veranstalteten die Revolutionäre einen Umzug in Westerland. 3500 Menschen nahmen teil. Zwischenfälle gab es nicht. Keine zwei Wochen danach begann auf Sylt die Demobilisierung. Am 19. November wurden die ersten 1400 Soldaten entlassen. Der Krieg war vorbei. Obgleich die Insel selbst nie Kriegsschauplatz war, hatten 161 ihrer Söhne auf dem Schlachtfeld den Tod gefunden: 18 stammten aus Morsum, 66 aus Keitum, 77 aus Westerland. □

175

Gestrandet lag die »Pass of Balmaha« 1915 vor Sylt. Im nächsten Jahr wurde der amerikanische Dreimaster zum Hilfskreuzer umgebaut und auf den Namen »Seeadler« getauft. Kommandant: Felix Graf Luckner.

Nur die See besiegte Graf Luckner

In einer nebligen Märznacht des Kriegsjahres 1915 lief südlich von Westerland das amerikanische Dreimastvollschiff »Pass of Balmaha« auf Grund. Es war mit Baumwolle unterwegs von Philadelphia nach Bremen. Die englische Blockade hatte es unversehrt durchbrochen. Nun saß es fest. Doch das günstige Wetter, Ostwind und glatte See, begünstigte seine Rettung. Noch vor Ende des Monats konnten vier Bergungsschiffe mit Schiff und Ladung Richtung Weser abdampfen.

Im Sommer des gleichen Jahres sahen die Sylter die »Pass of Balmaha« noch einmal wieder. Der Dreimaster war im Juli in der Nordsee von dem deutschen Unterseeboot »U 36« aufgebracht worden. Vor List verlangte der deutsche Prisenoffizier nach einem Lotsen. Der brachte das Schiff nach Hamburg. Und nun wurde der Dreimaster umgebaut zu einem der berühmtesten Schiffe des Ersten Weltkrieges: Aus der »Pass of Balmaha« wurde der Hilfskreuzer »Seeadler«. Kommandant: Graf Felix von Luckner.

Die »Pass of Balmaha« war 1878 auf der Werft »R. Duncan & Co.« in Glasgow gebaut worden. Ihr neuer Herr hatte drei Jahre später als sie selbst das Licht der Welt in Dresden erblickt.

Graf Luckner war eine erstaunliche Erscheinung. Als 13jähriger Schüler war er von zu Hause davongelaufen. Er wurde erst Schiffsjunge auf einem Segelschiff, ging dann zur Heilsarmee, um ein Versprechen einzulösen, das er seinem Vater gegeben hatte – einmal »Leutnant« zu werden. Zog mit einer indischen Fakirgruppe durch Australien. Trampte durch Amerika.

Der Graf war Leuchtturmwärter, Tellerwäscher, Preisboxer. Mit 20 machte er in Lübeck sein Steuermanns-Examen. Bei Kriegsausbruch hatte er gerade als Kommandant das kleine Kanonenboot »Panther« übernommen. Um auf ein größeres Schiff versetzt zu werden, meldete er sich krank.

Felix Graf Luckner war als »Seeteufel« der populärste Seeheld des Ersten Weltkriegs. Er konnte Telefonbücher zerreißen und besuchte noch im hohen Alter oft die Insel.

Um seine Krankheit wahrzumachen, ließ er sich den Blinddarm herausoperieren. So erreichte er sein Ziel – und kommandierte im Mai 1916 in der Seeschlacht von Skagerrak einen Geschützturm auf dem Schlachtschiff »Kronprinz«.

Noch im gleichen Herbst erhielt er das Kommando über den Dreimaster, der vor Sylt gestrandet war. Die »Pass of Balmaha« war inzwischen zum Hilfskreuzer umgebaut worden. Der Dreimaster war bestückt mit zwei 10,5-Zentimeter-Schnellfeuerkanonen und einem 900-PS-Dieselmotor. Die Besatzung bestand aus 7 Offizieren und 57 Mann. Als norwegischer Holzfrachter getarnt, durchbrach der Hilfskreuzer unter Kapitänleutnant Graf Luckner die englische Blockade und segelte direkt in die Marine-Geschichte hinein. Der »Seeadler« pflügte 35 000 Seemeilen durch die Weltmeere und kaperte mindestens 14 Schiffe im Wert von über 150 Millionen Goldmark. Vergebens jagte die mächtige britische Flotte das Geisterschiff.

Es war das Meer, das schließlich den »Seeadler« besiegte: Die Flutwelle eines Seebebens zerschmetterte das Schiff auf dem Korallenriff der Südsee-Insel Mopelia. Graf Luckner geriet in Gefangenschaft und erhielt die höchste deutsche Tapferkeitsauszeichnung, den »Pour le mérite«.

Seine faire Kriegsführung hatte ihm aber auch die Bewunderung des Gegners eingetragen. Seine Erinnerungsbücher wurden Welterfolge. Er segelte auf Vortragsreisen rund um den Globus und kam dabei auch nach Sylt. Er zerriß Telefonbücher mit bloßen Händen, um seine legendäre Kraft zu zeigen. Er wurde Ehrenpräsident von 6 Millionen Pfadfindern, Ehrenbürger von San Francisco und Ehrenoberst von Kentucky, Ehrenhäuptling der Yosemite-Indianer und Blutsbruder der Maoris in der Südsee. Das NS-Regime lehnte er ab. Ende des Zweiten Weltkrieges bewahrte er die Stadt Halle vor der Zerstörung. Es gelang ihm, sie kampflos an die heranrückenden Amerikaner zu übergeben. Die Bundesrepublik verlieh ihm das Große Bundesverdienstkreuz. Graf Luckner war verheiratet mit Ingeborg Engelström, der Tochter eines schwedischen Industriellen. Er starb am 13. April 1966 im Alter von fast 85 Jahren im schwedischen Malmö. Nicht einmal ein Jahr hatten die »Pass of Balmaha« und Graf Luckner gemeinsam verbracht. Es hatte genügt, beide weltberühmt werden zu lassen, als »Seeadler« und »Seeteufel«. □

Sopwith gegen Zeppelin

Am 25. März 1916 näherten sich morgens um 4.30 Uhr das englische Flugzeugmutterschiff »Vindex« und einige Zerstörer bis auf 30 Seemeilen Sylts nördlicher Nachbarinsel Röm. Zwei deutsche Vorpostenboote wurden versenkt. Um 5.30 Uhr starteten fünf Wasserflugzeuge der »Vindex« in die Morgendämmerung. Ihr Auftrag: Vernichtung eines deutschen Luftschiff-Stützpunktes.

Deutsche Luftschiffe waren für England ein Ärgernis. Sie warfen Bomben auf London. Der materielle Schaden, den sie dabei anrichteten, war – verglichen mit den Bombardements des Zweiten Weltkrieges – gering. Doch ihr Erscheinen am Himmel der Insel verletzte den Stolz des britischen Löwen. Die Admiralität erhielt Anweisung, die Basen der deutschen Luftschiffe aufzuspüren und auszuräuchern.

Englands Marineluftwaffe vermutete im Frühjahr 1916 einen solchen Zeppelin-Stützpunkt in Hoyer an der Westküste von Schleswig-Holstein. Und Hoyer galt der Angriff im Morgengrauen des 25. März 1916.

Bei den fünf gestarteten Wasserflugzeugen handelte es sich um drei Maschinen vom Typ »Short« mit je zwei Mann Besatzung und zwei Maschinen vom Typ »Sopwith Baby« mit je nur einem Piloten.

Nur zwei Maschinen – eine »Short« und eine »Sopwith« – kehrten anderthalb Stunden später unversehrt zu ihrem Mutterschiff »Vindex« zurück. Die drei anderen Maschinen hatten Motorschaden.

Die zwei Mann Besatzung der ersten »Short« wurden samt ihrer Maschine von Angehörigen des Fliegerhorstes List auf der östlich von List gelegenen kleinen Insel Jordsand geborgen und gefangengenommen.

Den drei Mann Besatzung der zweiten »Short« und der »Sopwith« war ein noch ungewöhnlicheres Abenteuer beschieden. Der Pilot dieser »Short«, Leutnant G. H. Reid, hatte vergebens nach einem Luftschiff-Stützpunkt bei Hoyer Ausschau gehalten. Dann ließ er seine 30 Ein-Kilo-Bomben auf ein unbekanntes Gebäude im schneebedeckten Land unter sich fallen und nahm wieder Kurs auf die See. Da entdeckte sein Beobachter Richard Mullins unter sich auf dem Wasser nicht weit vom Ufer eine »Sopwith« ihres Verbandes. Verzweifelt winkte deren Pilot zur »Short« hinauf. Leutnant Reid setzte trotz eines Schneesturms seine »Short« neben die »Sopwith« aufs Wasser, Beobachter Mullins sprang ins Wasser und watete hinüber.

Der Pilot der »Sopwith«, Leutnant J. F. Hay, hatte wegen Motorschadens runtergehen müssen. Nun versuchte er seit 15 Minuten vergebens, seine Maschine wieder zu starten. Dabei wurde er durch die aufmunternden Zurufe einer Gruppe von Deutschen angespornt, die am Ufer standen, die englische Kokarde an seiner Maschine jedoch nicht ausmachen konnten.

Jetzt näherten sich mehrere deutsche Soldaten diesen Zivilisten. Zeit zum Abschied für die Engländer. Leutnant Hay ließ seine »Sopwith« im Stich und lief mit Beobachter Mullins zu dessen »Short«. Dort kletterte Beobachter Mullins wieder in seinen Sitz. Für den Sopwith-Piloten Hay aber war nur auf einem Flügel Platz. Dort kauerte er sich nieder und klammerte sich an den Rumpf. Dann startete die »Short« in den kalten Märzmorgen. Doch der Backbordmotor fiel aus. Mullins kletterte auf den Flügel, um ihn wieder in Gang zu bringen. Vergeblich. Die »Short« mußte notwassern. Im Radfahrertempo rumpelte das Flugzeug über das Wasser.

Der Treibstoff war fast aufgebraucht. Plötzlich tauchte ein deutsches Segelboot vor den Engländern auf. Sie nahmen mit ihrem flügellahmen Vogel die Verfolgung auf. Denn wenn es ihnen gelang, das Boot mit ihrem Maschinengewehr zu kapern, konnten sie damit ihr Schiff erreichen.

Die See wurde immer unruhiger, ein Manövrieren des Flugzeuges war kaum noch möglich. Plötzlich erschien vor der »Short« ein Motorboot, bemannt mit deutschen Soldaten. Und hinter der »Short« wasserten zwei deutsche Flugzeuge. Es gab keinen Ausweg mehr.

So endete der Angriff der fünf Wasserflugzeuge als ein doppelter Fehlschlag. Denn einen Luftschiffstützpunkt hat es in Hoyer nie gegeben.

Dafür hatten aber die heimgekehrten Flieger eine wichtige Entdeckung gemacht: Bei Tondern nämlich waren wirklich deutsche Luftschiffe stationiert.

Jedoch erst im letzten Kriegsjahr gelang es bei einem Angriff von sieben englischen Wasserflugzeugen, die beiden dort liegenden Zeppeline L 54 und L 60 zu zerstören. □

»Feindlicher Luftangriff auf Sylt« – mit dieser falschen Unterschrift wurde auf Sylt im Ersten Weltkrieg eine Postkarte nach einer Zeichnung von F. R. Xaver verlegt (Foto oben). Es war kein Angriff auf Sylt, sondern der mißglückte Versuch, Zeppelinhallen auf dem Festland zu bombardieren. Ein englisches Wasserflugzeug vom Typ Short (Foto Mitte) wollte dabei einem notgewasserten Kameraden helfen. Drei englische Offiziere retteten ihr Leben, verloren aber ihre Freiheit auf Sylt. Mit der Inselbahn wurden sie nach Westerland transportiert (Foto unten).

Die Sylter wollten Deutsche bleiben

Von der Hoyer-Schleuse aus setzten einst die meisten aller Feriengäste nach Sylt über. Laut dem Vertrag von Versailles mußte abgestimmt werden: Hoyer wurde dänisch, Sylt blieb deutsch.

Patriotische Postkarten warben 1920 für die deutsche Sache im Abstimmungskampf: »Speck-Dänen« wurden verdächtigt, mit Geld Stimmen zu kaufen.

Ein Offizier und 25 Mann des Königs von England landeten am 25. Februar 1920 auf Sylt. Ihr Auftrag: Überwachung einer Volksabstimmung. Denn am 14. März jenes Jahres sollten die Sylter entscheiden, ob sie Deutsche bleiben oder Dänen werden wollten.

Deutschland hatte den Krieg verloren. Und im Versailler Friedensvertrag war in Artikel 109 festgelegt worden, daß in Nord-Schleswig (Zone I) und Mittel-Schleswig (Zone II) Volksentscheide über die künftige Staatszugehörigkeit stattfinden sollten.

Nord-Schleswig (Zone I) entschied sich am 10. Februar 1920 für Dänemark. Sylt geriet damit in eine mißliche Lage. Denn die deutsch-dänische Grenze verlief nun unmittelbar nördlich von Flensburg. Tondern und Hoyer waren dänisch geworden.

Von der Hoyer Schleuse aus aber hatten bisher die weitaus meisten Feriengäste Sylts nach Munkmarsch übergesetzt. Dieser Lebensnerv der Insel war jetzt gelähmt. Die Existenz der Sylter war damit ernstlich gefährdet.

Entsprechend erbittert ging es auf Sylt zu, als die Abstimmung in Mittel-Schleswig (Zone II) heranrückte. Es wurde gerauft, gestritten und gesungen. Nie erklangen die patriotischen Lieder auf Sylt lauter und öfter, vor allem »Heil Dir im Siegerkranz«.

Einen Kapitän der Hoyer-Munkmarsch-Linie versetzten Pakete aus der Ladung, in denen er pro-dänische Schriften vermutete, so in Wut, daß er sie über Bord warf.

Ein ertappter Holzdieb gab auf der Polizeiwache seinen Stoßseufzer zu Protokoll: »Gott sei Dank, daß wir bald dänisch werden!«

Die »Sylter Zeitung« berichtete empört, dänische »Agitatoren« hätten junge Leute und Arbeiter »mit Teepunsch, manchmal 10 bis 20 Glas pro Mann«, traktiert. Fast jeden Tag war in der Zeitung von prodeutschen und prodänischen Demonstrationen und Zwischenfällen zu lesen.

Am 12. März 1920 trafen 450 auf dem Festland wohnende Sylter auf der Insel ein, um ihre Stimme abzugeben. Eine Militärkapelle, ein Spalier von Schulkindern und ein Fahnenwald begrüßten sie. Zwei Tage später feierte die Insel den Sieg der deutschen Sache. Die Dänen waren vernichtend geschlagen, mit 2715 Stimmen (88,4 Prozent) gegen 355 Stimmen (11,6 Prozent). □

Extra-Blatt der Sylter Zeitung

Für die Redaktion verantwortlich Carl Meyer, Westerland.
Druck und Verlag Buchdruckerei Carl Meyer, Westerland.

Montag, den 15 März 1920, vorm. 9 Uhr.

Abstimmungsergebnisse

Abstimmungsbezirk	Deutsch	Dänisch	Abstimmungsbezirk	Deutsch	Dänisch
Flensburg	27075	8960	Gaarde (Gutsbezirk)		
Landkreis Flensburg			Goting	29	34
Barderup			Hogelund (Gutsbezirk)		
Bau (Hattburg)			Hedehusum	11	16
Bockholm			Holm		
Ellund			Holt		
Fröslee (Hattburg)			Holzacker		
Frörup			Horsbüll	240	12
Glücksburg I			Humptrup	263	72
„ II			Jardelund		
„ (Schloß)			Julianen-Marien-Koog		
Glücksburg (Forstgutsbezirk)			Jündewatt (Vögelhuus)		
Gottrupel			Karrhardehof (Gutsbez.)	24	—
Gr.-Wiehe			Karlum	559	68
Handewitt			Keitum		
Harrislee			Klanxbüll	154	—
Haurup			Kleiseerkoog		
Holnis			Klintum	122	8
Hörup			Klixbüll		
Hüllerup			Klixbüllhof (Gutsbez.)	11	
Jarplund			Knorborg		
Juhlschau			Ladelund	293	106
Kl.-Wiehe			Leck	879	91
Krusau			Lergaard		
Kupfermühle			Lindholm		
Lindewitt-Längerau			List	44	7
Lindewitt (Forstgutsbez.)			Lütjenhorn (Gutsbez.)	78	19
Linnau			Marienkoog	72	3
Meyn			Medelby	144	56
Munkbrarup			Midlum	97	43
Munkwolfstrup			Morsum	267	87
Niehuus			Neukirchen		
Nordhackstedt			Nieblum	183	43
Oeversee			Niebüll	1302	49
Orbüll			Norddörfer (Sylt)	261	29
Riesbriek			Oevenum	169	65
Ringsberg			Oldsum-Klintum	209	82
Rüde			Osterby	101	41
Schobüll			Oster-Schnatebüll	102	1
Schafflund			Rantum	24	—
Sillerup			Risum		
Stieglund			Rodenäs	250	45
Sünderup			Ruttebüllerkoog		
Tarup			Sande	121	5
Tastrup			Schardebüll		
Timmersiek			Soholm		
Ulstrup			Sprakebüll	32	1
Wallsbüll			Tiadum	208	2
Weding			Stedesand	221	2
Wees			Störtewerkerkoog		
Kreis Tondern			Süderende	89	25
Achtrup			Süderlügum	343	69
Alkersum			Tinningstedt		
Amrum			Tinnum	256	26
Archsum			Toftum	55	44
Aventoft			Uphusum	119	8
Boldirum			Utersum	33	41
Norgsum			Wangaard		
Roverstedt (Gutsbezirk)			Weesby		
Braderup			Westerland I	921	117
Bülsbüll			Westerland II	272	15
Büllsbüll (Gutsbezirk)			Wester-Schnatebüll		
Böglum			Westre		
Börlum			Wimmersbüll		
Chr.-Albr.-Koog			Wittdün	58	—
Dagebüllerkoog			Witsum	13	5
Deezbüll			Wrixum	107	47
Dunjum			Wyk I	466	90
Ellhöft			Wyk II	243	23
Emmelsbüll			Kreis Husum		
Enge			Goldebeck	93	90
Engerheide			Goldelund	149	
Fahretoft			Joldelund	211	40
Freienhagen (Gutsbez.)			Löwenstedt	53	
			Ostenau	53	

Ein Dorf flieht
vor dem wandernden Sand

Kurt Eisner wurde 1867 als Sohn eines jüdischen Fabrikanten in Berlin geboren. Er war zunächst Anhänger des liberalen F. Naumann, schlug sich dann aber immer weiter nach links. Im Ersten Weltkrieg schloß er sich als Pazifist der radikaleren USPD an. Bei Kriegsende rief er den »Freistaat Bayern« aus und war erster Ministerpräsident. Am 21. Februar 1919 wurde er auf dem Weg zur Eröffnung des Landtags durch drei Revolverschüsse in den Kopf getötet. Die Tat führte zur Ausrufung der Räterepublik.

1902 besuchte der Politiker Kurt Eisner die Insel Sylt. Ihn interessierte nicht so sehr das Badeleben, sondern vielmehr die Gemeindeverfassung von Rantum, die er als »erfolgreichen Kommunismus« bezeichnete. Der folgende Auszug stammt aus einem Bericht, den Eisner für die Zeitschrift »Die neue Welt« verfaßte.

Von Kurt Eisner

Rantum liegt im Südosten der Nordsee-Insel Sylt, dort an der Grenze, wo die Menschenwelt überhaupt versiegt und sich weithin nach Süden das wilde, leere Hörnumer Dünenland erstreckt, ein unheimliches Reich der Gespenster- und Räubergeschichten, in dem es nur noch ein menschliches Bauwerk gibt, das »Löwenhotel«, ein unmittelbar aus dem Sande hervorwachsender zerfallener Dachgiebel, unter dem die vom Staate angestellten Dünenpflanzer hausen. Diese einsamsten aller Arbeiter – auch Frauen sind dabei – haben die Aufgabe, die Dünen mit Sandrohr und Sandhafer zu bepflanzen und so ihren Nomadentrieb zu bändigen.
Seitdem freilich im Sommer 1901 die Hörnumer Wüstenbahn eröffnet wurde, die vom Südhafen Sylts die seefesten Badegäste nach Westerland schafft, hat das »Löwenhotel« in dem Bahnhofsgebäude am Hafen noch einen Rivalen erhalten. Diese Kleinbahn schleppt im Sommer ein paarmal täglich viel modisches und wohlhäbiges Erholungsvolk aus Großstädten aller Länder durch die Wüstenei, die nur vom Sturm bewohnt ist. Gleichgültig schauen die Leutchen aus den Fenstern auf die zerklüfteten Dünen, diesen meilenweiten Riesenfriedhof des Meeres, unter dessen Hügeln alles Leben zur wahrhaft ewigen Ruhe bestattet ist. Erst in Rantum beginnen menschliche Wohnstätten sich zu zeigen, sechs verlorene, auf breitem Wiesenraum zerstreute Gehöfte, die sich vor der wandernden Sandflut auf die schmale, kaum einen halben Kilometer breite Brücke zwischen dem tobenden offenen Meer und den Watten geflüchtet zu haben scheinen. Aber auch Rantum sagt der im geschlossenen Zuge vorüberfahrenden Gesellschaft nichts, die nach der langen Seefahrt über Cuxhaven und Helgoland nur noch das eine Bedürfnis hat, in den bequemen Hotel- und Pensionsbetten Westerlands auszuruhen.

Ich war zu Fuß die sieben Kilometer von Westerland herüber gewandert, zuerst am Meeresstrand, dann über die Dünen nach dem Osten der Insel, wo, nahe an den Watten, die kleine Siedlung auftaucht, als raste sie nur einen Augenblick auf der Flucht vor Meer und Sand.
Seit dem 14. Jahrhundert häufen sich die Überlieferungen schwerer Sturmfluten. Die Unwetter von 1300, 1338, 1354 und besonders die furchtbare Katastrophe von 1362 – »de grote Mandrank« genannt – begannen die Zerreißung und Verschüttung der friesischen Insellande.
Und 1634, mitten im Dreißigjährigen Krieg, dessen Spuren auch auf Sylt sich zeigten, brach das Jüngste Gericht über die friesischen Inseln herein. Der 11. Oktober 1634 brachte die furchtbarste Sturmflut, die jemals in historischer Zeit die unglücklichen Inseln überfallen hat.
Die Opfer dieser einen Schreckensstunde für Nordfriesland werden auf über 10 000 Menschenleben geschätzt. Auf der Südseite von Sylt riß das Meer klaffende Wunden ins Land, die nicht mehr geschlossen werden konnten. Seitdem blieb dieser Teil der Küste den Angriffen der See schutzlos ausgeliefert. 1757 mußte die Kirche in Rantum abgetragen werden, weil die ostwärts wandernden Dünen sie bedrohten. Der Ort wurde immer kleiner.
Am Ende des 18. Jahrhunderts wurde eine Art Rettungshaus auf Hörnum gebaut, das aber weniger den Schiffbrüchigen, als den Strandräubern zum Aufenthalt diente. Die Herren aber mißgönnten sich gegenseitig das Asyl, zerstörten es und stahlen die Überbleibsel. Die Rantumer sollen sich an diesem Werk hervorragend beteiligt haben.
1825 war Rantums Häuserzahl auf 13 gesunken, mit 61 Einwohnern. Im Februar jenes Jahres war die Sturmflut wieder über Rantum hereingebrochen. Die Einwohner mußten in die Dünen flüchten, wo sie, inmitten der schäumenden Wogen, die Nacht zubrachten und schaudernd sahen, wie die See Stück für Stück von der Westküste abriß.
Das Dorf war gänzlich verarmt. Zu jener Zeit kam der dänische König Friedrich auf die Insel. Eine Dünenbewohnerin von Rantum nahm ihn bei der Hand und führte ihn in ihre elende Hütte mit den einladenden Worten: »Komm nur herein, kleiner König, und sieh, wie wir es haben!«

Die Kirche von Rantum versinkt um 1800 im Sand. Seit Jahrhunderten ist das Dorf auf der Flucht vor den Dünen.

Im Sommer 1801 ward auch die neue Kirche vom Sande verschüttet. Ein Schiffer kaufte sie auf Abbruch für 100 Taler und zierte das Ehebett in seiner Schiffskajüte mit den Altarbildern. Seitdem hat das Dorf keine Kirche mehr. Das letzte Haus im alten Rantum wurde 1821 abgetragen. Die jetzigen sechs Gebäude sind alle nach dieser Zeit entstanden.

Alles scheint mir dabei bei meinem Besuch so friedlich, so für die Ewigkeit sicher, als ob die Zeit selbst, die weitab von diesem Eiland ihre Wogen treibt, diese Zwergengemeinde vergessen hätte. Nichts erinnert an Sturmfluten und Sandverwehungen. Der alte Lehrer lächelt, als ich frage, wie lange er wohl meine,

daß dieses Dorf noch leben werde: »Ach, wir haben nichts zu befürchten, die Dünen wandern nicht.«

Am Abend brachte mich der letzte Kleinbahnzug nach Westerland, von dort ging ich zu Fuß über die schwarze Haide nach Wenningstedt.

Vom Meere brauste der nächtliche Sturm und die steigende Flut. Scharfkantiger Sand sprühte mir von den Dünen beizend und beißend ins Gesicht, und in dem Schauen der dunklen Einsamkeit schien es mir, als ob die Dünen wankten und wanderten, still und stumm, und aus der ganzen Insel einen unendlich weiten Friedhof der Namenlosen schüfen. □

Die brennende Orientzigarette zwischen den Lippen und fröstelnd im Bademantel, ließ sich Thomas Mann 1921 am Strand von Wenningstedt fotografieren (ganz rechts). Tee für drei in Kampens »Kliffende«: Katja Mann, ihr Bruder Klaus Pringsheim und Thomas Mann.

Wochen der Liebe – Sinn auf Grog

Drei Sommer verbrachte Thomas Mann auf Sylt. Erstmals machten er und seine Frau Katja 1921 acht Tage Ferien auf der Insel, in Wenningstedt. Der Autor der »Buddenbrooks« war damals 46 Jahre alt. Sein Ruhm aber hatte die deutschen Grenzen schon übersprungen.

In seinem Wenningstedter Tagebuch notierte er:

«Hübsche Zimmer im Hause ›Erika‹ gleich hinter der Düne. Achttägiger Aufenthalt auf der Insel. Baden vom Strandkorb in der gewaltigen Brandung. Begeisterung über das Meer. Der große, weiche Wind. Das Raubtiermäßige der Wellen. Die herrlichen Schaumteppiche. Besuche in Westerland und List, wo wir die abenteuerliche Wanderdüne bestiegen. Seltsamster Eindruck . . . Ankaufpläne . . . Gegenstand der Neugier in Campen und Wenningstedt.«

Einige Tage später heißt es in einem Brief von ihm:

«Wir sind außerordentlich froh über die Sylt-Improvisation, ich im Besonderen moralisch gehoben durch die Tatsache, daß ich das rauhe Klima anstandslos vertrage, zumal das Baden in einer Brandung, nach deren Prankenschlägen ich mich das ganze Jahr zurücksehnen werde.«

Drei Jahre später erschien Thomas Manns zweiter großer Roman »Der Zauberberg«. In ihm läßt der Dichter seinen Helden Hans Castorp nachvollziehen, was ihm selbst so gut gefiel – ein Bad am Weststrand:

»Auf Sylt hatte er, in weißen Hosen, sicher, elegant und ehrerbietig am Rande der mächtigen Brandung gestanden wie vor einem Löwenkäfig, hinter dessen Gitter die Bestie ihren Rachen mit den fürchterlichen Reißzähnen schlundtief ergähnen läßt. Dann hatte er gebadet, während ein Strandwärter auf einem Hörnchen denjenigen Gefahr zublies, die frecherweise versuchten, über die erste Welle hinauszudringen, dem herantreibenden Ungewitter auch nur zu nahe zu kommen, und noch der letzte Auslauf des Katarakts hatte den Nacken wie ein Prankenschlag getroffen. Von dorther kannte der junge Mensch das Begeisterungsglück leichter Liebesberührungen mit Mächten, deren volle Umarmung vernichtend sein würde.«

1927 kehrte das Ehepaar Mann auf die Insel zurück. Diesmal mit seinen drei jüngsten Kindern Golo, Michael und Elisabeth. Und diesmal wohnten sie in Kampen im »Kliffende«, direkt hinter den Dünen, wo auch Emil Nolde und Ernst Rowohlt abstiegen. Hausherrin war dort die ehemalige Schauspielerin Clara Tiedemann, die den aus Meldorf gebürtigen Antiquar und Buchhändler Heinrich Tiedemann geheiratet hatte und nun eine Pension betrieb.

In Kampen empfand Thomas Mann in jenem Jahr »eine erfrischende Melancholie«: »Schön, erregend, ja aufwühlend«. Seinem Bruder Heinrich teilte er mit: »Die Reize dieser Insel sind keusch und karg und lenken den Sinn auf Grog.« Stefan Zweig berichtete er, er habe »Wochen der Liebe auf dieser milden Wildnis verbracht.« Nach seiner Rückkehr notierte er über Kampen: »Das Meer ist herrlich dort. Ich habe noch immer den weichen Donner der Brandung im Ohr.« Am 11. September 1927 trug Thomas Mann sich vor der Abreise ins Gästebuch des Hauses ein:

»An diesem erschütternden Meere habe ich tief gelebt, und was es aufregte, das wird, gebe es Gott, irgendwie einmal ehrenhaft fruchtbar werden. Auch will ich wiederkommen. Man sollte freilich wohl nie wiederholen wollen, denn von vornherein ist gewiß, daß es das andere Mal anders sein wird.«

Und Thomas Mann kam wieder – schon im nächsten Sommer, wieder ins »Kliffende«. Im darauffolgenden Jahr erhielt er den Nobelpreis für Literatur.

☐

Notgeld und Inflation

Im Ersten Weltkrieg ging den Deutschen das Geld aus. »Gold gab ich für Eisen«, war das Motto der ersten Spendenaktion. Aber bald wurde auch das Kleingeld aus weniger wertvollen Metallen knapp. Münzen mit Silber-, Nickel- und Kupfergehalt wurden zunächst nicht mehr geprägt, später gehortet und 1916 eingezogen. Der Mangel gebar nach dem verlorenen Ersten Weltkrieg den Ersatz: Notgeld wurde gedruckt, von Städten und Gemeinden, doch auch von Firmen und Vereinen. Und es dauerte nicht lange, da wurde die Not zur Tugend: Um ihre Kassen zu füllen, Sammler anzulocken und die umliegenden Herausgeber von Notgeld möglichst auszustechen, wurden immer bessere Künstler und Druckereien beauftragt, immer originellere und farbenprächtigere Notgeld-Serien zu entwerfen und herzustellen.

Bis die Einführung der Deutschen Rentenmark im November 1923 wieder solide Währungsverhältnisse schuf, waren von deutschen Kommunen und Unternehmen schätzungsweise 70 000 verschiedene Notgeld-Schein-Serien ausgegeben worden. »Auch 31 nordfriesische Gemeinden haben in den Jahren 1917 bis 1923 eigenes Notgeld in Umlauf gebracht.« So heißt es in der wohl gründlichsten Untersuchung des Themas durch Berend Harke Feddersen vom Kleiseerkoog. Eine Gemeinde – Boldixum auf Föhr – hatte sich sogar den Luxus geleistet, bei der Preußischen Porzellan-Manufaktur in Meißen Notgeld aus braunem Porzellan prägen zu lassen, in Münzen zu 50 Pfennig und 1 Mark.

Die anderen 30 Gemeinden von Nordfriesland gaben Papier-Notgeld heraus, dessen Gültigkeitsbereich meist mit den Gemeindegrenzen endete. Dazu gehörten auf Sylt die Gemeinden Archsum, Kampen, Keitum, List, Morsum, Tinnum und Westerland. Freilich, nicht alle Gemeinden waren beim Gelddrucken gleich fleißig: Während Archsum nur einmal, 1921, einen einzigen Wert (2 Mark) herausbrachte, wurden in Westerland mindestens 21 verschiedene Werte in Umlauf gesetzt – außer von der Stadt auch vom Bankhaus Janssen, dem Verein der Krieger und Kampfgenossen und dem Café Orth. Die Motive auf den Scheinen waren meist patriotisch.

Die Inflation erreichte ihren Höhepunkt im Sommer 1923. Für eine Goldmark erhielt

man damals eine Billion (1 000 000 000 000) Papiermark. In Westerland wurde im städtischen Warmbadehaus als Vorläufer der späteren Campingplätze ein billiges Massenquartier hergerichtet, in dem bis zu 120 Personen nächtigten.

In dem »General-Verwaltungsbericht für die Nordseebäder Westerland und Wenningstedt« aus jenem Jahr heißt es: »Die schon mit Beginn der Kurzeit einsetzende Teuerungswelle hatte merkwürdigerweise wenig Einfluß auf die Gemüter der Kurgäste, die in der Hauptzahl mit ausländischen Zahlungsmitteln reichlich versehen waren. Erst als der gewaltige Marksturz Ende Juli die bekannte große Bargeldnot verursachte, machte sich bei dem Badepublikum eine erhebliche Unruhe bemerkbar, die sich durch Gerüchte von Unruhen im Reiche usw. derart steigerte, daß der größte Teil der Kurgäste die Insel verließ. Das Signal zum völligen Schluß der Badezeit gab die große Sturmflut vom 30. August . . . Die gesamte hölzerne Wandelbahn, die Strandtreppen, 150 Strandkörbe und anderes Inventar fielen der Flut zum Opfer . . .«

Als in Archsum in diesem Sommer 1923 der Weg nach Tjülsinge repariert werden sollte, gab es folgenden Stundenlohn: für Zweispänner 15 000 Mark, für Einspänner 10 000 Mark, Arbeitsmann 5000 Mark. Da kehrten die klugen Archsumer zur Naturalienwirtschaft zurück: Der Gemeinderat setzte die Pachtpreise in Pfund Butter fest und beschloß der Handarbeitslehrerin »500 Pfund Roggen oder Gerste zu bewilligen«.

Besondere Empörung erregte auf Sylt in jenem Jahr die Abfindung von sogenannten »Zwanzigprozentigen« (Kriegsgeschädigten) durch den Staat in der Pleite. Es waren Tausende in der Republik. Sie hatten für Deutschland geblutet und erhielten nun als Ablösung für ihre Rente eine einmalige Zahlung von 600 000 Papiermark (keine 20 Goldmark).

Doch schneller noch als gekommen war dann der Spuk verflogen. Ende 1923 führte der damalige Reichswährungskommissar Hjalmar Schacht die Rentenmark ein. Und schon das nächste Jahr wurde nach einer Erklärung der schleswig-holsteinischen Landesbrandkasse ein Rekordjahr in Brandstiftungen. Friesen zündeten den eigenen Besitz an, um Versicherungssummen zu kassieren. Das Geld war wieder etwas wert. □

187

Das hielten Männer damals aus

Das Eisboot war ein offenes starkes Boot mit Riemen, Segel und Kufen an beiden Seiten, das über das Eis geschoben wurde und durch offenes Wasser, wo die Strömung der Gezeiten eine Eisbildung verhindert hatte, auch gesegelt und gerudert werden konnte. Die letzte Fahrt mit dem Eisboot war 1923.

In strengen Wintern, wenn Frost das Wattenmeer zu Eis erstarren ließ, war Sylt vom Festland abgeriegelt. Fährverbindungen gab es nicht mehr, den Damm gab es noch nicht. Das war die Zeit der harten Männer. Dann wurde das Eisboot herausgeholt. So konnten wenigstens hin und wieder Post und Medikamente, kleine Päckchen und Zeitungen die Insel erreichen.

Am häufigsten wurde das Eisboot im Winter 1888/89 eingesetzt, als das Watt schon im November zufror und erst im März wieder auftaute. 57 Fahrten sind damals unternommen worden.

Einer der erfahrensten Eisboot-Kapitäne war der Postschiffer Thomas Selmer, ein gutmütiger Hüne von ungewöhnlichen Körperkräften, der bis 1878 den Post- und Fährverkehr nach Sylt betrieb, sich das Hotel »Munkmarsch« erbaute und 1920 in Tinnum im Alter von 83 Jahren starb. »Ein Mann, dessen Gestalt unvergessen bleibt«, sagte Pastor Soltau an seinem Sarge.

Im Januar 1868 unternahm Selmer eine Eisbootfahrt, deren Verlauf er aufzeichnete. Am Morgen des 24. Januar waren er und seine Männer wie alle Eisbootfahrer von Nösse aus gestartet, weil es dem Festland am nächsten gelegen war. Nach sechs Stunden Fahrt erreichten sie Emmerleff. Am nächsten Morgen gegen 3 Uhr begann bei Frost, Schneefall und auffrischendem Wind die Rückreise nach List. Thomas Selmer berichtet:

»Da der Wind noch bis jetzt stärker geworden und die See hoch ging, nahm unser Boot viel Wasser über, welches sich aber sofort in Eis verwandelte, so daß sich weder Wasser noch Eis aus dem Boot werfen ließ. Auch bekam das Boot an der Außenseite eine 6 bis 7 Zoll dicke Eisrinde.

Auf diese Weise wurde es so schwer, daß es sich nicht vor dem Wellenschlag bergen konnte, oder zu riskieren war, daß das ganze Boot voll Wasser schlug und wir noch ertrinken könnten. Da war ich genötigt, mit Wellen und Wind mehr nach Jordsand zu steuern, um vielleicht im Eis mit dem Boot besser fortkommen zu können.

Leider war das Eis aber so stark, daß das Boot gleich darin festsitzen blieb. Gegen den Wind wieder ins freie Wasser zu kommen,

Thomas Selmer, ein Hüne von einem Mann, erlebte 1868 eine besonders dramatische Fahrt mit dem Eisboot.

war nicht möglich. Es blieb uns nur übrig, nach Jordsand zu arbeiten und dort zu landen. Um 8 Uhr begann die Arbeit, nach Jordsandsknock (einer Sandbank südlich von Jordsand) zu kommen. Es war eine Strecke von 200 Schritt. Auf dieser Strecke wurde mit drei Mann von morgens 8 Uhr bis abends 7¹/₂ gearbeitet. Doch das Eis war falsch und nicht stark genug, um uns immer zu tragen, so daß wir bis an den Leib ins Wasser fielen, und uns die Kleider und Stiefel festfroren.

In Jordsandsknock mußten wir das Boot verlassen. Die Luft war trübe mit Schneefall. Es ließ sich nichts von Jordsand sehen, auch kein Leuchtfeuer von Sylt, ich mußte also auf Kompaßrichtung die Hallig zu Fuß aufsuchen. Zwei Postbeutel und die Bootsegel wurden mitgenommen.

Auf Jordsand angekommen, fanden wir die kleine, nur im Sommer von einem Hirten bewohnte Hütte halb voll Schnee, doch auch etwas altes, nasses Stroh darin. Ich hatte noch sechs Stück Reibhölzer in meiner Westentasche ziemlich trocken erhalten, und es glückte mir, diese in Brand zu bringen sowie

das vorrätige Stroh und etwas altes Holz. Allein unser Proviant bestand leider nur aus einem halben Pfund Brot und einem halben Pfund Speck.

Wir versuchten, unsere Kleider auszuziehen, und selbige so viel wie möglich aufzutauen und zu trocknen. Da aber kein Ofen da war, konnten wir das Feuer nur hinhalten, uns zu wärmen. Müde und schläfrig wie wir waren, vertummelt und halb im Schlaf, verbrannten wir unsere Strümpfe.

Mit Tagesanbruch wollten wir die Tour nach dem Festlande zu Fuß machen. Das war gefährlich, weil sich auf den Watten viel Eis angesetzt hatte und die Flut uns leicht zuvorkommen konnte.

Um 7¹/₂ Uhr morgens wurde die Fußtour angetreten. Ungefähr halbwegs nach dem Festlande zu kam Eis, in Berge zusammengeschobene Eisschollen, die wir manchmal auf Händen und Füßen überklettern mußten. Endlich kam die sogenannte Kohlbylei, eine Tiefe, wo wir bis über die Hüften durch das Wasser waten mußten. Um 11¹/₄ Uhr vormittags landeten wir in Kohlby, woselbst sich auch sofort nach uns die Flut einstellte.« □

Die Geburt des Puszta-Fox

Was für Paris der »Lido«, was für Berlin die »Ciro«-Bar – das war für Westerland das »Trocadero« in der Strandstraße 6. Dort musizierten Barnabas von Géczy, Will Glahé und Teddy Stauffer, Helmut Zacharias und Catarina Valente. Dort tanzten Marlene Dietrich und Josephine Baker, Richard Tauber, Hans Albers, Max Schmeling und Professor Sauerbruch. 1920 hatte das Ehepaar Charlotte und Maximilian Haggenmiller das »Trocadero« eröffnet (dreimal die Woche Smokingzwang) und schloß es erst 1958. Der Nachtclub bestand aus zwei ineinandergehenden Räumen. Im Durchgang saß die Kapelle.

Im größeren Saal war die Tanzfläche in numerierte Quadrate aufgeteilt. Ab und zu brach die Musik jäh ab, und eine Nummer wurde angesagt. Der Tänzer im entsprechenden Quadrat erhielt dann eine Flasche Sekt. Jahrelang spielte im »Trocadero« jeden Sommer das Orchester jenes Mannes, den die Berliner den »Paganini des 5-Uhr-Tees« getauft hatten: der ungarische Offizierssohn Barnabas von Géczy (geb. 1897 in Budapest, gest. 1971 in München). Und jahrelang erschien er um Mitternacht allein mit seiner kostbaren Guarneri-Violine, um auf ihr zu Ehren seiner norwegischen Frau Griegs »Ich liebe Dich« zu schluchzen.

Eines Nachts hatte Barnabas von Géczy den Einfall, Gäste dirigieren zu lassen. Der ungarische Bildhauer Francis Joseph von Tury verlangte einen Csárdás. Doch als einziges ungarisches Musikstück war ein Foxtrott aufzutreiben. So einigten sich Kapelle und Gastdirigent auf eine Csárdás-Melodie im Foxtrott-Rhythmus – ein ungarisches Musik-Gulasch, voll Paprika und Pfeffer. »Mehr, mehr« riefen begeistert die Tänzer. Der »Puszta-Fox« war geboren. Der Tanz wurde zum Schlager unter den Schlagern der dreißiger Jahre. Aber kaum jemand wußte, daß er im »Trocadero« entstanden war. □

Barnabas von Géczy und seine Kapelle spielen in Westerlands »Trocadero«. 1936 hat Martin Batzau die Szene in Öl gemalt (links oben).

Das »Trocadero«
von innen: Ein hal-
bes Dutzend Stufen
führten im größeren
Saal von der Tanz-
fläche zur Bar em-
por. Links im Durch-
gang zum schummri-
gen roten Raum im
roten Plüsch spielte
die Kapelle. Hier
tanzten Max Schme-
ling und Marlene
Dietrich, hier spiel-
ten Barnabas von
Géczy und Teddy
Staufer, hier wurde
der Puszta-Fox
geboren.

Das Fußballmatch
der Saison 1937: Die
Teddies gegen Tro-
cadero. Schiedsrich-
ter war Barnabas
von Géczy (2. Reihe,
1. von links), dem
die »Sylter Zeitung«
am nächsten Tag be-
scheinigte, er »am-
tierte mit imponie-
render Ruhe«. Die
Elf des Schweizer
Bandleaders Teddy
Stauffer (2. Reihe, 3.
von links) war durch
Freiwillige verstärkt,
darunter Axel Sprin-
ger (2. Reihe, 4. von
links). Die Teddies
gewannen 7 : 1.

Das »Trocadero« von hinten: Besitzer Maximilian Haggenmiller war Bastler und Erfinder. Er besaß das Patent Nr. 546376 für luftgefüllte Möbelfüße aus elastischem Material, die ein Wackeln von Tisch und Stuhl verhindern sollten. Seinen Nachtclub versorgte er mit eigenem Strom aus drei Diesel-Aggregaten, nachdem sich Windpropeller als unzuverlässig erwiesen hatten.

Die Besitzer des »Trocadero«: Maximilian und Charlotte Haggenmiller. Er (Jahrgang 1891) stammte aus dem Allgäu, sie (Jahrgang 1895) aus Mecklenburg. 1919 waren sie auf die Insel verschlagen worden. Im nächsten Jahr heirateten sie und eröffneten das »Trocadero«. 1970 feierten sie im Ruhestand auf Sylt Goldene Hochzeit. 1973 starb Maximilian Haggenmiller; vier Monate später folgte ihm seine Frau in den Tod.

Stars – in den Sand gesetzt

Marlene Dietrich stieg im Juli 1928 mit ihrer dreieinhalbjährigen Tochter Maria in Westerlands »Enzian« ab. Sie war zu jener Zeit mit dem Filmmanager Rudolf Sieber verheiratet (der 1976 in Kalifornien verstarb). Ihrer beider Tochter ehelichte später den englischen Spielzeugfabrikanten William Riva. Ein Jahr nach ihren Ferien auf Sylt wurde Marlene Dietrich als Lola-Lola im »Blauen Engel« weltberühmt. 28 Jahre war sie damals alt.

Richard Tauber wandelt weißbehost und wohlbehütet über die Strandpromenade von Westerland. Der 1892 in Linz an der Donau geborene Tenor war 1925 von der Sängerin Charlotte Vanconti geschieden worden und hatte die Filmschauspielerin Bianca Napier (Foto) geheiratet. Nach der NS-Machtergreifung 1933 verließ der gefeierte Sänger Deutschland und feierte Triumphe in vier Kontinenten. 1946 starb er in London.

194

Im Sand von Westerland ein Gruppenbild ohne Damen – mit den männlichen Idolen der Damen von 1928: Max Schmeling (zweiter von links) und Hans Albers (zweiter von rechts). »Max«, sagte damals Albers eines Abends in ihrem Stammlokal Schwannecke zu seinem Freund, »wir stehen auf dem Hochseil und unten in der Arena sitzen die Leute und warten auf einen falschen Tritt. Sie werden aufschreien, wenn du wirklich stürzt. Aber heimlich warten sie darauf.«

So gekonnt konnte nur einer auf Westerlands Strandgeländer sitzen: Willy Fritsch aus Kattowitz – Deutschlands beliebtester Liebhaber der dreißiger Jahre. Er trat in über 100 Filmen auf. 1973 starb er, 72 Jahre alt.

Die Dame, die so ungezwungen aufs Meer schaut, wurde später mit fünf Doktortiteln geehrt: die Opernsängerin Lotte Lehmann. Sie war 1888 in Perleberg geboren und starb 1976 im kalifornischen Santa Barbara.

195

Der Anfang vom Ende

Der elf Kilometer lange Hindenburgdamm wurde 1927 fertiggestellt. Segen oder Fluch für die Insel?

1500 Männer arbeiteten in Tag- und Nachtschichten, um zunächst mit einer eisernen Spundwand das Festland und die Insel Sylt zu verbinden. Nach vier Jahren war der 11,2 Kilometer lange Damm fertig.

»Bitte dunkler Anzug«, stand auf der Einladung. »Der Herr Reichspräsident trägt schwarzen Rock und runden Hut.« 259 Träger von Würde und Wichtigkeit waren so am 1. Juni 1927 zum Frühstück ins Kurhaus von Westerland gebeten worden. Es gab Salm-Mayonnaise und Holsteiner Masthuhn. Dazu Reden satt. Denn es galt, eines der bedeutendsten Bauwerke der Weimarer Republik einzuweihen: den Eisenbahndamm, der die Insel Sylt mit dem Festland verband.

Eigens dazu war aus dem fernen Berlin Generalfeldmarschall Paul von Hindenburg, der Sieger von Tannenberg, gekommen. Um 9.45 Uhr hatte der Zug mit dem deutschen Staatsoberhaupt Niebüll verlassen. Um 10.09 erreichte er Klanxbüll. Dort trug der Generalsekretär der Reichsbahn, Dorpmüller, dem Reichspräsidenten die Patenschaft über den Damm an. Hindenburg akzeptierte und »erklärte die Eisenbahnstrecke nach Sylt für eröffnet«. Der Zug ruckte wieder an, zerriß ein Band in den Farben Schleswig-Holsteins, das quer über das Gleis gespannt war, und dampfte auf den neuen Damm.

Der erste Halt auf der Insel war in Morsum. Aus dem Zugfenster begrüßte der Reichspräsident sein Patenkind, die zweijährige Pastorentochter Karin Johler auf dem Arm ihrer Mutter.

Planmäßig um 11.10 Uhr lief der Zug schließlich in Westerland ein. Und bei dem nun folgenden Frühstück im Kurhaus war es, daß der bisher namenlose Damm unerwartet einen Namen erhielt. Generaldirektor Dorpmüller erklärte in seiner Tischrede, der greise Generalfeldmarschall von Hindenburg sei in Krieg und Frieden für das deutsche Volk ein schützender Damm gewesen. »Darum wollen wir den Damm auf seinen Namen taufen. Er heiße ›Hindenburg-Damm‹.«

Mit der Idee für diesen Damm freilich hatte der Reichspräsident herzlich wenig zu tun. Sie stammte aus dem vergangenen Jahrhundert. Sylts Chronist, C. P. Hansen, hatte den Plan »einer Verbindung zum Continent« schon 1856 vorgetragen.

1910 befürwortete das Landratsamt Tondern den Bau. 1911 begann das Wasserbauamt Husum mit ersten Planungen. Drei Jahre danach war der »Entwurf betr. Bau eines hochwasserfreien Dammes vom Festland nach der Insel Sylt« fertiggestellt. Er sollte an der engsten Stelle zwischen Insel und Festland entstehen, dort, wo sich bei Flut das von Norden und von Süden einströmende Wasser traf. Die ersten Geräte wurden bestellt. Da brach der Weltkrieg aus.

Nach dem Zusammenbruch des Reiches mußte Deutschland 1920 Nord-Schleswig an Dänemark abtreten. Damit führte der wichtigste Verkehrsweg nach Sylt durch das Ausland. Denn der Fährbetrieb von und nach Munkmarsch lief über die nun dänische Hoyer Schleuse. So wurden die Damm-Pläne wieder hervorgekramt. Im Frühjahr 1923 begann der Bau unter Leitung des Husumer Baurats Pfeiffer.

Aber schon am 30. August jenes Jahrs vernichtete eine Sturmflut, bei der das Wasser drei Meter über Normal-Hochwasser auflief, das Menschenwerk. Erst im Frühjahr 1924 konnten die Arbeiten wiederaufgenommen werden.

Eine eiserne Spundwand, deren Pfähle bis zu 12 Meter tief im Watt steckten, wurde jetzt zugleich vom Festland und von der Insel her in das Meer vorangetrieben. 1500 Arbeiter waren in Tag- und Nachtschichten tätig. Eine Flotte von 30 Seglern und drei Schleppdampfer mit 20 Schuten transportierten Steine von Husum heran. Aus der »Mörderkuhle« bei Westerland schaffte eine Feldbahn Erde zur Baustelle.

Schließlich, nach vierjähriger Arbeit, war das Werk 1927 vollendet. 11,2 Kilometer war der Damm lang; seine Krone lag durchschnittlich 7,50 m über dem Meeresspiegel; 3,2 Millionen Kubikmeter Ton und Sand sowie 120 000 Tonnen Steine waren verbaut.

25 Millionen Mark hatte alles gekostet. Schon während der Bauzeit war es zu erbitterten Auseinandersetzungen über Sinn oder Unsinn des Werkes gekommen. Die Schriftstellerin Margarete Boie, die von 1919 bis 1928 auf der Insel ansässig war, hat diesen zeitgeschichtlichen Konflikt drei Jahre nach der Einweihung des Bauwerks in ihrem Schlüsselroman »Dammbau« festgehalten. Der harte Kern der Dammbau-Gegner saß im Ostteil der Insel: Die Morsumer fürchteten, durch den Damm würde die Sylter Kultur und die insulare Eigenart zerstört werden. Die Dammbau-Verfechter dagegen prophezeiten, der Damm werde Wohlstand und Fortschritt auf die Insel bringen. Beide sollten recht behalten. Der Damm war es, der die Insel zugleich ruiniert und reich gemacht hat. In Margarete Boies Roman »Dammbau« ist es ein Sylter, der diesen janusköpfigen Charakter des Bauwerks zuerst erkennt: der Pastor Eschels aus Morsum, »der eigentliche Held des Romans« (so Börries von Münchhausen).

Es hat diesen hellsichtigen Gottesdiener tatsächlich gegeben. Er hieß Pastor Johler und war der Vater jener kleinen Karin, die Hindenburg bei seinem Halt in Morsum so leutselig begrüßt hatte.

Bis 1935 wurden einmal täglich auf einem Güterzug Autos von Klanxbüll nach Morsum transportiert – nur 9,20 Mark pro Fahrzeug. Ab 1935 wurde schon in Niebüll und Westerland verladen. Die Fahrer mußten damals noch im Zug Platz nehmen. 1976 ratterten täglich fast 100 Züge über den Damm. An einem Tag wurden 1978 über 3000 Autos verladen. □

Reichspräsident von Hindenburg begrüßt sein Patenkind Karin Johler auf dem Arm ihrer Mutter bei der Ankunft in Morsum. Die damals zweijährige Tochter des Dammbau-Pastoren war in jener Aprilnacht des Jahres 1925 geboren, in der Hindenburg zum Reichspräsidenten gewählt worden war. Deshalb hatte er die Patenschaft übernommen. Sein Patenkind lebt heute noch auf Sylt – als Witwe Karin Lauritzen in Morsum.

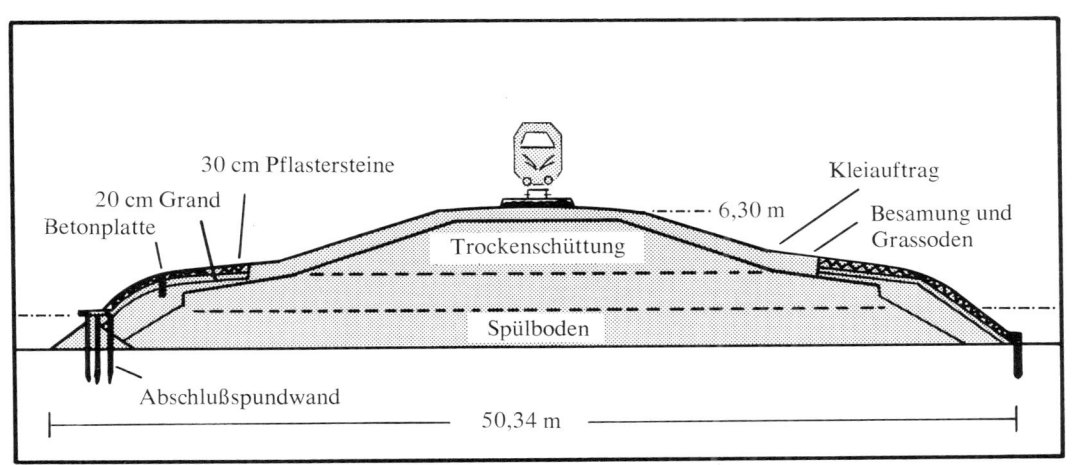

Querschnitt durch den Hindenburgdamm. Unter der Leitung des Husumer Baurats Pfeiffer wurden insgesamt 3,2 Millionen Kubikmeter Ton und Sand sowie 120 000 Tonnen Steine für 25 Millionen Mark verbraucht.

Das Meer kam durch die Hintertür

So spülte das Meer während der Sturmflut 1928 durch die südlichen Straßen Westerlands. Das Foto entstand an der Einmündung Bismarckstraße.

In den Straßen von Westerland stand das Wasser. Vor Kampen hatte das wütende Meer 18 Meter von der Steilküste abgerissen. Das erst zwei Jahre vorher erbaute Haus »Kliffende«, das damals 69 Meter von der Abbruchkante der Dünen entfernt errichtet wurde, war nun nur noch 30 Meter vom Strand entfernt.

Auf der Höhe von List war die See durchgebrochen und hatte den Ellenbogen von der Insel abgetrennt.

Der Bahndamm nach Hörnum war unter dem Ansturm der Fluten an fünf Stellen gebrochen.

In Archsum und Morsum flüchteten Menschen mit Booten aus ihren Häusern. Die Gischt der Wellen überspülte die Gärten.

Erst eine Woche zuvor hatte eine Sturmflut Sylt heimgesucht. Am Freitagmittag, den 23. November 1928, begann der Wind dann abermals aufzufrischen. Nach wenigen Stunden war er zum Sturm geworden. In Böen erreichte er Stärke 12.

So groß war seine Kraft, daß er den Expreß vom Festland auf dem Hindenburgdamm fast zum Stehen brachte. Der Zug benötigte für 600 Meter 10 Minuten.

Der Sturm blies aus Südwesten und trieb das Wasser vor sich her in das Watt hinter Sylt, Richtung Norden. Dort aber, quer durch das Watt, zog sich seit dem letzten Jahr ein unnatürliches Hindernis: der Hindenburgdamm.

Vor ihm staute sich jetzt das Wasser, schwoll an, höher und höher, und überflutete Sylt durch die Hintertür. Die Halbinsel Nösse wurde zu einem Teil des Meeres, das von dort bis in die südlichen Straßen Westerlands leckte.

Auf der Morsumer Heide flüchteten die Schafe auf höher gelegene Plätze.

In Archsum drang das Wasser in mehrere Häuser. Sie mußten geräumt werden.

Morsums Ortsteil Osterende-Wall stand so hoch unter Wasser, daß ein Rettungsboot aus Westerland über die Wiesen herangesegelt kam und am Hause des Andreas Hansen vertäut wurde.

Bei Ludwig Nielsen-Wall in Morsum war Hochzeit. Als der Gesangverein, der dem Brautpaar ein Ständchen gebracht hatte, abends um halb 12 Uhr den Rückweg antrat, war das Wasser noch weit entfernt. Zwei Stunden später aber stand es vor der Tür. Die letzten Gäste mußten im Boot nach Hause gebracht werden.

Diese Sturmflut des Jahres 1928 war es, die aufzeigte, wie verletzlich Sylt durch den Bau

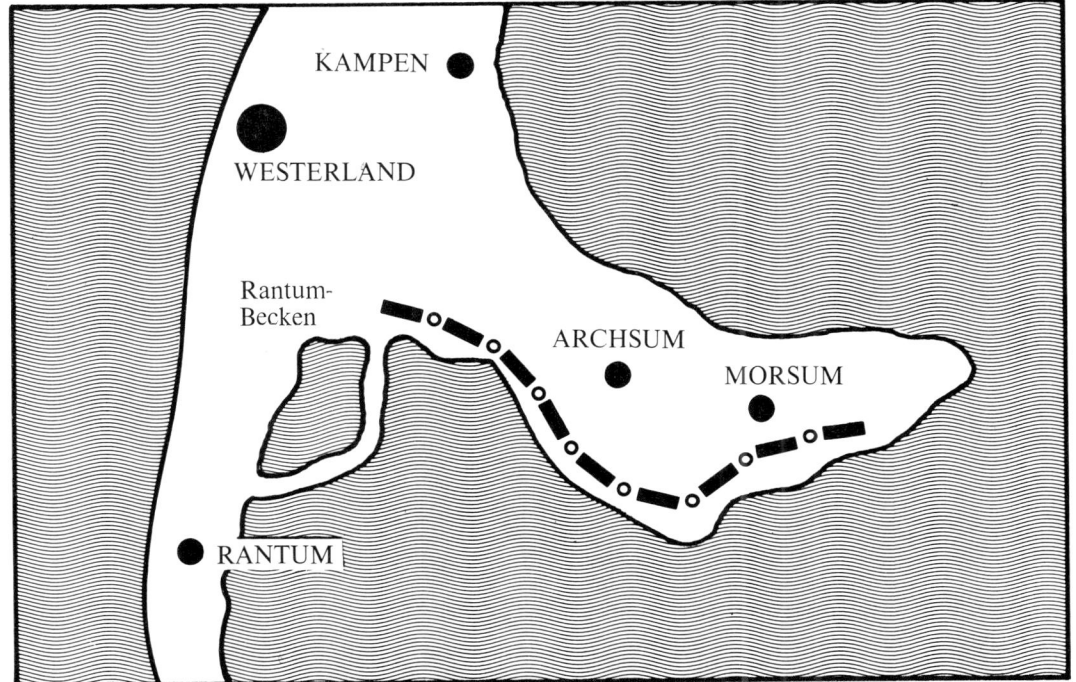

Erst zehn Jahre nach der schweren Sturmflut von 1928 wurde der Nösse-Deich fertig. Knapp elf Kilometer lang, schützt er die Dörfer im Osten und die Stadt Westerland.

des Hindenburgdamms an seiner Südostflanke geworden war.

Sechs Tage später, am 30. November 1928, verabschiedete darum eine Bürgerversammlung in Keitums »Landschaftlichem Haus« eine Resolution, in der die Regierung um Hilfe angerufen wurde.

»Haben wir bisher die Absicht gehabt«, so hieß es darin, »die der Überflutung ausgesetzte Halbinsel Nösse einzudeichen, um eine bessere landwirtschaftliche Ausnutzung dieser Ländereien herbeizuführen, so muß diese Eindeichung nunmehr unbedingt und schleunigst erfolgen, um das Leben, Hab und Gut der Bewohner zu schützen.«

Dennoch sollte es Jahre dauern, ehe etwas geschah. Erst 1933 wurde ein Projekt verabschiedet, das die Eindeichung der Halbinsel Nösse vorsah – und auch nur darum, weil inzwischen die Nationalsozialisten die Macht ergriffen hatten und die Arbeitslosenheere in öffentlichen Bauvorhaben zu beschäftigen suchten.

1934 sollte mit dem Bau des Deiches begonnen werden. Es ergaben sich jedoch Schwierigkeiten bei der Beschaffung der Bausumme, die mit 2,05 Millionen Reichsmark veranschlagt war. So konnte die Eindeichung erst 1935 starten. Den größten Teil der

Arbeit leistete der Reichsarbeitsdienst. Er hatte ausgerechnet, daß 230 000 Tagewerke nötig sein würden. 1936 zerstörte eine neue Sturmflut das halbfertige Werk. 22 000 Kubikmeter Sand gingen dabei verloren. Auch sonst war der Schaden beträchtlich.

Erst 1938 schließlich, genau 10 Jahre nach der Katastrophe von 1928, war der Nösse-Deich fertiggestellt, 10,8 Kilometer lang, 30 Meter breit, 6,30 Meter hoch. Sein Verlauf deckte sich streckenweise genau mit jenem Deich, der 300 Jahre zuvor in der zweiten »Manndränke« des Jahres 1654 zerschlagen und nie wieder aufgebaut worden war.

Danach hat der Nösse-Deich gehalten. Indes, er ist inzwischen einer der niedrigsten und schlechtesten Deiche Schleswig-Holsteins. Bricht er aber oder wird er überflutet, dann wird die See ein Gebiet überschwemmen, in dem heute ungleich mehr Menschen wohnen als bei der Flut vor einem halben Jahrhundert – in Westerland allein rund 2000 Menschen, in Tinnum mindestens 100 Familien.

Jedoch ist die Regierung dabei, das Versäumte nachzuholen: 1979 wurde mit den Vorarbeiten für eine Erhöhung der Deichkrone begonnen. □

Lists fliegender Prinz von Homburg

Wolfgang von Gronau erhielt nach seinem Atlantikflug eine Flut von Telegrammen. »Congratulations« kabelte Charles Lindbergh, »Freue mich« kam von Ex-Kaiser Wilhelm II. Den sonderbarsten Glückwunsch aber sandte der deutsche Verkehrsminister aus Berlin.

Der Dornier »Wal« von Wolfgang von Gronau ist im Hafen von New York gewassert. Jubel begrüßt den deutschen Ozeanflieger. Im Weißen Haus wird er von Präsident Herbert Hoover empfangen.

Der Vater war General der Artillerie. Er stand mit beiden Beinen auf dem Boden des Kaiserreichs. Für ihn war die Sache klar: »Was schwerer ist als die Luft, kann nicht richtig fliegen.« Im 17jährigen Sohn regten sich dennoch die Zweifel der Jugend: »Aber vielleicht . . .«

Das Jahr des Dialogs zwischen den Generationen war 1910. Ort der Handlung: Sylt. Der Unterprimaner Wolfgang von Gronau war dort mit seinem Vater, dem Kommandanten der Festung Thorn an der Weichsel, in Wenningstedts Hotel »Kronprinz« abgestiegen, um ein Asthmaleiden zu lindern. Und der Traum des hüstelnden Jungen vom Fliegen sollte sich eines Tages auf eben dieser Insel in ungewöhnlicher Weise erfüllen.

Ein Jahr nach seiner Sylter Kur trat Wolfgang als Seekadett in die Kaiserliche Marine ein. Bei Kriegsausbruch 1914 war er Leutnant zur See. Die Sache mit dem Fliegen hatte sich inzwischen trotz der klaren väterlichen Ansichten etwas weiterentwickelt. Anfang 1915 wurde der junge Offizier zu den Seefliegern abkommandiert und im Dezember des gleichen Jahres als Aufklärer im Meerbusen von Riga von der Fliegerabwehr eines russischen Kriegsschiffs abgeschossen. Sein ältester Bruder war damals bereits als Flieger gefallen. Wolfgang von Gronau aber gelang es nach seinem Abschuß, sich an die

von der deutschen Kavallerie besetzte Küste Kurlands zu retten.

Das Ende des Krieges fand ihn wieder auf Sylt. Als Adjutant der Nordseefliegerabteilung und Admiralitätsoffizier beim Fliegerkommandeur der Hochseestreitkräfte besuchte er mehrmals den Fliegerhorst List. Nach dem verlorenen Krieg kämpfte Wolfang von Gronau zuerst beim Grenzschutz in Oberschlesien, dann pachtete er das Rittergut »Schön-Wäldchen« in Ostpreußen. Aber als Mitte der zwanziger Jahre die Verbote des Versailler Friedensvertrages gelockert wurden und die Deutschen wieder Motorflug betreiben durften, verließ der Landwirt seinen Hof. Er übernahm die »Verkehrsfliegerschule See« in List. Und dort war es, wo Wolfgang von Gronau nun Geschichte machen sollte:

- Im August 1930 überquerte er mit drei Mann Besatzung in einem alten Flugboot vom Typ Dornier »Wal« den Atlantik. Start in List am 18. August. Ankunft in New York am 26. August. Dazwischen lagen Landungen in Irland, Grönland und Kanada. Das Flugboot war 1925 für eine Nordpol-Expedition des norwegischen Polarforschers Amundsen gebaut worden.

- Im August 1931 flog Wolfgang von Gronau mit einem neuen »Wal« von List nach Chicago und entdeckte dabei in Grönland

einen Gebirgszug, der nach ihm benannt wurde: »Gronau Nunantacker«.

● Am 22. Juli 1932 startete Wolfgang von Gronau mit seinem neuen Wal in List zum Flug um die Welt. Am 10. November jenes Jahres wasserte er, nach mehr als 45 000 Kilometern rund um die Erde, wohlbehalten vor der Dornier-Werft am Bodensee.

Schon vor Wolfgang von Gronau hatten Flieger die Ozeane überflogen und die Welt umrundet. Dennoch waren seine Flüge von List aus, vor allem der erste nach den USA, Pionierleistungen, deren Präzision und Erfolge für den Luftverkehr entscheidende Durchbrüche brachten.

Was war es, daß diese Unternehmung so auszeichnete? Wolfgang von Gronau hatte den Flug auf eigene Faust geplant und gewagt. Er hatte ihn nicht angemeldet, hatte keine Erlaubnis, und beim Start wußten nicht einmal seine drei Begleiter, Co-Pilot Eduard Zimmer, Funker Fritz Albrecht und Bordmonteur Franz Hack, wohin die Reise gehen sollte. Sie glaubten, nach Norwegen.

Als schließlich – zwischen Irland und Grönland – Wolfgang von Gronau Berlin durch einen Funkspruch von seinem Vorhaben informierte, stand das Verkehrsministerium Kopf. Seine Entlassung war schon beschlossene Sache.

Nach dem glückhaften Abschluß der Reise aber bat Verkehrsminister von Guerard den Aristokraten in einem Glückwunschtelegramm, »als persönliches Geschenk von mir eine Prachtausgabe des ›Prinzen von Homburg‹ von Heinrich von Kleist entgegenzunehmen«.

Warum gerade dieses Werk? Ähnlich eigenmächtig hatte der Prinz in der Schlacht von Fehrbellin gegen den Befehl des Großen Kurfürsten den Feind angegriffen und den Sieg errungen.

Das alte Flugboot kam nach dem Sieg des fliegenden Prinzen von Homburg ins Deutsche Museum in München. Dort wurde es 1944 durch einen Bombenangriff zerstört. Wolfgang von Gronau selbst wurde in den dreißiger Jahren Präsident des Deutschen Aero-Clubs und tat im Zweiten Weltkrieg Dienst als Oberstleutnant und Luftwaffen-Attaché an der deutschen Botschaft in Tokio. Nach der Kapitulation lebte er als Pensionär auf seinem bayerischen Einödhof in der Nähe des Chiemsees. Doch jedes Jahr einmal kehrte er mit seiner Frau Hertha zurück an die Stätte seiner Siege – nach Sylt, nach List. Die dortige Gemeinde machte ihn 1958 zum Ehrenbürger. Und als er 1977 im Alter von 84 Jahren starb, wurde er auf seinen Wunsch auf dem Friedhof von List beigesetzt. Im Lister Hafen erinnert eine Inschrift auf einem mächtigen Findling an die kühnen Taten dieses Pioniers der Lüfte. □

Noch heute erinnert eine Gedenktafel auf einem Findling im Lister Hafen an Gronaus Pioniertat.

Heimkehr nach List: Das Weltereignis wird zur Inselidylle. Freunde, Verwandte und ein paar Serviermädchen (mit weißen Schürzenbändern) haben sich am Strand eingefunden.

»Wein trank ich,
als ob ich Trinker wäre«

Am Vormittag eines sonnigen Spätsommertages saß die Pensions-Wirtin von Kampens »Kliffende«, Clara Tiedemann, in ihrem Büro und plauschte mit ihrer Freundin, der Bildhauerin Renée Sintenis. Da kam ein älterer Herr herein und bat um Quartier. »Mensch, wat sagste«, entfuhr es Renée Sintenis, als der neue Gast wieder gegangen war, »det is doch der Professor Nolde.«
Der Meister des deutschen Expressionismus (1867 in Südtondern geboren) trug damals schon den Lorbeer des Weltruhms. Eigentlich hieß er Emil Hansen, hatte aber als Künstler den Namen seines Geburtsortes Nolde angenommen. Seit 1926 war er Herr eines kastellartigen Hofes in Seebüll, der nun, in eben jenem Sommer 1930, unter der Leitung seiner Frau Ada wegen Frostschäden renoviert werden mußte. Der Maler flüchtete darum auf das nahe gelegene Sylt.
Im »Kliffende« fand er Unterkunft nach seinem Geschmack: Ein Giebelzimmer mit Blick auf die See, ein Atelier, das einst Heuboden gewesen war, eine Wirtin, die im Umgang mit Künstler-Gästen von Renée Sintenis bis Thomas Mann Erfahrung hatte.
»Es war, als ob die freie Luft, der salzige Geschmack, die tosenden Wogen mich spornten und beglückten«, notierte Nolde in Kampen. Und weiter:
»Die Wogen, ihr Grollen, die Wolken vor und über mir, der Strand, die Dünen, das graue Gras, das alles war mein.
Und die Menschen, die schwammen und tauchten und spielten und liefen umher, fast ganz der Kleider entblößt.
Die Schönen, die Schlanken, die Dicken, die Krummen, die Mädchen und Männer, die sonst in ihren Kleidern sind . . .
Wie ein Trunkener lief ich stundenlang den Strand entlang oder durch den flüssigen Sand der Dünen, meine Gesänge schreiend, wo es einsam war, schreiend mit den Möwen . . .
Kinder malte ich, wie kleine Tierchen im graugelben Sand krabbelnd . . .
Sechs Meerbilder hatte ich stehen in Farben naß und fertig, fast fertig . . .«
Zu den Werken Noldes, die 1930 auf Sylt entstanden, gehört der »Badestrand« (linke Seite): Durch die Menge der fröhlich spielenden Menschen schreitet im kanariengelben Strandanzug eine düstere Frau »wie eine Schicksalsgöttin.« Die Spitze ihres linken Fußes ist abgeschnitten. Ursprünglich sollte

das Gemälde dort weitergehen. Doch dann fand Nolde die Komposition gelungen, so wie sie war – und schnitt den Rest der Leinwand (einschließlich der großen Zehe der Schicksalsgöttin) einfach ab. Das verbleibende Bild mißt 1,05 mal 0,75 Meter.
Bis tief in den Herbst 1930 hinein blieb Nolde auf Sylt: »In den Nächten spürte ich den blassen kalten Mond, im Schlaf und Traum mich störend, und die Leuchtfeuer blitzten. Wein trank ich, als ob ich Trinker wäre.«
Er fuhr mit dem Dünen-Expreß nach Hörnum und List, zweimal wanderte er zur Vogelkoje »mit ihrem knorrigen, zerzaust gewachsenen Gestrüpp«.
Seine Wirtin Clara Tiedemann hat eines der originellsten Nolde-Worte überliefert. Auf ihre Frage, ob die drei bei ihm häufig wiederkehrenden Töne »dies Braunrot, dies helle Rot und das dunkle Violett« seine Lieblingsfarben seien, antwortete er:
»Mein Vater hatte nie so viel Geld, um mir Farben zu kaufen. Aber malen mußte ich. So nahm ich Karottensaft und Rote-Bete-Saft oder rote Johannisbeeren oder Heidelbeeren. So fing ich an.«
Nach 1933 wurde Noldes Kunst von den Nationalsozialisten für »entartet« erklärt. Er erhielt Malverbot. Siegfried Lenz hat ihm in seiner »Deutschstunde« ein literarisches Denkmal gesetzt.
1956 starb Nolde im Alter von 88 Jahren auf seinem Hof in Seebüll, der heute Museum ist. Dort hängt jetzt auch der Sylter »Badestrand«. □

Weil Frost seinen Hof in Seebüll beschädigt hatte, reiste der deutsche Maler Emil Nolde nach Sylt. Er wohnte und malte in Kampen. Dort entstand auch der »Badestrand« (links).

Die Insel treibt ins Dritte Reich

Wenn es nach den Syltern gegangen wäre, würde Hitler nicht erst 1933, sondern schon 1932 zur Macht gekommen sein. Denn bei der Wahl des Reichspräsidenten in jenem Jahr, in dem die Mehrheit der Deutschen den greisen Hindenburg in seinem Amt als Reichspräsident bestätigte, erhielt auf der Insel Adolf Hitler die meisten Stimmen. Für Hindenburg stimmten damals 1593 Sylter, für Hitler 1798.

Die Ursachen für das Anwachsen der NS-Bewegung waren auf Sylt die gleichen wie überall im Land. Seit dem verlorenen Ersten Weltkrieg herrschte Not im Reich. Teile des Staatsgebietes waren abgetrennt; die Souveränität war eingeschränkt. Die Menschen ächzten unter Reparationszahlungen. Weltwirtschaftskrise, Arbeitslosigkeit, unfähigen Politikern – die Zeit der Rattenfänger war angebrochen.

Indes, einen Unterschied gab es zwischen den Friesen und anderen deutschen Stämmen. Während im übrigen Deutschland die Wähler aus der bürgerlichen Mitte in die extremen Lager sowohl der Nationalsozialisten wie der Kommunisten abwanderten, um dort das Heil zu suchen, erhielten im Norden die Hitler-Anhänger stärkeren Zulauf.

● Schon bei den Kommunalwahlen des Jahres 1929 hatten die Kommunisten nur je einen Vertreter in Westerland und Tinnum durchgebracht; in den Gemeindevertretungen von List, Kampen, Keitum, Morsum, Wenningstedt und Rantum saß überhaupt kein Kommunist.

● Bei der Reichstagswahl vom 1. März 1933 entfielen im Reichsgebiet insgesamt 43,9 Prozent auf die NSDAP. Im Kreis Südtondern aber waren es 75 Prozent.

Die Erklärung ist einfach: Der Nationalismus, den die Nationalsozialisten zu bieten hatten, lag den Syltern mehr als die kommunistischen Parolen vom internationalen Proletariat. Denn wie bei allen Grenzbevölkerungen war auch im Norden der Patriotismus ausgeprägter als im Innern des Reiches.

Freilich, kaum hatten sich die neuen Herren etabliert, begann die Liebe der Friesen abzuklingen. Mehr als das: Sylt, vor allem Kampen, wurde in den folgenden Jahren zum Refugium für manchen, der untertauchen wollte, um das »Tausendjährige Reich« als Häschen in der Grube mit angelegten Ohren zu überstehen.

Als die Aufforderung der NS-Machthaber die Insel erreichte, Juden den Aufenthalt auf der Insel zu verbieten, da erhob sich in einer Parteiversammlung der NSDAP die älteste Parteigenossin, Tante Jenny Jahns, und erklärte: »Ick bin 'ne freie Friesin, und dat eene will ick seggen: Ob das nun Christen sind oder Dschuden, dat is mich ganz egal: Ihr Geld sollen sie da lassen.« □

NS-Kitsch der dreißiger Jahre: In einem Wettbewerb wurden Strandburgen zum höheren Ruhm Hitlers als »Schirmherrn der Deutschen Kunst« gebaut (links). Auf der Postkarte eines unbekannten Künstlers (ganz links) ging über der Nordsee das Hakenkreuz auf – oder ging es unter?

207

Eine Burg im Watt

2. August 1973: Der
Klenderhof brennt.
An einem Bauwerk
der Schönheit und
der Liebe entzünde-
te sich zweimal der
Haß politischer
Intoleranz.

1932: Auf der Rückseite einer Speisekarte des Kampener Kurhauses skizzierte der Berliner Architekt Otto Firle für seinen Freund und Auftraggeber Max Baldner den Klenderhof am Watt von Kampen.

1933: Wie skizziert, so gebaut. Der Klenderhof steht. Im Turm, dem Scharnier zwischen den mächtigen Flügeln, das Musikzimmer des Hausherrn.

1945: Diesen Nachbau des Klenderhofes hatte Hermann Göring nach einem Besuch bei Baldners 1933 vom Architekten Firle auf der mecklenburgischen Ostseehalbinsel Darß errichten lassen. Bei Kriegsende brannte er ab.

Der Liebe einer Frau zu ihrem Mann verdankt Sylt eines seiner schönsten Häuser: den «Klenderhof» von Kampen. Seine Geschichte ist zugleich ein Stück deutsche Zeitgeschichte.

Denn eine Jüdin hatte das Anwesen einst für einen Christen errichten lassen. Und ausgerechnet an diesem Bauwerk der Liebe und Schönheit sollte sich gleich zweimal der Haß politischer Intoleranz entzünden.

Zuerst versuchten Braunhemden, den Hof niederzubrennen, aber sie scheiterten. Und dann, Jahrzehnte nachdem der NS-Spuk verflogen schien, ging das Haus doch noch in Flammen auf, angezündet vermutlich von linken Terroristen.

1927 hatte der international renommierte Cellist Max (»Bimbo«) Baldner aus dem Klingler-Quartett die Tochter Charlotte des Warenhausbesitzers Lindemann geheiratet, fortan »Bimba« genannt.

Im nächsten Jahr, 1928, verbrachte der blonde Max Baldner zusammen mit dem angesehenen Berliner Architekten Otto Firle ein paar Tage auf Sylt in Clara Tiedemanns Pension »Kliffende« und war von Kampen so begeistert, daß er im Sommer danach, 1929, mit seiner jungen Frau »Bimba« wiederkehrte.

Bei einem Spaziergang über die Kampener Heide entschlossen sich beide, ein Grundstück am Watt zu erwerben, wo damals nur ein Haus stand, das dem holländischen Haydn-Forscher van Hoboken gehörte. Obwohl sie einen reichen Vater hatte (der später seine 17 Kaufhäuser an den Karstadt-Konzern verkaufte), fehlte es »Bimba« Baldner zunächst an Geld für den Hausbau. Erst im August 1932 skizzierte auf ihre Bitte hin Otto Firle den Grundriß des »Klenderhofs« auf der Rückseite einer Speisekarte des Kampener »Kurhauses«.

Wahrzeichen des reetgedeckten »Klenderhofs« war ein Turm. In ihm lag der nur über eine Holzbrücke zu erreichende Haupteingang des Anwesens und darüber ein rundes, bis in den Giebel ragendes Musikzimmer des Hausherrn.

Der Raum, so berichtete der Schriftsteller Ernst von Salomon später, war »akustisch so abgestimmt, daß, wenn der Meister direkt unter der Spitze des Gemachs saß und das Cello strich, der volle Ton des Instrumentes schwoll und wunderbar orgelte . . .«.

An den Turm schlossen sich zwei mächtige Flügel an, im Norden das Hauptgebäude und im Osten der niedrigere Kindertrakt. Denn »Bimba« Baldner hatte ihrem Mann zweimal Zwillinge geboren, jeweils ein Pärchen.

So wuchs der »Klenderhof« aus den Dünen, mit Brückenzugang, Turm und windgeschütztem Innenhof zwischen den Flügeln eher einer Burg als einem Sommerhaus ähnelnd. Die »Baldner-Burg« hieß es denn auch bald auf der Insel.

Der Kostenvoranschlag des Wenningstedter Bauunternehmers Holst war als zu teuer verworfen worden. Eine Firma aus Itzehoe hatte den Auftrag erhalten. Neun Monate später stand der »Klenderhof«.

Architekt Otto Firle trug sich als erster ins Gästebuch ein:

»Behütet mir dieses Haus,
das ich so liebe!
Verschlossen sei ihm
Niedriges und Leid . . .«

Ein Wunsch voll dunkler Vorahnung, denn man schrieb den Juni des Jahres 1933, des Jahres der nationalsozialistischen Machtergreifung.

Einer der ersten Bewunderer des Hauses, das die jüdische Erbin ihrem musizierenden Mann geschenkt hatte, war einer der Herrscher des neuen Regimes: der dicke Hermann Göring.

Er sah den »Klenderhof« von außen und bat die mit ihm und den Baldners befreundete Schauspielerin Käthe Dorsch, ihm eine Einladung zu vermitteln.

Bimba Baldner wehrte zunächst ab: »Sie wissen, daß ich Jüdin bin.«

Aber Käthe Dorsch ließ nicht locker: »Der ist doch gar nicht so.«

Am 31. Juli 1933 durfte Göring den »Klenderhof« besichtigen. Bimba Baldner reute es später: »Ich hätte ihn nicht reinlassen sollen.«

Der Besucher aber war so begeistert, daß er dem Architekten Otto Firle den Auftrag erteilte, ihm auf dem Naturschutzgebiet der mecklenburgischen Ostsee-Halbinsel Darß ein ähnliches Haus als Jagdhütte im dortigen Westwald zu errichten – mit angebautem Löwenzwinger.

Göring verbrachte nur zwei Sommer in dem geklinkerten Holzhaus. Dann stellte er es der ihm unterstehenden Reichsforstverwaltung als Erholungsheim zur Verfügung. 1945 brannte das Haus ab.

Viel berühmter wurde der »Klenderhof«.

Der Cellist Max Baldner besuchte erstmals 1928 die Insel Sylt. Fünf Jahre später war sein Haus, der Klenderhof, fertig. Ein dunkles Kapitel deutscher Geschichte begann.

Willy Kamp war lange Zeit Ortsgruppenleiter der NSDAP in Kampen. Menschen soll er mehr nach ihren reiterlichen als politischen Fähigkeiten beurteilt haben.

Schon im November 1933 war ein fünfseitiger Bericht über das »Haus am Meer« in der Zeitschrift »Die Dame« erschienen: »Aus dem Boden gewachsen, ruht das Haus vor der stillen Ferne des Watts.« Und eine ständig wachsende Zahl illustrer Gäste mehrte die Legenden über die Baldner-Burg.

»Sie haben geholfen, neue Freunde für Kampen zu werben«, schrieb Bankier Hermann Josef Abs im ersten Sommer ins Gästebuch.

Und weiter trugen sich ins Gästebuch des »Klenderhofs« ein: das Ehepaar von Opel und der Dirigent Erich Kleiber mit Frau, der Zellforscher Professor Warburg, die Tänzerin Valeska Gert, der Dirigent Schmidt-Isserstedt, der Schriftsteller Hans Zehrer (»allein mit einem Rest Bomerlunder«) und viele andere.

Die Jahre verstrichen, Jahre der Unterdrükkung. Bimba Baldner bekam einen Juden-Ausweis. Ihre Kinder wurde von der Schule gewiesen. Ihr Mann erhielt Berufsverbot. Juden wurde der Aufenthalt auf Sylt verboten. Der »Klenderhof« stand verwaist.

Und dann, im November 1938, gingen Deutschlands Synagogen in Flammen auf, jüdische Geschäfte wurden geplündert, jüdische Mitbürger gejagt, mißhandelt, verhaftet.

Wenige Tage nach der »Reichskristallnacht« traf Margot von Opel in ihrem Cadillac-Cabrio auf Sylt ein. Die ehemalige Sportfliegerin hatte manch tolle Tage in Kampen verbracht – mit ihrem Mann Fritz, mit ihren fünfzehn blauzüngigen Chow-Chows, mit eigenen Pferden, die sie im Reitstall Kamp unterstellte. Diesmal erwartete sie ein Abenteuer anderer Art. Margot von Opel erinnert sich:

»In Kampen sah ich meinen alten Freund Hans Zehrer wieder. Er war dort mit dem Schreiben seines Buches ›Der Mensch in dieser Zeit‹ beschäftigt. Am nächsten Morgen traf ich den Postboten, der mir erzählte: ›Da passiert was im Baldnerschen Haus. Da soll eine Synagoge sein, jüdische Schriften und so weiter.‹

Am Spätnachmittag, es dämmerte schon, sahen Hans Zehrer und ich, wie einige Männer große Benzinfässer über die Heide zum leerstehenden Klenderhof rollten. Kurz entschlossen lief ich mit Hans Zehrer und meiner Tante zum Ortsgruppenleiter Willy

Kamp zu dessen Reitstall. Hans Zehrer und meine Tante blieben vor der Tür. Ich stellte Kamp zur Rede, eine Stunde lang.«

Und Kamp handelte. Denn er war ein Kerl voller Kanten. 1894 war er auf Sylt geboren, nach dem Zweiten Weltkrieg starb er in geistiger Umnachtung, nachdem ihn die Engländer aus dem Internierungslager entlassen hatten. Im Ersten Weltkrieg war er von einem Granatsplitter am rechten Arm schwer verletzt worden. Darum verwandelte er seinen Hof in Kampen in einen Reitstall. Seine Gäste beurteilte er auch als Ortgruppenleiter der NSDAP vornehmlich nach ihren Reitleistungen.

Bestseller-Autor Ernst von Salomon (»Der Fragebogen«) hat die Figur der Nachwelt überliefert:

»Willy Kamp hatte nicht das mindeste Interesse daran, sich in seinen Betrieb hineinregieren zu lassen. Er warnte seine Kunden und Gäste, wenn Beamte von der Gestapo kamen, um in den Häusern des Ortes nach verbotenen Büchern zu fahnden, und hoffte, ›niemand wird mir die Schande antun, solche Machwerke in seinem Besitz zu haben‹. In der Kristallnacht kam auswärtige SA und wollte die Baldner-Burg anstecken. Aber da stand Willy Kamp vor der Burg und erklärte, in diesem Ort seien nach dem Ortsstatut alle Häuser weichgedeckt und hier würde nicht gezündelt. Die Kampener Feuerwehr besäße Polizeigewalt und dulde kein Schadenfeuer. Worauf die SA-Leute sich damit begnügten, einige Türen zu demolieren.«

Ganz so glimpflich freilich war es im »Klenderhof« trotz des Eingreifens von Margot von Opel und Willy Kamp nicht abgegangen: Die SA hatte sich im Weinkeller betrunken, die Daunenbetten aufgeschlitzt, eine alte Orgel (die heute in einem Berliner Museum steht) demoliert und eine Kopie des Isenheimer Altarbildes im Turmzimmer zerstört – weil die SA-Männer den Raum für eine Synagoge hielten.

Immerhin, angezündet wurde der »Klenderhof« nicht. Noch nicht.

Der Krieg brach aus, die Judenvernichtung begann. Das Leben der Familie Baldner war in Gefahr. Der Cellist wurde aufgefordert, sich von seiner Frau scheiden zu lassen, damit er wieder auftreten könne. Er lehnte jedoch ab.

Zur Strafe wurde er 1944 in ein Arbeitslager der Leuna-Werke bei Halle eingewiesen. Als

Der große Wohn-
raum des Klender-
hofes Mitte der drei-
ßiger Jahre. Wenige
Tage nach der
»Reichskristall-
nacht« drohte das
erste Unglück.

Derselbe Wohn-
raum am 6. August
1973. Was die Flens-
burger SA 35 Jahre
vorher nicht ge-
schafft hatte, gelang
bisher unbekannten
Brandstiftern.

213

kranker Mann sah er die Freiheit wieder und erlebte den Untergang des Dritten Reiches. Er litt an Herzasthma. Aber er spielte wieder – im Zernick-Quartett.

Der Amerikaner Kendall Foss hat in der »New York Post« aufgezeichnet, wie Max Baldner im Juli 1946 in einer zerbombten Berliner Villa vor einer Gesellschaft von 25 Zuhörern sein letztes Konzert gab: »Sein Arzt hatte vergebens versucht, ihn zu bewegen, den Auftritt abzusagen. Ein Löwe von einem Mann, 58 Jahre alt, mit einer rot-goldenen Mähne und einem großen sensiblen Mund. Er spielt und wir vergessen die Ruinen um uns. Plötzlich legt er das Cello nieder und verläßt, nach Luft ringend, den Raum. Der Doktor und Frau Baldner folgen ihm. Die Tochter, die gerade Geburtstag hat, sitzt still und weiß auf ihrem Stuhl. Der Pianist spielt ein Solo, aber nicht für uns, sondern um den kranken Mann im Zimmer über uns glauben zu machen, daß sein Kollaps den Musikabend nicht ruiniert habe. Als der Pianist endet, kommt Frau Baldner zurück: ›Max schläft jetzt.‹«

Zwei Monate später war Max Baldner tot. Seine Witwe machte nun den »Klenderhof« wieder auf. Zunächst verpachtete sie ihn an den Verlag der Wochenzeitung »Die Zeit« (Hausverwalter: Ernst von Salomon). Dann, nach der Währungsreform, leitete sie das Haus in eigener Regie: Sie nahm zahlende Gäste auf, von Bertha Krupp bis Rolf Liebermann, von Ernst Rowohlt bis Willi Forst, von Underberg bis zum großen Violinisten Schneiderhan. Gegessen wurde an einer gemeinsamen Tafel. Für manchen Neureichen des Wirtschaftswunders galt es als Ritterschlag, Paying Guest auf dem »Klenderhof« gewesen zu sein. Denn Bimba Baldner nahm nur Gäste, die ihr gefielen.

Schließlich, als ihre Kinder großgeworden waren und sie selbst nach München übersiedeln wollte, verkaufte Bimba Baldner den »Klenderhof« als Gästehaus an das Verlagshaus von Axel Springer, dessen eigenes Sommerhaus nahebei lag.

Wenige Jahre später begann in der Bundesrepublik die Anti-Springer-Kampagne linker Magazine und Intellektueller, linker Studenten und Rowdies. Es war die umfangreichste Hatz, die in diesem Jahrhundert in Deutschland gegen einen einzelnen entfesselt wurde. Sie fand ihren Höhepunkt 1968 in einem Sprengstoff-Anschlag gegen das Verlagshaus. Blut war geflossen. Aber für einige war es noch nicht genug.

Am Donnerstag, den 2. August 1973, meldete der »Stern«, daß der ehemalige Bundeswirtschaftsminister Karl Schiller in Springers »Klenderhof« abgestiegen sei. Drei Tage später brannte die Baldner-Burg.

Der Brand wurde am Morgen vom Stubenmädchen Barbara Struck entdeckt. Rauch stieg aus dem Reetdach über die Terrasse. Hausmeister Sönksen, ein mutiger und besonnener Mann, griff zum Handfeuerlöscher, Gast Schiller zum Gartenschlauch. Gegen 8.00 Uhr heulten die Sirenen. Der moderne TLF 16 von Kampens Freiwilliger Feuerwehr, den Axel Springer der Gemeinde ein Jahr zuvor für 135 000 Mark gestiftet hatte, raste als erster Feuerlöschzug heran. Da stand das Strohdach des Nordflügels schon in hellen Flammen. Windböen fachten den Brand an.

Erst nach 2½ Stunden gelang es, das Feuer unter Kontrolle zu bringen. Der Nordflügel war ausgebrannt, aber der Ostflügel gerettet. Menschen waren nicht zu Schaden gekommen. Wertvolle Möbel und Bücher konnten in Sicherheit gebracht werden. Dennoch erreichte der Schaden die Millionengrenze.

Schon während der Brandbekämpfung hatte Hausmeister Sönksen zwei Fremdkörper aus dem Reetdach über der Terrasse gezogen, die sich als Brandsätze entpuppten. Auf je einer Sperrholzplatte (25 cm x 7 cm) waren ein Weckeruhrwerk (Marke »Europa«), eine Taschenlampenbatterie (»Varta Spezial 201«) und als Glühzündung zwei Osram-Glühlampen (Glaskolben entfernt) montiert.

Beide Brandsätze waren in hellbraunes Packpapier eingeschlagen und mit Isolierband umwickelt. Es gab also keinen Zweifel: Brandstiftung. Doch trotz Einschaltung des Bundeskriminalamtes, trotz Ausschreibung einer Belohnung von 20 000 Mark wurden die Täter nie gefaßt.

Axel Springer ließ den »Klenderhof« in seiner alten Form wieder aufbauen. Zwar fiel die schöne Holztreppe, die sich einst aus dem Wohnraum hinter dem Kamin zur kleinen Bibliothek auf der Empore hinaufschwang, feuerpolizeilichen Vorschriften zum Opfer. Aber was zählte das! Die Burg, die das Tausendjährige Reich überdauert hatte, stand wieder. □

Die Feuerwehr
löscht das Dach des
Klenderhofes. Der
ehemalige Bundes-
wirtschaftsminister
Karl Schiller verläßt
das Haus am Kam-
pener Watt. Vor ihm
geht der besonnene
Hausmeister Helmut
Sönksen, der die
Brandsätze ent-
deckte.

Das Geheimnis des »Grove Spiro«

Die schöne Leopoldine Konstantin aus Brünn errang ihre ersten Erfolge am Theater des großen Max Reinhardt. 1923 war sie als Salondame der deutschsprachigen Bühnen von Wien bis Berlin eine gefeierte Künstlerin von fast vierzig Jahren, hatte von dem österreichischen Dramaturgen Strakosch einen Sohn Alexander und baute sich im Norden Westerlands ein Haus. Dieses Haus war es, das einen Verehrer von ihr, bei dem ihr Sohn Alexander Strakosch später Privatsekretär wurde, dazu veranlaßte, sich in 200 Meter Entfernung ebenfalls einen Feriensitz zu errichten.

So kam eine der rätselhaftesten Erscheinungen auf die Insel: Stanley Joseph Grove Spiro. Ein pummeliger Mäzen der schönen Künste mit Glatze und Haifischmund. Ein Bankier mit Yacht und Privatflugzeug. In seinem runden Haus in Westerland trank damals Emmy Göring Tee. Wenige Jahre später ließ er sich einen Buckel aus Pappmaché anfertigen, um der Polizei zu entkommen. Denn er wurde gesucht wegen Millio-

nen-Betruges. Und im Zweiten Weltkrieg kaufte er sich durch Preisgabe von Informationen, die nur er hatte, aus dem Gefängnis frei. Nach seinen Angaben war er es, der vor dem ersten Bombenangriff auf die deutsche Nordseeinsel den britischen Piloten verriet, wo auf Sylt welche Ziele lagen.

Alles an Stanley Joseph Grove Spiro ist vom Geheimnis umwoben. Nicht einmal sein Geburtsjahr steht fest. Laut Akten des Londoner Kriminalgerichts Old Bailey war es 1896, laut Spiros Sterbeurkunde 1900. Sicher ist nur, daß er in Südafrika als Sohn eines wohlhabenden jüdischen Schafzüchters und einer schottischen Mutter geboren wurde. Im Ersten Weltkrieg meldete er sich freiwillig zu Englands Royal Flying Corps (RFC). Am 2. Dezember 1917 geriet er nach einer Notlandung in deutsche Gefangenschaft, kehrte bei Kriegsende als jüngster Offizier des RFC im Triumphzug noch einmal nach Südafrika zurück und übersiedelte 1926 nach London.

Dort machte er sein Glück. Er spekulierte an

Das originelle Rundhaus von Westerland wurde 1932 nach einem Entwurf des Sylter Architekten Otto Heilmann von einem ungewöhnlichen Bauherrn errichtet: Stanley Grove Spiro. Heute ist das Haus ein beliebtes Restaurant.

217

Leopoldine Constantin, Salondame der deutschsprachigen Bühnen, lockte den geheimnisvollen Fremden nach Sylt.

der Börse, wurde reich und einflußreich. Er stürzte die Regierung des Irak, um sich das Monopol für den Dattel-Export zu sichern. Er stellte den Herzog von Manchester als Direktor an. Er schloß Bekanntschaft mit Premierminister Baldwin und finanzierte Shows in Londons Westend. Er besaß Häuser in Kensington und im Seebad Brighton. Er war Eigner einer hochseetüchtigen Yacht und erwarb eine fünfsitzige amerikanische Beechcraft, das teuerste und schnellste Privatflugzeug jener Jahre, für ihn gerade gut genug, um auch einmal ein paar Ballettmädchen aus Budapest nach London einzufliegen.

Stanley Joseph Grove Spiro, der sein Eigentum vom maßgeschneiderten Seidenhemd bis zum Acht-Meter-Daimler mit seinem Monogramm »GS« verzieren ließ, heiratete in England Alice Stephanie Woodlands Hunt, die Tochter eines Vikars aus Lincolnshire, der es dank der wohltätigen Spenden seines Schwiegersohnes bis zum Domherrn von Lincoln Cathedral bringen sollte. 1928 gebar Stephanie ihm einen Sohn. Sie nannte ihn Rex.

Aber Spiro liebte auch andere Frauen. Seine Bewunderung für die schöne Leopoldine Konstantin (»Finden Sie, daß Konstanze sich richtig verhält?« war ihr größter Filmerfolg) trieb Spiro nach Sylt.

Dort beschloß er, Leopoldines Beispiel zu folgen und auch ein Haus zu bauen. Den Entwurf dazu, einen aparten Rundbau à la Afrika mit Reetdach, lieferte ihm der Sylter Architekt Otto Heilmann. 1932 war das luxuriöse Haus fertig. Spiro taufte es nach seiner Frau »Haus Stephanie«. Stephanie Spiro verbrachte nun fast jeden Sommer mit ihrem Sohn Rex auf Sylt. Ihr Mann kam meist nur zu verlängertem Wochenende auf die Insel. Er engagierte das Sylter Ehepaar Ludwig Hansen: ihn als Kapitän für seine Yacht, sie als Wirtschafterin. Und Rex Spiro spielte mit Sohn Hansi Hansen.

Der Luxus der Spiros und die Höhe ihrer Rechnungen, wenn sie im Hotel »Stadt Hamburg« Gäste bewirteten, waren bald Inselgespräch. Aus »Grove Spiro« wurde bei den Insulanern »Graf Spiro«. Er sprach – neben sechs anderen Sprachen – fließend Deutsch und schloß Freundschaft mit einflußreichen Zivilisten und Offizieren auf der Insel.

Hermann Görings Frau, die ehemalige

Alice Stephanie, die
Tochter eines Vi-
kars, wurde Spiros
erste Frau. Nach ihr
benannte er sein
Rundhaus.

Weil die Sylter SA freundlich zu ihnen war, steckten die Spiros ein Hakenkreuzfähnchen in den Sand. (Links ein Freund der Familie.)

Schauspielerin Emmy Sonnemann, war von dem Rundbau der Spiros so fasziniert, daß sie sich 1934 zum Tee einladen ließ. Sie erwog, sich ein ähnliches Haus zu bauen, erörterte die Pläne auch mit Spiros Architekten und besuchte Stephanie Spiro noch einmal im nächsten Jahr.

Vor dem »Haus Stephanie« wurden stets Englands Union Jack und die Farben Südafrikas gehißt, wenn die Spiros die Saison eröffneten. Dann rückte Westerlands SA zum Salut an. Dafür vergaß Spiro nie, seine Strandburg mit Hakenkreuzfähnchen schmücken zu lassen.

Die Jahre verstrichen. Stanley Joseph Grove Spiro nahm sich den jungen Sohn der schönen Leopoldine Konstantin, Alexander Strakosch, unter dem Namen Alex Graham zum Sekretär und bezeichnete sich selbst als Bankier. Er wurde zum mächtigen Finanzmagnaten der Londoner City – und zum

Betrüger. Es gehört zu den ungelösten Rätseln seines Lebens, was den so erfolgreichen, dynamischen Mann zum Verbrechen trieb. Das vielfach variierte Schema seiner Fischzüge war einfach: Er kaufte eine altehrwürdige Börsenmakler-Firma und gelangte damit in den Besitz ihrer Kundenlisten. Den Reichen unter den Klienten verschaffte er nun ein paar einträgliche Börsengeschäfte. Damit hatte er ihr Vertrauen erworben. Dann überredete er sie, ihre wertvollsten Börsenpapiere bei ihm einzutauschen gegen fast wertlose Aktien von ihm gegründeter Unternehmen, die angeblich gewaltige Gewinne erbringen würden.

Im Januar des Jahres 1937 überstürzten sich die Ereignisse:
– Spiro erfuhr bei einem Besuch seiner Frau in Davos von deren Ärzten, daß sie höchstens noch zwei Monate zu leben

Weil ihr das Rund-
haus so gut gefiel,
lud sich Emmy Gö-
ring (links) bei Ste-
phanie Spiro 1934
zum Tee ein.

habe: Lungen- und Unterleibs-Krebs.
– Scotland Yard war auf Spiros Spur gestoßen und erwirkte bei Gericht einen Haftbefehl wegen Aktienbetruges.
– In »His Majesty's Theatre« hatte ein von
Spiro finanziertes Musical Premiere: »Balalaika« – Abenteuer eines Amerikaners
in Rußland.
Scotland Yard hatte den Tag der Premiere
zum Tag der Verhaftung auserwählt. Am
Abend war das Theater von Detektiven
umstellt. Doch Spiro wäre nicht Spiro gewesen, hätte er nicht Bescheid gewußt. Er war
gewarnt worden. Sollte er sich festnehmen
lassen? Er mußte befürchten, daß seine Frau
die Nachricht nicht überleben würde. Sollte
er flüchten? Das wäre für die Öffentlichkeit
wie ein Geständnis gewesen.
Spiro entschloß sich zur Flucht. Er war
sicher, daß seine Yacht und sein Flugzeug
überwacht wurden. Also ließ er sich – wäh-

rend sich in »His Majesty's Theatre« der
Vorhang zu »Balalaika« hob – im Taxi zu
einem kleinen Hafen an der Kanalküste
chauffieren und von einem Fischerboot an
die französische Küste übersetzen.
150 Pfund (rund 3000 Mark) hatte Spiro bei
sich, als er seine unglaubliche Flucht begann.
Von Ostende reiste er im Schlafwagen nach
Wien. Über Prag fuhr er nach Hamburg, von
dort als Schiffsheizer nach Amerika und
Mexico und zurück nach Europa. In Berlin
ließ Spiro sich einen Buckel und einen Bauch
aus Pappmaché anmessen. Auf Ski überquerte er die norwegisch-schwedische
Grenze. Schließlich kam er über Dänemark
zurück nach Deutschland.
Der Grenzübergang bei Tondern, so über-
legte er, »war zu gefährlich, da die Behörden
wußten, daß ich viele Freunde auf dem nahen
Sylt hatte, und sie darum die Gegend besonders scharf kontrollieren würden«. So ging er

221

Das Auto des Millionärs: Stanley Grove Spiro mit Sohn Rex vor dem schwarzlackierten Daimler.

schließlich bei Flensburg über die Grenze. Dann fiel er der Gestapo in die Hände. Man hielt ihn für einen österreichischen Spion. Er entkam nach Venedig und entschloß sich, nach England heimzukehren.

13 Monate war Spiro auf der Flucht gewesen. Seine Frau Stephanie war im Mai 1937 ohne den Trost ihres Mannes gestorben. Sein inzwischen neunjähriger Sohn Rex ging auf dem Lande unter falschem Namen zur Schule und wußte nichts von seinem Vater. Dessen Finanzimperium war zusammengebrochen und für bankrott erklärt worden. Nur das von ihm finanzierte Musical »Balalaika« lief und lief und lief. Es war zu einem der größten Musical-Erfolge zwischen den Weltkriegen geworden. Über 500 Vorstellungen waren gegeben, eine halbe Million Menschen hatten sie besucht. Vier Millionen Mark hatten sie bezahlt.

Im März 1938 überquerte Spiro auf einem Tanker wieder den Kanal und stellte sich in England der Polizei. Für eine Kaution von 200 000 Mark wurde er auf freien Fuß gesetzt und besuchte noch am selben Abend die letzte Vorstellung von »Balalaika«.

Am nächsten Tag spielte Spiro Eisenbahn mit seinem Sohn Rex. Dann bereitete er sich auf die Gerichtsverhandlung vor. Über deren Ausgang gab er sich keinen trügerischen Hoffnungen hin. In einem Londoner Fein-

schmeckerlokal, wo ihn wie einst die Oberkellner voll Hoffnung auf ein großzügiges Trinkgeld umschwärmten, bestellte Spiro ein ganz schlichtes »Irish Stew«, Kartoffeln, Kohl und Fleisch zusammengekocht: »Ich glaube, ich muß mich früher oder später doch daran gewöhnen.«

Noch einmal sollte beim Prozeß das Charisma dieses Mannes die Umwelt gefangenhalten. Er beherrschte den Gerichtssaal in Old Bailey, dominierte über Verteidiger, Staatsanwälte und Richter. Zwei blütenweiße Taschentücher lagen vor ihm. Mit dem einen putzte er mit seinen kleinen fetten Händen seine schwarze Hornbrille, einst Markenzeichen seines Erfolges. Mit dem anderen wischte er den Schweiß von seiner Glatze.

»Ich habe niemals einen Zweifel an meiner Schuld gehabt«, sagte er. »Aber ich war ein Robin Hood der City, der nur die Reichen beraubte und niemals die Armen.« Im September 1938 wurde Stanley Joseph Grove Spiro wegen Aktien-Betruges in Höhe von 12 Millionen Mark zu acht Jahren Gefängnis verurteilt. Aber er saß nicht einmal die Hälfte seiner Strafe ab.

Drei Jahre nach Kriegsbeginn, im Dezember 1942, wurde er vorzeitig aus dem Gefängnis auf der Insel Wight entlassen. Vor dem Gefängnistor enthüllte Spiro selbst den Grund: die geheimen Sylt-Informationen.

Die Yacht des Millionärs: Der Westerländer Ludwig Hansen war Kapitän der hochseetüchtigen »Diana II«.

Er berichtete einem Reporter der Londoner Tageszeitung »Daily Express«: »Während ich im Gefängnis saß, lieferte ich den Behörden Informationen über militärische Bauvorhaben auf Sylt. Ich hatte erkannt, daß meine Kenntnisse von nationaler Bedeutung waren. Ich wurde in meiner Gefängniszelle von RAF-Offizieren besucht. Hinterher wurde Sylt bombardiert.«

Tatsächlich hatten in der Nacht des 19. März 1940 fünfzig RAF-Bomber den ersten Angriff auf das deutsche Reichsgebiet geflogen – gegen den Militärstützpunkt Hörnum auf Sylt.

Nach seiner Entlassung stieg Spiro in das Tiefkühl-Geschäft ein und änderte 1944 seinen Namen in »Grove«. 1947 heiratete er die Schauspielerin Glen Alyn.

Am 17. Dezember 1948 starb Stanley Joseph Grove, 48 oder 56 Jahre alt. Beruf des Toten laut Sterbeurkunde: General Merchant, Adresse: 18 Grosvenor Square. Die Todesursache: Herzversagen.

Was aber ist aus jenen Menschen geworden, die Spiros Spur im Sand von Sylt kreuzten? Spiros Sohn Rex verkaufte 1953 das Rundhaus auf Sylt, das er geerbt hatte. Es wurde später zum Restaurant »Hardy«. Rex kehrte zurück in das Land, von wo sein Vater aufgebrochen war, nach Südafrika.

Spiros Privatsekretär Alexander Strakosch, der wie Spiro verhaftet, aber im Gegensatz zu seinem Chef freigesprochen worden war, wurde als Österreicher durch den Kriegsausbruch in England überrascht. Doch im Mai 1941 schrieb er beglückt von der belagerten Insel an seine damals in Amerika lebende Mutter Leopoldine Konstantin: »Liebste Mutter, ich darf auswandern. Nun komme ich für immer zu Dir.« Der Brief trug den Poststempel vom 13. Mai 1941. Doch die Mutter sah ihren Sohn nie wieder. Auf dem Rückweg vom Postkasten wurde er von einer deutschen Bombe getötet.

Und seine Mutter, jene Frau, der Spiro einst nach Westerland gefolgt war? Im Dezember 1965 starb sie 80jährig in ihrer Villa in Wien. Dort hatte sie allein mit einer Nichte gelebt, die von ihr als Alleinerbin eingesetzt worden war. Ein mißtrauischer Verwandter, der sich übergangen fühlte, setzte eine Obduktion durch. Vergeblich. Die Frau, die Spiro nach Sylt gebracht hatte, war eines natürlichen Todes gestorben.

So haben sich denn alle Geheimnisse um den geheimnisvollen Mann mit den Jahren doch noch verflüchtigt? Nicht ganz.

Englands Innenministerium antwortete auf Anfrage nach Unterlagen: »Einige Papiere, die Stanley Grove Spiro betreffen«, seien »für eine Frist von nicht weniger als 75 Jahren geheimzuhalten«. □

Flaggenparade am »Kliffende«

Im Jahr 1973 erschienen im Hansen + Hansen-Verlag die »Kampener Skizzen« der ehemaligen Schauspielerin Clara Tiedemann, Besitzerin der Prominenten-Pension »Kliffende«. Ein Kapitel aus dem Manuskript wurde nicht mitveröffentlicht: »Flaggenparade« während eines Besuchs von Hermann Göring auf Sylt im Sommer 1933. Hier ist ein Auszug:

Von Clara Tiedemann

Kurz nach Mitternacht. Ich saß am Schreibtisch. Da klopfte es leise ans Fenster. Ich ging an die Haustür. Öffnete. Herein kam ein kleiner Mann, ängstlich sich umblickend.

»Keiner darf mich sehen«, flüsterte er.

»Alles schläft«, sagte ich, »nehmen Sie Platz.«

Er setzte sich, drehte die Mütze in den Händen, sah mich verlegen an. »Kennen Sie mich noch?«

Wo hatte ich ihn gesehen? Im Augenblick konnte ich mich nicht besinnen. Saß er schon einmal hier?

»Sie haben mir mal aus der Not geholfen«, sagte er, »das vergesse ich Ihnen nie. Ich hätte sonst brummen müssen.«

»Das freut mich«, sagte ich, und nun fiel mir die Geschichte wieder ein. Der arme Kerl hatte sich zu einem »Unternehmen« überreden lassen, wollte viel Geld verdienen, saß aber in Schulden, ehe er sichs versah. Ich hatte seine Frau besucht. Es war ein kleines, bescheidenes Häuschen, in dem sie wohnten. Die Frau hatte keine Ahnung von dem, was ihr Mann spekuliert hatte, sie sagte »spinkeliert«, weinte laut und schlug die Schürze vors Gesicht. »Nun schnacken die Leute über einen und zeigen mit Fingern auf uns«, rief sie, »und dabei hab ich doch mit meinen Kindern immer nur Matjes mit Butter und Pellkartoffeln gegessen!«

»Und nun will ich *Sie* retten«, sagte mein Besucher, »das heißt, ich will Sie warnen.«

»Das ist sehr nett von Ihnen«, sagte ich.

Er deutete mit dem Daumen ins Ungewisse und sagte:

»Die wollen nämlich Ihr Haus stürmen – und denn – denn wollen die es auch noch anstecken.«

»Und warum?«

»Weil – Sie haben nicht geflaggt – das heißt, Sie haben nicht ›richtig‹ geflaggt! Sie haben

da – ist das nicht die Schleswigholsteinische?«

»Ganz recht.«

»Und darunter?«

»Das ist unsere Hausflagge, das Familienwappen, wissen Sie.«

»Hübsch«, sagte er und nickte.

»Und als wir sie zum ersten Mal hißten – damals lebte mein Mann noch –, da sagte ich, Gott beschütze dieses Haus und alle, die da gehen ein und aus.«

Er sah mich bekümmert an.

»Das gilt nun nicht mehr.«

»Doch«, sagte ich, »das gilt. Immer!«

Nun lächelte er wieder, stand auf, drehte die Mütze in den Händen, und sagte:

»Ich wollte Sie nur warnen!«

»Und das war sehr freundlich von Ihnen.«

Leise schlich er hinaus und verschwand in der Dunkelheit.

Göring hatte das Blockhaus am Lister Weg gemietet. Er wollte dort wohnen und in Kliffende essen.

Am Tage nach seiner Ankunft wurde davon geredet, daß er sich den Empfang anders vorgestellt habe. Am Abend hätte er eine Gaststätte besucht, und die anwesenden Gäste hätten kaum gegrüßt. Tags darauf kam er mittags nach Kliffende, eine Stunde, nachdem meine Gäste gegessen hatten. Finster blickend kam er herein und sah sich um. Sein Blick hellte sich auf, als er sah, daß ich allein im Eßzimmer war. Er grüßte und setzte sich an den für ihn gedeckten Tisch.

»Und hier darf ich nun essen?«

»Gewiß, so war es ausgemacht.«

Das Vorgericht wurde gebracht.

Er aß schweigend und mit Behagen, hin und wieder mir einen halben Blick zuwerfend. Dann ging er an den Schwedentisch und wählte mit Behagen gute Sachen.

»Sehr hübsch«, sagte er, »um diese Tageszeit kalte Sachen. Was? Etwa Rote Grütze? Ich dachte, das könnte nur meine Frau. Sie war Schwedin, wissen Sie?«

»Fühlen Sie sich wohl im Blockhaus?«

»Sehr. Genau so hatte ich es mir gedacht. Den Schreibtisch habe ich ans Fenster gerückt.«

Nach dem Mokka zündete er sich ein Zigarillo an, und wir gingen in die Bibliothek. Er betrachtete die Bücherreihen.

»Wie kam eine solche Bibliothek zustande?«

»Mein verstorbener Mann war Buchhändler und Antiquar.«

Er setzt sich in den Backensessel meines Großvaters.

»Das ist ein Stuhl! Wie sitzt es sich gut in den alten Sesseln!«

»Möchten Sie den ins Blockhaus haben?«

»Ich möchte nicht unbescheiden sein, aber, das ist so mein Format. Da lasse ich mir gleich ein Foto machen.«

Am nächsten Tag. Im Hause war es noch ruhig. Da hörte ich Marschmusik.

Von oben her kamen Menschen, Reiter, ein Musikzug, was konnte es sein?

Jetzt sah ich es. Die SA! Es wird den Ministern gelten, die bei mir wohnen.

Ich rief in die Anrichte hinein, um wecken zu lassen, aber niemand war da. Die haben wohl schon die Musik gehört. So ging ich selbst hinauf und klopfte an die Tür des Ministers Kerrl. (SA-Obergruppenführer Hans Kerrl, 1887–1941). Ich sagte, daß Musik zu hören ist und viele Menschen kommen, es werde wohl ihm gelten. Als Antwort hörte ich nur ein undeutliches Gemurmel, was mich wunderte.

Ich ging wieder hinunter, die Haustür stand offen, die Menschenmenge war angelangt, der Musikzug, Reiter, eine unabsehbare Menschenmenge.

Nun hörte ich eine laute Stimme. Es wurde eine Rede gehalten. Plötzlich Pfui-Rufe. Und »Die Besitzerin des Hauses hat es nicht für nötig befunden . . .« – wieder Pfui-Rufe. »Die Hakenkreuzfahne, sieghaftes Symbol des neuen nationalsozialistischen Deutschland . . .« Das galt also mir und nicht meinen Gästen.

Ich ging hinaus und stellte mich neben den Flaggenmast.

Die Rede ging weiter, so hatte ich Muße, die Reihen der vor mir Stehenden anzusehen.

Da waren die Nachbarn und Freunde, nun in Uniform, und wenn ich sie ansah, schlugen sie die Augen nieder. Ich wußte, manche hatten ungern dem Befehl Folge geleistet. In friedlichen Zeiten würden wir wieder zusammensitzen und über den heutigen Tag sprechen.

Am Flaggenmast wurde nun zur Tat geschritten, um das »bedauerliche Versäumnis« – »in feierlicher Flaggenparade« – »die Hakenkreuzflagge auch hier zu hissen« – »leihweise, für 24 Stunden zu treuen Händen« – »in der Hoffnung, daß es die SA nicht noch einmal nötig haben wird, hier eine Flaggenparade abzuhalten«.

Zorn stieg in mir hoch, ich würde eine Gegenrede halten. Aber nein – ich würde einen Brief schreiben. Musik setzte ein, das

225

Clara Tiedemann, Ex-Schauspielerin und Besitzerin des »Kliffende«, schrieb einen Brief an die SA, den Göring las und für gut befand.

Horst-Wessel-Lied wurde gesungen, alle erhoben den rechten Arm – ich nicht –, und unter klingendem Spiel setzte sich die Menschenmenge zum Rückzug in Bewegung. Die Zeitungen brachten es am nächsten Tag in langen Spalten. Voll Verachtung für das Versäumnis der Frau Tiedemann.

Ich ging ins Haus, um den Brief zu schreiben. In meinem Arbeitszimmer saß die Frau des Ministers. Sie schluchzte herzzerbrechend und sagte:

»Es tut meinem Mann so leid.«

»Was tut ihm leid?«

»Daß Ihnen das passieren mußte.«

»Ach. Dann wußte er davon?«

»Das ist es ja, was ihm so leid tut, er hätte es Ihnen sagen müssen.«

»Ja.«

Es wurde wieder drei Uhr, ehe Göring zum Frühstück kam. Heute grüßte er sehr freundlich, sah mich aber mit halbem Blick an, als habe er schon etwas gehört.

Während er sein Vorgericht verzehrte, plauderte er vergnügt von der Schönheit der Insel – er war zu Pferde unterwegs gewesen –, von dem herrlichen Strand und den guten Pferden.

Ich ließ ihn in Ruhe zu seinem Mokka kommen und wartete, bis er sein Zigarillo angezündet hatte.

»Warum nehmen Sie nicht Platz?«

»Darf ich erst eine private Frage an Sie richten, Herr Ministerpräsident?«

»Bitte.«

»Bei mir war heute morgen die SA. Mit vierhundert Mann, Flaggen, Reiterkorps und so weiter. Ich schrieb eine Antwort an die SA, und ich möchte Sie bitten, den Brief an die richtige Stelle zu leiten.«

Ich übergab ihm den Brief. Schon die Anschrift rief ein kleines amüsiertes Lächeln hervor. »An die SA von Deutschland.« Er las den Brief.

»Der Brief ist gut«, sagte er, »und er wird bestimmt an die richtige Adresse kommen. – Nur im Augenblick – wissen Sie – im Augenblick stehe ich – stehen wir nicht so – die SA –« er schwieg eine Weile. »Die waren auch bei mir heute morgen. Ich war schon wütend auf diese Frau Tiedemann, ehe ich sie sah. Zum Donnerwetter, sagt ihr doch, daß sie flaggen soll, sagte ich. Hätten sie getan. Dann schickt ihr den Landrat! Hätten sie auch getan. Hätten sie das?«

»Der neue junge Landrat – ich kannte den alten, der nun abgesetzt ist – ja, der war bei mir, vom Flaggen hat er nichts gesagt.«

»Ja, ich soll aus Ihrem Blockhaus ausziehen. Es gäbe eine Menge treue Anhänger hier, die sich eine Ehre daraus machen würden, mich unterzubringen, während Sie –«

»So ist es, Herr Ministerpräsident, es würde mich so sehr interessieren, wie Sie persönlich über diese Flaggenparade denken.«

»Ja, Frau Tiedemann, es ist ja nun heute so, daß, wenn wir ins Ausland kommen, überall aus Höflichkeit die Flagge gehißt wird.«

»Aus Höflichkeit?! Ja, Herr Ministerpräsident, ist das nicht eine ganz andere Sicht? Aus Höflichkeit hätte ich gern geflaggt. Aber ich habe gedacht, wer die Hakenkreuzflagge hißt, bekennt damit: Ich bin Nationalsozialist, und hier weiß jeder, daß ich es nicht bin. Wäre es dann aber nicht richtig gewesen, wenn Ihre Herren Minister, die bei mir wohnen, es mir gesagt hätten?«

»Und die haben es nicht getan?«

»Nein.«

»Na also!« sagte er vergnügt. Er stand auf, lächelte und sagte:

»Heute sehe ich mir die schönen Mappenwerke an.« Und ging in die Bibliothek.

Am nächsten Morgen. »Peter, was ist mit der neuen Flagge?«

Peter, blond und blauäugig, herrschaftlicher Diener seines Zeichens, mit echtem Angeliter-Dialekt, sieht hinauf.

»Die Flagge? Wieso?«

»Die weht doch nicht, Peter!«

»Ja! Märkwürdig! Die weht nich. Hab ich auch schon chedacht!«

»Peter, wenn die Flagge da oben hängt, soll sie auch wehen. Sie haben sie festgetüdert.«

»Chetüdert? Ich? O kein Chedanke! Ich dachte auch schon, die andern alle, so schön! Und die, die will nich.«

»Also morgen früh weht sie, verstanden?«

»Chewis! Wenn Wind is.«

Mein Nachbar und Freund Professor Fritz Wiechert rief eines Tages bei mir an:

»Du mußt jetzt was unternehmen gegen diese Verdächtigungen, die über dich im Gange sind. Von überall her werde ich gefragt, was davon wahr ist. Ich darf dir gar nicht sagen, was für Strafen über dich verhängt worden sind – wie die Leute meinen.«

»Lieber Fritz«, sagte ich, »du bist doch ein kluger Mann. Hast du schon einmal gehört, daß man gegen Verdächtigungen angehen kann?«

»So bist du dagegen, daß man sich zur Wehr setzt bei so schwerwiegenden Verdächtigungen wie diesen, wo es sich um Spionage handelt?«

Daß diese Angelegenheit auch nach Berlin gedrungen war, sollte ich erst viel später erfahren.

Mit Freunden aus Holstein saß ich nach dem Krieg eines Abends am Kamin beim Wein, als Nikke Franzen, unser Bürgermeister, kam. Gern ließ er sich einladen, zu bleiben. Das Strandholz knackte im Kamin, und wir erzählten Geschichten, was Nikke besonders gut konnte.

Plötzlich sprang er auf, er war sehr erregt und rief:

»Ich muß das erzählen, einmal muß ich das erzählen. Damals mußte ich den Mund halten, aber nun sollen Sie es wissen.«

»Lieg ich da eines Abends im Bett, als das Telefon klingelt. Nanu, denk ich – kuk auf die Uhr – nach zwölf – was kann das sein?

»Bürgermeister Kampen! Wer da!« Nikke hatte einen imaginären Hörer ergriffen und hielt ihn ans Ohr. »Und was hör ich da?«

Er sah uns an, sprachlos, selbst in der Erinnerung.

»Berlin, Reichskanzlei, einen Augenblick, der Herr Reichsmarschall will Sie sprechen.«

»Mensch, Frau Tiedemann, ich denk ich soll umfallen.«

Nikke nahm nun stramme Haltung an und klappte die Hacken zusammen. »Sind Sie es, Franzen?«

»Jawoll, Herr Reichsmarschall!«

»Franzen, hören Sie genau zu. Wie geht es Frau Tiedemann?«

»Frau Tiedemann? Ich glaube, es geht ihr gut.«

»Was heißt das? Wann haben Sie sie zum letztenmal gesehen?«

»Das war, war das gestern, nee wart mal, das war vorgestern. Ja, sie war gesund und munter!«

»Franzen, wenn irgendwas ist, irgendwas geschieht mit Frau Tiedemann, will ich das sofort wissen. Ist das klar?«

»Jawoll, Herr Reichsmarschall!«

»Gut, Franzen, Ende!«

»Das war es, Frau Tiedemann, ich hab da viel an denken müssen. Er war ja, so mit uns einfachen Leuten war er ja sehr freundlich.«

Nikke setzte sich ganz erschöpft wieder in den Sessel.

Bei Nikke Franzen, Bürgermeister von Kampen, klingelt nachts das Telefon. Reichsmarschall Göring fragt ihn: »Wie geht es Frau Tiedemann?«

Anfang Juni 1934 sagte Göring sich zu einem Urlaub an, diesmal für Kliffende. Es kam aber eine Absage und einige Tage später ein telefonischer Anruf, er sei für einen Tag auf der Insel und würde gern in Kliffende frühstücken.

Nach dem Essen sah er sich die Zimmer im ersten Stock an und legte gleich das Datum fest.

Sein Begleiter sah mich an und sagte:

»Diesmal nun aber ganz bestimmt.«

Aber auch daraus wurde nichts.

Es war der 30. Juni, der Tag der Röhm-Revolte. □

227

»Den bring ich um«, drohte Hermann Göring

Nach 15 Abschüssen erhielt Hermann Göring als Jagdflieger im Ersten Weltkrieg den Pour le mérite. Damals lernte er Käthe Dorsch kennen. Seine Tochter Edda Göring sagte später: »Ich habe von meiner Mutter gehört, daß mein Vater mit der Dorsch verlobt war.« Käthe Dorsch, die mehrmals mit Göring auf Sylt war, besuchte die Insel auch nach dem Zweiten Weltkrieg wieder, einmal als Gast des Verlegers Suhrkamp in dessen Haus am Watt in Kampen (Foto ganz rechts).

1920 heiratete Käthe Dorsch den Schauspieler Harry Liedtke. »Den bring ich um«, drohte Hermann Göring. Die Ehe wurde 1928 wieder geschieden. Harry Liedtke fand 1945 den Tod: Beim Einmarsch der Sowjets in Berlin wurde er von einem Russen mit einer Bierflasche erschlagen. Göring nahm im Oktober 1946 im Gefängnis von Nürnberg Gift und entzog sich so dem Henker. Käthe Dorsch starb 1957 in der Klinik Lauda bei Wien an einem Leberleiden im Alter von 67 Jahren.

Sie sahen und sie liebten sich: der junge Held und die schöne Soubrette, Hermann Göring und Käthe Dorsch. Mitten im Ersten Weltkrieg erblühte ihre Romanze. Er war damals Leutnant und Jagdflieger, noch nicht dick, und mit der höchsten Tapferkeitsauszeichnung dekoriert. Sie war drei Jahre älter und von betörendem Liebreiz. Bei einem Urlaub in Berlin hatte er am Bühneneingang auf sie gewartet. Käthe Dorsch später: »Damals war er wirklich ein netter Kerl.«

Später vertrauten sie ihre Leidenschaft der Feldpost an. Sie wollten heiraten. Doch dann versank das Kaiserreich, und Käthe Dorsch lernte Deutschlands begehrtesten Stummfilm-Liebhaber kennen: Harry Liedtke. 1920 heiratete sie ihn. »Ich bringe ihn um«, drohte Göring per Post. Aber als ihm Käthe Dorsch ihn dann vorstellte, »sagte er Liedtke nur, er werde ihm die Ohren abreißen, sollte er jemals hören, daß er die Dorsch nicht gut behandle« (so der Autor und Dorsch-Freund Curt Riess).

Zwei Jahre später heiratete auch Göring. Als das Dritte Reich anbrach, war die Dorsch geschieden und Göring Witwer.

Ihre Freundschaft mit Göring nutzte nun die Dorsch, um in Not geratenen Menschen zu helfen. So holte sie den Grafen Henckel von Donnersmarck aus dem KZ. Warnte den Schauspieler Hubert von Meyerinck: »Türme, Hupsi, Himmler ist hinter Dir her!« Sagte zum Dichter Carl Zuckmayer: »Wenn sie dich hopp nehmen, dann lauf ich zu Göring und heul so lange, bis sie dich wieder herauslassen.«

1933, im Jahr der nationalsozialistischen Machtergreifung, vermittelte Käthe Dorsch auf Sylt einen Besuch Görings bei ihrer Bekannten Bimba Baldner, der jüdischen Besitzerin des »Klenderhofs« in Kampen (siehe Seite 208 f.). Damals war Göring schon mit der Schauspielerin Emmy Sonnemann liiert. 1935 heirateten die beiden. Käthe Dorsch übertrug ihre Freundschaft auch auf Görings neue Frau. Nach dem Zweiten Weltkrieg, als Emmy Göring verfemt in Armut lebte, überwies sie ihr eine monatliche Unterstützung.

Nachdem Hermann Göring 1946 vom Militärtribunal der Siegermächte zum Tode verurteilt worden war, meinte Käthe Dorsch zu ihrem Freund Curt Riess: »Es ist traurig, aber er hat die Strafe wohl verdient.« □

Aus Maschinengewehren wurde Porzellan

Die gestrandete »Adrar«: Gerüchte wollen wissen, das 5872 BRT große Schiff habe Kriegs- material für Abessi- nien geladen, und deshalb sei das deutsche Panzer- schiff »Admiral Scheer« hinter dem Franzosen her gewe- sen. Tatsächlich aber war die »Adrar« aus Afrika gekommen und hatte in Ham- burg 20 Tonnen Stückgut, vor allem Porzellan, zugela- den. Dann war sie wieder auf Afrika- Kurs gegangen.

So kam »Abessinien« zu seinem Namen

Von Ernst von Salomon

Selten hatte die Insel einen so stürmischen Herbst erlebt wie den des Jahres 1935. Am 19. Oktober wuchs sich der Sturm zu einem Orkan aus, der sich in der Nacht noch steigerte. Die Rettungsstationen waren in höchster Alarmbereitschaft. Es waren etwa 50 Schiffe in Seenot gemeldet. Eines von ihnen wurde abends gegen 21 Uhr vor Westerland gesichtet. Es kam gegen ein Uhr nachts der Kampener Wache außer Sicht. Um zwei Uhr nachts kam die Meldung, ein Schiff sei in der Höhe der Blidselbucht gestrandet. Kaum war die Meldung eingelaufen – und man sah vier bis fünf Raketen, die Notsignale – da setzten sich die drei Gerätewagen der Rettungsstation, unterstützt von Mannschaften aus Westerland, in Marsch. Eine Straße nach List gab es damals noch nicht. Die Fremden, die sich auf der Insel so wohl fühlten, glaubten, ihre einheimischen Gastgeber und Wirte zu kennen. Aber sie hatten offenbar ein ganz falsches Bild von ihnen. Das konnten sie jetzt berichtigen. Denn diese Männer schienen plötzlich über sich hinausgewachsen zu sein. Sie wirkten in ihrem Ölzeug wie die Riesen, die einst mit den Puken des Zwergenkönigs Finn kämpften. Sie griffen in die Räder und kämpften sich Schritt um Schritt gegen den Orkan vorwärts, quer über die Dünen. Die Fackeln hatte der Sturm längst ausgelöscht, Jürgen Bleicken, der Strandvogt, war mit einer Stablampe bewaffnet und dirigierte die Wagen zielsicher durch die Urlandschaft von Sand und Heide, die der Sturm peitschte, und durch die Moore, in welche der Regen prasselte. Die Männer brauchten vier Stunden, bis sie an die Dünen gelangten, vor denen der französische Dampfer »Adrar« mit seinen 6000 Tonnen auf dem Strande lag. Da zeigten die Kampener Rettungsleute erneut, was sie konnten. Willi Sönksen, Martin Knudsen, Jens Jepsen und Jens Johannsen bauten die Geräte auf und schossen die Raketen. Die dritte stellte schon die Verbindung zum Schiff her. Ein Schiffsoffizier und zwei Mann wurden mit der Hosenboje an Land gezogen. Aber es gelang keinem der Rettungsleute, an Bord zu kommen. Der Kapitän der »Adrar« hatte die Anker seewärts ausgeworfen. Denn er wollte sich nicht »gestrandet« wissen. Er dankte für weitere Hilfe und galt das bisher

Geleistete mit einer Flasche Kognak ab. Der Schiffsoffizier wolle nur telefonieren, um seiner Reederei Meldung zu erstatten und Seeschlepper anzufordern.

Gegen Mittag kehrten die Rettungsmänner in ihre Häuser zurück. Bestürmt von den zahlreichen Neugierigen, schwiegen sie über alle Einzelheiten. Und so wurde das Drama zu einem Satyrspiel.

Um die Strandung der »Adrar« wob sich ein Nebel des Geheimnisses. Einzelheiten sikkerten durch: Die »Adrar« hatte auf der Höhe von Helgoland Ruderschaden gehabt und war langsam auf die Küste zugetrieben worden. Woher kam sie? Aus Hamburg? Und wohin sollte die Fahrt gehen? Nach Nordafrika! Und was hatte sie geladen? Kleine Maschinen, hieß es.

Aber warum war sofort der Panzerkreuzer »Admiral Scheer« herbeigeeilt und lauerte nun auf das wracke und gestrandete Schiff? Warum ließ der Kapitän keinen Mann an Bord und erteilte keine Auskunft? Was war los mit der »Adrar«?

Mussolini hatte sich gerade mit dem Negus von Abessinien angelegt, und er hatte einen Freund, der den Diktator mit allen Mitteln unterstützte. Und die kleinen Maschinen, waren das Maschinengewehre oder gar kleine Kanonen? Aus Hamburg? Darum also ein französisches Schiff, gechartert von Waffenhändlern, mit Ziel Abessinien? Darum die »Admiral Scheer«, darum auch die Verschwiegenheit der offiziellen Stellen? Nichts wußte man, aber alles war zu ahnen.

Und nun begann die große Wanderung der Neugierigen zur Blidselbuchthöhe. Da lag das Schiff mit steiler Bordwand, und droben an der Reling stand die fremde Mannschaft und langweilte sich. Der Kapitän Litzelmann ließ niemanden an Bord.

Die Seeschlepper kamen und versuchten, das Schiff freizubekommen. Bald mußten sie erfolglos wieder heimkehren. Die »Adrar« blieb den ganzen Winter durch am Strand liegen, rutschte nur ein bißchen hin und her. Und der Frühling kam, und es kamen die Badegäste, und zu deren Programm gehörte ein Ausflug zur »Adrar« mit ihrem Geheimnis. Es kamen die Nackedei-Mädchen und aalten sich im Sand dicht vor der Bordwand, und die armen Franzosen standen droben und stierten sehnsüchtig.

Geflüster und Gewisper weiterhin. Der Dampfer war nicht freizukriegen. Runde neun Monate war die Mannschaft der »Adrar« an Bord gefangen. Mord und Totschlag soll bei ihnen gang und gäbe gewesen sein. Sie bekamen zwar gute Verpflegung, aber keinen Ausgang. Selbst im Sommer durften sie nicht auf den Strand.

Auch waren Neger und Chinesen an Bord, und überhaupt sprachen nur wenige das Französisch, das von unten zu ihnen hinaufgerufen wurde. Nur einer der Schiffsoffiziere, der jüngste des Schiffes, ein Funker, der immer wieder die zerbrochenen Antennen zu flicken und die lädierten Apparate wieder in Ordnung zu bringen verstand, bat um etwas, was jedermann wunderte: Er bat um französische Lektüre.

Einige Badegäste gingen von Haus zu Haus und sammelten französische Bücher. Es waren nur wenige, die zusammenkamen, aber endlich löste sich doch die Zunge des dankbaren Mannes. »Jamais de ma vie«, sagte er emphatisch, »j'ai vue une ile déserte comme ça! Nom de Dieu, rien que le sable et la mer!« Niemals habe er eine so trostlose Insel gesehen wie diese. »Oh Gott, nichts als Sand und Meer!«

Das war endlich ein Ansatzpunkt der deutsch-französischen Verständigung, und sofort wurde der brave Funker aufgefordert, er solle doch zugeben: Das Schiff sollte nach Abessinien!

Da nickte der Franzose und rief: »Mais oui!« und hob seine Hände wie segnend über den Strand und rief: »Voilà!« Fortan pilgerte man, wenn man das Wrack zum Ziel hatte, »nach Abessinien«.

Dann kam der Tag, als die Reederei der »Adrar« berechnen konnte, daß die Kosten der Bergungsversuche den Schrottwert überschreiten würden. Der Dampfer wurde an die Bugsiergesellschaft verkauft und von der Mannschaft verlassen, und am 17. August 1936 verbreitete sich die Nachricht, die »Adrar« sei flottgekommen und abgerauscht, von den Schleppern der »Bugsier« geleitet.

Nichts blieb mehr von der »Adrar« zurück als ihr Geheimnis und der Name »Abessinien« für den Strand, der sich von Kampen bis zur Höhe von Buhne 31 dehnt.

Zusatz: Nichts von dem, was über die »Adrar« geflüstert und gewispert wurde, entsprach der Wahrheit. Das Schiff hatte keine Maschinengewehre an Bord gehabt, sondern Porzellan. □

Auf dem Weg von Hamburg nach Antwerpen geriet die »Adrar« zwischen Helgoland und Borkum in einen Orkan: Maschinenschaden und Bruch des Hauptruders. Hilflos trieb das Wrack, dessen Rumpf noch Holzstämme sowie 100 Tonnen Palmöl und Palmkern aus Afrika barg, nordöstlich auf die Küste Schleswig-Holsteins zu. Seine SOS-Signale riefen die »Admiral Scheer« herbei. Doch als das Wasser zu flach wurde, mußte das tiefergehende Kriegsschiff abdrehen. Die »Adrar« lief am Weststrand in der Höhe der Blidselbucht auf Grund.

Wo einst die »Ad-
rar« festsaß, ist
heute »Abessinien«,
der Nacktbade-
strand von Sylt.

Nackt – von Himmlers Gnaden

Nackttanz am Strand: Der Maler Magnus Weidemann fotografierte dieses Bild und schrieb: »Das Nacktbaden erzieht ein neues Menschentum.«

Derselbe Mann, der den Deutschen die Konzentrationslager einrichtete, legalisierte auch das Nacktbaden: Reichsführer SS Heinrich Himmler. Am 10. Juli 1942 erließ er als Reichsminister des Innern eine »Polizeiverordnung zur Regelung des Badewesens«.

Deren Paragraph 3 bestimmte: »Einzelne Personen oder Personengruppen gleichen oder verschiedenen Geschlechts dürfen auch öffentlich nackt baden, wenn sie unter den gegebenen Umständen annehmen können, daß sie von unbeteiligten Personen nicht gesehen werden, insbesondere auf einem Gelände, das hierzu freigegeben worden ist.«

Für die Sylter wurde die Himmlersche Verordnung zum Geschenk. Heute ist das Nacktbaden *die* Geschäftsgrundlage der Insel:

- Fast 70 Prozent aller Feriengäste bevorzugen die Nacktbade-Strände (darunter 10 Prozent mehr Männer als Frauen).
- Mehr als 8 Prozent reisen nur deswegen auf die Insel.

Dabei ist das Nacktbaden keineswegs eine Erfindung der Kurgäste. Die Sylter selbst waren es, die schon um die Mitte des vergangenen Jahrhunderts als erste »oben und unten ohne« ins Meer stiegen. Der damals auf der Insel praktizierende Badearzt Dr. Jenner empfahl: »Unter allen Umständen bade man ohne Kleider!« (siehe Seite 130).

Unter dem Einfluß der Jugendbewegung entstand dann um die Jahrhundertwende die Freikörperkultur, auch Nacktkultur oder Naturismus genannt. Ihre Waffen im Feldzug gegen Textilien waren medizinische und hygienische, sittliche und ästhetische, politische und rassistische Argumente.

Pionier der Freikörperkultur war Karl Wilhelm Diefenbach (1851–1913). Er badete nackt in einem Steinbruch bei Höllriegelskreuth nahe München, zusammen mit seinen Kindern und Schülern, darunter dem späteren Jugendstilmaler Hugo Höppener, genannt Fidus (1868–1948).

Zur Jugendbewegung gehörte auch der Herausgeber der Zeitschrift »Kunstwart«, Ferdinand Avenarius, der sich 1903 in Kampen das Haus »Uhlenkamp« (siehe Seite 152) baute. In dessen Dach hatte er eine Vertiefung eingelassen, um sich ungeniert nackt sonnen zu können.

Schon 1904, nur zwei Jahre nach Eröffnung des ersten Familienbades in Westerland, wurde dort ein »Luft- und Sonnenbad« errichtet. Es lag hinter den Dünen in Höhe des nördlichen Strands von Westerland: Ein Holzgebäude, das keinen Einblick in seinen Innenhof gewährte. So faßte FKK Fuß auf Sylt.

Nach dem Ersten Weltkrieg – genau wie nach dem Zweiten Weltkrieg – erhielt die Freikörperkultur einen gewaltigen Schub, schwoll an und wurde zur Bewegung. Eine Entwicklung, die aus dem erhöhten Lebensgefühl einer Gesellschaft nach dem Blutzoll zweier schwerer Kriege zu erklären ist.

Da man hierzulande alles gründlich macht, besonders wenn es sich um Bewegungen handelt, erhielt die FKK-Bewegung in den zwanziger Jahren nicht nur mehrere Zeitschriften wie »Lachendes Leben« und »Die Freude«, sondern auch einen soliden philosophischen Unterbau.

Der Maler Magnus Weidemann, der 1926 Wohnsitz in Keitum nahm, veröffentlichte einen Aufsatz mit dem Titel »Deutsches Baden«. Darin prophezeite er:

● »Wenn Kinder in unserem Lichtgeist aufwachsen, kommt das giftige Unkraut der Lüsternheit in ihrer Seele gar nicht erst hoch.«

● Und: »Das nackte Baden erzieht ein neues Menschentum.«

Magnus Weidemann war genau wie Ferdinand Avenarius mit dem Kampener Arzt Knud Ahlborn befreundet, der 1919 zwischen Kampen und List das Jugendlager Klappholttal gegründet hatte. Es war dem »Bund Deutscher Lichtkämpfer« angeschlossen. Auch dort wurde nackt gebadet. Das war für alle Mitglieder Ehren- und Glaubenssache.

Als eines Tages 1925 der Regierungspräsident von Schleswig, Dr. Johannssen, in einem Anzug wohlverpackt zur Inspektion in Klappholttal erschien und sich einen Augenblick am Strand niederließ, um zu verschnaufen, wurde er denn auch sogleich von einer energischen Lichtkämpferin aufgefordert, entweder sich aus- oder noch besser weiterzuziehen.

Indes, der Herr Regierungspräsident war wohl doch nicht so zugeknöpft, wie er der jungen Dame erschien. Im selben Jahr 1927 erhielt Klappholttal eine landespolizeiliche Ausnahmegenehmigung zum Nacktbaden.

Sylts erster legaler FKK-Strand war damit geschaffen.

Allerdings war ihm nur eine kurze Lebenszeit beschieden. Als der Hindenburgdamm 1927 fertiggestellt wurde (siehe Seite 198) sorgten sich die Behörden um den Einfluß der Lichtkämpfer auf den erwarteten Fremdenverkehr und hoben die Ausnahmegenehmigung wieder auf.

Die FKK-Anhänger badeten und turnten weiterhin nackt, aber getrennt, Männlein und Weiblein in Sichtabstand. Das war zwar auch nicht legal, aber geduldet. Es lief ohne Zwischenfälle.

Im NS-Staat schließlich wurden alle Nacktbadezirkel in einem »Bund für Leibeszucht« gleichgeschaltet. Außerhalb dieses Bundes war, bis zu Himmlers Verordnung im Jahre 1942, für Nackedeis kein Platz im Tausendjährigen Reich vorgesehen.

Nach dem Zweiten Weltkrieg brach die zweite FKK-Flut über Sylt herein. Mit dem Passierschein Heinrich Himmlers. Diesmal war die Bewegung weniger idealistisch motiviert als in den zwanziger Jahren. Dafür wurde sie angetrieben von der Macht des deutschen Wirtschaftswunders und dem modernen Drang der Bundesrepublikaner nach Genuß, gemischt mit einer Prise Exihibitionismus und etwas Voyeurismus.

Da niemand sich so schnell und so gern auszieht wie weniger wohlgeformte Menschen, gewann die FKK-Bewegung auf Sylt bald Neckermann-Format.

Sexaufklärer Oswald Kolle drehte mit Ehefrau Marlies im Adamskostüm am Strand einen abendfüllenden Film, plauderte mit Tochter Cornelia vor der Kamera über Verhütungsmittel, sagte seinem Sohn Till seine Meinung über Selbstbefriedigung, weihte seinen Jüngsten Nino in die Grundbegriffe der Liebe ein.

Buhne 16 wurde unter dem Einfluß des Trends zur Textilfreiheit von der Schickeria erobert. Man küßte nackt der nackten Gnädigsten die Hand. Ein Butler mit weißen Handschuhen servierte den Nackten Champagner.

Kolumnist Martin Morlock beobachtete: »Teilnahmslos, als wäre Kampens Nacktstrand die Hamburger Mönckebergstraße, schwebt ein primäres Geschlechtsmerkmal am anderen vorüber, und wenn ein dazugehöriges Augenpaar, statt der Quallen zu achten, versehentlich seitwärts schweift,

Heute ist Nacktbaden die Geschäftsgrundlage der Insel – fast 70 Prozent aller Feriengäste bevorzugen die FKK-Strände.

Ende
des Strandabschnittes für Freikörperkultur.
Bitte
beachten Sie, dass ausserhalb des Abschnittes den Sie
jetzt verlassen, ein Baden oder Aufenthalt am Strande
ohne Bekleidung
nicht
erlaubt ist!   Sie ersparen sich ganz unnötigen Ärger!
Kurverwaltung Westerland

meint man, es blicke in ein Schaufenster voller Büromöbel.«

Die Textil-Anhänger gerieten in die Minderheit. Regisseur Boleslaw Barlog erinnerte sich an einen von ihnen, den Verleger Ernst Rowohlt mit seiner mächtigen Leibesfülle, wie an ein liebenswertes Fossil: »Er kam über den sogenannten Textilstrand nie hinaus. Er saß immer züchtig mit einer Badehose angetan am Strand, mit einem an den vier Ecken geknoteten Taschentuch als Sonnenschutz auf seinem blanken Schädel, und saß wie ein Buddha im Sande oder bis zum Halse im Wasser, wenn schwacher Wind das erlaubte. Das trug ihm von mir den Kosenamen ›Seehund‹ ein . . . Mich, der ich begeistert den Nacktbadestrand frequentierte, nannte er dagegen nur kurz und kernig ›altes Schwein‹.«

Nur einmal noch, im Sommer 1961, witterten die FKK-Anhänger Prüderie von Amts wegen auf der Insel: »Polizei-Aktion auf Sylt gegen Urlauber«, meldete »Bild«. 33 Polizisten hatten die Dünen hinter Westerlands FKK-Strand durchkämmt und 41 Strafzettel verteilt. Jedoch, das Auge des Gesetzes war nicht auf die Blößen der Badenden gerichtet. Es diente allein der Verteidigung frischangewachsenen Strandhafers des Küsten- und Dünenschutzes.

Die Nackten gehören heute zu Sylt wie die Friesen. Sie sind von der Insel nicht mehr zu vertreiben. List, Kampen, Wenningstedt, Westerland, Rantum und Hörnum erhielten FKK-Strände. Wie alle Strände gehören sie zwar dem Land Schleswig-Holstein, aber die Gemeinden haben gegen Zahlung einer Konzession das Nutzungsrecht erworben und üben das Hausrecht aus, indem sie Badeverordnungen erlassen. Fotografieren und der Besuch von Jugendlichen ohne Begleitung Erwachsener sind danach an Sylts FKK-Stränden untersagt. Freilich, auch diese Verbote stehen eigentlich nur auf dem Papier.

Sylts Nackedei-Revier ist inzwischen zu einem Markenzeichen geworden. Als eines Tages in der Mittelschule eines Ortes bei Heidelberg ein kleines Mädchen namens Gloria an die Weltkarte geschickt und gefragt wurde, wo denn wohl »Abessinien« läge, da nahm sie den Zeigestock und deutete ohne Zaudern, wenngleich leicht errötend, auf einen winzig kleinen Fleck vor der Nordseeküste . . .   □

Nach dem zweiten Weltkrieg brach die zweite FKK-Flut über Sylt herein. Diesmal war die Bewegung weniger idealistisch.

241

Finderlohn vom Feldmarschall

Meldung in der »Sylter Zeitung« über Hermann Görings verlorenen Dolch.

Feldmark

ge und in
Menschen
enden Da-
ber gehen.
die Mehr-
inbare, je-
t, auf der
nn nicht
ücken. Ein
elwelt auf
ie nützlich
. An der
enem" nach
letzten 20
eihe Weiß-
kelt haben
eine Hecke
cher Busch,
gegen die
schossen in
Büsche aus
der erste
n der Zeit
Vogelarten
d sondern
ner Schutz-

Herr Generalfeldmarschall Göring hat am Dienstag, 25. Juli, abends gegen 20.30 Uhr, auf einem Spaziergang in unmittelbarer Nähe des Restaurants Rösse beim Morsumkliff

einen Dolch verloren

(35-40 cm lang, 4 cm breit, mit roter Saffian-Scheide und vergoldetem Griff).

Finder wird gebeten, ihn gegen Belohnung im Hotel zum Kronprinzen, Wenningstedt abzugeben (Telefon 303)

in London
meisten am
der zusam
ation im
in der A
während d
Deutschlan
ten, Engl
zwischen h
und das
Japan ist
Wenn die
rechtzeitig
vor Begin
kommen r

Auf i
Wattwager
Vorderbei
Anscheinen
Wagengäst
das Tier r

In F
seninteress
e G.m.b.
sichtsrat

Göring bei seiner Ankunft auf Sylt. Noch trägt er den Dolch bei sich.

Einen Ehrendolch der faschistischen Miliz Italiens verlieh der Miliz-General Russo dem Preußischen Ministerpräsidenten und Reichsminister für Luftfahrt, Hermann Göring, als der 1937 den »Duce« Benito Mussolini in Italiens Hauptstadt besuchte.

Im Juli des gleichen Jahres machte der inzwischen zum Generalfeldmarschall beförderte Göring Urlaub auf Sylt und verlor bei einem Spaziergang das römische Prachtstück.

Am nächsten Tag erschien in der »Sylter Zeitung« eine Verlustmeldung – in fetten Buchstaben zwischen zwei Balken.

Als am Abend jenes Tages der damals 17 Jahre alte Morsumer Jungbauer Boy Thiessen von der Arbeit nach Hause kam, erzählte ihm sein Vater von dem verlorenen Dolch und einem ausgesetzten Finderlohn.

Vierzig Jahre später erinnerte sich Boy Thiessen:

»Ich wollte gleich los, doch Vater bremste mich mit dem Satz: ›Das hat gar keinen Zweck, da haben schon Kompanien vom Fliegerhorst und Arbeitsdienst stundenlang gesucht‹.

Ich hatte aber nichts besseres zu tun, schwang mich auf mein Rad und fuhr zum Cafe ›Nösse‹. Vom Wirt ließ ich mir erklären, wo Göring spazierengegangen war, und dann gingen wir zu dritt los: der Wirt vom Restaurant ›Nösse‹, Anton Schmidt aus Morsum und ich.

Nach 15 Minuten hatte ich Glück. Tief in der Heide versteckt sah ich den Griff des Dolches blinken.

Vom Restaurant ›Nösse‹ aus riefen wir bei Göring in Wenningstedt an. Sein Adjudant war am Telefon und versprach, daß sie gleich kommen würden.

Es dauerte auch wirklich nicht lange, da sahen wir am Ortsausgang Keitum eine große Staubwolke. Damals hatten wir ja nur Schotterstraßen. Im ersten dicken Mercedes saß Göring, im zweiten sein Adjudant.

Göring wollte unbedingt die Stelle sehen, wo ich den Dolch gefunden hatte, den er selber stundenlang vergeblich gesucht hatte.

Als ich sie ihm zeigen konnte, sagte er zu seinem Adjudanten: ›Na, dann rücken Sie mal mit der Belohnung raus!‹ Ich bekam hundert Mark, das war mehr als ein Monatslohn.« ☐

Der Generalfeldmarschall und das verlorene Prunkstück – mit vergoldetem Griff.

Der italienische Milizgeneral Russo (Mitte) hatte Göring den teuren Dolch überreicht.

Der Morsumer Jungbauer Boy Thiessen fand den verlorenen Dolch – und sah dann eine Staubwolke bei Keitum.

»Mensch Nöring,
wat bist du dick geworden!«

Schon nach Görings erstem Besuch 1933 machte Kampen ihn zum Ehrenbürger. An Wenningstedts Strand wurden Schilder aufgestellt, die verboten, ihn beim Baden zu fotografieren. Der Schriftsteller Ernst von Salomon berichtet: »Wäschereibesitzer Willi Sönksen aus Kampen sah einmal dem Bade des illustren Gastes zu, und gefragt, was er sich dabei denke, erwiderte er: Büschen was Menschliches sollte aber so ein hoher Herr doch auch haben!«

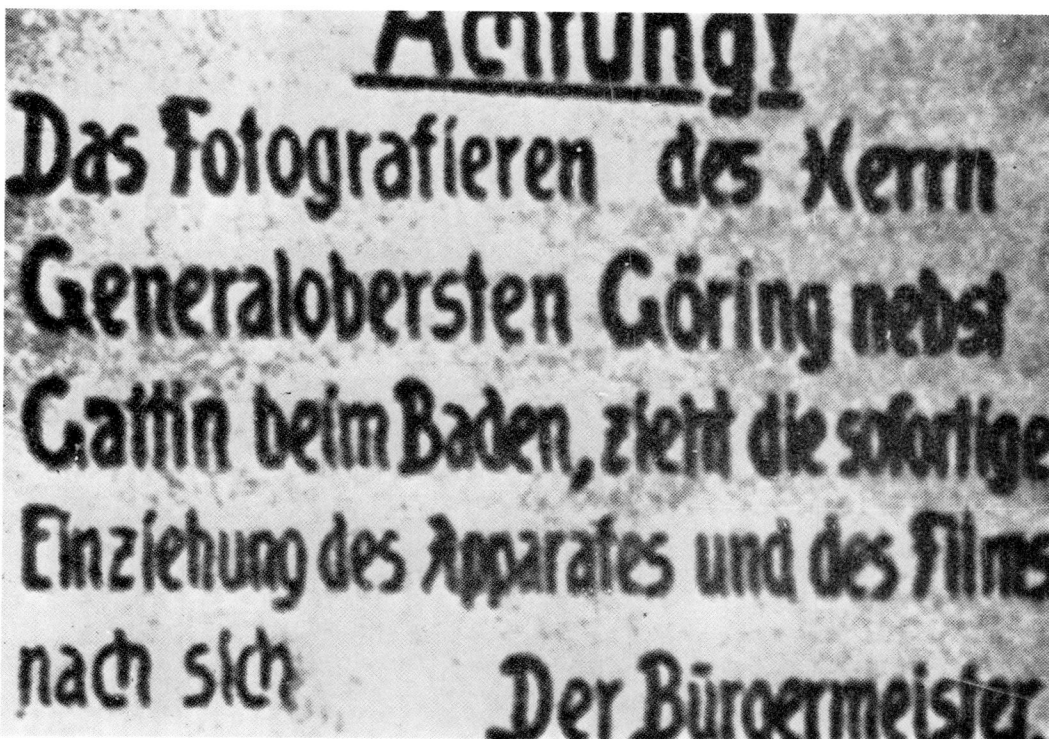

1933 machte Göring Urlaub in Kampen. Die Tänzerin Valeska Gert erinnerte sich später: »Ein SA-Mann buddelte neben unserem Korb eine Kuhle, stellte einen Strandkorb hinein und umrahmte die Burg mit einem Zaun. Als sie fertig war, schritt Hermann Göring gravitätisch über den Strand und zum Korb. Mein Freund, der Schauspieler Aribert Wäscher, sagte zu mir: ›Komm, wir lassen unseren Korb woanders hinstellen. Vielleicht schießt jemand auf Göring, zielt vorbei und trifft mich.‹«

244

1935 hatten Hermann Göring und Emmy Sonnemann geheiratet. 1936 stiegen sie noch einmal in Wenningstedts Hotel »Kronprinz« ab. Im nächsten Jahr aber bezogen sie ihr eigenes Haus »Min Lütten«. Es steht am Roten Kliff zwischen Wenningstedt und Kampen und war auf den Namen Emmy Görings eingetragen. Die ehemalige Schauspielerin hatte es von ihren Filmgagen für »Wilhelm Tell« und »Wachtmeister Schwenke« (mit Gustav Fröhlich) erbaut (Entwurf und Bauleitung Otto Heilmann). 1958 verkaufte sie es für 60 000 Mark an einen Kölner.

Einmal wollte Göring auf Sylt einen alten kernigen Friesen kennenlernen. Da wurde ihm der 97jährige Johannes Moritzen vorgestellt. Er, dessen Auge und Ohr durch Alter gelitten hatte, verwechselte Göring mit einem Sylter Uhrmacher namens Nöring: »Mensch Nöring, wat bist du dick geworden!« Der Bürgermeister griff ein: »Dat is doch nich Nöring, dat is de Feldmarschall Göring.« – »Göring?« fragte Moritzen, »de kenn ick nich!« Und schlurfte zurück in sein Haus.

Ein Zug darf nicht abfahren

Birger Dahlerus traf sich am 8. August 1939 mit Göring auf Sylt, um auf einer gemeinsamen Autofahrt den Frieden doch noch zu retten.

In den letzten Wochen vor Ausbruch des blutigsten Krieges der Geschichte versuchte ein Privatmann den Frieden zu retten: der Industrielle Birger Dahlerus. Zwölfmal reiste der schüchterne Schwede mit dem schütteren Haar zwischen dem 5. Juli und dem 4. September 1939 in geheimer Mission zwischen England und Deutschland hin und her. Er wurde von Adolf Hitler und vom Briten-Premier Neville Chamberlain empfangen. Achtzehnmal traf er in dieser Zeit mit Hermann Göring zusammen. Schauplatz einer dieser historischen Begegnungen war Sylt.

Dahlerus und Göring waren befreundet. Göring hatte als preußischer Ministerpräsident veranlaßt, daß der Schwede eine Deutsche heiraten durfte: Elisabeth Nissen (geborene Rabe), die Witwe des 1923 verstorbenen Gründers des Sönke-Nissen-Kooges bei Bredstedt. Und der Schwede hatte sich revanchiert, indem er Görings Stiefsohn Thomas von Kantzow in seinem Konzern unterbrachte.

Diese menschliche Beziehung zu Göring brachte Dahlerus – der ähnlich wichtige Kontakte in England besaß – auf die Idee, kurz vor Kriegsausbruch einen letzten Vermittlungsversuch zu wagen. Er schlug Göring eine Geheimkonferenz mit einflußreichen Briten vor. Göring stimmte zu.

Zunächst war als Treffpunkt das Schloß des Grafen Rosen in Schweden vorgesehen. Dort hatte einst Göring seine Frau kennengelernt. Er war daher von dem Platz begeistert. Indes: Die von Hitler verlangte Geheimhaltung konnte in Schweden nicht garantiert werden. Dahlerus bot darum als Alternative den Hof »Elisabethbay« seiner Frau in dem Sönke-Nissen-Koog an. Göring war einverstanden.

Am Nachmittag des 6. August 1939 traf in zwei Autos aus Hamburg kommend eine siebenköpfige britische Delegation unter Führung des konservativen Politikers Charles Spencer auf dem Hof »Elisabethbay« ein. Am nächsten Morgen kam Göring mit einem Sonderzug in Bredstedt an. In seiner Begleitung war der General der Flieger Bodenschatz.

Dahlerus stand am Bahnhof. Göring und er konferierten erst etwa eine Stunde im Zug. Dann fuhren sie gemeinsam zum Sönke-Nissen-Koog.

Dahlerus hatte alles getan, um dem neutralen Tagungsort schwedischen Charakter zu verleihen: Er hatte Schwedens Flagge gehisst, schwedische Gabelbissen und schwedischen Aquavit bereitgestellt.

Die Konferenz begann gegen 10 Uhr und dauerte über acht Stunden. Thomas von Kantzow, der an den Gesprächen teilnahm, war von dem Verhandlungsgeschick seines Stiefvaters Göring beeindruckt. »Er sprach die ganze Zeit in ruhigem Ton, blieb zuvorkommend und gleichmütig, was die anderen auch sagen mochten«, so erzählte er später. »Ich glaube, es ging ihm damals nicht gut. Er litt unter Schweißausbrüchen und sah oft abgespannt aus. Aber ich fand, er hat den deutschen Standpunkt gut vertreten. Und mir schien, auch die Briten waren beeindruckt, besonders, weil er genau zuhörte und nie versuchte, sie zu unterbrechen oder sich in den Vordergrund zu spielen.«

Dahlerus bezeichnete den Meinungsaustausch als »sehr herzlich«. Beim Lunch hob Göring sein Glas »auf den Frieden« und wünschte »Skål«. Beim Abschied prosteten Deutsche und Engländer einander zu.

Um 18.30 Uhr fuhr Göring mit dem Auto nach Niebüll und von dort mit dem Zug nach Sylt in sein Haus »Min Lütten« in Wenningstedt.

Die Engländer blieben mit Birger Dahlerus im Sönke-Nissen-Koog zurück und berieten das Ergebnis des geheimen Treffens: Beide Seiten waren übereingekommen, ihren Regierungen zu empfehlen, baldmöglichst eine Konferenz einzuberufen.

Hermann Göring verläßt den Bahnhof Westerland. Acht Stunden hatte er mit den Engländern verhandelt.

Nun kamen die Engländer zu der Ansicht, eine Vier-Mächte-Konferenz unter Einschluß Italiens und Frankreichs wäre noch besser.

Der schwedische Gastgeber Dahlerus wurde beauftragt, am nächsten Tag zu Göring nach Sylt zu fahren, um ihn darüber zu informieren. Über diesen Besuch berichtete Birger Dahlerus später: »Ich fuhr mit dem Zug 16.39 ab Niebüll nach Sylt und traf Göring am Bahnhof. Er schlug vor, eine Autofahrt über die Insel zu machen, um in Ruhe die neue Anregung zu besprechen. Während der Fahrt äußerte Göring seine Befriedigung über das Ergebnis des gestrigen Gesprächs und meinte, daß der Vorschlag einer Viermächtekonferenz auch für die Deutschen annehmbar sein könne.

»Göring hatte angeordnet, daß der letzte Zug von der Insel zum Festland auf mich warten solle. So geschah es auch. Ich traf mich mit Spencer in einer kleinen Bierkneipe in Niebüll. Spencer notierte sorgfältig den Bericht, den ich ihm über mein Gespräch in Sylt gab. Danach kehrte er mit seinen Kollegen nach London zurück.«

Wie von Hitler gewünscht, war das Treffen auf Sylt geheim geblieben. Niemand hatte etwas gemerkt. Der »Friesen-Courier« meldete über den Bredstedt-Besuch Görings, er habe „eine Besichtigungsfahrt im Sönke-Nissen-Koog" unternommen und sei »bei dem Bauer Rabe mit Bekannten aus Schweden abgestiegen«. Die »Husumer Nachrichten« spekulierten, Göring habe wohl »den abseitigen Marschenwinkel, wo er auch schwedische Bekannte antrifft«, aufgesucht, »um einmal wirklich Ruhe zu haben«.

Aus der geplanten Vier-Mächte-Konferenz zur Rettung des Friedens wurde dennoch nichts. Keine 14 Tage nach dem Gespräch auf Sylt wurde am 21. August 1939 der deutsch-sowjetische Nichtangriffspakt unterzeichnet. Hitler hatte jetzt den Rücken frei. Und für den Dahlerus-Freund Göring hatte er nur noch Spott: »Der weiß ja auch ganz genau, warum er keinen Krieg will, denn besser leben als jetzt kann er in einem Krieg nicht.«

Am 1. September 1939 fielen deutsche Truppen in Polen ein. Der Zweite Weltkrieg hatte begonnen. Sieben Jahre später, in den Ruinen des geschlagenen Deutschland, tauchte Birger Dahlerus noch einmal schemenhaft in der Weltgeschichte auf: als Zeuge im Nürnberger Prozeß gegen die Kriegsverbrecher.

Der britische Ankläger Sir David Maxwell-Fyfe fragte ihn, wer denn die Kosten der gescheiterten Vermittlungsaktion übernommen habe.

Dahlerus: »Beide Regierungen haben mir den Ersatz der Unkosten angeboten, aber ich habe das Angebot abgelehnt.«

Sir David: »Wie hoch stellten sich ungefähr die Kosten?«

Dahlerus: »Ich habe die Kosten ziemlich genau erfaßt. Sie stellten sich auf etwa 23 500 Dollar.«

Das Treffen auf Sylt eingeschlossen. ☐

»Als ob ein Tollhaus Ausgang hätte«

19. März 1940: Englische Bomber kurven über Hörnum. Es war der erste Luftangriff im Zweiten Weltkrieg auf deutsches Reichsgebiet. So sah ihn damals der Zeichner der »Illustrated London News«.

Daily Mirror

MAR 20

11,320   ONE PENNY

RAF BOMB SYLT
—ALL NIGHT
REVENGE

Nazi Plan

Changed
Her Mind

A girl who had broken off her
engagement and is now doing
war work, feared that her
soldier sweetheart would soon
be sent overseas

»Königliche Luftwaffe bombardiert Sylt – eine Nacht der Rache«, meldete stolz der »Daily Mirror« am Morgen nach dem Angriff.

Big Ben«, der Glockenturm von Englands Parlamentsgebäude, hatte schon die zehnte Abendstunde geschlagen. Aber noch immer waren die Volksvertreter Seiner Majestät damit beschäftigt, sich durch die Routine-Tagesordnung des 199. Kriegs-Tages zu wühlen, der 19. März 1940.

Da schob Luftfahrtminister Sir Kingsley Wood dem Premier Neville Chamberlain einen Zettel zu. Der Regierungschef las ihn, unterbrach die Debatte und machte von seinem Recht Gebrauch, jederzeit das Wort ergreifen zu dürfen.

Chamberlain stand auf. Plötzlich waren die vor sich hindösenden Abgeordneten hellwach. »In diesem Augenblick« erklärte der Premier, »bombardieren unsere Flugzeuge Sylt.«

Dann, immer wieder von lärmendem Beifall unterbrochen, verlas Chamberlain das ihm zugesteckte Kommuniqué:

„Die Royal Air Force hat den Luftstützpunkt Hörnum auf der Insel Sylt angegriffen und schwere Schäden verursacht . . . Es ist einer jener Stützpunkte, von denen aus deutsche Bomber gegen unsere Kriegs- und Handelsmarine operieren . . . Ich kann Ihnen mitteilen, daß der Angriff zur Stunde noch andauert.«

Jubel erfüllte das Unterhaus. Seit einem halben Jahr befand sich England im Krieg mit Deutschland. Gute Nachrichten hatte es in dieser Zeit selten gegeben. Die Wehrmacht hatte Polen überrannt. Ein deutsches U-Boot unter Kapitänleutnant Prien war bis in das Allerheiligste der Royal Navy, bis in die Bucht von Scapa Flow, vorgedrungen und hatte dort den schwerbestückten Flug-

zeugträger »Ark Royal« versenkt. Und vor drei Tagen war dieser britische Flottenstützpunkt auf den Orkney-Inseln auch noch aus der Luft attackiert worden: 15 auf Westerland stationierte Bomber des Kampfgeschwaders 30 hatten etwa 121 Bomben abgeworfen.

Am 19. März 1940, 72 Stunden später, starten 50 britische Maschinen zum Vergeltungsüberfall auf Sylt: 30 Whitleys und 20 Hampdens.

Das Kommando der Operation führte Wing-Commander William (»Knackt sie«) Staton, der bereits im Ersten Weltkrieg als 19jähriger Pilot 25 Deutsche abgeschossen hatte. Viele seiner Männer waren unerfahren. Der Jüngste war erst 19 Jahre alt, ein anderer hatte gerade einen Tag vor dem Einsatz geheiratet.

Das Wetter war schlecht. Nebel waberte über der See. Aber Sylt glitzerte im Mondlicht. Welle auf Welle der britischen Maschinen dröhnte heran: Um 19.57 Uhr hatte die erste das Ziel erreicht, um 20.57 Uhr die zweite, um 21.16 die dritte. Die Angriffshöhen schwankten zwischen 300 und 3000 Metern.

Bomben detonierten. Leuchtspur-Munition zog farbige Bahnen des Todes über den Himmel. Die deutsche Flak feuerte aus allen Rohren. Scheinwerfer tasteten die Wolkendecke ab.

»Es war, als ob ein Tollhaus Ausgang hätte«, erinnerte sich später ein 22jähriger Pilot aus Neuseeland. In Tondern und auf Röm strömten Dänen ins Freie, um dem grausigen Feuerwerk zuzusehen.

Ein Brite warf seine explosive Last auf den

250

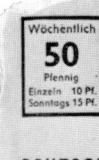

MORGENPOST

Wöchentlich
50 Pfennig
Einzeln 10 Pf.
Sonntags 15 Pf.

DEUTSCHER VERLAG

Verlag und Schriftleitung Berlin SW 68, Kochstraße 22-26. Fernsprech-Sammel-Nummer 17 49 01. Draht-Anschrift: Deutscherverlag Berlin. Postscheck-Konto: Deutscher Verlag, Berlin 660. Monatlich 2 Mark 15 durch Boten; durch die Post 2 Mark 10 (einschließlich 39,52 Pfennig Postgebühren), dazu 36 Pfennig Bestellgeld. Bei

42. Jahr / Freitag, 22. März 1940 / Nr. 70

Diese Beweisführung hatte Churchill nicht erwartet:

Ausländer sahen auf Sylt, wie England lügt! / Der „Erfolg" des englischen „Angriffs" neutralen Pressevertretern vor Augen geführt

Generaloberst von Brauchitsch

Zu seinem 40jährigen Dienstjubiläum

Am 22. März 1900 trat der damalige Seletaner Walter von Brauchitsch aus der Kadettenanstalt Lichterfelde in ein Berliner Garde-Regiment als Leutnant ein. Vierzig Jahre später begegnen wir ihm an der Spitze des deutschen Heeres.

Auf eine 40jährige ununterbrochene militärische Dienstzeit zurückblicken zu können, ist nicht jedem beschieden. Nur ganz wenigen aber ist es vergönnt, eine Laufbahn wie die heutigen Generaloberst...

Hindenburgdamm, ein anderer zwei Bomben in den Hafen von List.

Kaum hatten die ersten Angreifer abgedreht, funkten sie ihre erste Erfolgsmeldung 400 Meilen über den Atlantik nach London, wo sie Premier Chamberlain im Unterhaus erreichte.

So geschah es zum ersten Mal in der britischen Geschichte, daß eine militärische Aktion im Parlament bekanntgegeben werden konnte, während sie noch lief.

Sieben Stunden dauerte der Angriff. Am 20. März morgens um 6.30 Uhr landete der letzte englische Bomber wieder in seinem Einsatzhafen. Bis auf eine Whitley waren alle Maschinen heil heimgekehrt. Insgesamt hatten sie 40 Bomben zu je 225 Kilo und 84 Bomben zu je 110 Kilo sowie 1200 Brandsätze auf Sylt abgeworfen.

Das war die Rache der Briten für Scapa Flow. »Die Aktion ist die Antwort auf den Angriff gegen unsere Marinestützpunkte auf den Orkneys«, erklärte Premierminister Neville Chamberlain in jener Nacht im Unterhaus.

Allerdings: Wie die Deutschen nach Scapa Flow, so bauschten auch die Engländer nach Sylt ihre Erfolge über die Maßen auf. Die »schweren Schäden«, von denen der Premier gesprochen hatte, existierten nicht. Die meisten Bomben waren ins Meer gefallen. Die Hangars, Flugzeuge und Rollbahnen, der Hindenburgdamm, ein Schwimmkran und die Munitionslager, auf die es die Engländer abgesehen hatten, waren unzerstört. Nur eine Holzhütte war abgebrannt und ein Haus war zerbombt. Das genügte für die Erfolgsmeldung im Parlament.

Dennoch markiert die Operation gegen Sylt eine Wendemarke im Zweiten Weltkrieg. Es war der erste Angriff der Royal Air Force auf deutsches Reichsgebiet. Bis dahin war die englische Luftwaffe »bedauerlicherweise in moralische Fragen« verstrickt gewesen, wie es der Luftmarschall Sir Arthur Harris später formulierte, und hatte mit Rücksicht auf die Zivilbevölkerung von solchen Operationen abgesehen.

Nun war der Bann gebrochen, das Tabu zerstört. Deutsche und Engländer hatten gemeinsam einen Weg beschritten, an dessen Ende der Bombenkrieg gegen Frauen und Kinder stand. □

Die Faust des britischen Piloten zerschlägt den deutschen Stützpunkt Sylt – so stellte es der Zeichner des »Daily Mirror« dar.

Eine Insel im Krieg

Im Zweiten Weltkrieg verwandelte sich die Insel der Aphrodite zum Stützpunkt des Mars. Vom Ellenbogen bis nach Hörnum hatte man eine Bunkerkette durch die Westdünen geschaffen, um gegen eine Invasion des Feindes gewappnet zu sein. Sie schützte vier Fliegerhorste: List, Westerland, Rantum und Hörnum. Statt der Kurgäste sonnten sich Landser am Strand. Bis zu 10 000 Soldaten waren auf Sylt stationiert.

Auf dem West-Ellenbogen, in unmittelbarer Nähe des Leuchtturms, war die Sperr-Batterie »Zenker« der Marine-Artillerie stationiert: zwei 15-cm-Geschütze (»Anton« und »Bruno«), die genau einem Zwillingsturm der Mittel-Artillerie auf den Schlachtschiffen »Gneisenau« und »Scharnhorst« entsprachen. Insgesamt lagen 16 Batterien (Flak und Marine-Artillerie) auf der Insel.

252

Flak-Soldaten feuern über dem Grab eines toten Kameraden Salut. Er fiel bei einem Bomben-Angriff. Feindliche Soldaten sahen die auf Sylt stationierten Einheiten erst, als in den letzten Kriegstagen britische Panzer über die Schienen des Hindenburgdammes auf die Insel rumpelten. Sylt kapitulierte ohne Gegenwehr.

Am Strand ist eine Mine explodiert. Ihr Luftdruck hat an Westerlands Kurpromenade Fenster zerspringen lassen. »Teufelseier« nannten die Sylter die Bomben des Meeres. Nach jedem Sturm lag der Strand voll davon. Die größten waren bis zu anderthalb Meter hoch. Der Sprengmeister von Sylt entschärfte Hunderte von ihnen und erhielt dafür das Deutsche Kreuz in Gold.

Vater und Sohn – ein deutsches Schicksal

Die Familie Mungard vor ihrem Haus in Keitum. Von links nach rechts: Jens Mungard und Ehefrau Annemarie, Nann Mungard, auf den Knien Enkelin Elisabeth, Hofrat Reutsch aus Dresden, ein Freund der Familie.

Am 15. Februar 1940 erhielt die Rote-Kreuz-Schwester Elisabeth Mungard ein Telegramm: »Vater an Körperschwäche verstorben.« Unterschrieben war die Todesnachricht mit einem Wort: »Kommandant«. Und auch die Ortsangabe des Absenders fehlte in dem korrekten Schriftstück nicht: »Sachsenhausen.«

Der Sylter Jens Mungard, der bedeutendste Dichter in Sylter Friesisch, war in einem deutschen Konzentrationslager umgekommen.

Jens Mungard war, was es nur selten gibt: eines großen Mannes großer Sohn.

Sein Vater Nann Peter Mungard war 1849 in Keitum geboren worden. Schon mit 14 Jahren ging das Schuhmacher-Kind als Schiffsjunge zur See. Nann Mungard wurde Steuermann und Kapitän.

Mit 35 Jahren heiratete er die Kapitänstochter Elisabeth Schwennen. Sie gebar ihm zwei Söhne: Jens Emil (1885) und Claas Niels (1886). Kurz darauf starb sie (1888). Zwei Jahre später ehelichte der Witwer ihre Schwester Louise Ingeline Schwennen in Keitum. Die Ehe blieb kinderlos. Doch die beiden Söhne Jens und Claas hatten nun eine neue Mutter. 1909 starb auch sie.

Seit er in den Ehestand getreten war, fuhr Nann Mungard nicht mehr zur See. Sein Gesundheitszustand war zu schlecht. Er hatte eine nässende Flechte an beiden Beinen.

Der Kapitän ließ sich darum in Keitum östlich der Kirche hoch über dem Watt als Landwirt nieder. In 25 Jahren baute er seinen Betrieb zum größten Bauernhof der Insel aus. Noch vor dem Ersten Weltkrieg hatte er 24 Hektar unter dem Pflug. Er war Pionier der Heidekultivierung.

Doch die Landwirtschaft war Nann Mungard nicht genug. Sein Herz hing an Sprache und Brauch der Friesen. Er machte sich daran, das erste Wörterbuch in Sylter Friesisch zusammenzustellen.

Sein Freund und späterer Verleger Carl Meyer aus Westerland erinnerte sich: »Abend für Abend saß er über seiner Wortsammlung, nachdem die Tagesstunden durch schwere körperliche Arbeiten in der Landwirtschaft beansprucht waren. Es kam vor, daß ihm bei der Landarbeit ein wichtiges friesisches Wort einfiel. Dann ließ er Pflug und Pferde auf dem Felde stehen und eilte nach Hause, um das Wort aufzuschreiben.«

1909, im gleichen Jahr, in dem seine zweite Frau starb, kam das Wörterbuch unter dem Titel »For Söl'ring Spraak en Wiis« (»Für

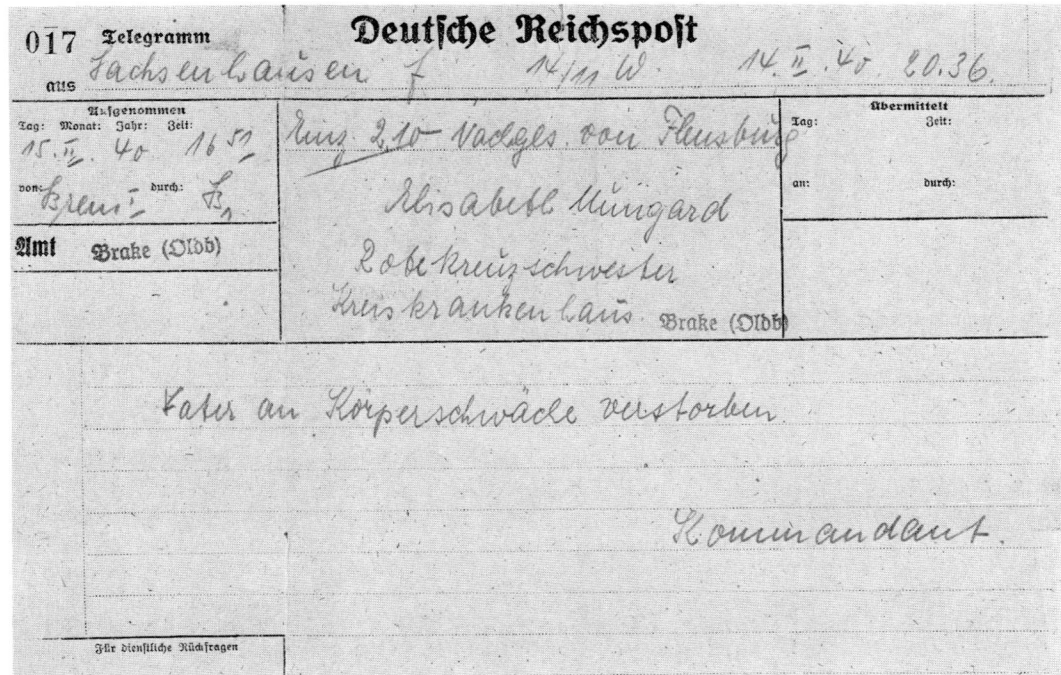

Deutsche Reichspost

Dieses Telegramm aus dem Konzentrationslager Sachsenhausen an die Tochter von Jens Mungard bringt die Nachricht vom Tode des größten Dichters des Sylter Friesisch.

Sylter Sprache und Art«) heraus. Nann Mungard übergab seinen Hof seinem Sohn Jens, um sich fortan noch intensiver als bisher seinen Studien widmen zu können. Er knüpfte Kontakte nach den Niederlanden und Dänemark, wurde Ehrenmitglied der westfriesischen »Selskip for Fryske Täl en Skriftenkennisse« und hochgeachtetes Mitglied des »Nordfriesischen Vereins für Heimatkunde und Heimatliebe«.

Aber er war auch ein unbequemer Mann. Im Ersten Weltkrieg erreichte er durch eine Intervention bei Kaiser Wilhelm II, daß der selbstherrliche Oberst Kroog von der Insel fort an die Front versetzt wurde.

Nann Mungards spezielle Widersacher indes waren die Sylter Pastoren, die viele seiner geliebten Friesenbräuche als heidnisch ansahen.

Einmal hatte der damalige Pastor Rienau in Keitums Kirche verkündet, der alte Briefträger Johannes Otzen werde in den nächsten Tagen mit einer Liste von Haus zu Haus gehen, um für die Kirche zu sammeln. Man solle ihn nett aufnehmen. Als nun Johannes Otzen am Haus des Nann Mungard anklopfte, ließ der Hausherr Kaffee und Kuchen auftischen, unterhielt sich mit dem Briefträger und bot ihm eine gute Zigarre an. Doch

als Johannes Otzen schließlich pflichtgemäß um eine Spende bat, wehrte Mungard ab: »Der Pastor hat gesagt, wir sollen dich gut aufnehmen. Und das haben wir getan.« Als die drei Sylter Pastoren Bahnsen, Rienau und Gleis gegen die vorchristliche Überlieferung des Biikebrennens am Vorabend des Petritags (siehe Seite 50 f.) wetterten, da inszenierte Nann Mungard an jenem Tag eine Feier auf Keitums Thinghügeln und ließ dort drei Teertonnen abbrennen. Auf jede Tonne war ein Buchstabe gemalt: »B«, »R« und »G« – die Initialen der drei Pastoren. Nann Mungard kam vor Gericht. Doch er wurde freigesprochen. B. R. G., so hatte er sich verteidigt, sei zwar in der Tat eine Abkürzung. Aber sie stände nicht für die drei frommen Gottesmänner, sondern für die Worte »Brenne recht gut«.

Nur wenige Jahre später sollte Nann Mungard, der Freund alles Friesischen, bei einem Biikebrennen selbst symbolisch verbrannt werden. Denn nach Ende des Ersten Weltkrieges war darüber abgestimmt worden, ob Nord-Schleswig zu Dänemark fallen oder bei Deutschland verbleiben sollte. Nann Mungard setzte sich für die dänische Lösung ein – nicht weil er der dänischen Sache anhing, sondern weil er überzeugt war, die friesische

Kultur könne in einem kleinen Staat besser überleben als in einem großen. Da wurde der Mann, der die Heimat liebte, von seinen Mitbürgern zum Verräter gestempelt. Er erhielt eine Postkarte: »An den Hochverräter und Spion Nann Mungard.« Darauf war eine Zeichnung: Ein Mann hing am Galgen, das Dänen-Kreuz auf der Brust. Und wenig später ging sein stolzes Haus in Keitum in Flammen auf. Die Brandstiftung konnte nie nachgewiesen werden. Doch Nann Mungard verstand die Zeichen der Zeit. Er zog ins dänische Mögeltondern, wenige Kilometer nördlich der neuen Grenze.

»Und wenn ich nun auch nicht mehr auf der Insel bin«, bekannte er dort, »so bleibe ich doch was ich war: ein Sylter Friese.« 1935 starb Mungard mit 86 Jahren. Er ruht auf dem Friedhof von Mögeltondern.

Auf einem Gedenkstein für ihn in Keitum steht in Sylter Friesisch: »Gehorche Gott, tue recht, weiche keinem!«

Sein Sohn Jens Mungard war auf Sylt geblieben und hatte schon vor dem Ersten Weltkrieg ein Mädchen aus Föhr geheiratet, das ihm vier Kinder schenkte.

Nach dem Krieg war er in der Inflationszeit wie viele Landwirte ohne eigene Schuld in wirtschaftliche Bedrängnis geraten. 1924 brannte ein von ihm erworbenes Haus in Archsum ab.

Doch trotz seines materiellen Unglücks wurde Jens Mungard, wie L. C. Peters im Jahrbuch des Nordfriesischen Instituts 1949 feststellt, »der tiefsinnigste, phantasiebegabteste, wortgewaltigste syltringische Lyriker«. Wie sein Vater hatte er eine tiefe Beziehung zur friesischen Sprache. Sein umfangreiches Werk umfaßt Lyrik und Balladen, epische Gedichte, Bühnenstücke und Prosa.

Und so sah er sich selbst:

Strön-Tistel es min Bloom,
Strön-Tistel nems uk mi,
Jü grööt üp Dünemsön,
Ik üp des Leewents-Strön,
En Proter haa wat biid!
(Stranddistel ist meine Blume,
Stranddistel nennen sie auch mich.
Sie wächst auf Dünensand,
ich auf diesem Lebens-Strand.
Und Stacheln haben wir beide.)

Für die Nationalsozialisten, die damals gerade die Macht im Reich ergriffen hatten, hatte Jens Mungard so wenig übrig wie einstmals sein Vater für die Hurra-Patrioten beim Abstimmungskampf von 1920.

Nach dem Tod seines Vaters gelang es den Nazis, einen Vorwand für Mungards Verhaftung zu finden. Denn Nann Mungard hatte seinem Sohn ein Sparguthaben in Tondern hinterlassen. Der Sohn versäumte es aber, die Erbschaft den deutschen Behörden anzugeben, und verstieß damit gegen die Devisenbestimmungen des Dritten Reiches. »Die Höhe der zu erwartenden Strafe und die Beziehungen des Beschuldigten zu Dänemark« machten Jens Mungard nach Ansicht des Amtsgerichts Flensburg überdies »fluchtverdächtig«. Er wurde Mitte 1936 verhaftet.

Noch ein Lebenszeichen ist von ihm seither überliefert. Im Sommer 1938 hatte die Reichsschrifttumskammer ihm »Schreibverbot« erteilt, und der Dichter war unter Aufsicht der Gestapo als Maschinist in einer Gewürzmühle in Flensburg tätig. Von dort sandte er einem Bekannten, Hermann Schmidt in Tinnum, einen Brief: »Wer keine Hitler-Hymnen schreibt, darf nichts mehr schreiben, und solche schreibe ich nicht . . . Es fehlt nur noch, daß mir die Finger abgehackt werden müssen. Solches soll im Mittelalter vorgekommen sein. Ob das Mittelalter jetzt ganz vorbei ist? Manche neuen und allerneusten Einrichtungen muten stark nach ihren mittelalterlichen, längst überlebten Vorbildern. Im übrigen lasse ich mir die Sonne abwechselnd auf den Rücken und auf den Bauch scheinen, lebe von kleinster Kasse und fühle mich wohl dabei. Ich bin Maschinist in einer Gewürzmühle geworden und arbeite dort mit zwölf Mädchen, alle noch im gefährlichen Alter, zusammen. Zu der Stellung habe ich die nachträgliche Genehmigung des Arbeitsamtes erhalten, ich mußte mich beeilen, um nicht deportiert zu werden. Sonst ist es hier interessant genug, nur Augen auf – und Mund halten!«

Dann schlossen sich hinter Jens Mungard die Tore des Konzentrationslagers für immer. Ein Mitgefangener, der Flensburger Heinrich Lienau, hat überliefert, wie er, der Sylter Heimatdichter, von Deutschen in Sachsenhausen zu Tode gebracht wurde: »Am 15. Februar 1940 ist er dort an einer schweren Lungenentzündung gestorben. Der Kommandant versagte die Aufnahme des Schwerkranken ins Revier, und so hauchte Mungard sein Leben auf einem Strohsack in der Baracke 27 aus.« □

Preußische Geheime Staatspolizei

Staatspolizeistelle f.d.Reg.Bez. Schleswig

B.-Nr. II 2 c - Nr. 3566/36

K i e l , den 13.6.36

Schutzhaftbefehl

Auf Grund des § 1 der Verordnung des Reichspräsidenten zum Schutze von Volk und Staat vom 28. Februar 1933 (RGBl. I S. 83) wird in Schutzhaft genommen:

Vor- und Zuname: **Jens** Emil M u n g a r d

Geburtstag und -Ort: 9.2.1885 zu Keitum a/Sylt

Beruf: Landwirt

Familienstand: geschieden

Staatsangehörigkeit: Deutscher

Religion: ./.

Wohnort und Wohnung: Westerland a/Sylt .

Gründe:

Ihr bisheriges Verhalten rechtfertigt den dringenden Verdacht, daß Sie auch weiterhin im Ausland das Ansehen des Deutschen - Reiches schwer schädigen .Sie bilden damit eine unmittelbare Gefahr für die öffentliche Sicherheit und Ordnung .

Gestapo Nr. 101.

Einer Erbschaft seines Vaters verdankt Jens Mungard diesen Haftbefehl vom 13. Juni 1936. Fast vier Jahre später starb der Bauer und Dichter auf einem Strohsack im Konzentrationslager.

Hokuspokus für den Endsieg

Okkultismus war im Dritten Reich verboten. Dennoch reiste im Kriegssommer 1942 eine kleine Gruppe Männer und Frauen von Berlin nach Westerland. Sie mußten für den Staat über Seekarten pendeln.

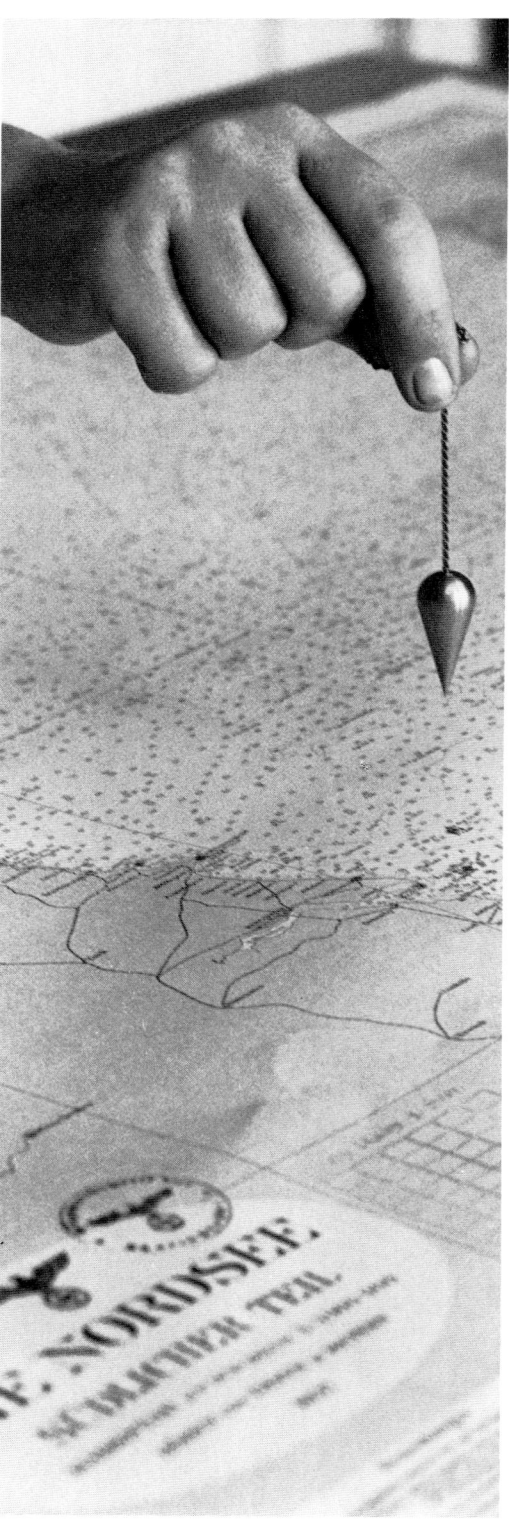

Im Kriegssommer 1942 bezog die wohl seltsamste Einheit deutscher Vaterlandsverteidiger auf Sylt Quartier: Ein halbes Dutzend Männer und Frauen, die im Auftrage des Staates einer Tätigkeit nachgingen, die im übrigen Deutschland mit KZ-Haft geahndet wurde. Sie hielten Tag für Tag, Stunde um Stunde an dünnen Fäden hängende Bleigewichte zwei bis drei Zentimeter hoch über Seekarten des Oberkommandos der Kriegsmarine. So sollten Positionen deutscher und feindlicher Kriegsschiffe und Geleitzüge durch übersinnliche Kräfte ausgependelt werden. Hokuspokus für den Endsieg.

Okkultismus wurde im Dritten Reich verfolgt wie Hexerei in der Inquisition. Für Übersinnliches gab es keinen Platz im NS-Staat. Wahrsager, Hellseher und ihre Medien wurden in Konzentrationslager gesteckt. Tischrücken war Wehrkraftzersetzung, Parapsychologie Hochverrat. Astrologen galten als Staatsfeinde, obgleich Hitler und Himmler sich selbst Horoskope stellen ließen.

Aber dann kam der Krieg. Und plötzlich war alles anders. Zum höheren Ruhm von Volk und Führer wurden nun auch Geister und ihre Beschwörer dienstverpflichtet. Im Oberkommando der Kriegsmarine (OKM) an Berlins Tirpitzufer nahm sich eine besondere Dienststelle der Kriegsführung im Schattenreich an.

Leiter dieser Dienststelle war der Kapitän Hans Otto Albert Roeder, groß, hager und glattrasiert, blond und blauäugig, mit kantigem Schädel und scharfgeschnittenem Profil. 1888 in Hamburg-Harburg geboren, war er schon im Ersten Weltkrieg Marineoffizier gewesen und hatte sich später, nach Besuch der Technischen Hochschule Charlottenburg, als Erfinder einen Namen gemacht. Zu seinen Erfindungen gehört etwa die Roedersche Schlinge, die heute noch von Hals-, Nasen- und Ohrenärzten bei Mandeloperationen angewendet wird.

Im Zweiten Weltkrieg tat Roeder als Kapitän und Abteilungschef im OKM Dienst. Zu den Aufgaben seiner Abteilung gehörte es, neue Erfindungen auf ihren möglichen Nutzen für die Kriegsführung zu prüfen.

Anfang 1941 war die deutsche Kriegsmarine in einer mißlichen Lage. Immer mehr U-Boote wurden vom Feind aufgespürt und vernichtet, mit Hilfe eines neuartigen Ortungssystems. Um ihr Geheimnis zu wahren, verbreiteten die Engländer, daß sich in der Nähe Londons ein Institut befände, wo mit Hilfe von Pendeln deutsche U-Boote geortet würden.

Die Deutschen krochen auf den okkulten Leim und begannen auch zu pendeln. Kapitän Roeder im OKM nahm sich der Sache mit preußischer Gründlichkeit an. Lange nach dem Krieg erinnerte er sich:

»Zu Beginn des Jahres 1941 hatte der Stadtbaudirektor Ludwig Straniak in Salzburg mit Hilfe eines Pendels Ortungen eines alliierten Geleitzuges im Nordatlantik durchgeführt, deren Ergebnisse sich bei einer Nachprüfung durch die Seekriegsleitung als richtig erwiesen. Kurz darauf wurde ihm von Admiral Fürbringer, der mit mir nach Salzburg gefahren war, die Aufgabe gestellt, den Standort des Kreuzers »Prinz Eugen«, der allen drei Herren unbekannt war, mit Hilfe seiner Ortungsmethode festzustellen. Herr Straniak erpendelte zwei Punkte im Nordatlantik, und sie erwiesen sich als zutreffend. Deshalb wurde in Berlin ein Forschungsinstitut ins Leben gerufen, das die Straniaksche Ortungsmethode wissenschaftlich erforschen sollte, damit sie gegebenenfalls verwendet werden könnte. Das Institut wurde mir unterstellt.«

In Roeders Institut war bald um den österreichischen Pendelfachmann Straniak eine sonderbare Schar versammelt. Da gab es als Abteilungsleiter Akademiker der verschiedensten Berufe wie Chemiker, Physiker, Ärzte, Psychologen und Diplomingenieure. Da gab es aber auch unter den praktischen Mitarbeitern einen schwäbischen Wünschelrutengänger mit Dackel, der sich als Wassersucher in Afrika einen Namen gemacht hatte, und eine Baronin Tucher, die in der »Tattwa«-Abteilung mit dem Pendel »kosmischen Schwingungen der Yogaphilosophie« nachspürte.

Auch die Gräfin Wassilko-Serecki von Wiens »Parapsychologischer Gesellschaft« und der Astronom der Nürnberger Sternwarte, Professor Hartmann, gehörten zum Kreis der Eingeweihten.

Mehrere Mitarbeiter Kapitän Roeders waren noch kurz zuvor wegen der gleichen Fähigkeiten verhaftet gewesen, die sie jetzt in den Dienst des Staates stellen sollten. So Oberstleutnant Karl Schuppe und Patentanwalt F. Quade von der ehemaligen »Deut-

schen Gesellschaft für wissenschaftlichen Okkultismus«.

Dr. Gerda Walther, die ebenfalls früher verhaftet gewesen war, berichtet über das Team, das in Berlins Tiergartenviertel arbeitete: »An den Türen waren meist Nummern, hier und da die Bezeichnung ›SP‹ . . . Was ›SP‹ bedeutete, wurde mir nie erklärt, vermutlich ›Siderisches Pendel‹ . . . In den Besprechungen wurden hauptsächliche technische Fragen erörtert, Material des Pendels, Länge und Material des Fadens, Fingerhaltung usw.«

Das Roeder-Institut unterstand dem Waffenamt des OKM. Und wie ernst der Chef des Waffenamtes, Generaladmiral Witzel, die Arbeit des Instituts nahm, das ergab sich nach Ansicht von Kapitän Roeder daraus, »daß für die Pendelversuche der Straniakschen Ortungsmethode eine überdimensionale Seekarte für den ungeheuren Preis von 3000 Reichsmark angefertigt wurde«.

Der Dienst war hart. Ab morgens um 9 Uhr wurde gependelt. Dennoch ließen die Ergebnisse zu wünschen übrig. Nervöse Reizbarkeit machte sich breit. Waren die Einflüsse und Störungen der Großstadt Berlin oder die Anspannung durch nächtliche Bombenangriffe für die Mißerfolge der Pendler verantwortlich?

Der Hamburger Astrologe Wilhelm Th. H. Wulff berichtete nach dem Krieg: »Da kam Professor Hartmann eines Tages auf eine vernünftige Idee. Er schlug Kapitän Roeder vor: ›Fahren Sie mit Ihrem Institut ins Gebirge oder an die See.‹«

Und so geschah es. Fünf oder sechs Pendler wurden nach Sylt abkommandiert. Sie waren in Privathäusern untergebracht und trafen sich nur zum Mittag-und Abendessen in militärischen Unterkünften in Westerland. Indes, trotz Sommerfrische verbesserten sich die Ergebnisse nicht. Nach wenigen Wochen wurde die gesamte Operation abgebrochen. Sie war aus dem Versuchsstadium nie herausgekommen.

»Ich habe niemals erfahren«, erklärte der Chef des Stabes der Seekriegsleitung, Generaladmiral Hubert Maria Otto Schniewind, später in einem Zivilprozeß als Zeuge, »daß die Pendelversuche des Roeder-Instituts in irgendeiner Form für die praktische Marinekriegsführung verwertet worden sind.«

Auch Hokuspokus hatte den Endsieg nicht herbeizaubern können.   □

»Tausche Fahrrad gegen Zimmer auf Sylt«

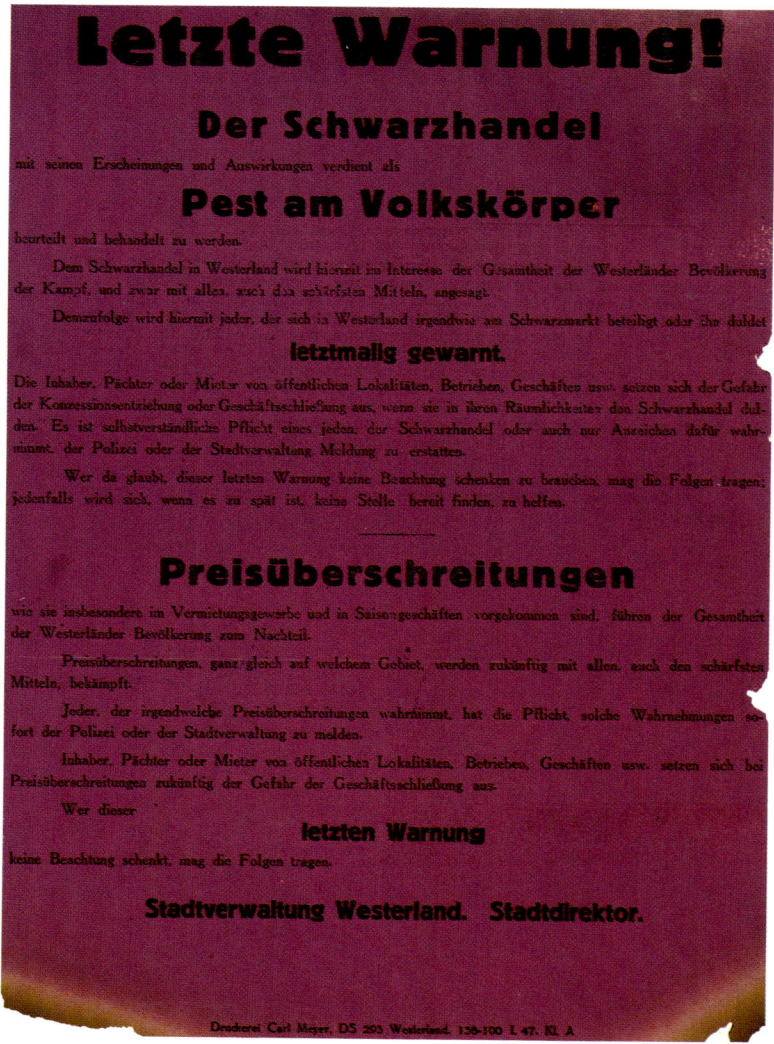

Letzte Warnung!

Der Schwarzhandel

mit seinen Erscheinungen und Auswirkungen verdient als

Pest am Volkskörper

beurteilt und behandelt zu werden.

Dem Schwarzhandel in Westerland wird hiermit im Interesse der Gesamtheit der Westerländer Bevölkerung der Kampf, und zwar mit allen, auch den schärfsten Mitteln, angesagt.

Demzufolge wird hiermit jeder, der sich in Westerland irgendwie am Schwarzmarkt beteiligt oder ihn daldet

letztmalig gewarnt.

Die Inhaber, Pächter oder Mieter von öffentlichen Lokalitäten, Betrieben, Geschäften usw. setzen sich der Gefahr der Konzessionsentziehung und Geschäftsschließung aus, wenn sie in ihren Räumlichkeiten den Schwarzhandel dulden. Es ist selbstverständliche Pflicht eines jeden, der Schwarzhandel oder auch nur Anzeichen dafür wahrnimmt, der Polizei oder der Stadtverwaltung Meldung zu erstatten.

Wer da glaubt, dieser letzten Warnung keine Beachtung schenken zu brauchen, mag die Folgen tragen; jedenfalls wird sich, wenn es zu spät ist, keine Stelle bereit finden, zu helfen.

Preisüberschreitungen

wie sie insbesondere im Vermietungsgewerbe und in Saisongeschäften vorgekommen sind, führen der Gesamtheit der Westerländer Bevölkerung zum Nachteil.

Preisüberschreitungen, ganz gleich auf welchem Gebiet, werden zukünftig mit allen, auch den schärfsten Mitteln, bekämpft.

Jeder, der irgendwelche Preisüberschreitungen wahrnimmt, hat die Pflicht, solche Wahrnehmungen sofort der Polizei oder der Stadtverwaltung zu melden.

Inhaber, Pächter oder Mieter von öffentlichen Lokalitäten, Betrieben, Geschäften usw. setzen sich bei Preisüberschreitungen zukünftig der Gefahr der Geschäftsschließung aus.

Wer dieser

letzten Warnung

keine Beachtung schenkt, mag die Folgen tragen.

Stadtverwaltung Westerland. Stadtdirektor.

Druckerei Carl Meyer, DS 295 Westerland. 136-100 L 47. Kl. A

Nach dem Zweiten Weltkrieg kamen fast 14 000 Vertriebene auf die Insel. Aber Sylt hatte nichts zu bieten außer Hunger und Not. Dem Stadtdirektor von Westerland blieb nur eine »Letzte Warnung«.

»Die wachsende Zahl roter Schürzen, die von Fräuleins auf der Insel getragen wurden, sind kein Anzeichen für Kommunismus, wie vermutet wurde, sondern eine Zwangs-Mode, geschaffen durch den Überfluß an Hakenkreuzfahnen.«

Geheimdienst-Offizier Nr. 3, Squadron auf Sylt, am 24. Juni 1945 im »Weekly Intelligence and Progress Report« der englischen Militärregierung.

Abgesehen von den Hakenkreuzfahnen hatte das Dritte Reich Sylt ein tristes Erbe hinterlassen: Tausende von Land- und Seeminen, die gesprengt werden mußten, 600 Betonbunker mit 800 Geschützen (darunter zwei Befehlsbunker mit vier Meter dicken Wänden), die geschleift werden sollten.

Das für die Insel am schwersten zu verkraftende Vermächtnis des Tausendjährigen Reiches aber waren die Bewohner der über das ganze Eiland verstreuten Kasernen und Baracken: Flüchtlinge.

Je tiefer die Rote Armee nach Mitteleuropa vorgedrungen war, um so gewaltiger war der Flüchtlingsstrom angeschwollen. Und er hatte sich auch in jene Militärunterkünfte ergossen, die während der NS-Herrschaft auf Sylt wie Pilze aus dem Boden geschossen waren und gegen Kriegsende fast leer standen.

Vor dem Krieg hatte Sylt 8000 Einwohner gezählt, nach dem Krieg waren es über 26 000. Davon waren 13 829 Vertriebene. Und in einigen Teilen der Insel war das Verhältnis noch erschreckender:

● In Rantum lebten 136 Friesen zwischen 2146 Pommern.

● In List, einem Gebiet, das vor 100 Jahren 60 Menschen eine natürliche Existenz geboten hatte, lebten nun 4000 – die meisten von ihnen in den drei Flüchtlingslagern »Nord«, »Süd« und »Möwenberg«.

Für die Flüchtlinge gab es gerade noch ein Dach über dem Kopf. Aber es gab keine Zukunft, keine Arbeit, keine Nahrung. Über den Strand der Insel streiften magere Flüchtlingskinder und sammelten angetriebenes Holz – das einzige Brennmaterial, das sie hatten. Und in den Nächten blinkte aus Norden ein Leuchtfeuer herüber, das Lichtzeichen der Insel Röm, das ein Insasse im Flüchtlingslager von Kampen so deutete: »Speck . . . Speck . . . Speck . . .«

Die industrie- und rohstoffarme Insel, deren Bewohner jedes Brett und jeden Nagel und die meisten Lebensmittel über den Damm heranschaffen mußten, drohte mit ihrer menschlichen Fracht unterzugehen wie ein überladenes Schiff. Ein unlösbares Problem für Staat, Verwaltung und alle Planer – bis die Währungsreform auch auf Sylt Not in Wohlstand wandelte.

Doch bis dahin sollten vom Kriegsende an noch drei Jahre vergehen. Drei Jahre der Mühsal unter fremder Militärregierung, mit Lebensmittelkarten und Hunger, voll Planwirtschaft und Armut. Und wie überall auf der Welt, wo der Staat seinen Untertanen die

Güter zuteilt, erblühte der Schwarzmarkt mit seiner Zigaretten-Währung.

Die Insel mit der höchsten Arbeitslosenquote Deutschlands wurde bald zum Ausflugsort der Schieber und Schwarzmarkt-Händler. Westerland, wo die Flüchtlinge hungerten und froren, war ihr Ziel.

Am Donnerstag, dem 3. Oktober 1946, besuchte der englische Militärgouverneur von Schleswig-Holstein, Vize-Luftmarschall de Crespigny, Sylt. Was er dort sah, berichtete er mißgelaunt in einem Brief an den Regierungschef in Kiel, Theodor Steltzer. „My Dear Ministerpresident«, schrieb der Engländer dem Deutschen, »von zwei Hotels erhielt ich eine Liste der Gäste mit Angabe der Städte, aus denen sie kamen. Mir wurde versichert, daß alle Gäste rechtmäßige Gründe für ihren Aufenthalt im Hotel hatten, entweder auf ärztliches Attest hin oder aus geschäftlichen Gründen.

Diese Versicherungen waren nicht überzeugend, und ihre Richtigkeit ist zweifelhaft, besonders, da alle Hotels voll waren. Die verlangten Preise, allein für Unterkunft in diesen Hotels, betrugen durchschnittlich 8 bis 10 RM pro Tag, man hat aber den Eindruck, daß hohe Summen für Mahlzeiten verlangt werden und daß ›Schwarzhandel‹ betrieben wird.

Leute, die über beträchtliche Geldsummen verfügen, kommen von weither, und mein Eindruck, als ich sie auf der Esplanade sich sonnen sah, war sicherlich nicht, daß sie an Unterernährung litten.«

Der Beitrag der Besatzer zur Wiederherstellung der sozialen Gerechtigkeit ließ nicht lange auf sich warten: Die Royal Air Force beschlagnahmte nun auch noch die Hotels »Miramar«, »Monbijou«, »Dünenburg«, »Wiking« und andere.

Die deutschen Behörden ihrerseits beeilten sich, verschärft gegen Schwarzhändler vorzugehen. Als in Hörnum wieder zweimal die Woche der Dampfer »Glückauf« anlegte, filzte dort ein stattliches Beamtenaufgebot jeden Koffer der Fahrgäste, um so den Import von Schwarzmarktware auf die Insel zu stoppen.

Indes: Deutsche und englische Mühen waren gleichermaßen vergebens.

Der Friesen Drang zum Geld der Fremden war stärker. Am Bahnhof standen wieder Hotelportiers und warteten auf Gäste.

In Kampen verwandelte der Bildhauer Riek

Der englische Militärgouverneur de Crespigny (Foto) kam bei einer Stippvisite in Westerland dem Schwarzhandel auf die Spur und schrieb einen bösen Brief an Schleswig-Holsteins Ministerpräsidenten Steltzer.

einen alten Flak-Bunker in den Nachtclub »Kupferkanne«.

In Hamburger Zeitungen erschienen Suchanzeigen wie diese: »Fahrrad gegen Zimmer in Westerland.«

Besucher aus dem Kohlenpott beglichen ihre Hotelrechnungen mit Briketts und Koks.

Im wiedereröffneten »Trocadero« wurde über dem Tisch Rhabarbersaft und »Meerwasser« serviert, eine Art Westerländer Fachingen-Ersatz. Unter einer verhüllenden Serviette gab es aber auch Sekt – die Flasche für 400 Mark.

»Auf dieser Insel kommen die Kokotten vor den Kindern«, maulte die »Neue Zeitung« der amerikanischen Besatzungsmacht im fernen München.

Anfang Juni 1948 kostete auf dem Schwarzmarkt von Sylt ein Pfund Butter 1500 Reichsmark, eine Zigarette 52 Reichsmark.

Und dann war sie plötzlich da, die Währungsreform. Jeder Deutsche, ob arm, ob reich, erhielt 40 Deutsche Mark, Geld, das plötzlich wieder etwas wert war.

Ein kleines Restaurant am Bahnhof von Westerland servierte 70- und 80-Pfennig-Gerichte – und hatte schon am Mittag des ersten Tages des neuen Geldes den sagenhaften Umsatz von 60 Mark.

Sylts Aufstieg zum Wohlstand war nicht mehr zu stoppen. ☐

»Insel ohne Moral«
wird »Land des Lächelns«

74 Postkarten – auch diese beiden – lagen auf dem Richtertisch und haben die deutsche Justiz viele Stunden beschäftigt. Angefangen hat es mit einem Brief an den damaligen Familienminister Franz-Josef Wuermeling.

Insel Sylt   Abessinienstrand   Symphonie der Schönheit.

Die zweite Hälfte des zwanzigsten Jahrhunderts war schon angebrochen, als diese Nackedei-Postkarten noch die deutsche Justiz beschäftigten. »Stellen Sie sich vor«, so hatte im Sommer 1954 ein empörter Kurgast an den damaligen Familienminister Wuermeling in Bonn geschrieben, »in Westerland stellt man Bilder von weiblichen Personen in unbekleidetem Zustand öffentlich zur Schau. Das ist eine unverantwortliche Gefährdung der öffentlichen Moral, gegen die etwas unternommen werden muß.«

Und es wurde etwas unternommen: Die Obrigkeit ermahnte die Händler, die beanstandeten Fotos nicht mehr öffentlich auszustellen, sondern nur noch unter dem Ladentisch zu verkaufen. Allein, die Versuchung war zu groß. Bald hingen die Nixen wieder an jedem Kiosk.

Eine von ihnen erregte in der Vorsaison 1956 das besondere Wohlgefallen eines anderen Urlaubers aus Süddeutschland. Er erstand die Postkarte im Laden einer Buchhändlerin und sandte sie an einen Kegelbruder im Süden. Sie landete bei der richtigen Anschrift – und doch an der falschen Adresse. Denn der Kegelbruder fühlte Ehre und Schamgefühl verletzt. Er beschwerte sich bei seinem Innenminister. Und im Sep-

tember 1956 kam es zur Verhandlung vor dem Amtsgericht in Westerland. Das Urteil: 74 Postkarten wurden eingezogen, die angeklagte Buchhändlerin wurde wegen Verbreitung jugendgefährdender Schriften zu 30 Mark Geldstrafe verurteilt.

»Insel ohne Moral« hatte ein Spielfilm geheißen, der kurz nach dem Zweiten Weltkrieg über Sylt gedreht wurde. Jetzt, so warnte die »Sylter Rundschau«, sei aus der »Insel ohne Moral« ein »Land des Lächelns« geworden. Immerhin, der Fall schien erledigt.

Indes, es schien nur so. Denn nun legte der Staatsanwalt Revision ein, nun wanderte das Verfahren vor das Oberlandesgericht Schleswig. Ein Senatspräsident, ein Oberlandesgerichtsrat, ein Oberstaatsanwalt und ein Referendar verhandelten dort am 16. Januar 1957 vier Stunden lang. Zwei Stunden wurde beraten. Resultat: Das Urteil wurde aufgehoben und zurückverwiesen.

Neue Verhandlung 1957: Diesmal wurde das Verfahren gegen die Buchhändlerin eingestellt. Die nackte Wahrheit durfte zwar nach wie vor nicht so angeboten werden, daß Jugendliche an ihr teilhaben konnten – aber sie konnte immerhin wieder verkauft werden. Und es dauerte nicht lange, da hing sie auch wieder im Schaufenster. Der Zeitgeist hatte über das Gesetz gesiegt. □

262

Insel Sylt Abessinienstrand

Das Ende des »Kronprinzen«

Das Hotel »Zum Kronprinzen« (rechts) erhielt 1903 ein dreistöckiges Logierhaus (links). Damals lag eine 50 Meter breite Düne zwischen ihm und dem Strand.

Im Winter 1963 hatte sich das Meer bis an das Logierhaus des »Kronprinzen« herangefressen. Eine Hausecke ragte schon über das Kliff in die Luft. Am 5. Januar wurde das Haus gesprengt.

Dat steiht nich länger als füftig Joahr«, unkte der Bauunternehmer Max Hansen zu seinem Freund Peter Friedrich Nann, als der 1901 das »Hotel zum Kronprinzen« am Wenningstedter Kliff erworben hatte und nun den Auftrag erteilte, ein zusätzliches Logierhaus zu errichten. Max Hansen erschien seinen Zeitgenossen als Schwarzseher. Erhob sich doch zwischen Bauplatz und Strand eine mächtige, ziemlich hohe und über 50 Meter breite Düne.
Der älteste Teil des »Kronprinzen« war schon Anfang der neunziger Jahre von einem unternehmungslustigen Berliner namens Wolf erbaut worden.
So idyllisch das Hotel zwischen Westerland und Wenningstedt gelegen war – finanziell litt es an Schwindsucht. Die Pächter wechselten mit jeder Saison. Da kam Peter Friedrich Nann aus Nordstrand, später wegen seiner geschäftlichen Erfolge »Fürst von Munkmarsch« genannt. Er erwarb das Hotel, weil er wußte, was ihm fehlte – genug Fremdenzimmer, um den aufwendigen Restaurationsbetrieb rentabel zu machen. Deshalb errichtete er Anfang des Jahrhunderts das dreistöckige Logierhaus an der Düne. Der »Kronprinz« hatte schließlich 120 Betten.
Der Unken-Ruf seines Freundes Max Hansen schreckte Nann nicht: »In füftig Joahr hat sich dat betohlt makt.«
Der »Kronprinz« florierte. Er wurde die bevorzugte Herberge des Adels. Das Doppelzimmer kostete 42 Mark – pro Woche.
Der Erste Weltkrieg brach aus. Die Gäste reisten ab. Die ersten beiden Minen wurden am Privatstrand angetrieben. Ihre Sprengungen erschütterten den »Kronprinzen«.

Noch während des Krieges, 1917, starb Peter Nann. Seine Frau Doris hatte ihm 13 Kinder geschenkt. Der »Kronprinz« fiel an Sohn Heinrich mit Ehefrau Dora (geb. Schulz). Sie eröffneten das Hotel nach dem Friedensschluß wieder. Neue Gäste stiegen ab. Aber immer dichter rückte die See heran. In einer einzigen Sturmnacht verschlang sie 10 Meter von der großen Düne.
Zu den neuen Stammgästen gehörte auch die Schauspielerin Emmy Sonnemann, die nach Anbruch des Dritten Reiches Frau Göring wurde und sich dann ganz in der Nähe ein eigenes Sommerhaus mauern ließ (siehe Seite 211). Manch Festessen wurde in den folgenden Jahren aus dem »Kronprinzen« zum dicken Göring herübergetragen.
Der Zweite Weltkrieg kam und ging. Wieder blieben Gäste aus, wieder trieben die Minen an. Infolge einer besonderen Meeresströmung waren es am Strand vor dem „Kronprinzen« stets besonders viele. Wieder demolierten ihre Detonationen das Haus. Fenster und Türen sprangen heraus.
Noch einmal eröffnete das Hotel seine Pforten. Die immer näher tosende Brandung machte es sogar zu einer besonderen Insel-Attraktion. Aber dann erließen die Behörden ein Verbot, im Logierhaus Gäste einzuquartieren. Im Winter 1963 hatte das Wasser die Villa unterspült. Eine Ecke des verlassenen Gebäudes ragte nun schon über die Düne in die Luft hinaus. Das Haus mußte gesprengt werden.
Zwei Monate später starb Heinrich Nann. Der Besitz wurde verkauft und parzelliert. Das Meer hatte gesiegt – in »füftig Joahr«, wie Max Hansen es prophezeit hatte. □

Einmal Warschau und zurück

Unbemerkt von der Nation, die sich über seine Vergangenheit zerstritten hatte, verstarb Heinz Reinefahrt 1979 als Rechtsanwalt in Westerland.

Er sah aus wie eine Mischung von Eisenhower und Theo Lingen. Und seine Vergangenheit spaltete die Nation: Heinz Reinefahrt, einst SS-General, später Bürgermeister Westerlands.

1903 in Gnesen bei Posen geboren, war Reinefahrt noch zu jung, um schon im Ersten Weltkrieg fürs Vaterland zu kämpfen. Als »Freikorps«-Mitglied holte er es nach. Dann Jura-Studium. Und 1932, ein Jahr vor der NS-Machtergreifung, Eintritt in NSDAP und SA. Noch im Dezember wechselte er zur SS über. Als Anwalt und Rechtsberater diente Reinefahrt fortan dem Orden unter dem Totenkopf.

Bei Kriegsausbruch rückte Reinefahrt wie Millionen anderer Deutscher in die Wehrmacht ein. Doch schon 1942 wurde er wegen Erfrierungen entlassen. Die nächste Station war das Reichsinnenministerium. Dort machte er als Verwaltungsfachmann Karriere. Ende Juli 1944 war er SS-Gruppenführer und Generalleutnant der Polizei.

Wenige Tage später, Anfang August, wurde ihm als Führer einer Kampfgruppe der Auftrag zur Niederschlagung eines Aufstandes in Warschau erteilt.

Am 5. August 1944 telefonierte er mit seinem Oberkommandierenden, dem Oberbefehlshaber der 9. Armee, dem General der Panzertruppen von Vormann.

Vormann: »Wie ist die Lage?«

Reinefahrt: »Langsam . . . Was soll ich mit den Zivilisten machen? Habe weniger Munition als Gefangene.«

Das Problem wurde gelöst, der Aufstand niedergeschlagen. 200 000 Polen fanden den Tod, darunter Hunderte von Frauen und Kindern.

Reinefahrt schickte seinem Chef Heinrich Himmler »aus unserer Warschauer Beute . . . zwei Päckchen Tee mit den besten Grüßen«. Er selbst erhielt als 608. Soldat des Dritten Reiches das Eichenlaub zum Ritterkreuz.

Ein halbes Jahr danach fiel Reinefahrt in Ungnade. Anfang Februar 1945 war er als Generalleutnant der Waffen-SS Kommandant von Küstrin geworden. Entgegen einem ausdrücklichen Führerbefehl evakuierte er einen Teil der Zivilbevölkerung, ehe die Russen die Stadt endgültig einschlossen. Und am Karfreitag 1945 notierte Propagandaminister Joseph Goebbels in seinem Tagebuch: »Die Besatzung von Küstrin hat sich mit 1000 Mann unter Führung von Reinefahrt zu unseren Linien zurückgekämpft.« Auch der Ausbruch war nicht nach Hitlers Geschmack. Reinefahrt wurde verhaftet und zur Aburteilung in das Militärlager Fort Zinna bei Torgau gebracht. Das Kriegsende rettete ihn.

Der amerikanische Ankläger bei den Kriegsverbrecher-Prozessen in Nürnberg verzichtete auf eine Anklage gegen Reinefahrt. Im Entnazifizierungs-Verfahren wurde der SS-General in die Gruppe V der Entlasteten eingestuft.

Damit, so glaubte er, der sich inzwischen als Anwalt auf Sylt niedergelassen hatte, sei der Weg frei zu neuen Taten. 1951 ließ er sich zum Bürgermeister von Westerland wählen, und 1958 zog er über die Landesliste als Abgeordneter der Vertriebenen-Partei GB-BHE in den Landtag von Schleswig-Holstein ein.

Allein: Nun holte die Vergangenheit ihn ein. 1958 und 1961 wurden zwei Ermittlungsverfahren der Flensburger Staatsanwaltschaft gegen ihn angestrengt. Reinefahrt stand in dem Verdacht, für Massenmorde an Zivilisten, Frauen und Kindern verantwortlich zu sein oder zumindest von ihnen gewußt zu haben, die während der Niederwerfung des Warschauer Aufstandes von deutschen Einheiten begangen worden waren.

Jahrelang bewegte die Debatte für oder wider Reinefahrt die Republik. Dann, im Jahre 1967, stellte die Erste Große Strafkammer des Landgerichts in Flensburg auf Antrag der Staatsanwaltschaft das Verfahren gegen Heinz Reinefahrt endgültig ein. Ihm sei keine Schuld nachzuweisen.

Reinefahrt selber hatte sich in dieser Zeit längst aus allen Ämtern zurückgezogen und war wieder Anwalt geworden.

Im Mai 1979 starb er in Westerland unbemerkt von der Nation, die sich einst so über ihn zerstritten hatte.

Nur in der »Sylter Rundschau« erschien eine Todesanzeige seiner Kanzlei: »Seine fachlichen Qualitäten und seine vorbildliche menschliche Haltung sicherten ihm bei uns und unserer Mandantschaft eine hohe Wertschätzung.«

Und in einem Nachruf des Blattes hieß es: »Bei Freunden und früheren politischen Gegnern genoß Heinz Reinefahrt wegen seiner Bescheidenheit und seiner Hilfsbereitschaft immer ein gutes Ansehen.« □

Für die Niederwerfung des Warschauer Aufstandes im August 1944 erhielt SS-General Heinz Reinefahrt als 608. Soldat der Wehrmacht das Eichenlaub zum Ritterkreuz.

Nach 14 Jahren wieder Sand unter den Füßen

3 155 000 Deutsche gerieten während des Zweiten Weltkriegs in sowjetische Gefangenschaft. 1 959 000 kehrten zurück, darunter Hinrich-Boy Christiansen, 1 196 000 kamen in Rußland um, darunter Hinrich-Boys Vater Julius. Zwei Schicksale aus dem Millionenheer, zwei Schicksale eines alten Sylter Geschlechts.

Käpt'n Corl« war wohl der berühmteste der Sippe. Als Carl Christiansen war er am 14. April 1864 in einem alten friesischen Haus am Sjipwai in Westerland geboren worden. Mit 15 Jahren ging er zur See, mit 25 war er 1. Offizier auf dem Dampfer »Reichstag« der Deutsch-Ostafrika-Linie. Nach der Hochzeit mit der Sylterin Maiken Hinrich Prott baute er ein Haus in der Damenbadstraße, die später seinen Namen bekam und heute noch trägt: »Käpt'n-Christiansen-Straße.«

Von 1902 bis 1927 steuerte »Käpt'n Corl«, wie er nun hieß, im Dienst der Sylter Dampfschiffahrtsgesellschaft, den Raddampfer »Freya« zwischen Insel und Festland hin und her. In diesen 25 Jahren gab es keinen Sylter, der nicht wenigstens einmal mit ihm gefahren wäre.

»Käpt'n Corls« ältester Sohn war Julius, der Sylter, der in Rußland blieb. Sein Enkel war Hinrich-Boy, der Sylter, der aus Rußland heimkehrte.

Als Obersekundaner war Hinrich-Boy Christiansen im November 1941 mit 17 Jahren zur Infanterie eingezogen worden. Im Frühjahr 1942 wurde er zur Division Brandenburg kommandiert, die lange Jahre dem Abwehr-Chef Admiral Canaris unterstanden hatte.

Hinrich-Boy Christiansen brachte es in der Division Brandenburg bis zum Leutnant und überlebte mehrere gefährliche Einsätze hinter den feindlichen Linien.

Sein einziger Bruder fiel im März 1945 in der Nähe von Köln. Hinrich-Boy selbst geriet am 21. Mai 1945 – 13 Tage nach der deutschen Kapitulation – in der Tschechoslowakei in amerikanische Gefangenschaft. Ende Mai lieferten ihn die Amerikaner an die russischen Truppen aus.

In einem Auffanglager nahe der sowjetischen Grenze traf er seinen Vater wieder: Dr. Julius Christiansen war einst vor 1933 Schleswig-Holsteinischer Abgeordneter der

Neugierige Blicke empfingen Hinrich-Boy Christiansen, als er im Oktober 1955 nach über zehn Jahren Kriegsgefangenschaft auf dem Westerländer Bahnhof ankam, im Arm seine glückliche Mutter.

Deutschen Volkspartei im Preußischen Landtag gewesen und später, im Zweiten Weltkrieg, als Oberstleutnant Chef der deutschen Spionage-Abwehr im Gebiet von Wilna geworden. Dort hatten ihn die Russen geschnappt.

Vater und Sohn kamen beide in das Arbeitslager Lebedjan südlich von Moskau. Im Winter 1947/48 wurde das Lager aufgelöst. Es hatte 30 bis 40 Prozent Todesfälle durch Hunger und Krankheiten gehabt.

Vater Christiansen wurde in ein Lazarett gesteckt, Sohn Hinrich-Boy in das Arbeitslager Riasan verlegt, später in ein Lager bei Moskau.

Ende 1949 fanden die Russen heraus, daß Hinrich-Boy Leutnant der Division Brandenburg gewesen war. Sie verurteilten ihn zunächst zum Tode und begnadigten ihn dann zu 25 Jahren Arbeitslager. Er wurde nun ins Lager Moskau 2 geschickt. Dort traf er zum zweiten Mal seinen Vater wieder. Wenige Monate später rollten Vater und Sohn in einem Viehwagen Richtung Osten. Endstation war das Lager Swerdlowsk. Die letzte gemeinsame Zeit ihres Lebens brach an. Hinrich-Boy Christiansen wurde zur Arbeit in einer Röhrenfabrik abkommandiert, Vater Julius arbeitete im Lager selbst. Er mußte Kartoffeln hacken und Holz fällen.

Als der Sohn an einem Sommerabend 1952 von der Fabrik ins Lager zurückkehrte, war die Pritsche des Vaters leer. Von einem sowjetischen Wächter erfuhr er, daß der Vater abgeholt worden war. Angeblich zum Verhör in die Lubljanka, das Gefängnis des sowjetischen Staatssicherheitsdienstes in Moskau.

Da entschloß sich Hinrich-Boy Christiansen mit einem Kameraden zur Flucht. Ihr Plan: Sie wollten sich über den Fluß Kama bis zur Wolga durchschlagen und dann mit einem Floß nachts flußabwärts treiben lassen.

In einer Sturmnacht kletterten sie über den von Stacheldraht gekrönten mannshohen Holzzaun des Lagers. Ein Gewitter hatte die elektrischen Lampen auf den Wachttürmen vorübergehend ausfallen lassen. Wegen des strömenden Regens hatten die Wachen mit ihren Hunden Schutz in ihren Unterkünften gesucht. So blieb die Flucht zunächst unentdeckt.

Alles, was die Flüchtlinge an Nahrung bei sich hatten, waren zwei Pfund Margarine. Dazu aßen sie Wurzeln und Beeren und

tranken Wasser aus Bächen. Sie marschierten bei Nacht und schliefen am Tag im Dickicht und in Heuhaufen. Nach 12 Tagen waren die geflickten Sohlen durchgelaufen. Am 14. Tag sprangen sie auf einen Güterzug. Im Bremserhäuschen des letzten Waggons wurden sie entdeckt, festgenommen und ins Lager Swerdlowsk zurückgebracht.

Ein Militärgericht verurteilte Hinrich-Boy Christiansen zum zweiten Mal zu 25 Jahren Arbeitslager und verordnete verschärften Strafvollzug.

Das bedeutete Unterbringung in einer gesondert eingezäunten und gesicherten Baracke, ständige Kontrollen und Schikanen, noch weniger und schlechtere Verpflegung: Wassersuppen, verfaulter Kohl, verschimmeltes Brot.

Mit ihm in dieser Strafeinheit saßen ein Krupp-Erbe von Bohlen und Halbach und der hochdekorierte Jagdflieger Erich Hartmann. Halbach lehrte Christiansen Englisch. Die Russen vermuteten hinter den Englisch-Lektionen konspirative Zusammenkünfte.

1953 stellten sie Christiansen erneut vor Gericht – wegen Aufhetzung und Arbeitsverweigerung. Das Urteil: ein Jahr geschlossenes Gefängnis in Südrußland.

20 bis 30 deutsche Kriegsgefangene mußten sich dort zwei Zellen teilen. Die meisten überlebten nicht. Prominentester Mithäftling war Feldmarschall Paulus aus Stalingrad. In diesem Lager hörte Hinrich-Boy Christiansen zum erstenmal, daß sein Vater im Lager Swerdlowsk ums Leben gekommen sei. Wie, das sollte er nie erfahren. Der Sohn war damals 29 Jahre alt. Der Vater mit 55 gestorben.

Knapp zwei Jahre später, im September 1955, schloß der Bundesrepublik erster Kanzler Konrad Adenauer in Moskau seinen historischen Pakt: Aufnahme diplomatischer Beziehungen zwischen beiden Ländern gegen Freigabe aller deutschen Kriegsgefangenen.

Was bei einem Bankett im Kreml ausgehandelt worden war, erfuhren Hinrich-Boy Christiansen und seine Kameraden im Lager in Südrußland bereits drei Tage später. Ein Posten steckte ihnen nachts eine Zeitung mit der Meldung zu.

Im Oktober 1955 – mehr als zehn Jahre nach dem Waffenstillstand – schlug endlich der Tag der Befreiung: In einem Waggon des Bäderzuges Kaukasus–Moskau rollte Christiansen mit 20 Mitgefangenen Richtung Westen.

Am Abend des 15. Oktober brachte ein Postbote ein Telegramm in die Käpt'n-Christiansen-Straße 19 in das Haus der Witwe Christiansen. Es kündigte die Rückkehr ihres einzigen Sohnes an. Sofort brach die alte Frau ins Heimkehrerlager Friedland auf. Und als dort am nächsten Abend der Transport mit Hinrich-Boy eintraf, konnten Mutter und Sohn einander glücklich in die Arme schließen.

Hinrich-Boy Christiansen erinnert sich an die Rückfahrt: »Auf der Autobahn irgendwo zwischen Hannover und Hamburg wurden wir von einem Messerschmitt-Kabinenroller überholt. Sowas hatte ich natürlich noch nicht gesehen. Wenn in der Ferne helle Lichter auftauchten, glaubte ich immer, wir näherten uns einer größeren Stadt, und dann waren es nur Tankstellen am Rande der Autobahn.«

Als Hinrich-Boy mit seiner Mutter nach mehr als 14 Jahren wieder mit dem Zug über den Hindenburg-Damm gerollt war, stand er zu Haus die ganze Zeit hindurch am Fenster und sah hinaus: »Ich konnte nicht sitzen. Nach dem Empfang auf dem Bahnhof in Westerland zog es mich mit Macht zum Strand. Ich stand einfach da und habe den Sand unter meinen Füßen gespürt und aufs Wasser hinausgeschaut. Da erst wurde mir bewußt, daß ich zu Hause war.«

31 Jahre war der Spätheimkehrer jetzt alt und mußte sein Leben neu beginnen: »Wir bekamen für jeden Tag in der Gefangenschaft bis 1949 eine Mark pro Tag, für die Zeit nach 1949 zwei Mark. Das waren rund 6000 Mark, und das war 1955 viel Geld . . . Ich habe dann mein Studium der Volkswirtschaft bei Karl Schiller in Hamburg begonnen, und da gab es eine Phase, da bin ich ohne die Flasche nicht ausgekommen. Ich war zehn und mehr Jahre älter als die anderen Studenten. Gleichaltrige verdienten schon und hatten Familie. Das Lernen fiel mir schwer. Was ich auf der Schule gelernt hatte – vor allem in Mathematik – war zum großen Teil verschüttet.«

Christiansen erzählt weiter: »Ich fuhr an einem Wochenende nach Hause nach Sylt. Beim Schwimmen sah mich meine Mutter in der Badehose. Sie erschrak. Ich war dürrer als nach der Rückkehr aus der Gefangenschaft. Seit diesem Tage habe ich nicht mehr

getrunken. Ohne meine Mutter hätte ich den Anschluß an das neue Leben vielleicht nie mehr gefunden.«

Freilich, da war noch ein Mensch, der dem Heimkehrer helfen sollte: 1956 als Student im 2. Semester traf er im Steuerberatungsbüro eines Onkels Erika Hansen wieder. Sie waren vor dem Krieg Nachbarskinder gewesen. Nun wurden sie ein Paar. 1960 wurde geheiratet.

Heute sind ihre Kinder – eine Tochter und ein Sohn – schon bald erwachsen. Die Familie wohnt in Hamburg in einem Reihenhaus. Auf Sylt werden nur Ferien gemacht. Die russischen Schrecken verfolgen Hinrich-Boy Christiansen zuweilen noch im Traum. Doch hadert dieser Mann mit seinem Schicksal nicht: »Ich nehme die kleinen Ärgernisse gelassener als andere und die wirklich großen Dinge wichtiger – das Glück, daß ich eine gesunde und intakte Familie habe . . .« □

Hunderte von Syltern applaudierten, Blumengirlanden schmückten die Bahnhofshalle, als Hinrich-Boy Christiansen, am Arm seine Mutter, endlich nach Hause gehen durfte.

Das Meer floß nach Westerland hinein

Wenn das Jahr mit einem Montag beginnt und wenn die Sonne am ersten Tag des Jahres einen Balken zeigt – das sind für den Seemann die beiden schlimmsten Himmelszeichen.

Das Jahr 1962 begann mit einem Montag, und die Sonne über Sylt hatte an diesem Tag einen Balken.

47 Tage später: Ein Sturmtief wanderte von Island in Richtung Schweden. Der Luftdruck sank von 985 Millibar auf 955 Millibar ab. Böen von Stärke 12 wühlten die See auf.

Am Freitag, dem 16. Februar 1962, traf der Orkan die Insel. Um 20.15 heulten die Sirenen. Katastrophen-Alarm.

Mit einer Geschwindigkeit von 200 Stundenkilometern trieb der Wind Gischt durch die Straßen Westerlands. Fahnenmasten knickten ab wie Streichhölzer. Bäume wurden entwurzelt. Dächer abgedeckt. Bänke und Zäune flogen durch die Luft.

Zehn Meter hohe Wellen donnerten gegen die Insel. Die See wirbelte zentnerschwere Zementbrocken meterhoch. Bis zu 16 Meter tief wurde die Westküste weggerissen. Straßen und Inselbahngleise nach Hörnum standen unter Wasser.

In Rantum lief das Wasser von der Dorfstraße in Häuser, die bei der letzten Sturmflut 1936 noch verschont worden waren.

Beim Strandübergang Nordhedig und Friesische Straße strömten Wassermassen durch die Panzermauer und ergossen sich ungehindert in Westerlands Straßen.

Vergebens versuchten Feuerwehr und Soldaten mit Sandsäcken die Fluten zu stoppen. Bald waren alle Sandsäcke verbraucht. Nachschub gab es nicht. Die Verbindung zum Festland war unterbrochen. Kein Zug kam über den Damm.

Aber auch von der Wattseite erklang der Ruf: »Land unter!« Der Wasserstand stieg auf 3,41 Meter über Normal. Das Kliff von Keitum wurde überspült. Der Hafen von List lief über. Das »Café Munkmarsch« war nur im Ruderboot zu erreichen.

Der neue Pächter der Kampener Vogelkoje, Halliger, und sein erschöpfter Sohn konnten erst am Morgen nach der Sturmnacht von ihrem Dach gerettet werden.

Der Sturm vom 16. und 17. Februar des Jahres 1962 war keine Jahrhundert-Flut. Es gab keine Toten. Aber der Schaden betrug 5,4 Millionen Mark. Wieder hatte das Meer ein Stück der Insel verschlungen.   □

Zehn Meter hohe Wellen donnerten im Februar 1962 gegen die Steinmauern der Westerländer Promenade. 200 Stundenkilometer schnelle Sturmböen peitschten Bänke und Zäune durch die Luft.

Nur wer Angst hatte,
nahm den Autozug

Die Autozüge der Bundesbahn donnerten im Winter 1963 fast leer über den Damm. Die Autos fuhren nebenher. Im Januar jenes Jahres wurden auf der Insel 21,8 Grad Kälte gemessen. Das Watt war rund zwei Monate zugefroren.

Seit im Jahre 1126 im deutschen Norden solcher Frost herrschte, daß »die Vogeltiere in der Luft erfroren und tot zu Boden fielen«, sind immer neue Legenden um die Winter an der Nordsee gewoben worden.

Zuverlässige Wetter-Beobachtungen beginnen erst im Jahr 1896. Danach waren 24 v. H. der vergangenen Sylter Winter eis-

arm, 45 v. H. mäßig eisig und 31 v. H. eisreich. Als wirklich streng gilt für die Insulaner ein Winter, in dem das Watt zufriert, das Festland trockenen Fußes zu erreichen ist. In diesem Jahrhundert verzeichnet die Chronik vier extrem kalte Winter:

● 1905, als wochenlang nur Eisboote zum Festland fahren konnten.

274

● 1922, als »Käpt'n Corls« Fährschiff »Freya« (siehe Seite 269) sechs Wochen im Watteis festlag.

● 1947, als das Lister Tief vom 6. Januar bis zum 3. April vereist war.

● 1963, als sich sogar westlich von Sylt ein bis zu 15 Seemeilen breiter Treibeisgürtel gebildet hatte.

Im Januar jenes Jahres wurden am Boden der Insel 21,8 Grad Kälte gemessen. Und die Autozüge der Bundesbahn donnerten fast leer über den Hindenburgdamm. Denn wer die Strecke kannte, sparte sich das Rollgeld und fuhr mit eigenen Pferdestärken auf dem knackenden Eis neben dem Damm zur Insel und zurück.

Nur wer sich seiner Sache nicht sicher war, nahm den Autozug. □

Vor Sylt liegen immer noch Minen

103mal hat es noch nach dem Krieg vor Sylt gekracht. Vermutlich wird der sandige Grund noch weitere Minen freigeben.

Anhaltender Ostwind brachte vor der Westküste Sylts im März 1964 den niedrigsten Wasserstand seit 60 Jahren: fast zwei Meter unter Normal. Etwa hundert Meter weiter als üblich wich das Meer zurück – und entblößte einen unerwarteten Anblick: Aus Sand und Wasser ragten Kuppen und Gestänge einer kilometerlangen Seesperre von einbetonierten Minen aus dem Zweiten Weltkrieg.

Bereits wenige Stunden später traf aus Kiel ein Feuerwerker des Munitionsräumdienstes ein, der dem Innenminister von Schleswig-Holstein untersteht. Zu spät. Das Meer hatte die Minensperre wieder zugedeckt.

Die unverzüglich einsetzenden Nachforschungen der Landesregierung ergaben ein düsteres Bild: Im Zweiten Weltkrieg war auf Befehl der Seekriegsleitung westlich der Insel Sylt eine »Invasions-Sperre« angelegt worden. Auf einem 22 Kilometer langen und etwa 40 Meter breiten Streifen vor der Westküste der Insel waren 1148 Betonkastenminen vom Typ KMA versenkt worden. Alle diese Minen bestanden aus je 75 Kilo Sprengstoff in einem Betonkasten. Sie lagen in etwa 5 Meter Wassertiefe, zwischen 80 und 300 Meter weit vom westlichen Strand entfernt.

Kurz nach Kriegsende waren zwei Räumaktionen durch freiwillige ehemalige Soldaten mit primitiven Mitteln durchgeführt worden. Es gab schwere Unfälle. Wieviele Minen damals beseitigt wurden, blieb unbekannt.

Die Landesregierung jedenfalls rechnete nach dem Alarm von März 1964 damit, daß sich noch 700 Minen im Meer vor Sylt befanden. Sie leitete deshalb eine neue Räumungsaktion ein.

Zunächst spürten im April 1964 Taucher der Bundeswehr drei Minen vom Typ KMA auf. Ein auf dem Betonkasten montiertes 2,20 Meter hohes Eisengestell, das die Stoßkappe (Kontaktgeber) trug, war weitgehend zerstört, die Sprengladung aber einwandfrei. Im ähnlichen Zustand mußten sich alle vor Sylt liegenden Minen befinden.

Dennoch verzichtete die Landesregierung nach eingehenden Beratungen darauf, Warnschilder aufzustellen oder Bade- und Anker-Verbote zu erlassen – nicht zuletzt wegen »der ungünstigen Auswirkungen auf die Urlauber«, wie es in einem Regierungsbericht später hieß.

Statt dessen wurden zwei Spezial-Motorboote gebaut, mit denen man die Minen aufspüren konnte.

Die Arbeiten kamen – inzwischen schreibt man 1966/67 – nur langsam voran. Oft fuhr der siebenköpfige Räumtrupp bei Schönwetter in Kiel ab und kam bei Schlechtwetter auf Sylt an. Mehrfach kenterten die Boote. Insgesamt wurden nur 13 Minen gesprengt. Ende 1967 wurde die Operation eingestellt.

Ab Frühjahr 1968 verfügten die Minenräumer über neues Gerät: Zwei Amphibien-Fahrzeuge der Bundeswehr gingen nun auf die Suche. Erst wurden sie in Hörnum, später in Westerland stationiert. Der Sommer und der Winter fielen für den Einsatz aus – wegen der Kurgäste und wegen des Winterwetters. Im Frühling und Herbst arbeiteten sich die beiden Fahrzeuge gemeinsam von Süden nach Norden vor.

Zwischen Mai 1968 und September 1970 wurden so 90 Minen in die Luft gejagt.

In dem Gebiet, in dem die Landesregierung ursprünglich etwa 700 Minen vermutet hatte, waren damit insgesamt 103 Minen gesprengt worden.

»Mit an Sicherheit grenzender Wahrscheinlichkeit«, so stand es in einem Papier der Landesregierung über diese Aktion, »blieb kein Quadratmeter unüberprüft.«

Aber: Mit an Sicherheit grenzender Wahrscheinlichkeit liegen auch noch immer Minen vor Sylt.

Denn nicht alle Minen, die geortet worden sind, konnten auch gesprengt werden. In dem abschließenden Bericht der schleswig-holsteinischen Landesregierung aus dem Jahre 1970 heißt es dazu:

»An vier Stellen wurden 17 eiserne Gegenstände in der Größenordnung von KMA-Minen geortet. Die Überprüfung durch Taucher ergab jedoch, daß diese Minenverdachts-Stellen so hoch mit Sand überdeckt waren, daß sie weder zu identifizieren noch zu beseitigen waren. Die Positionen: 1) 54° 54, 22′ Nord – 08° 17,4′ Ost (300 m nach Nord und Süd), 2) 54° 57,3′ Nord – 08° 20,0′ Ost bis 54° 50,0′ Nord – 08° 19,4′ Ost, 3) 54° 58,0′ Nord – 08° 19,5′ Ost bis 54° 58,2′ Nord – 08° 20,3′ Ost, 4) 54° 59,2′ Nord – 08° 16′′ Ost (200 m nach Nord und Süd).«

Und: »Sollten während der nächsten Jahre diese Sandbänke wandern und durch Zufall hier noch einzelne Minen festgestellt werden, müssen Vernichtungssprengungen von Fall zu Fall durchgeführt werden.« □

Riesige Wogen mit weißen Schaumkronen schlagen an den Sandstrand von Klappholttal. Kinder ertranken, und die Friesen flüsterten, der Seebär sei schuld.

Verschlang ein »Seebär«
die vier Kinder von Klappholttal?

Im Juli 1969 riß eine einzige Woge vier in der Sylter Brandung spielende Kinder in den Tod.
»Es war der Seebär«, flüsterten die Friesen. »Schuld trug der Seebär«, sagte Rechtsanwalt Hans Koch in einem späteren Prozeß.
Unter dem »Seebären« versteht man ein plötzliches Auffluten des Meeres für etwa eine Viertelstunde. Dann läuft die See zurück – genau so rätselhaft und unerklärlich, wie sie gekommen.
Dieses Phänomen tritt nicht nur an den deutschen Nord- und Ostsee-Küsten auf. Es ist auch in großen Buchten Englands, Japans und Brasiliens beobachtet worden.
Auf Sylt werden alle paar Jahre »Seebären« gesichtet. Sylts Chronist C. P. Hansen berichtete schon aus dem Jahr 1858 von »der seltsamen Erscheinung . . . am westlichen Strande bei Gewitterluft«. Und 120 Jahre später, im Mai 1978, meldete die »Sylter Rundschau« lakonisch, ein nächtlicher »Seebär« habe »beim Rückfluten Strandkörbe mitgenommen«.
Indes, so alt und vertraut der »Seebär« den Syltern ist – so geheimnisumwittert blieb lange seine Herkunft. Als gewiß kann heute gelten, daß ein »Seebär« seinen Ursprung nicht in den Gezeiten, in fernen Stürmen oder Seebeben hat, wie früher angenommen. Und die bisher überzeugendste »Seebär«-These stammt einstweilen von Professor Dr. H. Walden, Direktor des Deutschen Hydrographischen Instituts, aus dem Jahre 1959:
»Es kann als sicher angesehen werden, daß diese wellenartig fortschreitenden Wasserberge durch rasche, verhältnismäßig starke Luftdruckschwankungen ausgelöst werden, wie sie bei Gewittern oft eintreten . . .
Denn verminderter Luftdruck entlastet die Wasseroberfläche, so daß es bei Sommergewittern, die oft nur über einer verhältnismäßig kleinen Fläche des Meeres lagern, zu Aufwölbungen des Meeresspiegels von mehreren Zentimetern kommen kann.
Wandert das Gewitter, so wird der Wasserberg mitgeschleppt, macht sich schließlich selbständig und rollt dann als Flutwelle auf die Küste zu.«
»Seebären« haben auf Sylt manches Unheil angerichtet.
● Im August 1937 mußte der Strandwärter von Westerland an zwei Stellen Badende retten, die von der Strömung fortgerissen zu werden drohten.

● Im Juni 1964 schleuderte ein »Seebär« hunderte von Strandkörben gegen die Strandmauer.
Aber hat ein »Seebär« auch die vier Kinder verschlungen, die am 9. Juli 1964 ertranken?
Nach wolkenverhangenen Tagen schien an jenem Mittwoch erstmals wieder die Sonne. Aus West-Nordwest wehte eine frische Brise.
Am Strand des Nordseeheims Klappholttal zwischen Kampen und List meldete sich die Gruppe »Südwest« – zwei Betreuerinnen und 13 Kinder – kurz nach vier Uhr beim Badeleiter zum Baden an.
Badeleiter war der 1,90 Meter große Hans-Hugo von Rekowski, ein gelernter Installateur, damals 27 Jahre alt, verheiratet und Inhaber des Lehrscheins der Deutschen Lebens-Rettungs-Gesellschaft.
Rekowski, der in jenem Sommer zum fünften Mal seine Ferien als Rettungsschwimmer auf Sylt verbrachte, war ein Mann, der seine Pflichten ernst nahm:
● Am Morgen des Tages hatte ihn ein Erzieher des Heims gebeten, die Badezeit in den Vormittag zu verlegen, weil es besser in den Tagesablauf passe. Aber Rekowski lehnte ab. Er hielt das Baden am Vormittag für zu gefährlich; er hatte festgestellt, daß das Wasser morgens mit einer überdurchschnittlich starken Strömung abgelaufen war, und Niedrigwasser würde erst um 15.31 Uhr sein.
● Am Mittag hatte Rekowski dann mit seinem Assistenten, dem 18 Jahre alten Rettungsschwimmer und Bankkaufmannlehrling Kurt-Joachim Leimich, einen 25 Meter breiten Strandabschnitt als Badesektor abgesteckt und dabei darauf geachtet, daß dieser Sektor erst etwa 7 Meter nördlich eines sogenannten »Treckers« begann.
Ein »Trecker« ist eine Tücke der Sylter Natur. Er entsteht überall dort, wo Sandbänke dem Strand vorgelagert sind. So auch vor dem Strand des Heimes Klappholttal. Die Vertiefung zwischen einer solchen Sandbank und dem Strand wird »Laie« genannt. Überspült nun die Brandung die Sandbank, so bildet sich in der Laie ein Wasserstau. Über die Sandbank kann das Wasser nicht zurückfließen. So sucht es sich einen Weg um die Sandbank herum, wird zum reißenden Sog, dem »Trecker«, der auch geübte Schwimmer ins Meer ziehen kann.

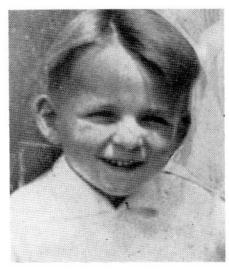

Eine Welle riß die Kinder um. Eine tückische Unterströmung saugte sie ins Meer hinaus: Thomas Wurster, Olaf Klein, Dirk Heise und Arno Bange. Sie konnten nur tot geborgen werden.

An der von Badeleiter Rekowski abgesteckten Stelle nördlich des Treckers hatten bereits mehrere Kindergruppen des Heimes an jenem Nachmittag ohne Zwischenfall gebadet, als die Kindergärtnerin Renate Bauer, 20, und die Praktikantin Ute Wagner, 15, mit 13 Kindern der Gruppe »Südwest« an die Reihe kamen. Die 13 Jungen im Alter zwischen 8 und 9 Jahren hatten seit ihrer Ankunft im Heim noch nicht oft gebadet. Nur vier von ihnen konnten schwimmen. Mit auflaufender Flut hatte der Wind aufgefrischt. Die Wellen, die auf den Strand zuliefen, trugen weiße Schaumköpfe und waren etwa 45 Zentimeter hoch. Es war kühler geworden. Die Bewölkung hatte zugenommen.

Bademeister Rekowski setzte die Badezeit für die Jungen auf 5 Minuten an, ermahnte alle, auf seine Anordnungen und Signale zu achten, und erlaubte ihnen, bis zur ersten größeren Brandungswelle hinaus zu gehen, etwa 50 bis 60 Meter seewärts von der Flutkante entfernt.

Die beiden Betreuerinnen nahmen die Jungen in die Mitte und liefen um 16.30 Uhr los, bis der Kindergärtnerin Elsa Bauer das Wasser etwa bis zur Taille reichte.

Ihre Kollegin Ute Wagner stand in etwa fünf Meter Entfernung schräg hinter ihr. Die Buben jauchzten, spritzten, tobten. Die Zeit ging wie im Fluge.

16.34: Noch eine Minute Badezeit. Da rollt eine einzelne etwa ein Meter hohe Welle heran und bricht unvermittelt vor der Gruppe. Eine Woge? Ein Brecher? Ein »Seebär«? Der Wasserberg reißt die Kinder mit sich, drückt sie unter Wasser, saugt sie seewärts. Auch die Erwachsenen werden umgeworfen.

Ein erster Hilfeschrei gellt über den Strand. Rekowski, der beim Anblick der heranrollenden Welle ins Signalhorn geblasen hatte, springt auf, legt den Rettungsgurt mit der 400 Meter langen Rettungsleine an und stürzt ins Wasser.

»Hubschrauber alarmieren!« brüllt er im Rennen dem Rettungsschwimmer Leimich zu. Er passiert einige Jungen, die prustend schon flaches Wasser erreicht haben. Dann ruft er einem anderen Jungen und den beiden schwimmenden Betreuerinnen zu, sich an der Rettungsleine festzuhalten. Schließlich hat er drei etwa 70 Meter von der Flutkante entfernt im Wasser treibende Kinder erreicht. Sie klammern sich an ihn. Er gibt das Signal, die Leine zurückzuziehen.

Leimich und andere Helfer am Strand zerren mit aller Kraft. Rekowski schluckt Wasser, streift den Rettungsgurt von den Schultern und nimmt ihn in eine Hand, um sich so an Land ziehen zu lassen. Da reißt der Karabinerhaken der Leine. Dennoch gelingt es Rekowski, die drei Kinder zu den anderen inzwischen angespülten oder geretteten Jungen an den Strand zu bringen. Doch vier Kinder fehlen: Thomas Wurster, Olaf Klein, Dirk Heise und Arno Bange.

Nachdenklich sitzt Badeleiter Hans-Hugo von Rekowski auf der Anklage-bank. Die Richter loben seinen Mut und verurteilen ihn dennoch.

Leimich hat inzwischen versucht, von dem am Strand stehenden Badewagen aus über ein Feldtelefon das Heim zu alarmieren. Doch im Heim hört niemand den Anruf, weil ausgerechnet in diesen Sekunden die Klingel des Posttelefons schrillt.

Da hetzt der schmächtige Leimich die 350 Meter Fußweg durch die Dünen zum Haus. Im Vorraum der Poststelle hängt ein Notrufverzeichnis. Leimich wählt die dort verzeichnete Nummer der Hubschrauber-Staffel in Tinnum an. Keine Antwort. Die Nummer ist veraltet. Leimich dreht die angegebene Nummer der Feuerwehr List. Auch diese Nummer stimmt nicht mehr. Schließlich erreicht er die Wasserschutzpolizei List. Sie alarmiert die Hubschrauber-Staffel der Bundeswehr. Es ist 16.49 Uhr. Leimich rennt zum Strand zurück.

Dort hat Rekowski verzweifelt nach den vermissten Kindern Ausschau gehalten, erst wieder schwimmend, danach mit einem Fernglas vom Badewagen aus, dann auf einem ins Wasser geschobenen Rettungsbrett, und schließlich noch einmal durch Wasser kraulend. Aber alle Mühe ist umsonst.

Um 16.55 Uhr, einundzwanzig Minuten nach dem Unfall, aber nur sechs Minuten nach der telefonischen Alarmierung, wirbelt der erste Hubschrauber der Bundeswehr über dem Unfallort. Hauptbootsmann Kielrug, 31, berichtete später: »Unter uns trieben drei Kinder. Sie waren etwa 100 bis 150 Meter vom Ufer entfernt. Kopf nach unten, Arme ausgebreitet.«

Der Hauptbootsmann wird aus 10 Meter Höhe abgeseilt und fischt die kleinen Körper aus der See. Wenige Minuten später nimmt ein zweiter Hubschrauber am Strand den vierten Jungen auf, der inzwischen aus dem Wasser geborgen ist.

Ab 17.05 Uhr bemühen sich elf Ärzte in Westerlands Nordseeklinik um die Wiederbelebung. Aber vergeblich. Alle vier Kinder sind tot.

Wegen fahrlässiger Tötung verurteilte ein Jahr später das Landgericht Flensburg den Badeleiter Hans-Hugo von Rekowski zu 1200 Mark Geldstrafe, weil er den Kindern erlaubt habe, bis zur ersten Brandungswelle in die See zu gehen.

Allerdings bescheinigten die Richter dem Verurteilten zugleich seine vorbildliche Pflichterfüllung nach dem Unfall: »Er hat unter Einsatz seines eigenen Lebens mehreren Menschen das Leben gerettet und sodann bis zur völligen Erschöpfung nach den vier ertrunkenen Jungen gesucht.« Auch den Rettungsschwimmer Rekowski hatte man, wegen Unterkühlung, ins Krankenhaus bringen müssen.

Um Gerüchten vorzubeugen, erwähnte das Gericht, die totbringende Woge sei eine Brandungswelle gewesen. Aus dem Urteil: »Es hat . . . zweifelsfrei festgestellt werden können, daß ein . . . ›Seebär‹ nicht aufgetreten ist.« □

281

Morddrohungen wegen Bebauungsplan Nord Nr. 25

Appartement direkt an der See!

Als Abschluß des Neuen Kurzentrums Westerland/Sylt bauen wir für Sie in einmaliger Lage direkt am Meer, verbunden mit dem modernsten Kurmittelhaus Europas und dem Meerwasser-Wellenbad das neue Appartementhaus ATLANTIS.

Fordern Sie Prospektmaterial

Bense baut das Besondere!

nfang der siebziger Jahre waren etwa 22 von den rund 100 Quadratkilometern Inselfläche bebaut. Nie mehr verheilende Wunden hatten die Bulldozer in die tausendjährige Heide gerissen. In Westerland ragten bereits die ersten Wolkenkratzer als »Fördertürme des Fremdenverkehrs« in den Himmel. Da legte ein Bauunternehmer die Pläne für das Projekt »Atlantis« vor, eine 80 Meter hohe Touristen-Burg von bisher unbekannten Ausmaßen – 3000 Betten in 28 Stockwerken, direkt an der Abbruchkante Westerlands gelegen. Kosten: 110 Millionen Mark.
Ein Vierteljahrhundert hindurch, von Kriegsende bis 1970, war die Zementierung Sylts als Fortschritt gefeiert worden. Nun aber hallte ein Aufschrei des Entsetzens über die Insel. Nachdem im April 1971 der Magistrat der Stadt Westerland den »Atlantis«-Plänen zugestimmt hatte, sammelte die Bürgerinitiative »Apartment Baustopp« 18 300 Unterschriften gegen das Projekt. Nie ist seit dem Zweiten Weltkrieg auf der Insel über eine politische Streitfrage mit ähnlicher Verbissenheit gekämpft worden. Stadtvertreter, die für das Projekt gestimmt hatten, erhielten anonyme Morddrohungen. Umweltschützer bezogen Stellung gegen »Atlantis«. Bauherr Bense wurde zum Buhmann der Bundesrepublik.
1927 in Mannheim geboren, war Bense

Hans Bense weist stolz lächelnd auf ein Plakat seines ehrgeizigen Atlantis-Projektes. Aber 18 300 Sylter sind dagegen.

gerade 18 Jahre alt, als der Krieg zu Ende ging. Er erinnert sich: »Die kleine Drogerie in Heilbronn, die meine Eltern betrieben hatten, war zerstört. Ich hatte in einer Seifenfabrik Kaufmann gelernt, aber dann sah ich die Trümmerfelder in Heilbronn, und ich sagte zu mir: Du gehst ins Baugeschäft!« Und ins Baugeschäft ging er: Zuerst als Gipser und Plattenleger. Dann studierte er zwei Semester auf der Bauschule. Und schließlich gründete er 1955 in Stuttgart die Firma »Hausbau Bense.«

Bense, der in Keitum selbst ein Haus hatte, baute und verkaufte in den sechziger Jahren auf Sylt Apartments wie andere Fabrikanten Füllfederhalter – vom Fließband. »Atlantis«

sollte sein monumentales Denkmal werden. Statt dessen blieb es Legende wie einst der von der See verschlungene Erdteil gleichen Namens.

Im April 1972 lehnte die Regierung von Schleswig-Holstein das von Westerlands Stadtverwaltung genehmigte Projekt »Atlantis« (Bebauungsplan Nord Nr. 25) endgültig ab.

»Atlantis ist tot – es lebe Sylt!« jubelte die Bürgerinitiative. Baulöwe Bense verklagte die Stadt Westerland auf 3,25 Millionen Mark Schadensersatz. 1977 wies das Landgericht auch diesen Antrag zurück. »Atlantis« war endgültig versunken – in einem Meer von Akten. □

Sylt lebt von geborgter Zeit

Die bisher schwerste Sturmflut dieses Jahrhunderts tobt über die Insel. Es ist der 3. Januar 1976. Weit weg vom offenen Meer, in Morsum, scheint sogar das Wattenmeer zu kochen. Wogen schlagen gegen das Haus des Architekten Sieglitz sechs Meter über dem Kliff. Bei normaler Flut ist das Wasser gut 100 Meter weit entfernt (kleines Foto).

Sylt versinkt langsam im Meer. Es ist eine schrumpfende Insel. Seit tausend Jahren frißt die See jedes Jahr einen Meter seiner Westküste. Manchmal auch 15 Meter Kliff oder 25 Meter Düne an einem Tag – wie am 3. Januar 1976.

An jenem Tag durchlebte die Insel die bis dahin schwerste und höchste Sturmflut des Jahrhunderts. In Husum wurde ein 70 Zentimeter höherer Wasserspiegel gemessen als während der Flut von 1962 (Seite 273): 10,66 Meter über Pegel Null.

Der Verkehr über den schwer beschädigten Hindenburgdamm mußte eingestellt werden. An vier Stellen strömte das Meer frei über die Insel: am Ellenbogen, nördlich von Kampen, bei Dikjen-Deel und im Muscheltal bei Hörnum.

Dies sind auch die vier Stellen, an denen Sylt nur wenige hundert Meter breit ist und zu zerbrechen droht. Eine Gnade der Natur rettete die Insel 1976 vor diesem Schicksal. Der Orkan dauerte nur 12 Stunden. Dann zog sich das Wasser wieder zurück, die Wunden verheilten. Aber, so meinte Claus Andersen, der Vorstand des Amtes Landschaft Sylt: »Wenn die Landesregierung weiter auf stur schaltet, gibt es in spätestens hundert Jahren fünf Sylter Inseln.«

Alle Versuche, die Gewalt des Wassers einzudämmen – Buhnen, Tetrapoden, Sandvorspülungen – haben den Zerfall der Insel nicht aufhalten können.

Im Lauf des Jahres 1978 wurden eine Million Kubikmeter Sand durch eine meterdicke Rohrleitung für sechs Millionen Mark aus dem Rantumer Becken an Westerlands Strand gepumpt. Doch allein am 3. Januar 1976 waren rund 800 000 Kubikmeter Sylt vom Meer verschluckt worden.

Auch künftig muß mit einer Flut gerechnet werden, die für das ungeschützte Sylt zum Verhängnis wird, die Insel zerteilt oder Teile von ihr untergehen läßt – so wie einst die Sturmfluten von 1362 und 1634 Äcker und Städte, Mensch und Tier verschlangen. Jedes Jahr frißt die See einen Meter der Inselküste, und manchmal, wenn sie Hunger hat, an einem Tage auch gleich zehn.

Sylt lebt von geborgter Zeit. □

Das Gleichnis vom Bandwurm und den Menschen

»Die Menschen sind die Hautkrankheit der Erde.« Diese Weisheit Erich Kästners wird durch das Schicksal Sylts belegt. Zu viele Menschen sind der Untergang der Insel.

● Die Menschen vergiften dort die Luft. Die Abgase ihrer Autos hüllen im Sommer die Rollbahn von Westerland bis List in eine Dunstglocke, die der Luftverschmutzung einer Industriestadt entspricht.

● Die Menschen zerstören dort das Land. Sie bauen Hochhäuser, Parkplätze und Schnellstraßen. Sie treten immer breitere Pfade durch Naturschutzgebiete. Und jedes Jahr lassen sie am Strand und in den Dünen ihre Abfälle zurück, die auch in Jahrzehnten nicht verwesen: Plastik-Tüten, Cola-Dosen, Flaschenscherben. Die Insel verdreckt.

● Die Menschen verschmutzen dort das Meer. In Nordsee und Nordatlantik sterben jährlich 350 000 Vögel an der Ölpest.

»Die Beziehungen des Menschen zur Erde«, sagt Aldous Huxley, »sind die eines Bandwurms zum Hund, den er befallen hat, oder des Mehltaus zur Kartoffel.«

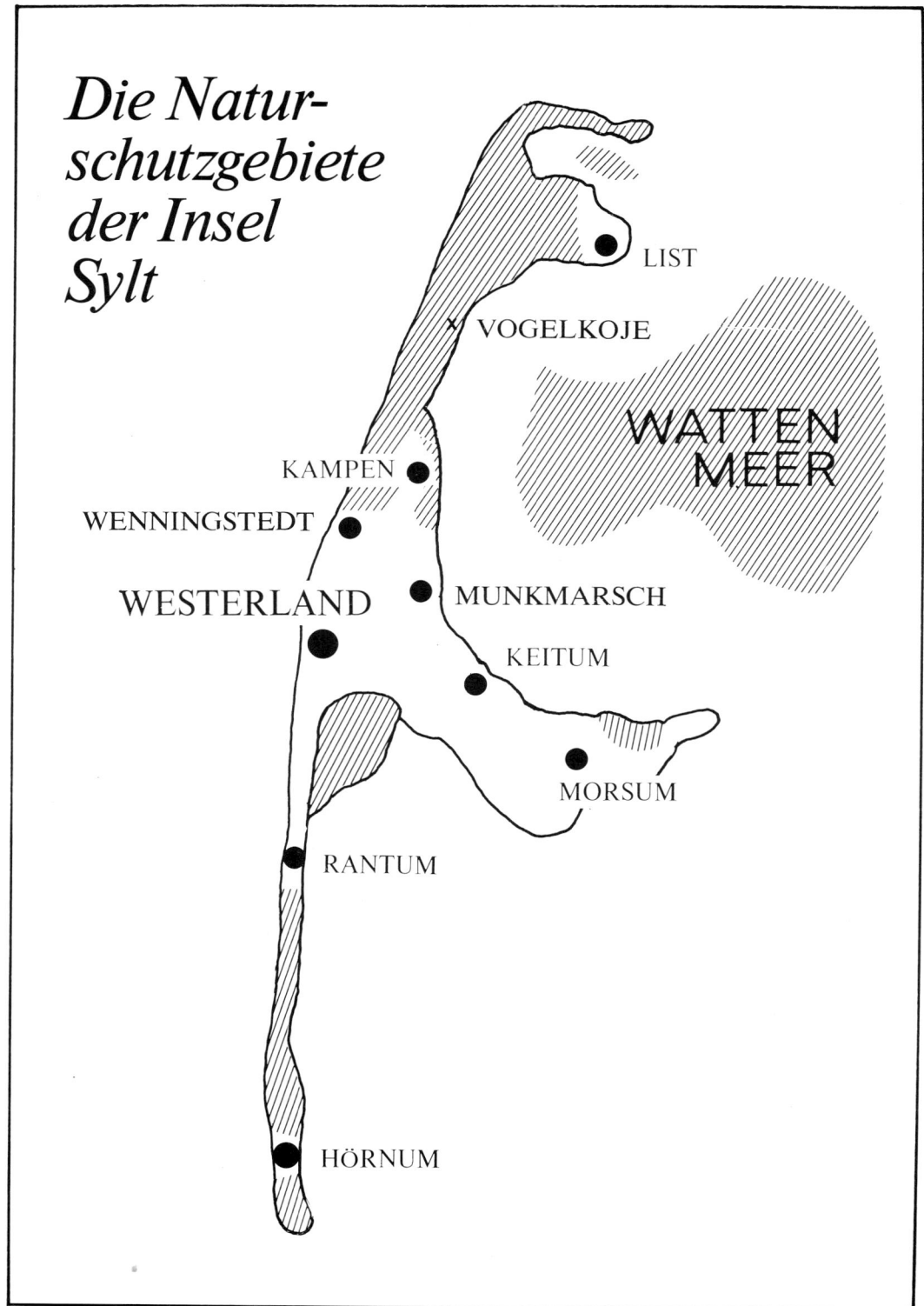

Die Naturschutzgebiete der Insel Sylt

LIST

VOGELKOJE

WATTEN MEER

KAMPEN

WENNINGSTEDT

WESTERLAND

MUNKMARSCH

KEITUM

MORSUM

RANTUM

HÖRNUM

Opfer der Ölpest. Nur ein Bruchteil der toten Vögel wird an den Strand gespült. Die meisten gehen im Meer unter.

An einem Märztag des Jahres 1979 sammelte der Vogelwart von Jordsand auf acht Kilometer Strand bei Westerland 277 tote Vögel ein: Enten und Taucher, Lummen, Säger und Gänse. Sie alle waren Opfer der Ölpest. Jedes Jahr sind es Tausende. Und das Sterben nimmt kein Ende.

Die meisten Seevögel müssen schon qualvoll verenden, wenn ihr Gefieder nur leicht verschmutzt ist. Das »Institut für Vogelforschung« hat herausgefunden, warum:

1. Die Verölung veranlaßt den Vogel zu ständigem Putzen und führt – da das Putzen mehr oder weniger erfolglos bleibt – zu einer kräftezehrenden Streßsituation.

2. Außer zur Brutzeit verlassen viele Seevögel das Wasser nicht. Durch das vom Öl verklebte Gefieder aber dringt sofort Wasser bis auf die Haut. Die Folge sind Unterkühlung (Wassertemperatur bei Sylt von Januar bis April um null Grad) und Minderung des Tauchvermögens. Damit wiederum wird die Nahrungssuche entscheidend erschwert.

3. Das vom Vogel beim Putzen aus dem Gefieder entfernte Öl wird von ihm heruntergeschluckt und führt zu chronischen Entzündungen in Magen und Darm.

Sitzen verölte Tiere von Hunger und Streß, Kälte und Krankheit so erschöpft am Strand, daß Menschen sie greifen können, so ist jeder Versuch, sie zu fangen und zu entölen, eher Tierquälerei als Tierliebe.

Dr. Gottfried Vauk vom Institut für Vogelforschung schreibt: »Wir mußten nach unseren Erfahrungen den Schluß ziehen, daß für alle am Strand hockenden verölten Wasservögel ein erlösender Schuß die einzig mögliche Hilfe ist.«

Solange vagabundierende Ölreste auf den Ozeanen treiben, wird das Massensterben anhalten. Vor allem sind zusammenhängende Öllachen dabei der Vögel ärgste Feinde. Sie täuschen ihnen eine ruhige See vor. Und die Tiere gehen ahnungslos in der Todesfalle nieder. ☐

287

Das Meer

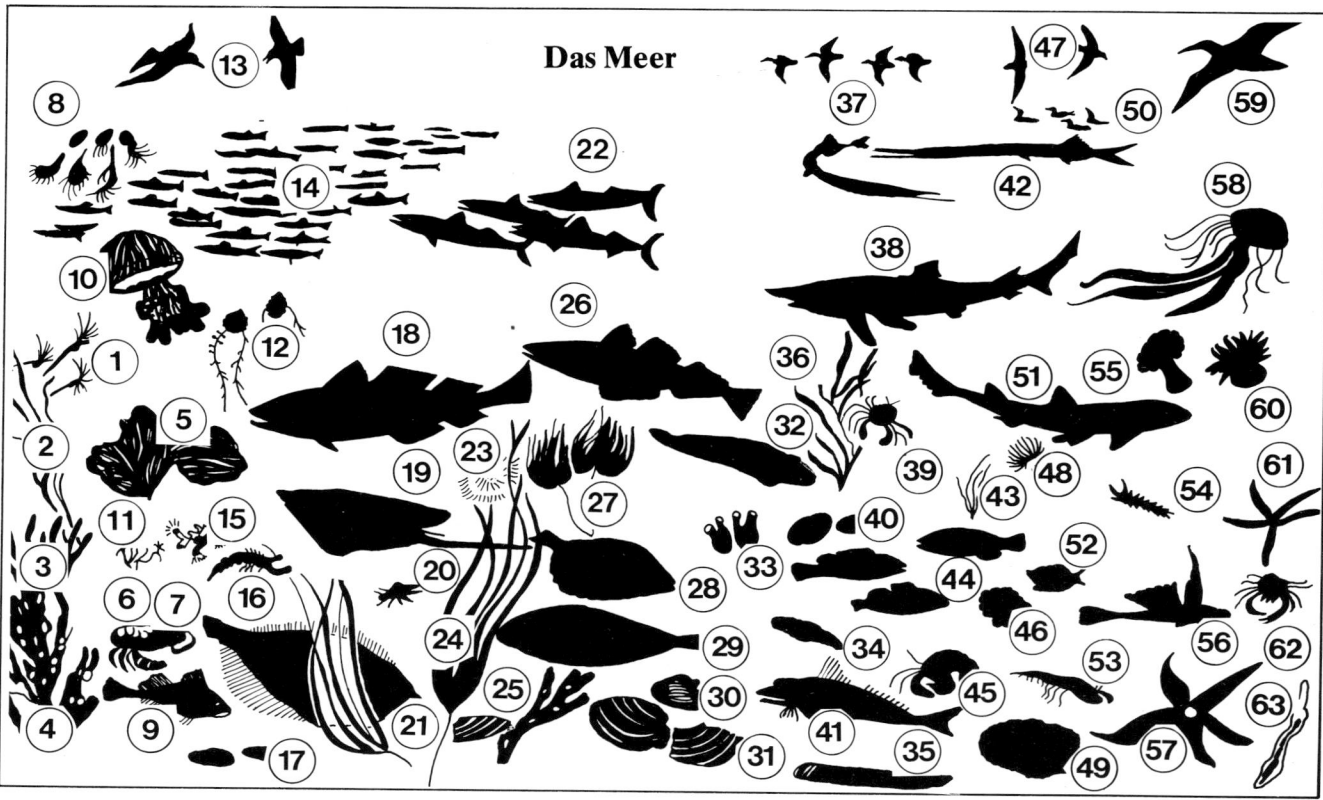

Das Meer

290

1 Schwebegarnele
Länge bis 7 cm. Lebt auf Sand, in den sie sich eingräbt, schwimmt gut.

2 Rotalge
im Königshafen bei List werden die Stränge dieser Rotalge über 1 m lang. Die etwa 1 mm dicken knorpeligen Fäden sind etwas abgeflacht, meist von schön purpurroter Farbe.

3 Posthörnchen-Röhrenwurm
Durchmesser 3 mm, Röhre weiß, kalkig, posthornförmig gewunden und auf der Unterlage ganz festgewachsen. Lebt auf Tang und Steinen.

4 Blasentang
groß, büschelig, bis 1 m hoch. Fast lederartig, flach, gegabelt, ganzrandig, von einer Mittelrippe durchzogen, mit einer Haftscheibe befestigt. Rechts und links von der Mittelrippe, meist paarig angeordnet, mit Luft gefüllte Blasen, die den Tang im Wasser aufrechthalten.

5 Meersalat
bildet derbhäutige Lappen mit unregelmäßigen, oft eingerissenen Rändern. Anfangs an Steinen und anderen Algen festgewachsen, später lose auf dem Boden und oft sehr groß.

6 Seepocke auf Taschenkrebs
Durchmesser bis 2 cm. Lebt

auf Miesmuscheln, Austern, Krebsen, auch Schiffsböden und treibenden Gegenständen.

7 Taschenkrebs
kurzschwänziger Krebs. Die Seitenränder des Rückenpanzers (bis 30 cm breit) sind vorne neunfach gekerbt. Kann nicht schwimmen, aber nach allen Richtungen laufen.

8 Entenmuschel
Länge mit Stiel bis 10 cm. Hochseetier, das durch die Strömung zuweilen in Mengen strandet.

9 Seeskorpion
bis zu 30 cm lang. Körper vorn dick und plump, hinten verjüngt. Kopf mit stacheligen Höckern, schuppenlos, ohne Schwimmblase. Färbung bunt marmoriert und gefleckt, der Umgebung angepaßt. Sehr gefräßiger Fisch, der auf flachen, pflanzenbewachsenen Steingründen lebt. In der Laichzeit sehr bunt gefärbt.

10 Blumenkohlqualle
(Wurzelmundqualle) milchigweiße, etwas bläuliche Glocke, gewölbt, hutförmig, Rand mit vielen kleinen Lappen, Mundlappen blumenkohlartig gekräuselt.

11 Röhrenpolyp
skelettloser, muskulöser, langgestreckter, wurmförmiger, farbloser Körper, der über 15 cm lang werden kann. Das Tier gräbt mit

Mundscheibe in weichem Sandgrund. Mit den bunten Fühlern des oberen Endes strudelt es Wasser mit Plankton und Schwebestoffen zur Nahrungsaufnahme ein.

12 Seestachelbeere
(Kugelrippenqualle) größter Durchmesser 2 cm. Fortbewegung erfolgt mit Hilfe der Rippen. Von den eiförmigen Körpern hängen zwei lange Fangfäden mit einseitigen, klebrigen Fadenanhängern herab, die mit großer Geschwindigkeit eingezogen werden können.

13 Mantelmöwe
größte Möwe. Zu erkennen am blauschwarzen Mantel. Meist einzeln fliegend, ungeheuer gefräßig, genannt »Geier des Strandes«.

14 Heringsschwarm
der Hering lebt in großen Schwärmen. Hat von allen Nutzfischen die größte Bedeutung als Volksnahrung. Wird heute selten länger als 30 cm. Die Heringsschwärme werden von Makrelen, Lachs, Thunfisch, Hai, Seehund und Mensch verfolgt.

15 Dreikantwurm
bis 5 cm lang. Aus der festsitzenden, gewundenen, dreikantigen weißen Kalkröhre schauen die prachtvoll rot, blau oder gelb gefärbten, halbkreisförmigen Tentakelkränze hervor. Einer der Tentakel ist zu einem klöppelartigen Deckel um-

gestaltet, der beim Zurückschnellen des Tieres die Röhre schließt. Der Wurm überzieht oft ganze Steine oder schwimmendes Holz.

16 Kaisergranat
bis zu 22 cm lang. Ist mit dem Hummer nahe verwandt. Die Scheren der ersten Beinpaares sind ziemlich schlank und haben kräftig gezähnte Kanten. Die Augen sind groß. Die Farbe ist ein schönes Ziegelrot. Lebt nur auf Schlickgrund. Geschätzter Leckerbissen.

17 Käferschnecke
Körper ist immer ganz von der Schale bedeckt. Die Tiere können sich einrollen, da die acht Platten gelenkig miteinander verbunden sind. Schale schmutzig graugrün bis bräunlich, sehr veränderlich. Länge bis 2,2 cm. Auf Felsen, Pfählen, Muscheln in der bewegten Gezeitenzone.

18 Dorsch (Kabeljau)
gefräßiger Raubfisch, der sich meist von Heringen ernährt. Länge 80 bis 120 cm, selten bis 165 cm. Körper am Rücken und seitlich olivgrün bis bräunlich mit dunkleren Flecken, gelblich marmoriert; Bauchseite weißlich, spindelförmig gestreckt mit vorspringender Schnauze, am Unterkiefer ein Bartfaden. Schuppen in die Haut eingebettet.

19 Nagelrochen
Länge 70 (Männchen) bis

125 (Weibchen) cm. Lebt auf schlammigem, sandigem Grund. Körper oben grau oder braungelb mit hellen oder dunkleren Flecken. Rückenmitte mit großen Dornen besetzt.

20 Pelikanfuß
Vorderkiemer-Schnecke. 4,5 cm hoch. Das starkwandige Gehäuse hat etwa 10 Windungen und ist gelbbraun und trägt einen spitzen Siphonalkanal. Die Ausbreitung bildet ein Schutzdach für den Kopf der im Schlicksand eingegrabenen Schnecke, unter dem sie einen Wasserstrom zum Atmen und zum Sortieren ihrer Nahrung durchleiten kann.

21 Scholle
Plattfisch. Oberseite nach dem Untergrund sehr wechselnd, meist bräunlich oder grünlich gefärbt, mit hell- bis dunkelorangefarbenen rundlichen Flecken, auch auf den Flossensäumen; Unterseite weiß bis bläulichweiß, Körperoberfläche glatt, Augen rechtsseitig, Länge bis 75 cm, selten 90 cm. Lebt am Boden, in der Jugend im flachen, später mehr in tieferem Wasser. Geschätzter Speisefisch.

22 Makrele
lebhaft gefärbt: Grüne Flecken auf Rücken, dunkle Streifen an den Körperflanken, ausgezeichneter Schwimmer, lebt gesellig. Wird zwischen 30 und 60 cm lang.

23 Eßbarer Seeigel
Durchmesser 10–12 cm. Kugelig, an der Unterseite etwas abgeflacht. Färbung bläulich, rötlich oder violett. Bricht man das Kalkskelett auf, so fällt in dem hohlen Innern der mehrfach gewundene Darm und ein auf der Unterseite über der Mundöffnung stehendes Knochengerüst auf, die »Laterne des Aristoteles«, ein Kauapparat, der unten in fünf aus der Mundöffnung hervorragenden Zähnchen zusammenschließt und durch zahlreiche Muskelstränge in Tätigkeit gesetzt wird. Der Seeigel schabt damit den Bewuchs von Steinen und Austernschalen ab oder zerschrotet Tang.

24 Fingertang
lederartig, bis 3 m lang, der Länge nach in lineare Bänder zerschlitzt, allmählich in den Stiel verschmälert. Stiel oft sehr lang.

25 Dreiecksmuschel
bräunlich-gelbe, glänzende, längliche Schalenklappen von rechtwinklig-dreieckigem Umriß. Länge bis 3 cm. Lebt in Sandböden.

26 Wittling
verwandt mit dem Schellfisch, ist jedoch kleiner (20 bis 35 cm lang).

27 Palmentang
bis eineinhalb Meter lang, vielfach zerschlitzt, von rundlichem Umriß, mit herzförmiger Basis. Stiel ziemlich lang.

28 Steinbutt
geschätzter Speisefisch. Die Augen liegen auf der linken Seite. Seine Oberseite ist höckerig; Schuppen fehlen, statt dessen ist die Haut mit steinharten Knochenwarzen übersät. Färbung je nach dem Untergrund veränderlich. Länge bis 1 m. Sehr gefräßiger Raubfisch.

29 Seezunge
30–60 cm lang. Die Augen liegen auf der rechten Seite. Die Schuppen sind sehr klein und in deutlichen, schrägen und längsverlaufenden Streifensystemen angeordnet. Farbe grünbraun. Der Fisch kriecht gleichsam auf den gleichbreiten Flossensäumen. Wühlt im weichen Boden nach Würmern.

30 Venusmuschel
erreicht eine Schalenlänge von 3,5 cm. Ihre symmetrischen Klappen sind rundlich herzförmig, mit strahligen, bräunlich-weißen Bändern. Sie siedelt auf dem Sandboden vor der Küste.

31 Trogmuschel
bis 4 cm lang. Lebt im gröberen Sand der Nordsee. Dreiseitige, dicke, gelblichweiße Klappen mit gerundeten Ecken. Hat ihren Namen von der Trogform.

32 Aalmutter
20–40 cm lang. Hat nichts mit dem Aal zu tun. Ist einer der wenigen Fische, die voll entwickelte lebensfähige Junge zur Welt bringen. Zwischen Januar und April ca. 200 Junge. Der Kopf ist plattgedrückt, die Mundspalte groß, die Lippen wulstig. Färbung schmutziggelbbraun, auf dem Rücken mit Flecken. Die Aalmutter lebt in der Seegrasregion, auf sandigem und schlammigem Grund und frißt kleinere Fische und niedere Tiere.

33 Seescheide
gehört zu den Manteltieren, die eine Körperbedeckung besitzen, den Mantel, aus einem der pflanzlichen Zellulose ähnlichen Baustoff. Äußerer Mantel farblos bis bräunlich, innere Organe ziegelrot durchscheinend. Einzeln oder in büscheligen Ansammlungen. Länge bis zu 15 cm. Auf hartem und weichem Untergrund.

34 Seemaus (Seeraupe)
gehört zur Familie der Borstenwürmer. Ein ovaler Wurm, der in vielen Farben schillert, breit, abgeflacht, seitlich mit feinen bunten Borsten. Länge 10–15 cm.

35 Messermuschel (Messerscheide oder Schwertmuschel)
gelblich-, rötlich- oder grünlich-braune, langgestreckte, gebogene Schalenklappen von gerundet-viereckigem Umriß, zerbrechlich. Länge bis 15 cm. Gräbt senkrechte Gänge in den Sandgrund. Saugt wie alle Muscheln durch eine Öffnung am Hinterende Wasser ein und entzieht Nahrung und Sauerstoff. Durch eine zweite Öffnung wird das mit Abfallstoffen vermischte Wasser wieder ausgeschieden.

36 Darmtang
eine der häufigsten Grünalgen. Wächst an Steinen und Holzwerk in der Uferzone und bildet einen charakteristischen grünen Saum auf den bei Ebbe trockenfallenden Steinen und Felsen.

37 Eiderente
Tauchente, größer als andere Enten, typisch (wie bei allen Meerenten) die flache Stirn – Schnabel und Stirn bilden eine Gerade. Nimmt ausschließlich tierische Nahrung zu sich: Miesmuscheln, andere Meeresmuscheln, Krabben, Flohkrebse, Asseln, Seesterne, Tintenfische, Seeigel.

38 Hundshai
einen Meter lang. Schlank, vorn zugespitzt. Schuppen sehr klein, dornig rauh, Haut seidenartig. Farbe Schiefergrau, auf der Unterseite weißlich. Dieser lebendig gebärende Hai tritt scharenweise auf und jagt Heringe, Makrelen und Dorsche.

39 Schwimmkrabbe
Breite bis 6 cm. Ein kurzschwänziger Krebs mit breitem, flachgedrücktem Kopfbrustschild, dessen vordere Ränder jederseits fünf Zähne tragen. Guter Schwimmer.

40 Napfschnecke
Länge bis 5,5 cm. Trotz dem stärksten Wellenschlag, weil der Schalenrand sich den kleinsten Unebenheiten des steinigen Untergrundes anpaßt. Hat feste »Wohnplätze«, von wo aus sie kurze Weidegänge unternimmt und den feinen Algenbewuchs des Felsens abnagt.

41 Knurrhahn (Seeschwalbe)
bis 75 cm lang. Mund sehr groß. Schuppen sehr klein. Färbung besonders beim Männchen während der Laichzeit lebhaft rot. Großer Räuber, der in der Nähe des Bodens lebt, auf dem er mit seinen Flossenfingern umherkriecht. Er bringt knurrende Töne hervor, die durch Muskelkontraktionen in der Wand der Schwimmblase erzeugt werden.

42 Hornhecht
sehr schlank, bis zu 90 cm lang, schwimmt stark schlängelnd und springt häufig aus dem Wasser. Frißt kleine, an der Wasseroberfläche schwimmende Fische, aber auch Kleinkrebse und Insekten. Rükken blaugrün, unterlich, Seiten und Bauch silbrig, Gräten leuchtend grün.

43 Rotalgen siehe unter 2

44 Lippfisch (gefleckter)
barschartiger Fisch mit dicken, vielfach wurstigen Lippen und kräftigen Zähnen. Bis 18 cm.

45 Einsiedlerkrebs
Körperlänge bis 10 cm. Der langgestreckte Hinterleib ist weichhäutig. Das Kopfbruststück ist gut gepanzert, die Scheren des ersten Schreitfußpaares ungleich stark. Die größere dient dazu, den Wohnungseingang zu schützen. Der Einsiedlerkrebs bewohnt leere Schneckenhäuser, die er mit sich herumschleppt.

46 Brotkrumenschwamm (Klumpenschwamm)
kommt in allen Meeren von der Gezeitenzone bis 600 m Tiefe vor und bedeckt harten Boden.

47 Sturmvogel
Hochseevogel, möwenähnlich. Schwimmhäute. Segelflug. Selten, und dann meist einzeln. Ernährt sich fast ausschließlich von Fischen. Während der Brutzeit frißt er auch Eier und Junge anderer Seevögel.

48 Purpurrose
lebt in Polypengestalt am

39 Schwimmkrabbe / Meeresboden einzeln oder in Tierstöcken. Sitzt oft jahrelang am selben Platz. Bei der Fortpflanzung werden fertige Junge ins freie Wasser ausgestoßen. Durchmesser der Mundscheibe 3 cm. Stamm lederartig, fleischig, glatt, gleichmäßig gefärbt.

49 Austernschale mit Bohrschwammlöchern
Schalendurchmesser bis 16 cm. Die erwachsene Auster kann sich nicht aktiv bewegen. Nur an Stellen mit schlickfreiem Grund können die Austern leben. Da solche Stellen nur strichweise vorkommen, spricht man von Austern-»Bänken«.

49 Bohrschwamm
Durchmesser der Bohrlöcher 2–3 mm. Er gehört zu den Strahlschwämmen und besitzt Skelettelemente verschiedener Form aus Kieselsäure. Er bohrt in Kalkstein und in Weichtiergehäusen und durchlöchert diese ganz.

50 Trottellumme
spitzer Schnabel, unter Wasser mit den Flügeln rudernd. Einziges deutsches Brutvorkommen auf Helgoland. Größe etwa wie Stockente. Häufigstes Opfer der Ölpest.

51 Katzenhai
(kleingefleckter) bis 1 m lang. Färbung braungefleckt, Unterseite schmutzigweiß. Die Eier sind länglich rechteckige hornige Kapseln. An den vier Ecken laufen sie in spiraligen Fäden aus, mit denen sie sich an Tang und dergleichen angehängt werden. Es dauert 8–9 Monate, bis die Jungen ausschlüpfen. Der Katzenhai ernährt sich ausschließlich von Fischen.

52 Wellhornschnecke
Vorderkiemerschnecke mit kräftigem, 8 bis 12 cm großem Gehäuse. Fleischfresser.

53 Sandgarnele siehe unter 1

54 Nacktschnecke
eine 2–2,5 cm lange, zu den Fadenschnecken gehörende Schnecke ohne Gehäuse. schlank, mit spitzem Hinterende, rötlich gefärbt mit heller Spitze. Warzenförmige Kiemen sitzen in vier bis sechs Abteilungen auf ihrem Rücken, in der Mitte eine Rinne lassend.

55 Seenelke
Korallentier. Mundscheibe bis 20 cm Durchmesser. Körper glatt, weiß, gelb, rosa, grau oder braun. Viele feine Fühler. Hat die Fähigkeit, kleine Stückchen der Fußscheibe abzuspalten, die sich dann zu selbständigen Seenelken entwickeln.

56 Gestreifter Leierfisch
gehört zur Familie der bo- / denbewohnenden langgestreckten Knochenfische, hat einen abgeflachten Kopf und schlanken schuppenlosen Leib. Wird allerhöchstens 30 cm lang. Seine Nahrung besteht aus Krebsen, Schnecken und Würmern.

57 Seestern
Durchmesser bis zu 30 cm. Fünfarmig, gelb, rötlich, violett bis blau oder bräunlich. Arme im Verhältnis zur Scheibe ziemlich lang. Füßchen mit Saugscheiben. Seesternen wachsen, wenn das Mittelstück unversehrt bleibt, verlorene Arme nach. Gefräßiger Räuber. Hauptbeute Miesmuscheln. Er umklammert die Miesmuschel mit seinen Armen. Dem konstanten Zug an beiden Schalenhälften vermögen die Muscheln oft schon nach einer halben Stunde nicht mehr zu widerstehen.

58 Kompaßqualle
Durchmesser bis zu 30 cm. Glocke mehr flach, mit kleinem Randlappen und langen, ziemlich dicken Randfühlern. Färbung weißlich mit sehr veränderlicher brauner Zeichnung. Die Oberseite der Glocke mit oft ungleich langen, braunen, nach allen Richtungen der Windrose laufenden Strichen bedeckt. Häufig im August und September.

59 Baßtölpel
Hochseevogel von Gänsegröße. Brutvogel felsiger Küsten. Bei uns nicht häufig. Tauchvogel. Sucht fliegend nach Fischen und ist dann stoßtauchend erbeutet.

60 Seedahlie (dickhörnige Seerose)
Korallentier. Durchmesser der Mundscheibe 8–20 cm. Stamm lederartig fleischig, mit Warzen bedeckt, rot und grün gestreift. Fühler dick, blasig grün.

61 Schlangenstern
(zerbrechlicher) Durchmesser bis 15 cm. Scheibe klein, rundlich, mit fünf scharf abgesetzten Armen. Arme solid, schlank, biegsam, an den Rändern mit langen »Kletter«-Stacheln besetzt. Grünlichgrau, die Arme rot getupft.

62 Seespinne
kurzschwänziger Krebs. Reißt Algenstücke mit den Scheren ab und steckt sie sich auf dem Rücken an den Borsten fest. So maskiert, gleicht sie völlig ihrer Umgebung. Doppelter Vorteil: den Feinden entgehen und die Beute leichter überraschen. Die alten großen Stücke maskieren sich nicht mehr.

63 Seerinde
(auf Blasentang) Moostierchen. Zellen 0,5–1 mm lang. Bildet rindenartige Überzüge auf Tangen.

Das Wattenmeer

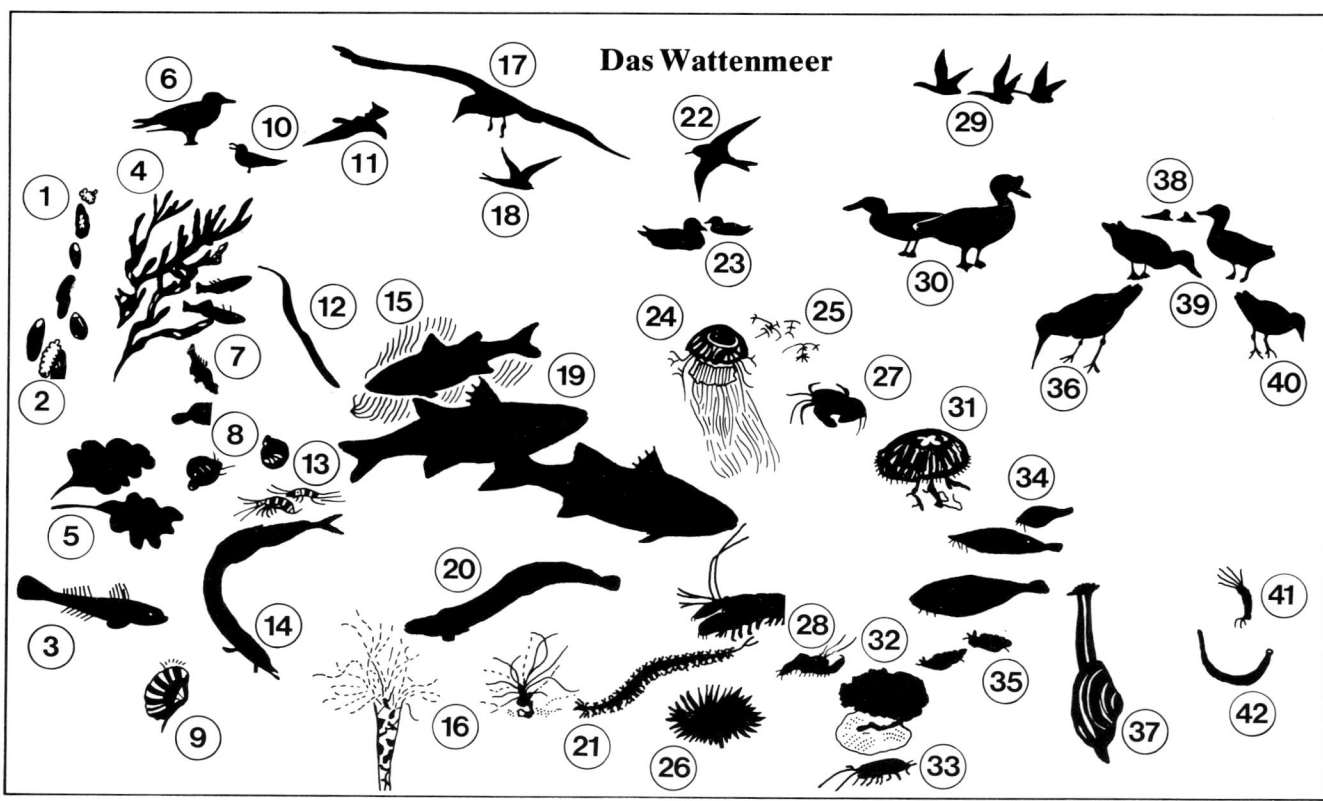

Das Wattenmeer

1 Miesmuschel
dunkelblaue bis braunlila, innen weißlich-blaue, länglich-keilförmige Schalenklappen gleicher Form und Größe, Hinterende rund, Vorderende verschmälert, dreikantig. Länge bis 10 cm. Massenhaft an Steinen, Felsen, Pfählen und aneinander festgeheftet mit einem eigenen Sekret, dem Byssus, der fädig ausgeschieden wird und dann erstarrt. Eßbar.

2 Seepocke
weißes pyramidenförmiges Kalkgebilde von 1–2 cm Durchmesser. Setzt sich auf Muscheln, Steinen, an Bauwerken und Felswänden fest. Öffnet sich, streckt sechs Rankenfüße hervor und strudelt aus dem Wasser Kleinstlebewesen als Nahrung ein.

3 Sandgrundel
kleiner 5–12 cm langer Fisch, der als Grundfisch die Flachwasserregion der Küste oft in großer Anzahl bewohnt. Er ist Nahrung für viele größere Fische. Bauchflossen sind in der Regel zu einem flachen Saugnapf verwachsen, die Seitenlinie ist rückgebildet oder fehlt auch. Jedoch sind Sinnesorgane über den ganzen Körper verteilt. Der Fisch, der als Larve freischwebend lebt, setzt sich erst im Sand fest, wenn er eine Länge von 17 bis 18 mm erreicht hat. Er ist sandfarben bzw. dem Untergrund angepaßt gefleckt.

4 Blasentang
siehe »Hochsee«!

5 Meersalat
eine Grünalge. Bildet derbhäutige Lappen mit unregelmäßigen, oft eingerissenen Rändern. Anfangs an Steinen und Algen festgewachsen, später lose auf dem Boden flacher Buchten und oft von erheblicher Ausbreitung.

6 Silbermöwe
mit einer Flügelspannweite von 1,40 Metern segeln die Silbermöwen über Wasser und Dünen. Von unten sieht man nur das blendende Weiß des Gefieders, aber oben zeigen sich der blaugraue Mantel und die schwarzen Flügelspitzen. Nur wer die Silbermöwen bis auf Griffweite heranfüttert, kann auch den hakenförmig gekrümmten Schnabel mit rotem Fleck an der Spitze beobachten.

7 Stichling
Der Körper dieses Fisches ist am Rücken olivgrün. Seiten gelblich-weiß, Bauch silberweiß, langgestreckt, spitzschnäuzig, vor der Rükkenflosse 14–17 Stacheln. Schwanz stielartig verjüngt, Schwanzflosse fächerförmig. Länge bis 18 Zentimeter. Baut Nester und verwendet dazu Meeresalgen der Gezeitenzone, die er mit einem zusammenziehenden Drüsensekret klumpenförmig zusammenspinnt. Die Lücken werden mit zarten Algen ausgestopft. Das Nest wird vom Männchen bewacht.

8 Strandschnecke
dunkelbräunlich-dunkelgraugrün marmoriertes Gehäuse, Höhe 10–11 Millimeter, Breite 8–9 Millimeter, ernährt sich überwiegend von Algen.

9 Herzmuschel
Schalenlänge bis 5 cm. Klappen bauchig, herzförmig, strahlig, tief gerippt, Rippen quer geringelt, weiß oder gelblich, Rand gekerbt. Die Herzmuschel lebt im flachen Wasser auf Sandboden.

10 Heringsmöwe
nur durch den blauschwarzen Mantel unterscheidet sie sich von der Silbermöwe. An Raublust, Gier und Gefräßigkeit steht sie der Silbermöwe nicht nach. Lebende Fische, Aas von Fischen, junge und kranke Vögel, Vogeleier, notfalls auch Insekten, alles wird gefressen. Hartschalige Muscheln und größere Krebse, die dem Angriff des Schnabels widerstehen, werden aufgenommen und über den Dünen fallengelassen, damit sie zerschellen und dann gefressen werden können.

11 Mantelmöwe
das größere Abbild der Heringsmöwe. Sie ist ernst, ruhig, meist einzeln fliegend. Ungeheuer gefräßig. Wuchtiger Schnabel, im Spitzenteil höher als an der Basis.

12 Aal
Aale besitzen kleine Schuppen in der an Schleimzellen reichen Haut. Das im Aalblut vorkommende Nervengift wird beim Kochen und Räuchern zerstört. Aale verbringen einen großen Teil ihres Lebens im Süßwasser. Die Geburtsstätte ist in der Tiefe des Sargassomeeres (bis 6000 m), nördlich der Antillen. Die 10 mm großen, weidenblattähnlichen Aallarven schwimmen mit dem Golfstrom nach Europa. Die Larven verwandeln sich im 2. oder im 4. Jahr unter Abnahme ihrer Länge in die drehrunden, durchsichtigen Glasaale. Diese verfärben sich allmählich zu den Gelbaal mit dem dunklen Rücken und gelbem Bauch und wandern in alle zum Atlantik und zum Mittelmeer fließenden Flüsse ein. Während die im Salzmeer oder Brackwasser verbleibenden Aale zu Männchen werden, entwikkeln sich die Flußaale im Süßwasser zu Weibchen. Erstere wachsen in 3–8 Jahren auf 40–50 cm, letztere in 5–20 Jahren auf 100–150 cm heran. Alle werden nach Erreichung eines bestimmten Reifegrades ihrer Geschlechtsorgane zu den Blank- oder Silberaalen mit Silberglanz und vergrößerten Augen. Sie wandern von Mai bis November die Flüsse abwärts und im Meer zu ihrem Geburtsplatz, laichen dort und sterben. Der Aal ist ein Allesfresser, er

lebt sowohl von Kleintieren als auch von Fischen.

13 Flohkrebs
er ist ein seitlich zusammengedrückter Krebs, der Spring- und Schwimmbeine hat und bis zu 2 cm lang wird. Kommt in der Nordsee häufig vor.

14 Tobiasfisch
(Sandaal) auch kleiner Sandspierling genannt, 15–20 cm lang. Es gibt zwei Arten des Sandaals: Ammodytes tobianus und den erst 1934 entdeckten, dem ersten rein äußerlich ähnlichen, Ammodytes marinus Raitt. Besitzt eine höhere Wirbelzahl, ist bläulich gefärbt, hat eine andere Laichzeit. Die in Scharen lebenden kleinen Sandaale ernähren sich von Plankton und spielen als Nahrung für Raubfische, namentlich für den Kabeljau, eine sehr große Rolle. Bei Verfolgung und nachts wühlen sie sich in den Boden ein.

15 Darmtang
Laub röhrenförmig verzweigt, mit linear-lanzettlichen, am Grunde verschmälerten Zweigen. Wächst an Steinen und Holzwerk in der Uferzone und bildet einen charakteristischen grünen Saum auf den bei Ebbe trokkenfallenden Steinen und Felsen.

16 Bäumchenröhrenwurm
bis zu 30 cm lang. Der Röhrenwurm verankert seine

senkrecht stehende Wohnröhre tief im Sand. Sie ist innen glatt, aus verhärtetem biegsamem Schleim. Außen sind große Hartkörper wie Sand- oder Kieskörner, Seeigelstacheln, Gehäuse von kleinen Schnecken angeklebt.

17 Sturmmöwe
das kleinere Abbild der Silbermöwe, aber Schnabel schwächer, schmutziggelb, ohne Rot. Beine grüngelblich, nicht wie bei der anderen fleischfarben. Flügel beim Fliegen gebogener, kiebitzähnlich. Etwas größer als Lachmöwe.

18 Zwergseeschwalbe
kleinste Seeschwalbe, etwa wie die Drossel. Charakteristisch: gelber Schnabel mit gelber Spitze und gelbe Füße, weiße Stirn. Sonst wie bei den meisten Seeschwalben Mantel möwenblau, Kopflatte schwarz, sonst weiß, und Schwanz gegabelt. Rufe: »Wätt« oder »Witt« oder ähnlich.

19 Meeräsche
ein barschähnlicher Meeresfisch, der in der Nordsee seit etwa sieben oder acht Jahren vorkommt, und zwar in großen Schwärmen die dicklippige, in kleineren die dünnlippige Meeräsche. Der Fisch wird nur etwas über 30 cm lang in einem silbrig-grün schimmerndes Schuppenkleid. Der langgestreckte, eckige Körper ist im Querschnitt fast rund. Das Tier hat nur eine kleine hartstachelige vor einer weichen zweiten. Das Maul ist weich, klein und öffnet sich nach unten, da sich die Meeräsche von den auf Sand, Schlick oder Felsgrund wachsenden Algen ernährt.

20 Butterfisch
bis 25 cm lang. Körper langgestreckt zusammengedrückt, klein geschuppt. Rückenflosse lang saumartig, mit etwa zwölf schwarzen, hellgeränderten Flecken. Rötlich oder gelblich braun gefleckt. Lebt in flachem Wasser zwischen Steinen und Muscheln, verkriecht sich gern in leeren Muscheln.

21 Wattringelwurm
lebt im weichen sandigen Schlick in unregelmäßig verzweigten Gängen, von deren Mündungen aus das Vorderende bei der Nahrungssuche in verschiedenen Richtungen Strecken abkriecht, so daß sternförmige Spuren entstehen. Langgestrecktes, zweiseitig symmetrisch gegliedertes Tier mit einem Hautmuskelschlauch aus zahlreichen mehr oder weniger gleich gebauten Abschnitten, mit stummelbeinartigen Ausstülpungen, die durch Chitinborsten gestützt werden. Diese Ausstülpun-

gen dienen zur Fortbewegung und zum Graben. Der Wurm ist sandfarben mit rötlichen Beinen.

22 Brandseeschwalbe
größte Seeschwalbe. Schwarzer Schnabel mit gelber Spitze, Füße schwarz. Federn am Hinterkopf länger, in der Erregung gesträubt. Rufe »Kerreck«.

23 Pfeifente
etwa 50 cm hoch und 750 Gramm schwer. Auffallend der rotbraune Kopf mit einem hellgelblichen Scheitel. Quergewellt sind der graue Rücken und die Flanken, die Brust zeigt weinrötlichen Anflug. Im Fluge wird ein auffallender weißer Schwingenfleck sichtbar. Unterseite weiß, Körperende schwarz. Schnabel blaugrau mit dunkler Spitze, Füße blaugrau.

24 Feuerqualle
gehört zu den Würfelquallen, einer Unterabteilung der Scheibenquallen mit würfelförmigem Schirm. Bewohnt Flußmündungen und Hafenbecken. Bei Berührung der Haut mit der Feuerqualle entsteht ein roter, mit heftigem Juckreiz verbundener Ausschlag.

25 Ruderfußkrebs
lebt frei oder aber parasitisch an Fischen, Krebsen, Würmern. Keulenförmiger Körper mit schlankem Hinterleib, dessen letztes Glied zur Gabel zweigespalten und beborstet ist. Das erste Fühlerpaar ist besonders lang und dient der Fortbewegung; Kiemen fehlen. Das Weibchen trägt die Eier am Hinterleib, zu paarigen oder unpaarigen Eiersäcken vereinigt.

26 Strandseeigel
Durchmesser 3–4 cm, kleiner als der Seeigel und etwas flacher. Die von Stacheln befreite Kapsel zeigt eine fünfkantige Form. Farbe olivgrün mit bläulichen Tönen.

27 Strandkrabbe
kurzschwänziger Krebs mit 8 cm breitem Rückenpanzer, der etwas flach ist und am vorderen Seitenrand jederseits fünf Zähne trägt. Schwimmt nur in kurzen Sprüngen, läuft aber gut, meist seitlich. Lebt in der Gezeitenzone und im flachen Wasser. Farbe dunkelgrün oder braun, Unterseite oft rötlich, Jugendstadien mit weißen Flecken.

28 Nordseegarnele
auch echte oder Sandgarnele, Granat oder Porre genannt. Länge bis 7 cm. Vom Handel auch als Nordseekrabbe oder Krabbe bezeichnet, was irreführend ist, da Krabben kurzschwänzige Krebse sind. Körper ge-

drungen, Stirnfortsatz sehr klein und flach. Erstes Schreitbeinpaar mit quergestelltem, gegen das verbreiterte Endglied schlagenden Scherenfinger, zweites Paar mit normalen, sehr kleinen Scheren. Lebt auf Sand, in den sie sich eingräbt, schwimmt aber gut wie alle anderen Garnelen. Grau und grünlich mit der Fähigkeit, sich der Farbe und Helligkeit des Untergrundes anzupassen.

29 Graugans
der Name gibt den optischen Eindruck wieder: Scheitel und Mitte des Nackens sind aschbraun, Mantel und Schultern etwas dunkler mit grauem Anflug, Rücken und Schwanz aschgrau. Seiten und Flanken von aschgrauer Farbe, Bauchunterseite weiß mit schwarzen oder dunkelgrauen Federn. Schnabel orangefarben, fleischfarbene Beine und Füße. Mit 80 cm die größte aller europäischen Wildgänse. Schwingenspannweite 165 cm, Gewicht um 3500 Gramm. Ruf: Gaggagg, auch im Fluge. Paarbildung meist im Alter von einundhalb Jahren. Geschlechtsreife vermutlich mit Ende des zweiten Lebensjahres. Rückkehr zu den Brutplätzen in den Monaten Februar bis Mai. Vier bis zwölf Eier. Brutdauer 27–29 Tage. Nach zehn Wochen sind die Jungen flugfähig und bleiben bis zur nächsten Brut im Familienverband.

30 Brandgans
einer der farbenprächtigsten Küstenvögel mit kontrastreichem Gefieder und gänseartig wirkender Gestalt. Kopf und Teile des Halses sind schwarz bis grün schillernd. Brust und Bauch weiß, quer über die Brust erstreckt sich eine rotbraune Binde. Schulterfedern schwarz. Der innen rotbraun gesäumte Spiegel trägt grünglänzende Gefiederfärbung. Der Schnabel leuchtet lackrot und trägt beim Erpel einen Höcker. Bei der Ente ist der Höcker nur schwach angedeutet. Die Füße sind fleischfarben oder rot. Die Brandgans wird über 60 cm groß.

31 Ohrenqualle
Durchmesser bis 30–40 cm. Glocke flach, zart, mit fein-verzweigten Radiarkanälen und zahlreichen, sehr feinen, kurzen Randfäden, mit vier kräftigen, aber nur kurzen Mundarmen. Geschlechtsorgane in vier halbkreisförmigen Krausen an den Mund und durch den Glockenschirm rötlich durchschimmernd.

32 Herzigel
bis 5 cm langer Seeigel. Von oben gesehen herzförmig. Gräbt sich tief in den Sand ein und lebt von kleinen

Organismen, die er zusammen mit viel Sand in seinen Darm aufnimmt.

33 Strandfloh
bis 17 mm lang. Gehört zu den Flohkrebsen. Kopfbruststück und Hinterleib nicht scharf voneinander abgesetzt, seitlich zusammengedrückt; ersteres mit sieben Paar Beinen, letzterer mit drei Paar Schwimm- und drei Paar Springbeinen. Die beiden ersten Brustbeinpaare enden in einer unvollkommenen Schere, das zweite Brustbeinpaar ist beim Männchen außerdem klauenartig vergrößert. Lebt auf felsigem und steinigem Strand zwischen ausgeworfenen Meeresalgen und Seegras.

34 Junger Plattfisch
die Jungfische von Scholle, Seezunge, Steinbutt und Flunder sind symmetrisch gebaut und schwimmen aufrecht. Erst im Alter von ca. zwei Monaten, nach Erreichung einer Länge von 10 mm, beginnt die Umwandlung zum Plattfisch. Ein Auge (meist das linke) wandert über die Oberseite des Kopfes, und die Jungen beginnen, mit der nunmehr augenlosen Seite nach unten geknickt zu schwimmen, um schließlich ganz auf dem Sand zu leben, seitlich stark zusammengedrückt, die Oberseite gefärbt, die augenlose Unterseite heller. Die Rücken- und Afterflossen bilden einen Saum.

35 Wattschnecke
bis 6 mm hoch. Gehäuse turmartig zugespitzt mit bis zu 8 Windungen, von denen die letzte beinahe die Hälfte der ganzen Höhe einnimmt; einfarbig gelblichgrün, oder bräunlich. Legt mit Sand oder Schlickteilchen verklebte gallertartige Eierpakete an die Schale von Artgenossen. Die Jungen schlüpfen als sehr bewegliche Schwimmlarven aus. Die Wattschnecke weidet Grünalgen ab.

36 Austernfischer
er ist der Wächter aller Wattvögel. Pickt Würmer, Krebse, dreht Muschelschalen und kleine Steine um und ist ständig in Bewegung, aber auch vor Angreifern auf der Hut. Warum dieser hübsche Vogel mit dem tiefschwarzen Gefieder der Oberseite, dem Weiß der Unterseite und dem rot rot Schnabel eigentlich Austernfischer heißt, weiß kein Mensch. Austern kann er weder fischen noch fressen, und sogar kleine Muscheln muß er liegenlassen, weil sein Schnabel mit den Schalen nichts anfangen kann. Größe wie kräftige Taube.

37 Sandklaffmuschel
Schalen bis 13 cm, selten bis 15 cm. Weißliche bis gelb-

bräunliche, länglich eiförmige Schalenklappen, hinten weit klaffend (zum Austritt der verwachsenen Siphone), linke Klappe etwas kleiner als die rechte, mit schaufelartigem Zahnfortsatz. Bis zu 20 cm tief eingegraben im Sandschlickwatt, bis zu vielen Hundert je Quadratmeter in nährstoffreichem Watt. Eßbar.

38 Seehund
Länge bis 180 cm. Kopfform rundlich, Schnauzenteil kurz und breit. Backenzähne des Oberkiefers mit mehreren Spitzen. Alle Backenzähne stehen schräg zum Verlauf der Kiefer. Fellfarbe silbergrau bis hellgrau, oft auch gelblichgrau mit schwarzen kleinen Flecken, Unterseite heller mit wenigen kleinen Flecken, heller Ring um die Augen. Wurfzeit in der Nordsee Juni/Juli.

39 Stockente
verbreitetste Entenart, deren Erpel durch metallischgrünen Kopf, weißen Halsring, braune Brust und gekringelte Schwanzfeder (»Erpellocke«) gekennzeichnet ist. Das braungemusterte Weibchen trägt wie der Erpel einen weißgerandeten metallisch-blauen Flügelspiegel.

40 Alpenstrandläufer
etwa starengroß. Lebt häufig und in Schwärmen am Watt. Stimme »Tirrr«. Schnabel leicht gebogen, mehr oder minder graubraun, Brutkleid mit schwarzem Bauchschild, Unterseite weiß bis auf den gefleckten Kropf.

41 Schlickkrebs
weißlich-grau mit dunkelbraunen Schildern, gleichmäßig gegliedert. 6 mm lang. Lebt massenhaft im Schlickwatt in U-förmigen Röhren, kann auch gut schwimmen; Urheber des als »Wattgeruns« bekannten, bei Ebbe zu hörenden feinen Wisperns und Knisterns, das durch Zerreißen eines Wasserhäutchens zwischen den beiden 2ten Fühlern bei der Nahrungssuche hervorgerufen wird.

42 Wattwurm
dunkel, rötlich-blau bis gelblich-braun, regenwurmähnlich, in Körpermitte auf dem Rücken leuchtendrote Kiemenbüschel. Länge bis 35 cm. Lebt in feinsandigem Watt eingegraben in einer U-förmigen Röhre, Eintrittsöffnung durch einen Trichter, Austrittsöffnung durch geringelte Kothäufchen gekennzeichnet. Durchmesser bis zu 1 cm.

Literaturhinweise

I. Ungedrucktes

Corinth, Thomas: Schriftliche Mitteilungen vom 16. 1. und 28. 2. 1979 zu Lovis Corinth auf Sylt.
Gantzel, Anna: Schriftliche Mitteilung vom 2. 9. 1979 zu Nann und Jens Mungard
Holland, R.: Schriftliche Auskunft vom 10. 8. 1977 über Combined Operations by the British against the German airship base at Tondern in the First World War.
Jensen, Carl Eduard: Die unglückliche Reise des Hamburger Schoners Posa. Akte des Sylter Archivs in Westerland.
Leontowitsch, Alexander: Schriftliche Mitteilung vom 9. 3. 1979 zu Stanley Grove Spiro.
Mungard, Nann P.: Der Friese Jan. Im Besitz von Svend Overlade.
Overlade, Svend: Schriftliche Mitteilung vom September 1979 zu Nann Peter und Jens Mungard.
Petersen, Hans: Schriftliche Mitteilung vom 18. 6. 1979 zum Nacktbaden auf Sylt.
Prott, H.: Erinnerungen aus einer unfreiwilligen Reise nach Kopenhagen 1864 – Akte im Sylter Archiv in Westerland.
Riess, Curt: Schriftliche Mitteilungen vom 23. 11. 1978 und 3. 5. 1979 zu Käthe Dorsch und Hermann Göring.
Stauffer, Teddy: Schriftliche Mitteilung vom 28. 9. 1977 zum »Trocadero«.
Stimpert, Reinhold: Schriftliche Mitteilung vom 21. 2. 1979 über Spätheimkehrer Hinrich Boy Christiansen.
Tamm, Peter: Schriftliche Mitteilung vom 7. 5. 1979 zum Seebäderschiff »Königin Luise«.
Tury, F. Joseph von: Schriftliche Mitteilung vom 20. 4. 1978 zum »Trocadero«.
Vauk, Gottfried: Schriftliche Mitteilung vom 1. 10. 1979 zum Ablauf des Seevogelsterbens als Folge schleichender Ölpest im Frühjahr 1979.

II. Arbeiten ohne Autorennennungen

Bericht des Inspektors Kapitän Pfeifer über die Strandung der »Reintjedina« am 29. 10. 1890 bei Wenningstedt. In: Jahrbuch der Deutschen Gesellschaft zur Rettung Schiffbrüchiger 1891.
Berichte aus dem Schleswig-Holsteinischen Freilichtmuseum Heft Nr. 6, Neumünster 1969.
Die Insel Sylt. In: Junge Menschen, Zeitschrift, Hamburg 1925.
Die Nordfriesischen Inseln und Helgoland. In: Merian, Zeitschrift, Hamburg 1961.
Quo Vadimus. Das Magazin für Sylter Urlaubstage. Jahrgänge 1969–71.
Söl'ring Forüning Jahresberichte. 1968–78
Sylt – Amrum – Föhr. In: Merian, Zeitschrift, Hamburg 1975.

III. Nach Autoren geordnet

Ahlborn, Knud: Die Avenarius-Gedenkstätte in Kampen auf Sylt. In: Kunst in Schleswig-Holstein. Flensburg 1959.
Ahlborn, Knud, und **Goebel,** Ferdinand: Das Syltbuch. Kampen 1933.
Alnor, Karl: Uwe Jens Lornsen. Eine historisch-politische Skizze. Flensburg 1925.
Ambrosius, Eduard: Kurze Nachrichten von der Insel Sylt. 1792. Neudruck Westerland 1935.
Andresen, Wilhelm Ludwig: Heimat-Chronik. In: Nordfriesischer Heimatkalender für das Jahr 1926.
Århammar, Niels: Die Syltringer Sprache. In: Sylt. Geschichte und Gestalt einer Insel. Itzehoe 1967.
Avenarius, Ferdinand: Sommerfrischengedanken. In: Der Kunstwart 15/1902.
Ball, Friedrich: Strandungen an der Küste von Sylt. Westerland 1930.
Baedeker, Karl: Schleswig-Holstein. Freiburg 1963.
Baudissin, Adelbert v.: Schleswig-Holstein meerumschlungen. Stuttgart 1865.

Bernd, Clifford Albrecht, und **Laage,** Karl Ernst: Sylter Novelle – Ein unbekannter Novellenentwurf Theodor Storms. In: Schriften der Theodor-Storm-Gesellschaft 18/1969.
Biermann, Georg: Der Zeichner Lovis Corinth. Dresden 1924.
Bobzin, Ernst: Die Landschaften der Nordseeinsel Sylt. Stuttgart 1926.
Boie, Margarete: Der Sylter Hahn. Stuttgart 1925, 12. Auflage 1969.
– Moiken Peter Ohm. Stuttgart 1926.
– Dammbau. Stuttgart 1930, 5. Auflage 1973.
– Die letzten Sylter Riesen. Stuttgart 1930.
Bomber Command: The Air Ministry Account of Bomber Command's Offensive Against the Axis – September 1939 – July 1941 London o. J. His Majesty's Stationery Office.
Booysen, Jens: Beschreibung der Insel Silt in geographischer, statistischer und historischer Rücksicht. Schleswig 1828.
Borchling, C., u. **Muuß,** R.: Die Friesen. Breslau 1931.
Brauer, H., **Scheffler,** W., und **Weber,** H.: Die Kunstdenkmäler des Kreises Südtondern. Berlin 1939.
Brehmer, Fritz: Zwischen gestern und heute. Hattingen 1954.
Brinner, Ludwig: Die deutsche Grönlandfahrt. Berlin 1913.
Bruns, Herbert: Sylt. Eine Dokumentation vom Kampf gegen Atlantis und für Sylt. Wiesbaden 1975.
Bülck, Rudolf: Lewer duad üs Slaav. Die Geschichte eines politischen Schlagwortes. Jahrbuch für Niederdeutsche Sprachforschung Nr. 74 (1951).
Bywater, Hector C., und **Ferraby,** H. C.: Strange Intelligence Memoirs of Naval Secret Service. London 1931.
Camerer, J. Fr.: Vermischte hist.-politische Nachrichten in Briefen von einigen merkwürdigen Gegenden der Herzogthümer Schleßwig und Holstein. Flensburg und Leipzig 1758.
Castonier, Elisabeth: Stür-

misch bis heiter. München 1964.
Christiansen, Julius: Zur Agrargeschichte der Insel Sylt. Mannheim 1923.
Christiansen, Willi: Flora der Nordfriesischen Inseln. 2. Auflage. Hamburg 1967.
Clement, Knut J.: Schleswig, das urheimische Land des nicht dänischen Volkes der Angeln und Friesen und Englands Mutterland, wie es war und ward. Hamburg 1862.
Corinth, Thomas: Lovis Corinth. Eine Dokumentation. Tübingen 1979.
Dahlerus, Birger: Der letzte Versuch. München 1948.
Danckwerth, Caspar: Newe Landesbeschreibung der zwey Herzogthümer Schleswich und Holstein 1652. Faksimileausgabe der Karten 1963.
Dau, H. E.: Kapitän Hammer in Keitum am 3. März 1864. In: Die Heimat, 14. Jahrg. Nr. 2/1904.
Deacon, Richard: A History of the British Secret Service. London 1969.
Degn, Christian, u. **Muuß,** U.: Topographischer Atlas Schleswig-Holstein. Neumünster 1963.
Dietz, Curt: Geologische Karte von Deutschland. Erläuterungen zu den Blättern Sylt-Nord und Sylt-Süd. Kiel 1952.
Eckert, Gerhard, u. **Stöver,** Hans-Jürgen: Auf Schienen durchs Watt. Der Damm, der Sylt veränderte. Hamburg 1977.
Eisner, Kurt: Rantum. In: Die neue Welt. Illustrirtes Unterhaltungsblatt. Hamburg 1904.
Emeis, Walter: Die Pflanzen- und Tierwelt der Sylter Naturlandschaft. In: Sylt. Geschichte und Gestalt einer Insel. Itzehoe 1967.
Erz, Wolfgang: Nationalpark Wattenmeer. Hamburg 1972.
Eschenburg, Theodor, u. **Frank-Planitz,** Ulrich: Gustav Stresemann. Eine Biographie. Stuttgart 1978.
Fabri, M. E. J.: Geographisches Lesebuch zum Nutzen und Vergnügen. 1782.
Feddersen, Berend H.: Das Notgeld nordfriesischer Gemeinden in den Jahren

1917–1923. In: Nordfriesland 27/1973.
Fischer, Otto: Landgewinnung und Landerhaltung in Schleswig-Holstein. Band I: Sonderprobleme des Küstenraums. Berlin 1955.
Fontane, Theodor: Der Schleswig-Holsteinische Krieg im Jahre 1864. Berlin 1866.
Fraenkel, H., und **Manvell,** R.: Hermann Göring. München 1964.
Frankland, Noble, und **Webster,** Charles: The Strategic Air Offensive against Germany. 1939–1945, Volume I: Preparation. Parts 1, 2 and 3 London 1961. Her Majesty's Stationery Office.
Gert, Valeska: Die Katze von Kampen. Percha 1973.
Gripp, Karl: Wirksamer Küstenschutz für Sylt. Nordfriesland Bd. 4 (1970).
– u. **Simon,** W. G.: Untersuchung über den Aufbau und die Entstehung der Insel Sylt. I. Nord-Sylt. II. Mittel-Sylt. Heide 1940.
Gronau, Wolfgang von: Pionierflüge mit dem Dornier-»Wal«. Steinebach-Wörthsee 1977.
Häberlin, Carl: Inselfriesische Volkstrachten vom 16. bis 18. Jahrhundert. Zeitschr. d. Gesellschaft f. Schleswig-Holst. Geschichte. Bd. 56 u. 59. Neumünster 1926 und 1930.
Hagendelfeldt, M. B.: Die Vogelwelt der Insel Sylt. Ornith. Mtsb. XXVII (1902).
Hamm, Karl: Studien der Künstlerkolonie Worpswede 1889–1908 unter besonderer Berücksichtigung von Fritz Mackensen. Dissertation. München 1978.
Handelmann, Heinrich: Die amtlichen Ausgrabungen auf Sylt 1870/72. Kiel 1872.
– Die amtlichen Ausgrabungen auf Sylt 1873, 1875, 1877 und 1880. Kiel 1882.
Hansen u. **Hansen,** M. u. N. (Hrsg.): Sylt. Geschichte und Gestalt einer Insel. Itzehoe 1967.
Hansen, Christian P.: Ual Söl'ring Tialen. Tondern 1858, 2. Auflage Keitum 1928.
– Die Insel Sylt in geschichtlicher und statistischer Hinsicht. In: Falcks Archiv. Kiel

1845. Nachdruck 1974.
– Friesische Sagen und Erzählungen. Altona 1858. Nachdruck 1972.
– Sagen und Erzählungen der Sylter Friesen nebst einer Beschreibung der Insel Sylt als Einleitung und einer Karte der Insel Sylt als Zugabe. Garding 1875. 3. Auflage Garding 1895.
– U. L. N. (Uwe Lornsens Nachbar), Notizen zu einer Lebensbeschreibung des Kanzleiraths Uwe Jens Lornsen. Hamburg 1839.
– Die Chronik der friesischen Uthlande. Altona 1856. 2. Auflage Garding 1877. Nachdruck 1972.
- Altfriesischer Katechismus in Sylter Mundart mit deutscher Übersetzung, oder: In Sprichwörter eingekleidete altfriesische Sittenregeln. Hamburg 1862. Nachdruck 1970.
– Beiträge zu den Sagen, Sittenregeln, Rechten und der Geschichte der Nordfriesen. Deezbüll 1880.
– Die Anfänge des Schulwesens oder eine Schulchronik der Insel Sylt. Garding 1879
– Das Nordseebad Westerland auf Sylt und dessen Bewohner. 2. Auflage Garding 1891.
– Beschreibung einer Hochzeit auf Silt. In: Archiv für Staats- und Kirchengeschichte, Bd. I., Altona 1833.
– Die Friesen, Scenen aus dem Leben, den Kämpfen und Leiden der Friesen, besonders der Nordfriesen. 2. Auflage Garding 1976, Nachdruck.
– Der Badeort Westerland auf Sylt und dessen Bewohner. Garding 1868.
– Das Schleswig'sche Wattenmeer und die friesischen Inseln. Glogau 1856, Nachdruck 1972.
Ubbo der Friese. Bd. I. Schleswig 1864, Bd. II. Schleswig 1866.
– Der Sylter-Friese. Kiel 1860, Nachdruck 1972.
– Der Fremdenführer auf der Insel Sylt. Ein Wegweiser für Badende in Westerland. Mögeltondern 1859.
– Die nordfriesische Insel Sylt, wie sie war und wie sie ist. Ein Handbuch für Bade-

gäste und Reisende. Leipzig 1859. Nachdruck 1974.
– Zur Geschichte der Halbinsel Hörnum auf Sylt. In: Jahrb. f. d. Landeskde. der Herzogth. Schlesw., Holst. u. Lauenburg. Kiel 1859.
Hansen, Jap P.: Nahrung für Leselust in nordfriesischer Sprache. 2. Aufl. Sonderburg 1833. 3. Aufl. Westerland 1897. u. 4. Auflage Hamburg 1918.
Harris, Arthur: Bomber Offensive. London 1947.
Haverkamp, Ludwig: Die wirtschaftlichen und sozialen Wandlungen auf der nordfriesischen Insel Sylt. Dissertation. Berlin 1908.
Heilmann, Irmgard : Wahlheimat am Meer. 1944.
– Zwischen Watt und Meer. Westerland 1948.
– Sylter Inselsommer. Rendsburg 1955.
Heimreich, M. Anton: Ernewerte Nordfresische Chronik. Schleswig 1666, 2. Aufl. 1668. Faksimile-Neudruck München 1926. 3. Aufl. 1819. Nachdruck 1972.
Hess, W.: Erinnerungen an Sylt. Naturwiss. u. histor.-geograph. Skizzen. Hannover 1876.
Hilty, Hans Rudolf: Vogelkojen in Nordfriesland. Münsterdorf 1978.
Hinrichs, W.: Nordsee, Deiche, Küstenschutz und Landgewinnung. Husum 1931.
Hoffmann, Anna: Die Landestrachten von Nordfriesland. Heide 1940.
Hofmann, Dietrich: Der Sylter Petritag. Eine friesische Komödie aus dem Ende des 18. Jahrhunderts. Nordfriesisches Jahrbuch 1965.
Holander, Reimer Kay: Der Schimmelreiter. Dichtung und Wirklichkeit. Berlin 1976.
Howe, Ellic: Astrology: A Recent History Including the Untold Story of Its Role in World War II. New York 1967.
Hübbe, Andreas: Söl'ring Dechtings en Leedjis. Hamburg 1911, 1913 und 1927.
Jacoby, Gustav: Zur Entwicklung des Kartenbildes von Sylt. In: Die Heimat, 66. Jahrg., 1959.

Jacta, Maximilian: Berühmte Strafprozesse. Deutschland II. München 1967.
Janssen, Albrecht, u. **Lobsien,** Wilhelm: Die Nordseeinseln. Leipzig 1925.
Jensen, Christian: Die Sylter Gefangenen von 1864. In: Die Heimat 8/14, 1914.
– Vom Dünenstrand der Nordsee und vom Wattenmeer. Schleswig 1900.
– Die nordfriesische Inselwelt. Braunschweig-Hamburg 1914. 2. Aufl. 1925.
– Die nordfriesischen Inseln Sylt, Föhr, Amrum, die Halligen und Helgoland vormals und jetzt. Hamburg 1891, 3. Aufl. Lübeck 1927.
– Aus Sturm und Not. Erzählungen und Skizzen vom Nordseestrand. Westerland 1913.
Jensen, Otto: Morphologische Beobachtungen an den Dünen von Amrum, Sylt und Röm. München 1914.
Jessen, Wilhelm: Sylter Sagen. Westerland 1926; 2. Aufl. 1965.
– Rantum auf Sylt. Die Geschichte eines sterbenden Dorfes. Westerland 1923, 1924.
– Das Meer vernichtet – und segnet. Ein Blick in die Geschichte der Landschaft Sylt am Beispiel der Chronik des Dorfes Rantum. Westerland 1967.
– Uwe Jens Lornsens Vorfahren und ihre Welt. In: Zeitschr. d. Ges. f. Schl.-Holst. Geschichte, Bd. 66 (1938).
– Zur Vorgeschichte der Heimatstätte für Heimatlose in Westerland. In: Die Heimat 9/22.
Jessel, Hans Werner: Fliesen-Bilderbuch. Flensburg 1963.
Jessel, Hubertus: Sylt im Spiegel der Sage. 2. Aufl. Flensburg 1949.
– Wanderwege auf Sylt. 3. Aufl. Flensburg 1969.
Jörgensen, Peter: Über die Herkunft der Nordfriesen. Kopenhagen 1946.
Jung, Renate: Mit Volldampf in den Ruhestand. Die Sylter Inselbahn kommt aufs Abstellgleis. Sylter Rundschau 1. Oktober 1970.
Kamphausen, Alfred: Viele Dächer unter einem. Neu-

münster 1975.
Kardel, Harboe: Sylt in der deutschen Literatur. In: Nordelbingen, Bd. 27 (1959).
Kaufmann, Gerhard: Notgeldsammlung Herbert Seitz – Scheine aus Schleswig-Holstein und Hamburg. In: Neuerwerbungen des Altonaer Museums, Jahrb. 1974/75.
– Gedruckte Postkarten. Katalog Kunst und Postkarte des Altonaer Museums 1970.
Kersten, Karl: Vorgeschichte der Insel Sylt. In: Sylt: Geschichte und Gestalt einer Insel. Itzehoe 1967.
– u. **La Baume,** Peter: Vorgeschichte der nordfriesischen Inseln. Neumünster 1958.
Kielholt, Hans: Silter Antiquitäten. In: M. Anton Heimreich »Nordfresische Chronik. II. Theil.« 3. Aufl. Tondern 1819.
Knuth, Paul: Botanische Wanderungen auf der Insel Sylt. Tondern und Westerland 1890.
Koch, Hanns: Aus alten Sylter Tagen. Berlin 1908.
Koehn, Henry: Die Nordfriesischen Inseln. Die Entwicklung ihrer Landschaft und die Geschichte ihres Volkstums. Hamburg 1939. 5. Aufl. 1961.
– Sylt. Ein Führer durch die Inselwelt. 5. Aufl. Berlin 1975.
Kohl, J. G.: Die Marschen und die Inseln der Herzogthümer Schleswig und Holstein. Leipzig 1846.
Kolumbe, Erich: Das Naturschutzgebiet Listerland auf Sylt. In: Nordelbingen, Bd. 7 (1928).
– Ein Beitrag zur Kenntnis der Entwicklungsgeschichte des Königshafens bei List auf Sylt. Wissenschaftl. Meeresuntersuchungen. Abtlg. Kiel XXI. Bd. Kiel 1922.
– Sylt. Ein Insellesebuch. 3. Aufl. Hamburg 1957.
Kossack, G.: Grabungen in Archsum auf Sylt. In: Nordfr. Jb. 1971.
Krogmann, Willy: Die Landnahme der Nordfriesen. In: Orbis 1958.
– Sylter Sagen. Göttingen 1966.

Krohn, Hugo: Die Bevölkerung der Insel Sylt. Dissertation. Kiel 1948.
Krohn, Hugo: Uwe Jens Lornsens Vorfahren. In: Sippe der Nordmark. H. 2/1938.
– Alte Seemannsgrabsteine auf Sylt. In: Nordfr. Jb. 1972.
Krüger, Edgar: Die Hummeln und Schmarotzerhummeln von Sylt und dem benachbarten Festland. Schriften d. naturw. Ver. f. Schlesw.-Holstein. Bd XXIII (1939).
Krüger, Wilhelm: 100 Jahre Nordseeheilbad Westerland auf Sylt. Westerland 1960.
– Das Nordseeheilbad Westerland in Geschichte und Gegenwart. In: Heilbad und Kurort. 17. Jahrg. 1965.
Kuckuck, P.: Der Strandwanderer. München 1905, 10. Aufl. 1969.
Kuke, Herbert: Kurs Helgoland. Oldenburg 1974.
Lamprecht, Heinz-Otto: Brandung und Uferveränderung an der Westküste von Sylt. Dissertation. Hannover 1955.
– Dünenschutzwerke auf Sylt. In: Die Bautechnik. 1958.
Lange, Alfred: Friesisch im Aufwind. Schleswig-Holstein, 4/1978.
Lenth, Michael: Rechtshistorische und dogmatische Untersuchung der Schafweide auf dem Listland (Sylt). Dissertation. Kiel 1972.
Lornsen, Uwe Jens: Ueber das Verfassungswerk in Schleswigholstein. Kiel 1830.
– Die Unionsverfassung Dänemarks und Schleswigholsteins. Jena 1841.
Luckner, Felix Graf von: Seeteufel – Abenteuer aus meinem Leben. Leipzig 1921.
Lübbing, Hermann: Friesische Sagen von Texel bis Sylt. Jena 1928.
Lüth, Erich: See, Räuber und Geraubte. Flensburg 1970.
Mager, Friedrich: Der Abbruch der Insel Sylt durch die Nordsee. Breslau 1927.
Meyer, Carl: Zeitbilder aus der ersten Entwicklung des Bades Westerland. Westerland o. J.

Meyerinck, Hubert von: Meine berühmten Freundinnen. Erinnerungen. München 1969.

Meyn, Ludwig: Geognostische Beschreibung der Insel Sylt und ihrer Umgebung. Berlin 1876.

Michelsen, A. L. J.: Nordfriesland im Mittelalter. Schleswig 1828. Nachdruck 1969.

Möller, Boy Peter: Meerumrauscht. Tondern 1879.

– Söl'ring Leesbok. Altona 1909.

– Söl'ring Uurterbok. Hamburg 1915. Nachdruck 1973.

Molen, S. J. van der: The Lutine Treasure – the 150 year search for gold in the wreck of the frigate Lutine. London 1970.

Mollemar, J. C.: De Geschiedenis van Nederland ter Zee. Amsterdam 1940.

Mosley, Leonard: Göring. Eine Biographie. München 1975.

Müller, Friedrich: Das Wasserwesen an der schleswigholsteinischen Nordseeküste. II. Teil: Die Inseln. 7. Folge Sylt. Berlin 1938.

Mungard, Nann P.: Ein inselnordfriesisches Wörterbuch. Westerland 1974.

– For Söl'ring Spraak en Wiis. Eine Sammlung von Sylter Wörtern, wie sie zu Anfang des 20. Jahrhunderts auf Sylt gesprochen und vordem gebraucht worden sind. Westerland 1909.

Munthe, Axel: Sjömaktens inflytande på Sveriges historia. II Åren 1643–1699. Stockholm 1922.

Muuß, Rudolf: Tausend Jahre nordfriesischer Stammesgeschichte. In: Nordfriesland. Heimatbuch für die Kreise Husum und Südtondern. Husum 1929.

Nöbbe, Erwin: Der Münzfund von Westerland auf Sylt. In: Mitteilung. d. Anthropolog. Vereins in Schleswig-Holstein. Heft 19 (1911).

Nolde, Emil: Reisen – Ächtung – Befreiung. Bd. 4 der Autobiographie. Köln 1967.

Oesau, Wanda: Schleswig-Holsteins Grönlandfahrt auf Walfischfang und Robbenschlag vom 17. bis 19. Jahrhundert. Glückstadt – Hamburg – New York. New York 1937.

Oestereich, Hans: Der Fremdenverkehr der Insel Sylt. Bredstedt 1976.

Olden, Rudolf: Stresemann. Berlin 1929.

Ottsen, Otto: Die Nordseeinsel Sylt. Westerland 1909.

– Die Seeschlacht in der Lister Tiefe. In: Die Heimat, Nr. 6, 1911.

Paulsen, Gustav: Aus »Jap Peter Hansens Berichte für meine Kinder und Enkel«. In: Die Heimat Nr. 7, 1923.

Peters, Lorenz C.: Nordfriesland. Heimatbuch für die Kreise Husum und Südtondern. Husum 1929.

Pfingsten, Hartwig: Bilder von Sylt. Hamburg 1934.

Pfleiderer, Heinrich: Die Heilkräfte des Meeres und des Meeresklimas. Münsterdorf 1972.

Pielenz, Otto K.: Ein Siedlungsplatz des Magdalénien auf Sylt. Hamburg 1940.

– Faustkeile aus Felsgestein aus dem Alt-Pleistozän vom Roten Kliff auf Sylt. Hamburg 1956.

Quedens, Georg: Das Marmor-Epitaph in der »alten Kirche« von Westerland auf Sylt. In: Schleswig-Holstein 7/1971.

– Nordsee – Mordsee. Breklum 1978.

– Sylt erzählt. Münsterdorf o. J.

– u. **Stöver,** Hans-Jürgen: Sylt wie es früher war. Hamburg 1978.

Riess, Curt: Gustav Gründgens. Hamburg 1965.

– Das waren Zeiten. Wien 1977.

Rilke, Rainer Maria: Worpswede. Berlin 1910.

Rodenberg, Julius: Stilleben auf Sylt. Berlin 1861, 3. Aufl. Berlin 1876, Nachdruck 1972.

Royer, Jean: Liliencron auf Pellworm. In: Nordelbingen Bd. 41 (1972).

Runge, Wolfgang: Kirchen auf Sylt. Flensburg o. J.

Rust, Alfred: Artefakte aus der Zeit des Homo Heidelbergensis in Süd- und Norddeutschland. Bonn 1956.

Sach, August: Das Herzogtum Schleswig in seiner ethnographischen und nationalen Entwicklung. Halle 1896.

Salomon, Ernst von: Deutschland, Deine Schleswig-Holsteiner. Hamburg 1971.

– Und Gott sprach: »Es werde Kampen.« In: Quo Vadimus, 3/1971.

– Kampen – Zuflucht für Verfemte. In: Quo Vadimus, 5/71.

– 'N büschen was Menschliches. In: Quo Vadimus, 6/71.

Sauermann, Ernst: Die mittelalterlichen Taufsteine der Provinz Schleswig-Holstein. Flensburg 1904 / Herausgeber v. Die Kunstdenkmäler des Kreises Südtondern. Berlin 1939.

Selmer, Ernst W.: Sylterfriesische Studien. Oslo 1923.

Sönnichsen, Uwe und **Staritz,** Hans-Werner: Trutz, blanke Hans. Husum 1978.

South Australian Division of Tourism: The Impact of Tourism on Hahndorf. Adelaide 1976.

Spiero, Heinrich: Detlev von Liliencron. Berlin 1913.

Spreckelsen, Rolf: Sylter Leuchtfeuer. Westerland 1967.

Scharff, Alexander: Uwe Jens Lornsen. In: Schl.-Holst. Biogr. Lexikon, Bd. I. Neumünster 1970.

Scheuermann, Mario: Baustop für Sylt? In: Quo Vadimus, 5/71.

Schlee, Ernst: Maler auf Sylt. Flensburg 1962.

Schmidt, Hermann: Die Windmühlen der Insel Sylt. Husum 1937.

– Vom Fischfang der Sylter in vergangenen Tagen. Flensburg 1942.

– Zur Geschichte des Syltringischen Schrifttums. In: Friesisches Jahrb. 1961.

– Pua Moders, der Schelm von Sylt. Flensburg 1943, Neudruck Westerland 1969.

– Vorgeschichtliche Grabhügel unter den Dünen der Insel Sylt. In: Geologie der Meere und Binnengewässer. Berlin 1940 und 1943.

– Wörterbuch der sylterfriesischen Sprache, Westerland Bd. 1 1969, Bd. 2 1972.

– und **Wielandt,** Gondel: Söl'ring Spreekuurter en wat Söl'ring Snak. Westerland 1966.

Schmidt-Eppendorf, Peter: Sylt – Memoiren einer Insel. Husum 1977.

– Der Sylter Chronist Hans Kielholt. Münsterdorf 1972.

Schmidt-Petersen, J.: Die Orts- und Flurnamen Nordfrieslands. Husum 1925.

Schultze, Ernst-Günter: Meeresheilkunde. München 1973.

Schulze-Smidt, B.: Inge von Rantum. 5. Aufl. Koblenz 1899.

Schwantes, Gustav: Die Vorgeschichte Schleswig-Holsteins. Neumünster 1939.

Stahl, Wilhelm: Volkstänze von den nordfriesischen Inseln. Kassel 1935.

Stark, P.: Die Waldvegetation auf Sylt. In: Botanische Zeitschrift, 1914.

Steensen, R. Steen: Die Flotte durch 450 Jahre. 2. Aufl. Kopenhagen 1970.

Stierling, Hubert: Der Silberschmuck der Nordseeküste, hauptsächlich in Schleswig-Holstein. Neumünster 1935.

Stöpel, Richard: Geschlechter kommen und gehen. Versuch einer Geschichte Sylts. Westerland. Bd. 1. 1925. Bd. 2 1927.

Stöver, Hans-Jürgen: Auf Schienen durchs Watt. Hamburg 1977.

– Von der Inselbahn und den Bäderschiffen Sylts. Schleswig 1979.

Storm/Fontane: Briefe der Dichter und Erinnerungen. Reinbek 1948.

Straka, Herbert: Über die Veränderungen der Vegatation im nördlichen Teil der Insel Sylt in den letzten Jahrzehnten. In: Schrift d. Naturw. V. XXXIV (1963).

Streit, Kurt W., und **Taylor,** John W. R.: Geschichte der Luftfahrt. Winnenden/ Stuttgart 1975.

Tank, K. L.: Sylter Lesebuch. Berlin 1973.

Thoms, Wolfgang: Mord und Streit verdarben Syltern die Saison 1922. In: Sylter Rundschau vom 1. 3. 1977.

– Inflation bereitete arges Kopfzerbrechen. In: Sylter Rundschau vom 1. 2. 1978.

– Ein vergessenes Notizbuch verriet den Mann. In: Sylter Rundschau vom 8. 6. 1976.

Thieme, Ulrich, und **Becker,** Felix: Allgemeines Lexikon der bildenden Künstler von der Antike bis zur Gegenwart. Leipzig o.J.

Tiedemann, Clara: Kampener Skizzen. Stuttgart-Kemnat 1966.

– Flaggenparade. In: Nordfriesland Heft 11, August 1969.

Unger, G.: Illustrerad Svensk sjökrigshistoria. Del I. Stockholm 1909.

Varges, Helene: Flutkante und Inselflora. Neumünster 1923 und 1936.

– Flutkante und Küstenflora. 3. Aufl. Hamburg 1961.

Voigt, Harald: Geschichte der Insel Sylt. In: Sylt. Geschichte und Gestalt einer Insel. Itzehoe 1967.

– Biikebrennen und Petritag. In: Nordfriesland 35/36, 1976.

– Die Ausübung des Strandrechts auf Sylt 1918–1939 als Spiegelbild der wirtschaftlichen Verhältnisse. In: Nordfriesisches Jahrb. Bd. 11. Bredstedt 1975.

– Der Sylter Weg ins Dritte Reich. Münsterdorf 1977.

Walther, Gerda: Zum anderen Ufer. Vom Marxismus und Atheismus zum Christentum. Remagen 1960.

– Der Okkultismus im Dritten Reich. In: Neue Wissenschaft, Heft 1, Okt. 1950, Jg. 1950/51.

Warnecke, Georg: Die Großschmetterlinge der nordfriesischen Insel Sylt. Geograph. – histor., ökolog. u. genetische Probleme d. Fauna Sylts. Stuttgart 1937.

Wedemeyer, Manfred: Das Seebad und die Badesitten im Wandel der Zeit. In: Merian »Sylt – Amrum – Föhr«. Hamburg 1975.

– Heinrich von Stephan und die Insel Sylt. Archiv für deutsche Postgeschichte, 2/1977.

– Sylter Literaturgeschichte in einer Stunde. Münsterdorf 1972.

– Thomas Mann und die Insel Sylt. In: Sylter Rundschau vom 7.6.1975.

– Die Vogelkoje Kampen. Ein Sylter Naturschutzgebiet. Heide 1974.

– Margarete Boie. In: Schl.-Holst. Biogr. Lexikon, Bd. III. Neumünster 1974.

– Aus den Morsumer Annalen des Muchel Madis

Bildnachweis

17–29 Sven Simon
30/31 Peter Scheer
32 Sven Simon
33 Sven Simon
34/35 Zeichnung: J. W. Lange
36 Karte: Helge Reis
37 Karte: Helge Reis
38 Bernhard Lassen aus dem Sylter Archiv Westerland
39 Karte: Helge Reis
40 Bernhard Lassen aus dem Sylter Archiv Westerland
41 Karte: Helge Reis / Sven Simon Archiv
42/43 Sven Simon
45 Ullstein Bilderdienst Berlin
46 Dieter Otte / Sven Simon Archiv
47 Dieter Otte / Sven Simon Archiv
48/49 Altonaer Museum
49 Landesarchiv Schleswig-Holstein, Schleswig
50/51 Wilhelm Bartscher
52/53 Stich von Wilhelm Heuer / Manfred Wedemeyer Archiv
54 Sven Simon/Karte: Helge Reis
56 Westdeutscher Rundfunk (WDR)
57 Sven Simon
57 rechts oben Christian Wolff Verlag, Flensburg
59 Sven Simon Archiv
60/61 Dieter Otte aus dem Dom zu Roskilde in Dänemark
63 Karte: Helge Reis
64/65 Zeichnung: Christian Jensen
66 Zeichnung von E. Hartmann aus dem Sven Simon Archiv
68/69 Dieter Otte aus dem Museum für Hamburgische Geschichte
70 Dieter Otte aus dem Altonaer Museum
71 Dieter Otte aus dem Altonaer Museum
72 Dieter Otte aus dem Altonaer Museum
73 Dieter Otte aus Privatbesitz
74 Dieter Otte aus dem Altonaer Museum
75 Dieter Otte aus dem Altonaer Museum
76 Dieter Otte aus dem Schleswig-Holsteinischen Freilichtmuseum Rammsee bei Kiel
77 oben Sylter Archiv Westerland

77 unten Dieter Otte aus dem Schleswig-Holsteinischen Freilichtmuseum Rammsee bei Kiel
78 Sven Simon
79 Sven Simon
80/81 Maritime Museum Greenwich in England
80 Paul Vogt, Niederlande
83 oben Sylter Archiv Westerland
83 unten links Lloyd's London
83 unten rechts Karte: Helge Reis
84 Zeichnung Otto Fikentscher aus dem Manfred Wedemeyer Archiv
85 Zeichnung A. Greil aus dem Manfred Wedemeyer Archiv
87 Karte: Manfred Wedemeyer Archiv
89 Sylter Archiv Westerland
90 F. M. Hahn, England
93 F. M. Hahn, England
95 Sven Simon
96 Dieter Otte aus Jap Peter Hansens Buch »Der Geizhals auf der Insel Sylt«
97 Sven Simon Archiv
98 Sven Simon aus dem Heimatmuseum Keitum
99 Sven Simon aus dem Heimatmuseum Keitum
101 Sven Simon Archiv
102/103 Zeichnung F. Lindner aus dem Manfred Wedemeyer Archiv
104/105 Zeichnung Otto Fikentscher aus dem Manfred Wedemeyer Archiv
105 Hans-Jürgen Stöver
106 Sven Simon
107 Karte: Helge Reis
108 Dieter Otte aus dem Altonaer Museum
110/111 Zeichnung: J. W. Lange
113 Zeichnung E. Hartmann aus dem Sven Simon Archiv
114 oben Sven Simon Archiv
114 unten Zeichnung F. Brandt aus dem Sylter Archiv Westerland
115 Hans-Jürgen Stöver
116 E. Bieber, Bilderdienst Süddeutscher Verlag München
117 Karte: Helge Reis
118 Zeichnung Otto Fikentscher aus dem Manfred Wedemeyer Archiv
119 Sylter Archiv Westerland

120 Dieter Otte / Sven Simon Archiv
121 Hans Huck aus dem Manfred Wedemeyer Archiv
122 Sylter Archiv Westerland
124/125 Dieter Otte aus der Kieler Kunsthalle
126 Sylter Archiv Westerland
127 oben Hans-Jürgen Stöver
127 unten Sylter Archiv Westerland
128 Baschet S. A. Illustrations, Paris
130 Hans-Jürgen Stöver
131 Sylter Archiv Westerland
132 Archiv der Storm-Gesellschaft Husum
134/135 Landesbibliothek Kiel
136/137 Sylter Archiv Westerland
139 Sylter Archiv Westerland / Karte: Helge Reis
140/141 Sylter Archiv Westerland
140 links oben Sylter Archiv Westerland
140 links unten Sven Simon Archiv
141 rechts oben Sven Simon Archiv
141 rechts unten Uwe Jens Jansen aus dem Sylter Archiv Westerland
142 Sven Simon aus dem Besitz E. Michaelis
143 Manfred Wedemeyer Archiv
144 Hans Breuer
146 P. E. Nickelsen aus dem Sylter Archiv Westerland
147 Sven Simon
148/149 Fotomontage Georg Busse aus dem Sylter Archiv Westerland
150 Dieter Otte aus Privatbesitz
151 Carl Eeg
152 Manfred Wedemeyer Archiv
153 Manfred Wedemeyer Archiv
154 Dieter Otte aus Privatbesitz
155 Ullstein Bilderdienst Berlin
156 London Illustrated News
158 London Illustrated News
159 London Illustrated News

160 Deutsche Verlags-Anstalt GMBH, Stuttgart
161 Ullstein Bilderdienst Berlin
163 Hans-Jürgen Stöver
165 London Illustrated News
168/169 Sylter Archiv Westerland
170/171 Hapag Lloyd Archiv Hamburg
173 Sylter Archiv Westerland
174/175 Sylter Archiv Westerland
175 Privat
176 Sylter Archiv Westerland
177 Ferdinand Pförtner / Sylter Archiv Westerland
178 oben Zeichnung: Fr. Xaver, Besitz Max Pahl Hörnum
178 Mitte Ferdinand Pförtner, Besitz Peter Boysen Rantum
178 unten Sven Simon Archiv
180 oben Sven Simon Archiv
180 unten Sven Simon Archiv
181 Sylter Archiv Westerland
182 Friedrich-Ebert-Stiftung Bonn
183 Zeichnung: J. W. Lange (m. frndl. Genehm. des BLINKER)
184 Thomas Mann Archiv Zürich
185 Thomas Mann Archiv Zürich
186/187 Sven Simon Archiv
188 Hans-Jürgen Stöver
189 Sven Simon Archiv
190 Ferdinand Pförtner
191 Martin Batzau aus dem Sven Simon Archiv
192 oben Sven Simon Archiv
192 unten Teddy Stauffer Archiv
193 oben Wilhelm Heuer
193 unten Wilhelm Heuer
194 oben Sylter Archiv Westerland
194 unten Sylter Archiv Westerland
195 oben Sven Simon Archiv
195 unten links Sylter Archiv Westerland
195 unten rechts Wilhelm Herold
196/197 Sven Simon Archiv
198 oben Sven Simon

Produktion

Archiv
198 Mitte Sylter Archiv Westerland
198 unten Wilhelm Herold aus dem Sven Simon Archiv
199 oben Sylter Archiv Westerland
199 unten Karte: Helge Reis
200 Archiv Sylter Heimatmuseum
201 Karte: Helge Reis
202 oben Dornier Archiv München
202 unten Dornier Archiv München
203 oben Wilhelm Bartscher
203 unten Dornier Archiv München
204 Nolde-Stiftung Seebüll
205 Sven Simon Archiv
206 Sylter Archiv Westerland
207 Ferdinand Pförtner
208/209 Privat
210 oben Sven Simon Archiv
210 Mitte Sven Simon Archiv
210 unten Sven Simon Archiv
211 Karl Schenker
212 Privat
213 oben Hannes Betzler
213 unten Sven Simon
215 James Baes, Rom
216 London News Service
217 Sven Simon
218 Wilhelm Monck aus dem Sven Simon Archiv
219 Sven Simon Archiv
220 Sven Simon Archiv
221 Sven Simon Archiv
222 Sven Simon Archiv
223 links Sven Simon Archiv
223 rechts Sylter Archiv Westerland
225 Hans-Jürgen Stöver
226 Privat
227 Sylter Archiv Westerland
228 oben Ullstein Bilderdienst Berlin
228 unten Ullstein Bilderdienst Berlin
229 Archiv Käthe Dorsch
230/231 Wilhelm Herold aus dem Sylter Archiv Westerland
232 Kurt Struve aus dem Sylter Archiv Westerland
234/235 Sven Simon
237 Magnus Weidemann Nachlaß Kiel
238 Sven Simon

240 Sylter Archiv Westerland
242 oben Sven Simon Archiv
242 unten Hans-Jürgen Stöver
243 oben Hans-Jürgen Stöver
243 Mitte Ullstein Bilderdienst Berlin
243 unten Privat
244 oben Sven Simon Archiv
244 unten Sven Simon Archiv
245 oben Ferdinand Pförtner
245 unten Hans-Jürgen Stöver
246 Privat
247 Sylter Archiv Westerland
248/249 Zeichnung: G. H. Davie, London Illustrated News
250 Syndication International Ltd. London
251 Syndication International Ltd. London
252 oben Sylter Archiv Westerland
252 unten Bundesarchiv Koblenz
253 oben Sylter Archiv Westerland
253 unten Sylter Archiv Westerland
254 Privat
255 Privat
257 Privat
258 Sven Simon
260 Sylter Archiv Westerland
261 Sylter Archiv Westerland
262 Sylter Archiv Westerland
263 Sylter Archiv Westerland
264 Sven Simon Archiv
265 Deutsche Presse Agentur
266 Deutsche Presse Agentur
267 Sylter Archiv Westerland
268 Sylter Archiv Westerland
271 Sylter Archiv Westerland
272 Sylter Archiv Westerland
274/275 Hansa Foto aus dem Sylter Archiv Westerland
276 Archiv d. Landesregierung Schlesw.-Holst.
278 Michael Montfort / STERN Archiv

279 Privat
280/281 Hanns-Jörg Anders / STERN Archiv
282/283 Burghard Hüdig
284 Gerd Lauritzen
285 Sven Simon
286 Karte: Helge Reis
287 Klaus Kuhnigk / BILD am SONNTAG
288/289 Zeichnung: J. W. Lange (m. frndl. Genehm. des BLINKER)
292/293 Zeichnung: J. W. Lange (m. frndl. Genehm. des BLINKER)

Projektleitung:
Hans-Helmut Röhring

Redaktion Bild:
Sven Simon
Marlis Weber

Redaktion Text:
Ulrich Schmidt

Design:
Sven Simon
Dietmar Meyer

Herstellung:
Helmut Müller

Satz:
Alfred Utesch GmbH, Hamburg

Lithographie:
abc Klischee, Hamburg

Druck- und Bindearbeiten:
Richterdruck Würzburg

Impressum

CIP-Kurztitelaufnahme der Deutschen Bibliothek

Sylt: Abenteuer e. Insel/hrsg. von Sven Simon unter Mitarb. von Claus Jacobi u. Manfred Wedemeyer. – 3. Aufl. – Hamburg: Hoffmann und Campe, 1986
ISBN 3-455-08920-8
NE: Simon, Sven [Hrsg.]

Ulfried Biedermann/
Michael Garff

Das große Buch vom Surfen

»windsurfing«

224 Seiten, mit 128 Seiten vierfarbigen Abbildungen, Leinen mit Schuber, Großformat 24 x 33,5 cm, DM 78,–

Dieser erste große Bildband dokumentiert einen faszinierenden Sport: Windsurfing. Das prachtvoll ausgestattete Buch bringt die schönsten Fotos vom Surfen und enthält alle wichtigen Informationen, sowie Tips, Ratschläge, Anekdoten und Interviews für den Surfer. Ein ideales Geschenk.

Aus dem Inhalt:

Ein junger Sport erobert die Welt ● Erfolgsgeheimnis und Schönheit des Windsurfen ● Geschichte des Windsurfen ● Verbreitung des Windsurfen ● Surfer und ihre Reisen um die Welt ● Reportage: Ein Tag auf Guadeloupe

Bretter, die die Welt bedeuten ● Windsurfing und Ski ● Das Windsurfing und seine Gegner ● Reportage: ein Brett entsteht ● Frauen als Surfer (die Könnerin, die Sportlerin, die Anfängerin, das Groupie) ● Reportage: Abenteuer eines Autodidakten

Wettkampf ● Regatta pro und contra ● Reportage: ein Regatta-Tag ● Die Regatta-Kurse ● Regatta-Surfen: Das Gewichtsproblem ● Typologie der Regatta-Surfer

Die Praxis des Windsurfing ● Der Segelsurfer und das Gerät ● Elemente der Segeltheorie ● Kräfte am Segel ● Segelbare Kurse ● Praktische Hinweise: Aufbau, Balanceübungen, Knoten, Abfallen, Anluven, Wenden

Welches Brett: Tips und Tricks ● Ausbildung und Training ● Tips zur Kaufentscheidung ● Der Markt ● Das familiengerechte Board ● Angebot an Segelsurfern ● Bekleidung ● Sonnenschutz ● Transport auf dem Autodach ● Pflege und Lagerung

Empfehlungen ● Sicherheit ● Überholen ● Verzeichnis der wichtigsten Fachausdrücke (deutsch/englisch)

Meister ● Verzeichnis der Windsurfing-Meister: deutsche Meisterschaften, Europa-Meisterschaften, Weltmeisterschaften seit 1973 ● Verzeichnis der Windglider: deutsche Meisterschaften, Europa-Meisterschaften, Weltmeisterschaften seit 1976 ● Wichtige Adressen

Frank Grube/
Gerhard Richter (Hrsg.)

Das große Buch vom Segeln

Männer, Yachten und die See

308 Seiten, davon 94 Seiten mit 79 vierfarbigen Fotos und 50 Seiten mit 59 s/w-Fotos, sowie 35 Illustrationen im Text, Leinen mit Schuber, Großformat 26,5 x 33,5 cm, DM 148,–

Dieses repräsentative, prachtvoll ausgestattete Werk zum Thema Segeln auf hoher See erzählt und dokumentiert die Entwicklung des Yachtsegelns von den Anfängen bis in die Gegenwart. Auch alle jene Männer kommen zu Wort, die allein um die Welt gesegelt sind und für die Segeln in erster Linie Romantik und Abenteuer bedeutet. Fachfotografen aus aller Welt haben einen großartigen, hervorragenden Bildteil erarbeitet: Ein großes Werk, das seinem großen Thema in Wort und Bild gerecht wird.

Frank Grube/
Gerhard Richter (Hrsg.)

Das große Buch der Windjammer

292 Seiten, mit 144 Seiten vierfarbigen und s/w Abbildungen, Leinen mit Schuber, Großformat 26,5 x 33,5 cm, DM 148,–

Dieses repräsentative Werk vergegenwärtigt die ereignisreiche, oft dramatische Geschichte und das wechselvolle Schicksal der Großsegler. Führende Fachfotografen aus aller Welt haben einen faszinierenden Bildteil erarbeitet, der die Romantik der Schiffe unter dem vollen Tuch wieder aufleben und den Leser und Betrachter eines der letzten erregenden Abenteuer unserer Zeit nachvollziehen läßt.

Preisänderungen vorbehalten

Hoffmann und Campe